Économie des décisions publiques

Décentralisation, déréglementation, fiscalité

Économie

Collection dirigée par Lionel Fontagné

CLAUDE PONDAVEN

Professeur - Agrégée de sciences économiques

Économie des décisions publiques

Décentralisation, déréglementation, fiscalité

Photographie de première de couverture :
© TRAPMAN/EXPLORER,
Voix express en Tarentaise olympique à Aigueblanche.

Danger : Le photocopillage tue le livre.

ISBN : 2-7117-**7520**-8

La loi du 11 mars 1957 n'autorisant aux termes des alinéas 2 et 3 de l'article 41, d'une part, que les «copies ou reproductions strictement réservées à l'usage privé du copiste et non destinées à une utilisation collective» et, d'autre part, que les analyses et les courtes citations dans un but d'exemple et d'illustration, «toute représentation ou reproduction intégrale, ou partielle, faite sans le consentement de l'auteur ou de ses ayants droit ou ayants cause, est illicite» (alinéa de l'article 40).

Cette représentation ou reproduction, par quelque procédé que ce soit, constituerait donc une contrefaçon sanctionnée par les articles 425 et suivants du Code pénal.

© Librairie Vuibert, janvier 1994
63, bd St-Germain
75005 Paris

à Marc-Édouard

REMERCIEMENTS

En me demandant de participer à la réalisation de la collection Vuibert Économie, Lionel Fontagné et la librairie Vuibert m'ont offert l'opportunité de sélectionner une publication dans le domaine de l'économie publique. Je les remercie de leur confiance et félicite Lionel Fontagné d'avoir mené avec philosophie la direction de cette collection, accordant ainsi à chaque auteur des délais élastiques mais compatibles pour tous les ouvrages sélectionnés.

Écrire un ouvrage d'économie publique me tenait vraiment à cœur et je suis heureuse d'en proposer cette version malgré toutes les insuffisances qui peuvent y demeurer en dépit d'une certaine qualité recherchée. Je garde cependant un profond regret. Je ne pourrai soumettre ce travail à l'œil minutieux et méticuleux de mon maître admiré, le professeur Jean Bénard. Au moment où j'achevais la rédaction de cet ouvrage, j'ai appris son décès brutal en août 1992, à Moscou, lors d'un colloque universitaire, manifestation symbolique qu'il affectionnait par excellence. Il m'a initiée à l'économie publique et m'a certainement communiqué une part de son attachement extrême au calcul économique public. Lorsque je m'interrogeais, en tant qu'élève de DEA, sur ma capacité à enseigner l'économie publique à des étudiants de maîtrise, il souriait toujours et son humour joyeux revenait au galop ; il affirmait en riant : « *il faut faire confiance aux jeunes, en politique comme en économie !* ». J'ai suivi sa devise en partie et je ne l'ai jamais regretté.

Je l'avais entretenu de mon projet d'ouvrage mais je souhaitais lui réserver la surprise totale du contenu. Je savais qu'il en attendait la parution avec curiosité et impatience. Je reconnais en effet que cette publication n'aurait jamais eu lieu si le professeur Jean Bénard ne m'avait pas initiée aux fondements de l'économie publique. Je lui en suis profondément reconnaissante et je crois qu'il aurait été très heureux de découvrir ces pages. Sous le feu de ses grandes qualités humaines, il m'aurait tout d'abord chaleureusement félicitée comme il savait si bien le faire pour tous ses étudiants. Il n'aurait cependant pas négligé de me communiquer toutes ses critiques car ses talents de rigueur et de perfection le conduisaient spontanément à révéler, pour le bien de ceux qu'il aimait, tous les moyens de progresser. Il savait habilement présenter ses suggestions et critiques et c'était un plaisir de l'entendre dans de tels cas. Je rejoins ainsi totalement son ami Jean-Claude Milleron quand il nous rappelle dans son « *In Memoriam* »[1] en l'honneur de Jean Bénard que c'était un régal de l'entendre raconter ses souvenirs. C'était également un délice de suivre son raisonnement économique et de profiter de sa rigueur et de sa clarté pédagogique. Il aimait transmettre son savoir et le faisait avec art. Je lui suis très reconnaissante d'avoir été un maître aussi exemplaire et d'avoir su me communiquer son intérêt pour sa matière de prédilection.

Je dois également remercier tout particulièrement les étudiants de licence de l'Université de Paris-Dauphine (promotion 1988). Lors de ma nomination de maître de conférences à l'université de Dauphine en mai 1988, j'ai eu notamment le plaisir d'assurer mon premier cours magistral d'économie publique. La promotion était d'une taille très raisonnable et m'a permis de travailler efficacement en échangeant un grand nombre d'idées avec des étudiants travailleurs et motivés.

J'ai assuré durant ces trois dernières années, à Brest, un cours d'économie publique en maîtrise. J'interviens également en économie publique dans le DEA d'Étude Mathématique et d'Économétrie de l'Université de Paris II, dans le DEA d'économie des politiques publiques de l'université de Paris I, et dans le DEA de microéconomie et des sciences de la décision à l'École normale supérieure de Cachan. Les remarques des étudiants brestois et parisiens m'ont certainement aidée à proposer une meilleure version de ces développements. Je les en remercie tous vivement. Je souhaite en contrepartie que cet ouvrage les accompagne utilement dans l'étude des décisions publiques.

Je voudrais également remercier ma mère pour son aide précieuse dans la relecture minutieuse de ces pages.

Claude Pondaven

---

1. J.-C. Milleron (1992) : « In Memoriam » in *Lettre de l'Association française de sciences économiques*, octobre 1992.

AVANT-PROPOS

Proposer un manuel d'économie publique en 1993 peut surprendre les jeunes générations d'étudiants économistes appelés à découvrir en priorité l'analyse macroéconomique, les fondements microéconomiques, l'histoire de la pensée économique, la théorie monétaire, les relations économiques internationales, l'économie industrielle, le développement. Il n'est pas rare en effet d'obtenir aujourd'hui une maîtrise ès sciences économiques sans avoir reçu un enseignement traditionnel d'économie publique. Dans de nombreux cas, cette discipline relève de choix optionnels. La mode n'est plus aujourd'hui à l'économie publique dans les universités *françaises* et, par effet de masse, les étudiants se précipitent donc vers des disciplines plus modernes telles que l'économie industrielle. Comment s'étonner du cercle restreint d'économistes français spécialisés en économie publique ?

Apprendre l'économie publique peut paraître désuet aux étudiants comme aux générations d'économistes plus avancées. J'avoue avoir ressenti une impression étrange à cet effet lors du concours d'agrégation des universités en 1989. Pour la leçon de spécialités, les candidats avaient le choix entre la macroéconomie, l'économie des ressources humaines, les relations économiques internationales, l'économie du développement, l'économie industrielle et l'économie publique. Une forte concentration des préférences était relevée en économie des ressources humaines et en économie industrielle. Ces priorités peuvent s'expliquer peut-être par la sensibilité des économistes universitaires aux problèmes du chômage ou par leur intérêt pour le monde actif des affaires (je me permets toutefois d'en douter !). Étant la seule candidate à postuler pour l'économie publique, je m'interrogeais sur cet isolement. Convaincue des richesses de l'économie publique, je ne pouvais imaginer que les économistes s'interrogent un seul instant sur son utilité. Je me contentais donc de regretter la situation du moment et constatais que je n'étais vraiment pas au « goût du jour » ! Je n'ai, en revanche, jamais regretté mon attachement pour cette matière déterminante dans le domaine des décisions. J'ai donc écrit ces pages avec enthousiasme, considérant toujours que l'économiste rationnel ne peut déjuger l'utilité du calcul économique public dans une conjoncture exposée à de multiples choix d'investissements collectifs.

Le retour de l'économie publique en France peut être escompté. Le regain de confiance doit également être élargi aux représentants des pouvoirs publics qui délaissent depuis plus de dix ans le calcul économique public dans les analyses de choix de projets d'investissements publics, préférant, hélas, le « flou » à la rigueur ! Les choix de facilité sont toujours regrettés avec un peu de recul chez les gens raisonnables. Nous avons donc raison d'espérer !

Les préférences du moment ne peuvent cependant pas être dénoncées et mon rôle sera seulement de tenter de rétablir la confiance des étudiants pour l'économie publique. Le désintérêt constaté aujourd'hui envers cette matière ne me paraît pas inquiétant mais désolant. L'économie publique est surtout victime d'effets de mode garantissant un fort engouement momentané pour des matières *a priori* plus séduisantes, car plus récentes. Les modes ne durent pas et un juste retour vers l'économie publique peut être attendu sereinement.

Les fondements microéconomiques de l'économie publique sont un guide indispensable en analyse normative et reflètent la cohérence des solutions rationnelles résultant de la recherche d'efficacité économique. Les contraintes réelles et préférences institutionnelles des décideurs peuvent cependant conditionner les choix décisionnels et impliquer des solutions sous-efficaces. Le calcul économique public doit fournir les recettes efficaces au décideur économique soucieux de l'intérêt général. L'orientation des décisions publiques peut être utilement guidée par l'économie publique qui puise ses fondements dans la théorie microéconomique normative. L'économie positive ne doit pas en être pour autant rejetée mais mieux utilisée pour garantir les décisions les moins inefficaces.

Le décideur public musgravien est en pratique confronté à un grand nombre d'incertitudes, indépendamment de ses objectifs d'allocation des ressources, de redistribution des richesses ou de stabilisation de l'activité. L'asymétrie informationnelle l'expose aux risques de manipulations stratégiques internes (organisées par les bureaucraties) et externes (tentées par les contribuables, électeurs, groupes de pression…). La décentralisation des décisions doit donc être prudemment organisée. De même, les interventions directes dans le monde des affaires gagnent à être soumises à un arbitrage précis des finalités recherchées. Les décisions économiques réglementaires ne peuvent être prises au hasard sans en mesurer l'incidence économique. Le coût des politiques publiques ne peut pas non plus être rapidement fixé. La répartition de la charge fiscale peut concilier des intérêts aussi antinomiques que l'efficacité économique, l'équité ou l'efficacité politique. L'économiste public dispose d'outils d'analyse suffisants pour justifier l'utilité d'une décentralisation, l'intérêt d'une déréglementation ou d'une réglementation et la raison d'être d'une règle fiscale.

Cet ouvrage s'articule autour de ces *trois axes majeurs* (décentralisation, réglementation, et fiscalité) fondant l'économie des décisions publiques. Il ne prétend donc pas couvrir l'ensemble des éléments d'économie publique mais accorde priorité aux choix décisonnels publics, que ceux-ci relèvent de l'économie normative ou positive. Les décisions publiques étudiées sont toujours définies en fonction des paradigmes dominants de l'efficacité économique, de l'équité ou du soutien politique (efficacité politique). Les fondements de ces décisions relèvent du calcul économique public et sont de fait de nature microéconomique.

AVANT-PROPOS

Les décisons publiques étudiées concernent tout d'abord les conditions de succès nécessaires à une délégation efficace du pouvoir économique (économie de la décentralisation). Ces choix décisionnels sont complétés par l'étude de l'organisation des marchés réglementés ou déréglementés (bilan des interventions publiques dans l'activité industrielle). Les décisions fiscales achèvent cette analyse du rôle de l'État. Elles permettent de préciser les conditions nécessaires au financement des biens publics et indiquent les propriétés d'un partage fiscal optimal ou équitable selon le vœu ultime du décideur.

La *première partie* consacrée aux *procédures de décentralisation* permet d'étudier dans un *premier chapitre* les problèmes liés à l'asymétrie d'information. L'examen des stratégies individuelles et collectives permet de justifier l'utilité d'une décentralisation des décisions en contexte incertain. Les fondements de la décentralisation varient selon la nature des procédures retenues. Deux cas sont étudiés : les décentralisations informatives cherchant à pallier l'asymétrie informationnelle et les décentralisations incitatives veillant à déjouer les manipulations stratégiques.

Le fonctionnement et les propriétés des procédures informatives sont développés au *chapitre deux* selon le mode de calcul public utilisé. Les décentralisations par gradient sont comparées aux procédures relevant de l'algorithme de décomposition. A cette première différence s'ajoute la nature du message prix ou quantité, induisant ainsi une classification des décentralisations informatives en fonction du mode de calcul et du mode de communication retenus entre la tutelle et les activités périphériques.

Les décisions propres aux choix d'investissements publics sont étudiées en détail au *chapitre trois*. Ces décisions relèvent en partie de la logique des négociations directes entre contribuables. Pour les rendre praticables, elles doivent cependant être définies à partir de procédures décentralisées élargies combinant la consommation de biens privés et publics.

Les risques de manipulation exposent les décentralisations informatives à une certaine inefficience. Pour déjouer les manipulations, des décentralisations incitatives sont présentées au *chapitre quatre*. Des indicateurs de succès satisfaisants garantissent l'élaboration de décisions publiques optimales et contribuent ainsi à la réalisation progressive d'une allocation efficace des ressources.

L'économie des décisions publiques par décentralisation privilégie le paradigme de l'efficacité économique et réduit considérablement le problème des redistributions. Des décisions efficaces et équitables peuvent être recherchées du côté des interventions publiques justifiant la réglementation ou la déréglementation de certains marchés. Ce type de décisions publiques est étudié dans la deuxième partie.

La *deuxième partie*, articulée autour de trois chapitres, traite des problèmes de réglementation en fonction des objectifs d'efficacité économique, d'équité ou d'efficacité politique. Le *chapitre cinq* justifie les interventions réglementaires en fonction des trois paradigmes sélectionnés.

La confrontation des objectifs ne paraît pas toujours raisonnable. Le décideur public cherche à moduler les risques de conflits entre l'intérêt général et l'intérêt particulier. Des décisions prudentielles peuvent le conduire à proposer des programmes combinant l'efficacité économique et l'efficacité politique, ou ajustant les règles d'équité aux exigences d'une affectation optimale des ressources. Ces problèmes de coordination décisionnelle sont exposés au *chapitre six*.

Ce tour d'horizon des décisions réglementaires s'achève au *chapitre sept* par deux études de cas. Le bilan de l'expérience de déréglementation du secteur aérien américain est dressé pour tenter d'en tirer quelques enseignements utiles à la déréglementation attendue du marché aérien européen. Une expérience de réglementation continue est enfin analysée. Elle concerne une estimation politico-métrique de la réglementation agricole communautaire appliquée au cas français.

Les décisions réglementaires peuvent nuire à l'efficience et renforcer les inégalités. Le décideur public doit alors corriger ces insuffisances, d'une part, en donnant aux prix leur fonction d'allocation efficace des ressources et, d'autre part, en pratiquant les compensations forfaitaires nécessaires à l'aide de subventions ou de taxes. Ces décisions relèvent des *principes de fiscalité* et constituent la *troisième partie*.

L'étude des décisions fiscales débute au *chapitre huit* par une présentation des grandes orientations du système fiscal français en tenant compte des contraintes d'harmonisation fiscale européenne. La nature des impôts pratiqués, leur progressivité ou proportionnalité permet de préciser l'orientation des choix décisionnels publics en fonction des priorités publiques affichées d'efficacité, d'équité ou de soutien politique. Les fondements théoriques des systèmes fiscaux sont étudiés dans deux chapitres complémentaires en fonction des règles d'optimalité et des critères d'incidence économique.

Les décisions fiscales doivent permettre de définir les règles de financement des biens collectifs et de partage de la charge fiscale. L'élaboration d'une fiscalité optimale doit contribuer à déterminer la nature de l'impôt et à préciser les caractéristiques économiques de l'incidence fiscale. Ces deux fonctions constituent les domaines d'étude des chapitres neuf et dix.

Au *chapitre neuf*, les principes de fiscalité optimale sont étudiés dans une approche normative. L'étude est définie selon le principe décisionnel. Une décision fiscale fondée sur le principe d'équivalence permet d'asseoir la répartition de la charge fiscale sur une condition d'affectation optimale des ressources. La décision fiscale établie sur la logique de la capacité contributive implique, en revanche, une règle de partage fiscal équitable entre contribuables. La translation de l'impôt est dès lors soumise en partie à la nature du partage décidé. Ce problème relève de l'incidence fiscale.

La recherche d'une fiscalité supportable, la moins nuisible ou la plus équitable, implique enfin l'étude de l'incidence fiscale. C'est l'objet du *chapitre dix* révélant les conditions du partage fiscal décidé, les modalités de sa répartition ainsi que les effets économico-politiques en résultant. Cette étude est tout d'abord menée en équilibre partiel puis élargie à une approche d'équilibre général. L'étude des décisions fiscales s'achève par une analyse dictant les conditions d'équivalence économique entre des fiscalités directe et indirecte.

Cette étude des décisions publiques est progressive. Elle doit permettre à tout étudiant de deuxième cycle, déjà accoutumé aux outils d'analyse microéconomique et familiarisé avec la formalisation mathématique, de découvrir les fondements des choix décisionnels publics et d'approfondir ainsi ses connaissances en analyse économique. Je me suis efforcée de détailler toutes les étapes intermédiaires aux calculs finaux. J'ai tenté de privilégier la qualité pédagogique des développements au prix parfois d'une certaine lourdeur. Je souhaite ainsi stimuler l'élan des étudiants vers les richesses justifiées et méritées de l'économie publique. Je n'y parviendrai certainement que très modestement et je reste donc très attentive à toutes les critiques que ces pages susciteront.

SOMMAIRE

PREMIÈRE PARTIE

DÉCISION ET PROCÉDURES DE DÉCENTRALISATION

CHAPITRE I
Asymétrie informationnelle et stratégie de décentralisation 2

Section 1. Incomplétude des marchés
et asymétries informationnelles 3
Section 2. Organisation des comportements stratégiques 20
Section 3. Fondements des procédures de décentralisation informative 36

CHAPITRE II
Méthodologie des procédures de décentralisation informatives 40

Section 1. Décentralisation informative par les prix 40
Section 2. Décentralisation informative par les quantités 56

CHAPITRE III
Décentralisation et intégration des biens collectifs 68

Section 1. Négociation et biens collectifs 68
Section 2. Détermination progressive de la procédure MDP 77
Section 3. Décentralisation mixte de Malinvaud 82

CHAPITRE IV
Indicateurs de succès et corrections des défaillances incitatives 86

Section 1. Risques de comportements stratégiques incontrôlables 86

Section 2. Logique de l'incitation 89

Section 3. Recherche d'indicateurs de succès satisfaisants 97

DEUXIÈME PARTIE
DÉCISION ET THÉORIE DE LA RÉGLEMENTATION

CHAPITRE V
Efficacité économique ou efficacité politique des réglementations 112

Section 1. Réglementation et efficacité économique 114

Section 2. Réglementation et équité 118

Section 3. Réglementation et efficacité politique 131

CHAPITRE VI
Conflits ou conjonctions des paradigmes économiques et politique 141

Section 1. Modèle englobant de la réglementation publique 141

Section 2. Du modèle d'arbitrage au modèle englobant 146

Section 3. Enseignements de la théorie des marchés disputables et limites des réglementations publiques 148

CHAPITRE VII
Études de cas : enseignements des expériences de réglementation et déréglementation 157

Section 1. Enseignements de la déréglementation du secteur aérien américain 158

Section 2. Estimations politico-métriques de la réglementation agricole communautaire 174

TROISIÈME PARTIE

DÉCISION ET RÈGLE FISCALE

CHAPITRE VIII
Politique fiscale occidentale : tendances et résultats 182

Section 1. Fiscalité et efficacité économique 183

Section 2. Fiscalité et équité sociale 195

CHAPITRE IX
Principes de fiscalité optimale 207

Section 1. Approche normative de l'État 207

Section 2. Règles de fiscalité optimale 211

CHAPITRE X
Approche de l'incidence fiscale 222

Section 1. Incidence de la fiscalité sur le bien-être en équilibre partiel 223

Section 2. Incidence de la fiscalité sur le bien-être en équilibre général 232

TABLE DES MATIÈRES 275

PREMIÈRE PARTIE

DÉCISION ET PROCÉDURES DE DÉCENTRALISATION

CHAPITRE I

ASYMÉTRIE INFORMATIONNELLE ET STRATÉGIE DE DÉCENTRALISATION

L'hypothèse d'omniscience d'un planificateur central, parfaitement informé des préférences individuelles et des dotations des agents, est, bien entendu, insoutenable. La théorie économique de la décision en avenir risqué admet l'incertitude et cherche à la surmonter en retenant successivement des règles de plus en plus affinées, délaissant ainsi le concept général de l'utilité espérée au profit de la règle neumannienne de l'utilité combinant conséquences et probabilités de réalisation des différents événements aléatoires.

L'hypothèse de complétude des marchés, supposant l'existence d'un marché pour tous les biens, présents et futurs, ne peut rendre compte des comportements des agents et doit au moins être doublée de l'hypothèse de marchés contingents à terme. Cette seconde hypothèse permet de postuler l'existence de contrats conditionnels engageant les acteurs à jouer une stratégie donnée en fonction de l'état de la nature qui se réalise. Dans ce cas, l'incertitude est donc limitée si le modèle théorique de référence associe à chaque bien économique autant de biens contingents qu'il existe d'états possibles de la nature.

La bonne gestion de cette incertitude, même limitée, dépend toutefois des comportements des différents agents et de leur attitude face au risque.

Dans ce domaine, de nombreux progrès[1] ont été réalisés grâce aux résultats de l'expérimentation (paradoxe d'Allais, 1953-1979 ; test de Kahneman et Tversky, 1979 ; paradoxe de Bergen, 1979 ; test de Munier et Abdellaoui, 1989) donnant naissance à des modèles déterminants (théorie de l'utilité SSB – Skew Symmetric Bilinear Utility Theory – de Fishburn, 1984 ; modèles de Hagen, 1979 ; de Munera, 1982-1988).

L'enseignement majeur de cette littérature moderne et spécialisée concerne principalement la nature des risques et la capacité cognitive plus ou moins limitée des agents économiques.

---

1. Voir à ce sujet l'article de référence de B. MUNIER (1989) : « Calcul économique et révision de la théorie de la décision en avenir risqué », *Revue d'Economie Politique,* n° 2, pp. 276-306.

La portée des théories récentes de la décision en avenir risqué est une remise en cause des fondements de la théorie normative analysant les comportements des agents économiques non pas comme ils sont en réalité mais tels qu'ils devraient être en fait. L'observation des comportements réels oblige l'économiste à raisonner aujourd'hui dans un contexte vérifiant une asymétrie d'information.

SECTION 1. INCOMPLÉTUDE DES MARCHÉS ET ASYMÉTRIES INFORMATIONNELLES

Une planification centrale « idéale » garantit théoriquement une parfaite correspondance entre l'équilibre général de marchés et l'optimum paretien. De nombreuses conditions sont nécessaires : omniscience et totale bienveillance du planificateur doté d'une fonction d'utilité collective (FUC) bergsonienne, c'est-à-dire individualiste, parfaite transparence des informations et donc hypothèse d'absence totale d'incertitude. Les défaillances du marché hypothèquent toutefois largement la possibilité de vérifier les théorèmes fondamentaux de l'économie publique.

Nous rappellerons tout d'abord les fondements théoriques de la correspondance entre l'équilibre général et l'optimum paretien. La présence d'incertitude nous conduira à définir, puis à présenter, les effets liés aux asymétries d'information.

A. Théorèmes fondamentaux de l'économie du bien-être

Un planificateur omniscient et bienveillant garantit la même affectation optimale des ressources que celle issue d'un modèle d'équilibre général concurrentiel du type modèle d'Arrow-Debreu. L'optimum atteint est *paretien de premier rang* : il assure une affectation efficace des ressources et sélectionne les états économiques réalisables qui améliorent la situation d'au moins un individu sans détériorer celle d'aucun autre. Ces résultats sont les enseignements fondamentaux de l'économie publique et symbolisent les deux théorèmes de l'économie publique.

> ***Théorème 1 :*** Tout équilibre général concurrentiel est un optimum de Pareto (mais la réciproque n'est pas nécessairement vraie).

> ***Théorème 2 :*** Un optimum paretien vérifie un équilibre général concurrentiel si les prix sont décentralisables par le marché.

1. Correspondance entre équilibre général concurrentiel et optimum paretien

1.1. Détermination du programme paretien de premier rang

Soit une économie limitée à deux individus i et j. Pour satisfaire aux conditions paretiennes en faveur de j, il convient de sélectionner une affectation des ressources maximisant l'utilité de j sous contrainte de sauvegarder au moins l'utilité de i (contrainte 1.1), et en tenant compte des contraintes d'emplois-ressources (contrainte 1.2) et de la fonction de production (contrainte 1.3). Le programme paretien s'écrit donc sous la forme générale (pour X : quantité consommée, Y : quantité produite, $\overline{\omega}^i$: état initial de i) :

(1.0) $\text{MAX } U_k^j (X_k^j)$

(1.1) $U^i(X_k^i) \geq U^i(\overline{\omega}_k^i)$; $\lambda^i \geq 0$ pour tout $i = j$

(1.2) $f^h(...Y_k^h...) \leq 0$; $\mu^h \geq 0$

(1.3) $X_k^j + \sum_{i \neq j} X_k^i - \sum_h Y_k^h \leq \overline{\omega}_k$; $\pi_k \geq 0$

Les conditions du premier ordre de cet optimum sont vérifiées lorsque les dérivées partielles premières du lagrangien par rapport aux quantités et aux multiplicateurs s'annulent. Ces conditions d'optimalité définies par Kuhn et Tucker sont nécessaires et suffisantes lorsque la fonction d'utilité, définie pour plusieurs variables explicatives, est strictement quasiconcave et vérifie donc des utilités marginales décroissantes pour tous les biens : $f(U)$ est strictement quasiconcave si pour tout scalaire α tel que $0 < \alpha < 1$ alors : $f\left[\alpha U_0 + (1-\alpha)U_1\right] > f(U_1)$, pour tout U_0 et U_1 tels que $f(U_0) = f(U_1)$.

Les dérivées premières du programme précédent s'annulent à l'optimum et vérifient les résultats suivants :

(1.4) $\delta L / \delta X_k^j = \lambda^j U_k^j - \pi_k = 0$ pour tout $X_k^{j*} > 0$

(1.5) $\delta L / \delta X_k^i = \lambda^i U_k^i - \pi_k = 0$ pour tout $X_k^{i*} > 0$

(1.6) $\delta L / \delta Y_k^h = -\mu^h f_k^h + \pi_k = 0$ pour tout $Y_k^{h*} > 0$

soit pour tout i : $\lambda^i U_k^i = \pi_k$

soit pour tout h : $\mu^h f_k^h = \pi_k$

d'où pour deux biens k et n, où n est le bien numéraire vérifiant un prix égal à 1 ; ce prix est défini par le multiplicateur de Lagrange associé à la contrainte (1.3) ; c'est donc un prix dual tenant compte de l'emploi optimal des ressources et jouant ainsi la fonction d'un indicateur de rareté utile des biens et facteurs de production :

(1.7) $\dfrac{U_k^i}{U_n^i} = \pi_k = \dfrac{f_k^h}{f_n^h}$ pour tout i et tout h et tel que $\pi_n = 1$

$\Leftrightarrow$

(1.8) $\text{TMS}_i = \pi_k = \text{TMST}_h$

À l'optimum, le taux marginal de substitution de tout individu i est égal au taux marginal de substitution technique dans chaque entreprise h et à l'indicateur de rareté utile associé au bien consommé.

1.2. Détermination du programme d'équilibre général

L'approche walrasienne de l'équilibre général définit les conditions d'équilibre simultané de tous les marchés interdépendants. Ces conditions impliquent un ajustement parfait des offres et demandes sur chaque marché et se traduisent mathématiquement par l'égalité de la demande globale et de l'offre globale sur chaque marché de biens ou de facteurs :

(1.9) $\displaystyle\sum_i X_i^k(P_1,...,P_k,...,P_n,R^i) = \sum_h Y_k^h(P_1,...,P_n) + \varpi_k$

demande globale des agents i = offre globale des entreprises h en bien k

soit un système de : n équations car n biens k

et $n + \mathrm{I}$ inconnues car n prix P_k et I revenus.

Ce système se réduit en fait à $n - 1$ équations et $n - 1$ inconnues pour les raisons suivantes :

– les ressources initiales des agents i sont des variables exogènes et la seule variable à déterminer pour définir le revenu des consommateurs reste les prix des biens k ; d'où n prix à définir soit donc n inconnues et non $n + \mathrm{I}$;

– en retenant le bien n comme numéraire, le nombre d'inconnues se réduit à $n - 1$ car le prix du numéraire est par définition égal à 1 ;

– du côté des équations, le système peut également se réduire si on prend soin de se référer à l'identité de Walras impliquant que l'équilibre sur $n - 1$ marchés garantit automatiquement l'équilibre sur le énième marché ; dans ce cas, la demande nette s'annule car il y a bien identité des offres et demandes de tous les agents pour tous les biens.

Le système est ainsi parfaitement déterminé :

$n - 1$ inconnues : $n - 1$ prix à déterminer

$n - 1$ équations indépendantes

Ce système garantit un équilibre si le théorème de point fixe, défini par Brouwer, est vérifié[2]. La décroissance des utilités marginales est notamment indispensable afin d'assurer à chaque consommateur i la possibilité d'un optimum individuel.

Économiquement, l'équilibre général associe simultanément tous les marchés interdépendants et respecte donc *trois conditions* :

Conditions d'optimalité du programme du consommateur rationnel qui maximise son utilité sous contrainte de sa disponibilité budgétaire :

(1.10) $\text{Max} \quad U^i(...X_k^i...)$

(1.11) $\sum_k P_k X_k^i \leq R^i \ ; \ \lambda^i \geq 0$

À partir des relations de Kuhn et Tucker, les conditions du premier ordre, définies par rapport aux quantités et au prix dual λ^i, nécessaires et suffisantes pour une fonction d'utilité quasi concave, vérifient à l'optimum :

(1.12) $\delta L / \delta X_k^i = \delta U^i / \delta X_k^i - \lambda^i P_k = 0$

(1.13) $\delta L / \delta \lambda^i = \sum_k P_k X_k^i - R^i \leq 0$

soit, pour deux biens k et n dont n représente le numéraire ($P_n = 1$) :

(1.14) $\dfrac{U_k^i}{U_n^i} = \dfrac{P_k}{P_n} = P_k$ où $U_k^i = \dfrac{\delta U^i}{\delta X_k^i}$

Programme du producteur rationnel soucieux de maximiser son profit sous la contrainte de sa fonction de production :

(1.15) $\text{Max} \quad \Pi^h = \sum_k P_k Y_k^h$

(1.16) $f^h(...Y_k^h...) \leq 0 \ ; \ \mu^h \geq 0$

Les conditions d'optimalité pour toute quantité offerte strictement positive vérifient les égalités suivantes :

(1.17) $\delta L / \delta Y_k^h = P_k - \mu^h (\delta f^h / \delta Y_k^h) = 0 \qquad \forall Y_k^{h*} > 0$

(1.18) $\delta L / \delta \mu^h = f^h(...Y_k^h...) = 0 \qquad \forall \mu^h > 0$

soit, pour deux inputs ou outputs k et n, la condition d'optimalité nécessaire et suffisante si f est quasiconcave :

---

2. Voir à ce sujet :
E. Malinvaud (1969) : *Leçons de théorie microéconomique*, Dunod pp. 104-111.
J. Benard (1985) : *Économie publique*, Economica, pp. 76-78.

(1.19) $\dfrac{f_k^h}{f_n^h} = \dfrac{P_k}{P_n} = P_k$ pour n, bien numéraire dont $P_n = 1$

avec $f_k^h = \dfrac{\delta f^h}{\delta Y_k^h}$

Conditions d'équilibre des marchés impliquant aucun excédent côté demande ou offre :

(1.20) $\sum_i X_i^k(P_1,...,P_k,...,P_n, R^i) = \sum_h Y_k^h(P_1,..., P_n) + \varpi_k$

d'où la garantie d'une demande nette nulle n'impliquant aucun ajustement de prix, soit, à l'étape t :

(1.21) $\delta P_k(t)/\delta t = a_k\left[D_k(P_t) - S_k(P_t)\right] = 0$

avec à l'équilibre $D_k(P_t) = S_k(P_t)$

$D_k(P_t)$ = demande globale en bien k définie à l'étape t

$S_k(P_t)$ = offre globale en bien k définie à l'étape t

a_k = paramètre d'ajustement

P_k = prix du bien k en t

P_t = vecteur de prix en t

L'équilibre général vérifie simultanément ces trois conditions, de sorte que le taux marginal de substitution pour tout consommateur est égal au rapport des prix de marché, encore égal au taux marginal de transformation pour tout producteur :

$\dfrac{U_k^i}{U_n^i} = \dfrac{P_k}{P_n} = \dfrac{f_k^h}{f_n^h} \forall i, \forall h$

(1.22)

$\Leftrightarrow$

TMS_i = rapport des prix = TMST_h

1.3. Conditions de correspondance entre équilibre général concurrentiel et optimum parétien

Il suffit de comparer les résultats respectifs de chaque programme pour définir les conditions générales d'identité entre un équilibre général et un optimum de Pareto :

– pour deux biens k et n, dont n est le numéraire, *l'équilibre général* doit vérifier la condition suivante démontrée au paragraphe précédent :

(1.23) $\dfrac{U_k^i}{U_n^i} = P_k = \dfrac{f_k^h}{f_n^h} \forall i, \forall h$

– pour deux biens k et n, dont n est le numéraire, *l'optimum de Pareto* satisfait à la condition suivante :

(1.24) $\dfrac{U_k^i}{U_n^i} = \pi_k = \dfrac{f_k^h}{f_n^h} \forall i, \forall h$

Les conditions (1.23) et (1.24) s'identifient dès que les prix de marché P_k se confondent avec les prix duaux optimaux π_k :

(1.25) $P_k = \pi_k$

Les prix duaux optimaux sont par définition des indicateurs de rareté utile associés à la contrainte de ressources-emplois définie dans le programme paretien. Tout prix dual optimal positif implique la saturation de la contrainte, soit la garantie d'une parfaite égalité des ressources et emplois, donc une identité de l'offre et de la demande du bien considéré. Les prix d'équilibre du marché satisfont à la même condition (demande nette nulle car égalité de l'offre et de la demande globales). Dans ce cas, on peut donc affirmer que les prix de marché sont des prix optimaux vérifiant les conditions paretiennes.

Il en résulte deux enseignements majeurs :

– tout équilibre général concurrentiel est un optimum de Pareto : l'équilibre général satisfait aux conditions paretiennes d'optimalité des satisfactions individuelles et les prix d'équilibre de marché sont égaux pour chaque bien à l'indicateur de rareté pareto-optimal : premier théorème de l'économie du bien-être ;

– la réciproque n'est pas nécessairement vraie : l'optimum paretien ne vérifie pas nécessairement les conditions de l'équilibre général et ne peut y satisfaire que si les prix duaux sont décentralisables par le marché. Cette condition de correspondance peut également être satisfaite dans un contexte très particulier d'une planification centralisée parfaite garantissant la bienveillance totale du tuteur soucieux de maximiser la satisfaction de chaque agent. À cette bienveillance doit s'ajouter une totale omniscience assurant la connaissance parfaite par le tuteur des fonctions d'utilité de tous les consommateurs, des fonctions de production de toutes les entreprises et des ressources existantes pour tous les biens. L'exigence de telles conditions tend inévitablement à affaiblir les possibilités de réalisation d'une telle correspondance.

2. Limites du premier théorème de l'économie du bien-être

Plusieurs conditions doivent être réunies pour satisfaire aux exigences d'un équilibre général ou d'un optimum paretien : propriétés de quasi-concavité des fonctions d'utilité et fonctions de production pour garantir des conditions de premier ordre nécessaires et suffisantes, d'où une hypothèse de rendements constants ou décroissants ; contrainte d'un équilibre parfaitement concurrentiel ; exclusion de biens collectifs ou d'effets externes pour sauvegarder la capacité de décentralisation d'un optimum paretien par le marché. Ces conditions particulières affaiblissent la portée du premier théorème de l'économie du bien-être et limitent inévitablement la force de la correspondance recherchée[3].

2.1. Rendements croissants et non-identité de l'optimum paretien avec l'équilibre général de marché

Une gestion paretienne fixe le prix à la valeur du coût marginal. La présence de rendements croissants remet en cause rapidement une telle tarification. Les rendements croissants vérifient les effets positifs des économies d'échelle et sont tels que, par définition, le coût marginal (coût de la dernière unité produite) est inférieur au coût moyen (coûts décroissants). La tarification au coût marginal expose inévitablement l'entreprise au déficit. L'entreprise ne peut dans ce cas satisfaire aux conditions d'optimalité. Les rendements croissants hypothèquent donc la recherche de cet optimum qui, de fait, ne peut être un équilibre général. Ainsi, pour satisfaire aux propriétés du premier théorème de l'économie du bien-être, l'économie ne peut vérifier des situations de rendements croissants.

Les rendements croissants, particularité des situations de monopoles naturels, impliquent donc une gestion spécifique largement éloignée de celle de la situation concurrentielle propre à l'équilibre général. La tarification la moins mauvaise pour le consommateur, dans ce cas, sans exposer le producteur à un déficit, est une tarification sous contrainte d'un équilibre budgétaire. Cette tarification, définie par Ramsey et Boiteux, est optimale de second rang car elle est associée à une contrainte précise d'équilibre budgétaire. Nous préciserons ses propriétés dans la deuxième partie de ce manuel, consacrée aux problèmes de réglementation.

Tout écart par rapport à la situation concurrentielle nuit à la correspondance recherchée entre un optimum paretien et un équilibre général, ainsi que pour la réciproque. Le premier théorème de l'économie du bien-être impliquant que tout équilibre de marché est un optimum paretien ne peut être vérifié que sous réserve d'un équilibre général parfaitement concurrentiel.

2.2. Non-optimalité paretienne d'un équilibre général de marché imparfaitement concurrentiel

L'hypothèse d'un équilibre parfaitement concurrentiel fait défaut en pratique. Les entreprises cherchent à ne pas supporter des prix exogènes et souhaitent ne pas demeurer des « preneurs de prix ». Ainsi, pour tenter d'influer le prix, l'entreprise cherche à dominer le marché soit en adoptant à l'extrême un comportement de prédateur (gestion monopolistique), soit en recherchant le mieux possible, par diverses stratégies, à influencer le prix.

Le prix n'est plus une variable exogène mais devient fonction de la quantité produite par l'entreprise.

---

3. Voir à ce sujet l'excellente synthèse de J. BENARD, *op. cit.*, pp. 100-101.

L'incidence de telles stratégies peut être illustrée en comparant simplement les résultats d'une situation de concurrence parfaite à une situation de monopole :

RT = recette totale RM = recette moyenne Rm = recette marginale
P = prix   Y = quantité produite Cm = coût marginal

Les comportements de prix des producteurs sur chaque structure de marché doivent être parfaitement identifiés :
- preneur de prix (politique du « price taker ») en concurrence ;
- faiseur de prix (politique du « price maker ») en monopole.

Concurrence parfaite	Monopole
a – preneur de prix prix indépendant de la quantité produite par l'entreprise	a – faiseur de prix prix fonction de la quantité produite par l'entreprise
b – RT = P.Y	b – RT = P(Y).Y
c – RM = Rm = P	c – RM = P(Y) Rm = P(Y) + P'(Y).Y avec Rm < RM
d – Rm = Cm à l'optimum Rm = P P = Cm ⇓ résultat d'une gestion concurrentielle *efficace*	d – Rm = Cm à l'optimum Rm < P P ≠ Cm ⇓ le prix auquel peut être vendue la production dépend du volume de cette production et vendre plus conduit à vendre moins cher : l'écart entre le prix et le coût marginal génère une *inefficacité*

Cette inefficacité remet en cause les qualités de l'équilibre général qui ne peut plus être concurrentiel, ses prix n'étant plus égaux aux taux marginaux de substitution ou de transformation pour tous les biens et tous les agents. L'optimum paretien ne peut dès lors être vérifié puisqu'il exige l'identité des prix aux taux marginaux de substitution ou de transformation avec le numéraire.

La sous-efficacité d'un monopole malthusien, qui restreint volontairement la production par rapport à la production optimale d'un marché efficace de concurrence parfaite, peut être mesurée :

condition d'optimalité :

(1. 26)   Rm = Cm

soit encore :

(1.27) $P(Y) + P'(Y).Y = Cm(Y)$

(1.28) $P(Y) - Cm(Y) = -P'(Y).Y$

$\Leftrightarrow \quad \dfrac{P(Y) - Cm(Y)}{P(Y)} = -\dfrac{P'(Y).Y}{P(Y)}$

or $RM(Y) = P(Y)$ = fonction de demande inverse = $\dfrac{1}{D[P(Y)]}$

d'où $P'(Y) = \dfrac{1}{D'[P(Y)]}$

à l'équilibre, l'identité de l'offre et de la demande implique :

(1.29) $P'(Y).Y = P'(Y).D \quad$ avec $D = 1/P(Y)$

d'où :

(1.30) $\dfrac{P'(Y).Y}{P(Y)} = \left(\dfrac{1}{D'[P(Y)].P(Y)}\right)\left(\dfrac{1}{P(Y)}\right)$

(1.31) $\dfrac{P'(Y).Y}{P(Y)} = \dfrac{1}{[(\delta D / \delta P).P]/D}$

(1.32) $\dfrac{P'(Y).Y}{P(Y)} = \dfrac{1}{(\delta D / \delta P)(P / D)} = \dfrac{1}{\varepsilon}$

avec ε = élasticité-prix de la demande : $\varepsilon < 0$

d'où

(1.33) $\dfrac{P(Y) - Cm(Y)}{P(Y)} = -\dfrac{P'(Y).Y}{P(Y)}$

$\Leftrightarrow$

(1.34) $\dfrac{P - Cm}{P} = -\dfrac{1}{\varepsilon} \quad$ à l'optimum

À l'optimum du monopole, l'écart relatif entre le prix et le coût marginal est égal à l'inverse de l'élasticité-prix de la demande totale (en valeur absolue).

Il en résulte donc un *prix proportionnel au coût marginal* :
de (1.34) on déduit :

(1.35) $P = \dfrac{\varepsilon}{1+\varepsilon} Cm$

Le prix du monopole est donc proportionnel au coût marginal (alors qu'en concurrence parfaite, il lui est égal), et le coefficient de proportionnalité est d'autant plus grand que la demande est faiblement élastique par rapport au prix. Tout équilibre général imparfaitement concurrentiel s'éloigne donc de la situation paretienne et ne vérifie plus la correspondance donnée par le premier théorème de l'économie du bien-être.

D'autres causes hypothèquent la réciproque d'une telle correspondance et empêchent un optimum paretien de vérifier un équilibre général de marchés.

2.3. Incidence des externalités et des biens collectifs sur la décentralisation d'un optimum paretien par le marché

La décentralisation exclusive par le marché est dans ce cas insuffisante et inefficace. Pour tenir compte des propriétés spécifiques aux biens collectifs purs (indivisibilité de consommation), Lindahl propose dès 1917 la recherche de l'équilibre *par négociation*. Ces procédures de négociation seront étudiées en détail au chapitre IV.

Des négociations unanimes entre consommateurs contribuables permettent d'aboutir à un équilibre correspondant à un optimum paretien. La théorie lindahlienne de l'échange volontaire exclut tout transfert forfaitaire modifiant la distribution des revenus mais laissant inchangés les TMS et les TMT des agents et vérifie deux résultats fondamentaux :

– la disposition marginale à payer le bien collectif est à l'optimum, pour chaque individu, égale à la part qu'il va supporter dans le coût de ce bien collectif ;

– les conditions de premier ordre des modèles d'optimation individuels impliquent que la somme des dispositions marginales à payer le bien collectif soit égale au coût marginal de production du bien :

pour une économie limitée à deux individus A et B
soit g, le bien collectif pur
soit n, le bien privatif servant de numéraire ($P_n = 1$)

$$(1.36) \quad \frac{U_g^A}{U_n^A} + \frac{U_g^B}{U_n^B} = C_g \quad \text{à l'optimum}$$

L'interdépendance des fonctions d'utilité en cas d'effets externes et l'indivisibilité de consommation en cas de biens collectifs remettent donc en cause la condition générale de l'optimalité : les utilités marginales individuelles ne sont plus égales au coût marginal, seule leur somme se confond avec ce coût marginal à l'optimum.

Biens collectifs et externalités ne condamnent donc pas la recherche d'un optimum paretien mais imposent le recours à des procédures spécifiques de négociation initiées par Lindahl, puis enrichies par Samuelson dans sa théorie du « pseudo-équilibre général ». Le premier théorème de l'économie du bien-être suppose toujours, en revanche, une parfaite information, également partagée entre tous les agents. La violation d'une parfaite symétrie informationnelle annule toute correspondance entre l'affectation optimale des ressources et l'équilibre général concurrentiel. Il importe donc de préciser la nature de cette asymétrie.

B. Nature de l'asymétrie informationnelle

L'asymétrie d'information revêt deux natures distinctes selon qu'elle concerne les *biens,* et plus précisément les *caractéristiques des biens,* ou les *agents,* c'est-à-dire leurs *comportements.* Seul le propriétaire d'un bien est logiquement parfaitement informé de toutes les caractéristiques de son bien ; de même, seul l'agent concerné est maître de son comportement avec précision.

La première incertitude relève de la *sélection adverse* ; la seconde tient à l'effet de *hasard moral ou risque moral.*

1. Asymétrie de type sélection adverse

Initiée par G. Akerlof[4] dans un article de 1970, « The Market for Lemons », sur l'exemple du marché des voitures d'occasion, cette incertitude reflète une situation d'information cachée. Les voitures sont indicées par un paramètre q de qualité vérifiant une distribution uniforme entre 0 et 1.

Pour un véhicule de qualité q, Akerlof suppose que la valeur de réservation de l'acheteur est $3/2\,q$, et celle du vendeur q. L'auteur étudie ensuite la détermination du prix de marché et du volume d'échange dans une situation où le nombre d'acheteurs potentiels excède le nombre de vendeurs.

En situation de parfaite information, l'efficacité implique l'échange de tous les véhicules, et sur un marché concurrentiel, les véhicules de qualité q sont échangés au prix de $3/2\,q$.

Akerlof suppose toutefois que seule la qualité *moyenne* des voitures est observable, indépendamment du prix de vente P. Les acheteurs en proposent dès lors un prix général inférieur si la qualité moyenne $\bar{q}$ est inférieure à q. L'échange devient inefficace car les vendeurs n'écoulent pas toutes les voitures au prix proposé pour une qualité estimée à $3/4\,q$.

L'analyse d'Akerlof a été généralisée par Wilson (1980) qui a montré que les préférences hétérogènes des acheteurs pouvaient conduire à de multiples équilibres walrasiens classifiables selon le critère paretien[5]. Son argumentation est la suivante : si la qualité $\bar{q}$ moyenne des biens proposés à la vente s'élève suffisamment avec le prix, quelques acheteurs peuvent réellement préférer acheter à un prix plus élevé. Ainsi, même en l'absence d'effet revenu, la courbe de demande peut être à pente positive pour certains intervalles de prix. Si les courbes d'offre et de demande se coupent plus d'une fois, de multiples équilibres walrasiens peuvent être vérifiés.

Wilson démontre que, si les acheteurs ont un taux marginal de substitution constant entre la qualité du véhicule et la consommation des autres biens, ils préfèrent tous un équilibre avec un prix élevé à un équilibre à prix plus bas (enseignement de la

---

4. G. Akerlof (1970) : « The Market for Lemons : Quality Uncertainty and the Market Mechanism », *Quarterly Journal of Economics,* 84 ; n° 3, August, pp. 488-500.

5. C. Wilson (1980) : « The Nature of Equilibrium in Markets with Adverse Selection », *Bell Journal of Economics.* 11, Spring, pp. 103-30.

théorie de la préférence révélée). Les vendeurs préfèrent également vendre à un prix plus élevé ; il en résulte donc que les prix élevés garantissent une satisfaction plus forte à tous !

En situation de sélection adverse, les forces du marché ne peuvent conduire à un prix unique. La nature de l'équilibre dépend généralement de la nature de la convention passée pour fixer le prix. Si les consommateurs ont une préférence pour un prix supérieur au prix walrasien, un équilibre peut être trouvé et l'excès d'offre en résultant doit être rationné. Ce problème de rationnement a notamment été étudié par J. Stiglitz et A. Weiss (1978) pour expliquer l'offre limitée de crédit[6].

Par définition, l'asymétrie d'information profite à un agent (ou groupe d'agents) disposant dans ce cas d'une rente informationnelle. C'est notamment le cas du vendeur de voitures relativement aux acheteurs potentiels dont l'appréciation du véhicule reste limitée à l'aspect général avec toute l'incertitude qu'une peinture refaite peut cacher d'autres défauts. L'asymétrie d'information encourage la méfiance : les bonnes voitures ne peuvent être distinguées des « lemons », c'est-à-dire des véhicules de mauvaise qualité.

Pour éviter les conséquences d'un marché inefficace assurant uniquement l'échange de voitures de basse qualité mais aux caractéristiques inobservables, des contrôles de sécurité s'imposent. Ils ont pour mérite de rétablir l'équilibre en déjouant les tricheries.

Plusieurs applications de la sélection adverse ont été proposées. Elles trouvent particulièrement leurs origines dans la théorie des assurances lorsque l'assureur, mésinformé sur le comportement de l'assuré vis-à-vis du risque, lui propose une prime moyenne.

L'assureur subit un préjudice si seuls les agents à haut risque s'assurent[7]. Ces derniers bénéficient d'une couverture bon marché et en retirent inévitablement un surplus d'utilité.

L'asymétrie d'information a également été introduite dans les modèles du marché du travail afin de montrer les effets de la sélection adverse sur le contrat de travail optimal[8].

Le contrat de travail optimal contient un élément d'assurance et désincite les salariés à quitter l'entreprise. La garantie donnée au salarié s'exprime en terme d'utilité espérée minimale. Ce niveau plancher satisfait aux propriétés du *salaire de réservation* défini dans la théorie du chômage de recherche. Le salarié à la recherche d'un emploi s'efforce d'obtenir au moins un niveau de salaire dit salaire de réservation. Tout contrat de travail offrant à ce salarié son salaire de réservation s'apparente donc à une garantie d'assurance. Ce contrat est *optimal* s'il permet à l'entreprise de minimiser ses coûts et si, parallèlement, il satisfait à la

---

6. J. STIGLITZ and A. WEISS (1981) : « Credit Rationning in Markets with Imperfect Information », *American Economic Review,* 71, June, pp. 393-410.

7. Voir à ce sujet : illustration de M. MOUGEOT (1989) : « Économie du secteur public » *Economica*, p. 296.

8. Voir à ce sujet :
S. ROSEN (1985) : « Implicit Contracts : a Survey », *Journal of Economic Literature,* 23, September, pp. 1144-75.
B. REYNAUD (1988) : « Le Contrat de travail dans le paradigme standard » *Revue Française d'Économie,* volume III, n° 4, automne 1988, pp. 157-194.

contrainte minimale d'utilité espérée du salarié. Azariadis[9] démontre que le contrat optimal est totalement indépendant des performances de la firme ; il satisfait de plus conjointement à une double incertitude : exigence du salarié en quête d'un emploi et contrainte de coût de l'entreprise. Le rationnement peut aider à gérer l'effort individuel. La crédibilité de la menace de licenciement naît du versement d'un salaire confortable (Shapiro et Stiglitz, 1984). Ce type de contrat garantit l'entreprise d'une stabilité relative de la main-d'œuvre car tout départ expose le salarié soit à un chômage durable, soit à une baisse de salaire puisque les emplois proposés en période de récession sont offerts au prix du marché.

En contrepartie de la garantie d'un salaire de réservation certain, l'entreprise souhaite conserver ses travailleurs. Ce salaire est indépendant des performances de l'entreprise et n'expose donc pas le salarié à un licenciement en période de mauvaise conjoncture. La garantie du salaire de réservation est toujours sauvegardée, même en présence d'asymétrie informationnelle exposant les salariés à un risque de licenciement ; l'entreprise réagit à une baisse de la demande par un ajustement-quantité (licenciement) et non par un ajustement-prix (pas de révision à la baisse du salaire de réservation).

Une autre application de ce type d'asymétrie est proposée en économie industrielle quand on reconnaît que chaque firme dispose d'une rente informationnelle sur ses propres coûts relativement à ses concurrents potentiels. Ces rentes favorisent les comportements stratégiques et aident les firmes déjà installées à sauvegarder leurs parts de marché en évinçant habilement la concurrence par l'adoption d'une stratégie de prix limite. Ces résultats ont été mis en évidence par Milgrom et Roberts[10] dès 1982.

La sélection adverse peut donc modifier l'équilibre au profit d'un joueur lorsque les caractéristiques des biens ou d'un contrat sont au moins mieux connues d'un partenaire.

L'incomplétude du contrat de travail peut également générer une incertitude radicale comme le souligne Aglietta[11]. Dans ce cas, l'asymétrie concerne le comportement des joueurs et favorise une situation de risque moral.

2. Hasard ou risque moral

Ce type d'incertitude concerne le comportement inobservable des agents. Le niveau d'effort réel est caché et affecte le résultat. L'exemple de référence illustre l'attitude des assurés sociaux. Arrow (1963) et Pauly (1968) observent que la prise en charge des dépenses médicales désincite l'assuré à fournir tous les efforts suffisants pour réduire sa consommation de soins et médicaments[12].

---

9. C. AZARIADIS (1975) : « Implicit Contracts and Unemployment Equilibria » *Journal of Economic Theory,* pp. 1183-1202.

10. P. MILGROM and J. ROBERTS (1982) : « Predation, Reputation, and Entry Deterrence », *Journal of Economic Theory,* 27, August, pp. 280-312.

11. M. AGLIETTA (1978) : « Panorama sur les théories de l'emploi », *Revue Économique,* vol. 29, n° 1, janvier 1978, pp. 80-119.

12. K. ARROW (1963) : « Uncertainty and the Welfare Economics of Medical Care », *American Economic Review,* vol. LIII, n° 5.
M. V. PAULY (1968) : « The Economics of Moral Hazard », *American Economic Review,* vol. LVIII, n° 1.

Le risque moral est fréquent en économie publique. Les agents économiques connaissent leur propre évaluation des biens publics mais ignorent logiquement celle des autres individus. Bliss et Nalebuff (1984) étudient l'incidence de l'asymétrie informationnelle dans des situations spécifiques de l'économie publique[13].

Le hasard moral peut se définir comme l'action des agents économiques qui maximisent leur propre utilité au détriment des autres dans les situations où ils ne supportent pas les conséquences totales. Ces situations peuvent inclure une grande gamme d'externalités et peuvent altérer l'équilibre ou provoquer des équilibres inefficaces quand ils existent. C'est une forme particulière de contrats incomplets créant le conflit entre l'utilité des agents et celle des autres. Cette incomplétude peut naître de plusieurs raisons : coexistence d'information asymétrique et aversion au risque, production jointe, coûts ou barrières aux contrats.

2.1. Incomplétude par asymétrie

Les agents peuvent posséder une information exclusive. L'action cachée implique des comportements non observables ou imprévisibles, d'où l'impossibilité d'établir des contrats sur de telles actions. L'information cachée concerne les états de la nature sur lesquels l'agent dispose d'informations, probablement incomplètes, qui déterminent la nature des actions mais restent inobservables pour les autres. Les exemples courants d'actions cachées concernent l'effort, la précaution des assurés pour réduire la probabilité des accidents ou dommages dus par eux-mêmes, l'acte criminel. L'information cachée est fréquente dans les services des juristes, politiciens et physiciens.

Lorsque les conséquences des actions des agents peuvent être dissociées et séparées de celles des autres, le problème de hasard moral peut être résolu si les agents sont neutres vis-à-vis du risque : il suffit de leur assigner l'ensemble des effets en échange d'un honoraire fixé. Ce procédé revient à la réalisation d'un contrat complet. Le problème de l'incomplétude des contrats s'intensifie quand les agents ont de l'aversion au risque ou quand la responsabilité totale de l'agent ne peut être engagée.

Assigner l'ensemble des dommages (gains) aux agents quand ils ont de l'aversion au risque revient à leur faire supporter tout le risque dû aux aléas des états de la nature. Les agents adverses au risque souhaiteraient une couverture d'assurance contre de tels risques. Il est toutefois impossible pour les autres de séparer les conséquences des actions des agents des éléments aléatoires qui ne peuvent être contrôlés par l'agent. L'agent en question peut proposer de dévoiler une information sur les événements ou actions aléatoires, mais cette annonce n'est pas crédible. Ce type de comportement est fréquent dans la littérature qui relève de la criminalité (Becker, 1968). Toute transgression des lois implique des risques plus ou moins forts selon la probabilité d'appréhension des criminels et la sévérité des peines[14]. L'incitation aux actions criminelles peut s'expliquer comme une fonction croissante du gain d'utilité espérée ; gain mesuré par la différentielle d'utilité tirée d'actions légales et illégales.

---

13. C. BLISS et B. NALEBUFF (1984) : « Dragon-slaying and Ballroom Dancing : the Private Supply of a Public Good », *Journal of Public Economics,* vol. 25, August 1984, pp. 1-12.

14. G. BECKER (1968) : « Crime and Punishment. An Economic Approach », *Journal of Political Economy,* 76, pp. 169-217.

Le comportement face au risque influence également le choix d'actions : comme le souligne Friedman (1948), la préférence pour le risque peut inciter l'agent économique à allouer une partie de son temps à des activités criminelles, même si son espérance de gain pour de telles actions est inférieure au gain escompté en allouant tout son temps à des activités légales. Inversement, un agent ayant de l'aversion au risque ne consacrera du temps à l'acte criminel que si l'espérance de gain attendu est supérieure au gain tiré des actions légales.

De ces comportements, Becker (1968) et Ehrlich (1973) déduisent une élasticité d'offre individuelle du crime, définie en fonction de la probabilité de condamnation maximale en cas d'arrestation et de la sévérité de la peine maximale encourue[15]. En cas d'aversion au risque, l'élasticité de l'offre individuelle de crime par rapport à la sévérité des peines est toujours supérieure à l'élasticité d'offre de crime par rapport à la probabilité d'arrestation. La politique publique à mettre en œuvre pour annuler ce type de risque dépend donc de l'attitude face au risque. Or, ce comportement vérifie le plus souvent une situation de type hasard moral.

Toute répression de la criminalité peut agir sur le comportement individuel des criminels potentiels mais les comportements demeurent inobservables. Il convient, dans ce cas, de contourner le problème en menant, par exemple, une politique de répression suffisante et susceptible d'affecter l'élasticité d'offre du crime.

2.2. Incomplétude et coût des contrats

Les contrats incomplets peuvent également apparaître en l'absence d'information privée due aux coûts des clauses écrites de rédaction des contrats. Ce problème est spécifique aux contrats de long terme engageant une période inobservable et impliquant des anticipations délicates. Envisager chaque événement possible et proposer une clause spécifique peut être impraticable car prohibitif. L'investissement en capital humain (Becker, 1964) présente ce type de risque. La nature de l'investissement peut dépendre des prix de transactions, dépendant eux-mêmes de l'information révélée après la réalisation de l'investissement. Un accord limité sur l'investissement et l'échange peut être une bonne solution aboutissant à un prix de transaction par négociation future. Ce mode de calcul favorise toutefois les situations de risque moral avec adoption d'un comportement opportuniste par un membre au détriment de l'investisseur réel.

Pour minimiser ces cas de déviance, les contrats doivent exiger le partage des risques entre les parties dès que les différents membres souffrent d'aversion au risque. Les agents supportent alors généralement plus de risques qu'ils ne le désirent.

En économie publique, le risque moral crée des contrats de second rang (Arnott-Stiglitz, 1985). Le risque moral favorise le rationnement et les files d'attente, générant de fait des situations sous-optimales de marchés imparfaits[16]. Le risque moral présente ainsi les caractéristiques d'une externalité. Or, la non-internalisation d'externalités provoque des situations de non-concavité, la possibilité d'absence d'équilibre et des inefficiences.

---

15. I. Ehrlich (1975) : « The Deterrent Effect of Capital Punishment : A Question of Life and Death », *American Economic Review,* June 1975.

16. R. Arnott et J. Stiglitz (1985) : « Labor Turnover, Wage Structures, and Moral Hazard : the Inefficiency of Competitive Markets », *Journal of Labor Economics,* vol. 3, pp. 434-62.

2.3. Asymétrie et comportements de déviance

Les conditions d'une fiscalité optimale restent soumises également à la qualité de l'information disponible. Dans le modèle samuelsonien du pseudo-équilibre général, l'optimum social avec biens collectifs est décentralisable par un équilibre général. Chaque bien privatif vérifie un prix unique ; inversement, les biens collectifs sont individualisés par consommateur et reflètent le principe lindahlien de négociation. Ces pseudo-prix fiscaux individualisés vérifient à l'optimum la règle classique d'égalisation, pour chaque individu, de son taux marginal de substitution (TMS) entre tout bien collectif g et le numéraire au prix fiscal du bien collectif individualisé pour i :

(1.37) $\quad \dfrac{U_g^i}{U_n^i} = \dfrac{P_g^i}{P_n^i} = P_g^i \; ; \; \forall g$

avec $\quad \sum_i \left(\dfrac{U_g^i}{U_n^i} \right) = \sum_i P_g^i = C_g = P_g$

La somme des TMS de tous les consommateurs i du bien collectif g est donc égale au coût marginal de production de ce bien, donc au prix de ce bien. Chaque contribuable consommateur paie ainsi un montant $P_g^i X_g$; son prix fiscal P_g^i est sa disposition marginale à payer la consommation X_g de ce bien du fait de l'utilité retirée.

Les risques de déviance sont dès lors fréquents en cas d'asymétrie d'information dès qu'un individu cache sa réelle disposition marginale à payer le bien collectif. La maximisation d'utilité du bien-être social est soumise à la contrainte d'une déclaration directe ou indirecte des révélations exactes[17] des différents contribuables (Atkinson-Stiglitz, 1980).

Plusieurs modèles tentent de résoudre ce problème d'asymétrie et plusieurs solutions sont proposées[18] en théorie des jeux par Myerson (1979).

Ces modèles reposent sur l'hypothèse que la structure d'information est « common knowledge »[19] : ainsi, si un agent A ignore l'information exacte connue de son adversaire B, il connaît la probabilité de distribution de cette information. B sait, de plus, que A connaît cette distribution, et A sait que B sait qu'il le sait lui-même.

Cette hypothèse de partage réciproque de l'information reste toutefois très forte et les modèles y recourant peuvent donc paraître moins convaincants. L'incertitude informationnelle reste d'autant plus difficile à surmonter qu'elle affecte inégalement les agents. Dans ce cas, certains agents savent que quelques événements ne peuvent se produire alors que d'autres ignorent totalement cette impossibilité. Quelle distribution de probabilité retenir dès lors pour déterminer l'utilité espérée d'un agent ? Faut-il se référer à la distribution de probabilité des individus les mieux informés, en postulant que l'information est donc connue de tous, ou doit-on respecter la situation d'asymétrie

---

17. A. ATKINSON and J. STIGLITZ (1980) : *Lectures on Public Economics,* N. Y. McGraw Hill.

18. R. MYERSON (1979) : « Incentive Compatibility and the Bargaining Problem », *Econometrica,* 47, pp. 61-74.

19. Ce terme est proposé par K. LEWIS dans son ouvrage : *Convention : a philosophical Study,* Cambridge, Harvard University Press, 1969.

en retenant différentes distributions de probabilité selon l'information détenue par chacun ? Le choix de la distribution de probabilité[20] affecte donc inévitablement l'appréciation du bien-être en cas de risque moral (Holmstrom-Myerson, 1983).

Il importe donc d'intégrer non seulement l'information détenue par les agents, mais également celle que tout agent pense que les autres détiennent, ainsi que toute croyance réciproque sur l'information supposée détenue par les autres (principes de spécularité et de circularité des informations réciproques). La réflexivité des croyances devrait donc être poussée à son terme[21] afin de stimuler les anticipations croisées fondées sur le « common knowledge » susceptible d'engager une spécularité cognitive stabilisante. Ce dernier principe est développé par T. C. Schelling, qui prouve que de nombreux problèmes théoriques indéterminés trouvent néanmoins une solution pratique en fonction des performances cognitives des agents[22].

Le jeu du téléphone est un bon exemple. Pierre appelle Paul. En cours de conversation, la communication est coupée. Qui doit rappeler ? Un premier réflexe maladroit peut inciter chaque agent à tenter de rappeler l'autre. L'échec est alors garanti par une occupation incessante des lignes respectives. Pierre ne doit pas seulement prévoir ce que Paul va faire, et réciproquement ; l'action de Pierre dépend en fait du comportement de Paul qui, bien entendu, doit se mettre à la place de Pierre ! Ainsi, comme l'affirme Schelling, il ne s'agit pas de se demander : Que ferais-je à sa place ? mais : Que ferais-je à sa place en train de se demander ce qu'il ferait s'il était moi me demandant... ?

Cette interrogation réciproque sur le « common knowledge » doit aider à coordonner les attentes afin d'aboutir à un compromis visant à se rapprocher d'un équilibre de référence.

Pierre et Paul doivent donc se coordonner en anticipant le comportement de l'autre, sachant que ce dernier cherche lui-même à s'adapter à ses stratégies. Cette spécularité appelle des conventions de comportements définies comme un système d'attente réciproque sur les comportements des autres[23]. La convention est tacite et repose sur la logique des anticipations. Pour éviter tout risque d'échec, les deux joueurs coordonnent implicitement leurs actions et respectent la convention raisonnable invitant exclusivement celui qui est à l'origine de l'appel à renouveler la communication téléphonique. Pierre doit donc rappeler Paul, et Paul patiente afin de ne pas gêner l'essai. *Cette coordination stabilise le jeu.*

---

20. B. HOLMSTROM and R. MYERSON (1983) : « Efficient and Durable Decision Rules with Incomplete Information », *Econometrica,* 51, November, pp. 1799-1820.

21. P. DUPUY (1989) : « Convention et Common Knowledge », *Revue Économique,* mars 1989, vol. 40, n° 2, pp. 361-400.

22. T. C. SCHELLING (1960) : *The Strategy of Conflict,* Cambridge, Harvard University Press.

23. Voir à ce sujet : P. DUPUY (1989), *op. cit.*

SECTION 2. ORGANISATION DES COMPORTEMENTS STRATÉGIQUES

Les stratégies des agents jouent un rôle capital dans l'élaboration des choix collectifs. Un joueur i constitue une stratégie Xi en fonction de ses préférences, de ses connaissances de l'état du monde et des stratégies $X\text{-}i$ des autres joueurs $\text{-}i$. Par définition, la stratégie individuelle est donc un ensemble de décisions conditionnelles élaborées à partir des informations et croyances de chaque individu. La nature des stratégies conditionne souvent la structure du jeu.

A. Nature des stratégies et structure du jeu

De nombreux types de stratégies ont été définis, particulièrement dans le domaine de l'économie industrielle. Lorsque chaque joueur est capable d'anticiper la réaction des autres à ses propres décisions, la stratégie jouée est qualifiée de dominante et n'est, par définition, dominée par aucune autre. La stratégie dominante peut être de type Cournot ou Stackelberg selon les configurations conjecturales retenues et selon les comportements joués. L'hypothèse de myopie, permettant de considérer comme données les stratégies des autres joueurs $\text{-}i$, permet au joueur i d'engager une stratégie dominante de Cournot-Nash lorsqu'il tente dans ce contexte de jouer la stratégie qui lui est la plus avantageuse. Les joueurs vérifient dans ce cas une position symétrique les uns par rapport aux autres et aucun ne dispose d'une rente informationnelle. Une situation asymétrique est inversement observée dès qu'un joueur a les moyens de se comporter en meneur et d'anticiper les réactions des autres, qui ne pourront que s'adapter à sa décision. La stratégie qui en résulte est une stratégie dominante asymétrique ou stratégie de Stackelberg, en référence à l'analyse proposée par l'auteur dès 1934 dans son étude du duopole.

Des stratégies de prudence peuvent également être tentées dès qu'un joueur se place dans la situation qui lui est la plus défavorable lorsque tous les autres jouent le mieux possible. Le joueur défavorisé joue alors la prudence dès qu'il tente de gagner le plus possible dans ce contexte le plus défavorable pour lui ; il pratique ainsi une stratégie de maximin.

La garantie d'un équilibre est très hypothétique puisque conditionnée par le choix de stratégie de chaque joueur. Un équilibre stratégique n'est vérifié que si tous les joueurs pratiquent simultanément le même type de stratégie. Les conditions d'un tel équilibre sont complexes et ont peu de chances d'être vérifiées dès que l'on prend conscience des risques importants de déviance, de manipulation des comportements et de non-révélation exacte des préférences collectives. Ces risques méritent d'être précisés.

1. Non-révélation des préférences collectives

Dans un jeu non coopératif et dans un contexte d'incertitude informationnelle, seul l'agent i connaît sa caractéristique ; cette caractéristique peut influencer le résultat final collectif et hypothéquer l'issue du jeu selon le comportement stratégique du joueur. À la différence des jeux coopératifs régis par une tutelle, le jeu non coopératif se situe au niveau des joueurs. Ce type de jeu revêt les formes d'un problème de relations de mandant-mandataires : le mandant ignore les caractéristiques des mandataires et doit choisir une décision collective dans le domaine des possibles compte tenu des stratégies des mandataires (Mertens et Zamir, 1985).

La révélation des préférences collectives se heurte dès lors aux limites des systèmes de vote. Buchanan démontre que la règle de vote à la majorité favorise les minorités bien organisées et soucieuses de capter toute information complémentaire. De plus, cette règle majoritaire ignore l'intensité des préférences collectives. Aux limites des systèmes de vote s'ajoutent des risques d'intransitivité des choix collectifs. Ces risques favorisent les manipulations stratégiques de l'ordre des votes et biaisent les réelles préférences collectives. Ces défauts sont mis en évidence à partir du paradoxe de Condorcet et du théorème d'impossibilité d'Arrow.

1.1. Intransitivité collective et paradoxe de Condorcet

Dès 1785, Condorcet démontre les limites d'une règle démocratique de choix collectifs pour un choix collectif portant sur au moins trois alternatives. Supposons le classement, par règle majoritaire, de trois projets concurrents X, Y, Z concurrents et mutuellement exclusifs. Les trois électeurs A, B, C ont un ordre de préférence transitif mais mutuellement différent. L'ordre de préférence respectif des joueurs est le suivant :

Préférences de A : $X > Y$ et $Y > Z$ donc $X > Z$

Préférences de B : $Z > X$ et $X > Y$ donc $Z > Y$

Préférences de C : $Y > Z$ et $Z > X$ donc $Y > X$

où $>$ signifie « préféré à »   et $<$ signifie « non préféré à »

Les préférences individuelles sont toutes transitives mais le classement majoritaire qui peut en être déduit demeure intransitif :

	X	Y	Z	X
A	>	>	<	
B	>	<	>	
C	<	>	>	
majorité	>	>	>	

La règle majoritaire implique que le projet Z est préféré à X alors que X devrait être préféré à Z car Y est préféré à Z et X préféré à Y, donc X préféré à Z. Arrow tire des enseignements beaucoup plus larges d'une telle intransitivité.

1.2. Théorème d'impossibilité d'Arrow

En 1951, Arrow démontre qu'un ordre de préférence collective transitif et paretien ne peut se déduire démocratiquement d'ordres de préférence individuels transitifs tout en respectant les cinq axiomes fondamentaux suivants :

> - **A1** : universalité du domaine des choix ;
> - **A2** : association positive des utilités sociales et individuelles ;
> - **A3** : indépendance des choix sociaux et individuels à l'égard des alternatives non pertinentes ;
> - **A4** : souveraineté des citoyens ;
> - **A5** : absence de choix dictatorial.

Le théorème d'impossibilité défini dès 1951 a été complété en 1963. Le premier théorème prouve que la combinaison des axiomes 2, 3 et 4 garantit un choix collectif paretien, logiquement unanime car profitable à tous. Le second théorème démontre qu'aucun ordre de préférence social ne peut simultanément être paretien et respecter les axiomes 1, 3 et 5.

L'unimodalité des préférences permet de contourner le théorème d'impossibilité. La paternité de ce critère revient à Black (1948).

1.3. Unimodalité des préférences et transitivité du choix collectif

Un ordre de préférences unimodal vérifie par définition un seul sommet ; il en résulte un ordre préférentiel de classement *unique* pour tous les votants. L'unimodalité des préférences est toutefois une condition suffisante mais non nécessaire pour garantir la transitivité des choix collectifs. Quelques configurations non unimodales satisfont néanmoins un choix collectif transitif. L'unimodalité des préférences satisfait la transitivité uniquement en l'absence de toute abstention de vote. Tous les votants concernés par le projet doivent vérifier des ordres de préférence unimodaux.

Sélectionnons quatre projets, W, X, Y et Z et trois électeurs A, B et C.

En l'absence d'unimodalité des préférences individuelles, le vote collectif demeure intransitif :

A	W	>	X	>	Y	>	Z	<	W
B	X	>	Y	>	Z	>	W	<	X
C	Z	>	W	>	X	>	Y	<	Z
majorité	W	>	X	>	Y	>	Z	>	W

Par transitivité, nous devrions vérifier :

W > X et X > Y donc W > Y

W > Y et Y > Z donc W > Z

Résultat de transitivité : W > Z

Résultat de majorité : Z > W

Cette incompatibilité nécessite de rendre les préférences unimodales. Black propose à cet effet de modifier, par exemple, l'ordre de préférence de l'électeur C :

A	W	>	X	>	Y	>	Z	<	W
B	X	>	Y	>	Z	>	W	<	X
C	Y	>	Z	>	X	>	W	<	Y
majorité	W	<	X	>	Y	>	Z	>	W
⇔	X	>	Y	>	Z	>	W	<	X

La transitivité implique le classement suivant :

X > Y et Y > Z donc X > Z
X > Z et Z > W donc X > W

Résultat de transitivité : X > W
Résultat de majorité   : X > W

L'unimodalité garantit ainsi la transitivité d'un choix collectif issu des ordres de préférences eux-mêmes transitifs.

Un autre mode de vote permet d'échapper au problème d'impossibilité d'Arrow et n'implique aucune condition d'unimodalité des préférences individuelles car il exclut tout ordre des préférences. Ce système de vote repose sur un système de vote payant.

1.4. Révélation des préférences collectives par vote payant

L'électeur doit désormais indiquer le prix qu'il est prêt à payer pour que la collectivité retienne son projet préféré. Ce mode de vote repose étroitement sur le principe des dispositions marginales à payer pour la consommation de biens collectifs. La tutelle collecte l'ensemble des réponses et sélectionne le projet vérifiant le prix total le plus élevé possible. Cette procédure de révélation des préférences collectives par vote payant a été mise en évidence à partir des travaux de Tullock, Tideman, Loeb, Groves, Clarke et Vickrey.

Pour tenir compte des intensités des préférences individuelles, et pour éviter tout abus de passager clandestin, l'État calcule également l'incidence de l'abstention de chaque électeur sur le résultat final. La tutelle peut dès lors comparer la valeur du projet avec et sans abstention. La taxe imposée lors de la sélection du projet est calculée sur la différence entre ces deux valeurs. Ce mode de calcul se rapproche étroitement des mécanismes incitatifs de Clarke-Groves associant une règle de décision collective et une règle de prélèvement fiscal (voir chapitre 4). Le système de vote payant permet à chaque électeur de contrarier la décision collective s'il indemnise les autres citoyens de la perte d'utilité ainsi provoquée.

Les comportements des joueurs sont adoptés en fonction de l'information disponible et de leurs croyances sur l'aptitude des autres à dévoiler leurs stratégies. Le risque de passager clandestin demeure si la déviance ne peut être pénalisée par un système de taxe pivotale désincitant chaque joueur à ne pas révéler ses préférences exactes. L'équilibre du jeu est également conditionné par le type de stratégies jouées au niveau global.

2. Nature de l'information et propriété de l'équilibre

L'issue recherchée du jeu est l'équilibre afin de stabiliser les comportements. Un équilibre en stratégies dominantes est observé dès que l'on vérifie avec certitude que chaque joueur adopte sa stratégie dominante, c'est-à-dire la stratégie préférée par chaque agent, indépendamment de la stratégie des autres joueurs. L'équilibre peut être valorisé et devenir bayésien si le choix optimal d'un agent dépend des valeurs qu'il observe sur ses propres caractéristiques et de ses croyances subjectives sur les caractéristiques des autres.

Pour Harsanyi (1967), le concept de référence est un équilibre de Nash-Bayes. En jeu non coopératif, chaque joueur choisit sa stratégie en fonction de son seul intérêt personnel en considérant comme données les stratégies des autres joueurs. Il définit sa stratégie optimale sous cette condition. En information incomplète, le concept d'équilibre de Nash ne peut être sauvegardé qu'au prix d'une forte hypothèse admettant l'anticipation commune des caractéristiques des joueurs par l'agent i (Laffont et Maskin, 1982).

La forme normale du jeu exclut toute évolution potentielle de l'information. Toute modification de l'information peut altérer l'équilibre de Nash associé à la forme normale du jeu. Les théoriciens retiennent dès lors la forme extensive du jeu afin d'intégrer directement tous les éléments dynamiques susceptibles d'altérer l'issue d'un jeu lors de son évolution. La notion d'équilibre peut être précisée. Le choix des stratégies est conditionné par l'information disponible ; une stratégie pure correspond au choix par un agent d'une décision en chacun de ses ensembles d'informations. L'équilibre de Nash associé à ce type de jeu extensif est parfait si, pour tout sous-jeu, le profil de stratégies correspondant est un équilibre de Nash de ce sous-jeu ; les stratégies jouées étant réduites dans ce cas aux ensembles d'informations de l'agent i appartenant au sous-jeu considéré. Chaque agent maximise son espérance d'utilité compte tenu de la distribution des probabilités sur l'ensemble des stratégies des autres joueurs.

La résolution des jeux dynamiques à information incomplète[24] peut être précisée sur la base du cas suivant :

soit S^i, l'espace d'actions ou stratégies pures des joueurs pour $i = 1,2$

soit θ^i, l'information privée connue de i appartenant à Φ^i

La fonction d'utilité de i, de type von Neumann-Morgenstern, dépend du vecteur des informations privées : $U^i(..., \theta)$

La probabilité subjective de i sur l'information privée de j est $= \Pi^i(.../\theta^i)$

lorsqu'il possède une information θ^i

---

24. Voir à ce sujet : LAFFONT in GREMACQ, p. 68.

Soit le jeu bayésien : $S^1, S^2, \Phi^1, \Phi^2, \Pi^1(./.), \Pi^2(./.), U^1(.,.), U^2(.,.)$

La structure de G est connaissance commune des joueurs, c'est-à-dire « common knowledge » :
i connaît les éléments de G
i sait que j les connaît
i sait que j sait qu'il les connaît

Ainsi i connaît les croyances de j pour chaque valeur de l'information privée de ce joueur.

j sait que i connaît cela et i sait que j sait qu'il connaît cette information. Cette connaissance commune est fonction de la taille des espaces de caractéristiques privées.

Harsanyi (1967-1968), Mertens et Zamir (1982) montrent qu'il est toujours possible de décrire une situation de jeu en information incomplète comme un jeu bayésien. Si i ignore les $\Pi^j(./.)$, il peut toutefois former des anticipations de telle sorte que Π^j dépende de paramètres anticipés α^j et de même pour j. Dès lors, l'équilibre bayésien est possible mais avec des ensembles d'informations Φ^1, Φ^2 très complexes. Or, l'utilité d'un jeu bayésien est soumise à la structure du « common knowledge » *disponible* ; les croyances doivent donc être cohérentes afin qu'une distribution de probabilité jointe $\Pi^*(.,.)$ *sur* $\Phi^1 x \Phi^2$ soit connaissance commune et telle que :

(1.38)
$$\Pi^i(\theta^j / \theta^i) = \frac{\Pi^*(\theta^i, \theta^j)}{\Pi^*(\theta^i)}$$
$$\forall i, \forall j, \forall \theta^i \in \Phi^i, \forall \theta^j \in \Phi^j$$
$$\Pi^*(\theta^i) = \sum_{\theta^j \in \Phi^j} \Pi^*(\theta^i, \theta^j)$$

Les probabilités subjectives sont des probabilités conditionnelles dérivées de la probabilité Π^* connue de tous.

Propriété

Un équilibre bayésien d'un jeu bayésien est un équilibre de Nash de stratégies pures dans lequel chaque joueur évalue son gain par l'espérance de son utilité conditionnellement à son information privée. La stratégie pure S^i de l'agent i lui permet d'associer à chaque valeur possible de son information privée θ^i une action s^i telle que : $s^i \in S^i$.

À l'équilibre, l'anticipation par i de la stratégie $S^{*j}(.)$ du joueur j est *rationnelle* : c'est la meilleure réponse de j lorsque celui-ci maximise son espérance d'utilité en anticipant que i joue selon la stratégie $S^{*i}(.)$.

De ces définitions et propriétés, on peut déduire la notion de jeu bayésien parfait. L'agent 1 joue en premier et son action est observée de l'agent 2 qui joue ensuite (notion de jeux dynamiques).

Informé de la caractéristique θ^i l'agent 1 choisit son action.

L'agent 2 observe cette action mais ne connaît pas la valeur de θ^i. La rationalité de 2 le pousse à déduire de l'observation de l'action de 1 la caractéristique θ^i. Il formule donc une probabilité subjective sur $\theta^i = \Pi(\theta^1)$.

L'agent 1 connaît le comportement de 2 et en tient compte quand il choisit sa stratégie.

Un équilibre bayésien parfait en stratégies pures est un couple de stratégies $S^{*1}(.)$, $S^{*2}(.)$, et une famille de distributions conditionnelles $\Pi^*(.)$ tels que :

a – ayant anticipé correctement la stratégie $S^{*2}(.)$ de l'agent 2, l'agent 1 choisit pour tout θ^i son action optimale qui maximise son utilité U^1 ;

b – ayant observé S^1 et calculé sa distribution *a posteriori* $\Pi^*(\theta^i / S^1)$, l'agent 2 maximise son espérance d'utilité $E(U)$;

c – l'agent 2 révise ses anticipations $\Pi^*(./S^1)$ en fonction de la distribution *a priori* $\Pi(.)$ établie par la règle de Bayes et la connaissance de la stratégie $S^{*1}(.)$.

L'équilibre bayésien combine plusieurs notions :

– la notion de stratégie de l'équilibre bayésien : espace des caractéristiques et observation dans l'espace des actions ;

– la rationalité dynamique de l'équilibre de Nash parfait : rationalité dans chaque sous-jeu ;

– le raisonnement statistique d'un statisticien bayésien : pour réaliser des inférences à partir des actions des autres joueurs.

Il existe un grand nombre d'équilibres bayésiens parfaits, d'où la nécessité d'une sélection. Toutefois, aucune règle dominante indiscutable ne peut être avancée pour opérer cette sélection. Le problème reste cependant la recherche d'un équilibre plus que la sélection d'un équilibre parmi d'autres.

Plusieurs critères garantissent la recherche d'un équilibre. Ils permettent de corriger les anticipations selon différentes méthodes. Quatre critères fondamentaux peuvent être signalés à cet effet :

– le critère de Kreps-Wilson (1982) : la révision des anticipations s'établit en fonction de l'aléa de la nature imposé et compte tenu des observations de l'agent. Pour les deux auteurs, la révision des probabilités *a priori* garantit une convergence vers l'action réelle ; la probabilité est $\varphi_j > 0$. Ainsi, l'ensemble d'information est atteint à l'équilibre avec une probabilité positive qui permet à l'agent i d'utiliser la règle de Bayes. La révision n'est donc jamais arbitraire, ce qui réduit le nombre d'anticipations et donc le nombre d'équilibres bayésiens parfaits.

– le critère de Kohlberg procède à l'élimination des stratégies dominées. Il y a exclusion de certaines anticipations car l'agent 2 n'anticipe jamais que l'agent 1 utilisera une stratégie dominée.

– le critère intuitif de Kreps élimine les stratégies de déviation de l'agent informé et évince donc les actions à probabilité nulle à l'équilibre.

– le critère d'équilibre séquentiel parfait de Grossman et Perry (1986) sélectionne les stratégies qui définissent l'action optimale dans chaque sous-jeu et pour chaque croyance.

Toutes ces méthodes de sélection reposent exclusivement sur le fondement informationnel. L'information n'est toutefois pas le seul critère nécessitant une décentralisation. Correctement informés, les agents peuvent néanmoins user de comportements stratégiques pour manipuler l'issue d'un jeu. La révélation des préférences est au cœur du problème des comportements stratégiques non concurrentiels. Pour les déjouer, l'État recourt aux mécanismes incitatifs.

B. Déviances stratégiques

Les risques de déviances sont largement cités dans la littérature de l'économie publique. Ces risques sont favorisés par les structures de marchés non concurrentiels permettant aux acteurs de manipuler les stratégies. L'asymétrie informationnelle stimule les comportements stratégiques et écarte donc l'économie d'une situation pareto-optimale. Elle favorise également l'organisation de coalitions.

1. Risques de comportements stratégiques incontrôlables

Plusieurs cas de déviances sont étudiés en économie publique, tant du côté de l'offre (comportement des managers) que de la demande (révélation des préférences, comportements électoraux). Nous retiendrons des cas typiques pour illustrer les comportements stratégiques. Le manager bureaucrate entretient dans le modèle de Niskanen une déviance pour la gestion des biens publics. De même, le manager gestionnaire de Leibenstein pratique volontairement une gestion sous-efficace de type inefficience X en offrant un moindre effort.

1.1. Déviances managériales

La production des biens non marchands relève du domaine de la bureaucratie. Représentant et serviteur de la nation, le bureaucrate entretient avec la tutelle politique des relations de mandant-mandataire. Mieux informé que quiconque des modalités de gestion de son administration, le bureaucrate manager dispose en effet d'une rente informationnelle décisive vis-à-vis de sa tutelle. Il obtient ainsi en retour un pouvoir discrétionnaire dont il peut habituellement user pour soutirer, notamment, une bonne enveloppe budgétaire au titre du fonctionnement de son ministère.

Le bureaucrate-manager se comporte en habile négociateur pour défendre ses propres intérêts. Il peut également adopter des comportements stratégiques et exposer l'économie à une surproduction de biens publics.

Ce risque de déviance est défini par W. Niskanen (1968) dans le modèle du bureaucrate-manager[25], modèle représentatif des théories économiques de la bureaucratie développées, notamment, par Niskanen (1968-1971), de Alessi (1974), Breton et Wintrobe (1975-1982).

Les autorités de tutelle, jouant le rôle de mandant, délèguent au bureaucrate-manager, le mandataire, un pouvoir discrétionnaire. Pour maximiser son pouvoir décisionnel, le bureaucrate cherche à maximiser le montant du budget alloué à son administration. Le pouvoir politique et la capacité d'action sont directement fonction des moyens budgétaires ; cette relation traduit la réalité politique du fonctionnement de nos administrations. En contrepartie de ce budget, l'administration s'engage à offrir des biens publics non marchands. L'allocation de budget, décidée par la tutelle, représente ainsi le prix à payer l'offre des biens publics ; soit, en termes d'économie publique, la disposition marginale à payer de la tutelle.

La demande de biens publics se déduit de cette disposition marginale à payer et vérifie bien une relation décroissante de ce prix et telle que :

(1.39) $\quad V(Q) = a - bQ \quad$ où Q = quantité demandée de biens publics

L'offre de biens publics découle des conditions de production de l'administration ; c'est la partie croissante du coût marginal située au-dessus du minimum du coût moyen de production des biens publics, soit :

(1.40) $\quad C'(Q) = g + hQ$

Le budget de l'administration alloué par la tutelle est l'intégrale de la fonction de la demande :

(1.41) $\quad B(Q) = \int V(Q)dQ = aQ - {b}/{2}Q^2 + c$

En situation d'information parfaite, donc en l'absence de rente informationnelle sur la production et la gestion de l'offre de biens publics, l'optimum social dicté par une tutelle bienveillante est vérifié pour une production égalisant la disposition marginale à payer de la tutelle au coût marginal de l'administration :

$$\frac{dB}{dQ} = \frac{dC}{dQ}$$

(1.42) $\quad C = CT = gQ + {h}/{2}Q^2 + d$
$\quad \quad \quad \Leftrightarrow a - bQ = g + hQ$

(1.43) $\quad$ soit $\quad Q^* = \dfrac{a - g}{b + h}$

---

25. Voir à ce sujet l'excellent chapitre 7 de J. BENARD, *op.cit.*

En situation d'asymétrie d'information favorable à l'administration, la gestion est dictée par le bureaucrate soucieux de son pouvoir et donc désireux de maximiser son budget de fonctionnement :

(1.44)   Max B(Q) = $aQ - b/2\, Q^2$

(1.45)   B(Q) ≥ C(Q)

La contrainte de ce programme impose une allocation budgétaire au moins égale au coût total de production afin d'écarter toute gestion déficitaire ; dès lors, à l'optimum, on vérifie :

(1.46) $\dfrac{dB}{dQ} = a - bQ = 0 \Rightarrow Q' = \dfrac{a}{b}$ avec Q' > Q*

(1.47) $aQ - \dfrac{b}{2}Q^2 \geq gQ + \dfrac{h}{2}Q^2 + d \Rightarrow Q'' \leq \dfrac{2(a-g)}{b+h}$ avec Q" > Q*

Selon la localisation de la courbe de coût total par rapport au maximum du budget, la solution Q' ou Q" l'emporte. Mais indépendamment de ce choix, dans tous les cas, la gestion bureaucratique managériale provoque une déviance de type surproduction en biens collectifs.

Interprétation graphique :

– *En information parfaite,* l'État connaît exactement la gestion et les coûts de l'administration. L'optimum social maximisant le surplus social est alors défini en Q* : les pentes respectives de la courbe de budget total (pente en A) et celle de la courbe C'(Q) de coût total (pente en B) sont égales pour cette quantité Q*.

– *En information imparfaite* et pour une asymétrie profitable à la bureaucratie, la quantité bureaucratique optimale est, selon la courbe de coût total C'(Q) ou C"(Q), Q' ou Q". Dans chaque cas, la quantité vérifie une surproduction telle que : Q' > Q* et Q" > Q*.

Deux cas peuvent être considérés selon la position du point d'intersection des courbes de coût total et de budget relativement au maximum de la colline de budget :

C'(Q) est la courbe de coût *total* qui coupe la courbe de budget *avant* son maximum défini en M.

C"(Q) est la courbe de coût *total* qui coupe la courbe de budget *après* son maximum défini en M.

d = coûts fixes

Fig. 1.1

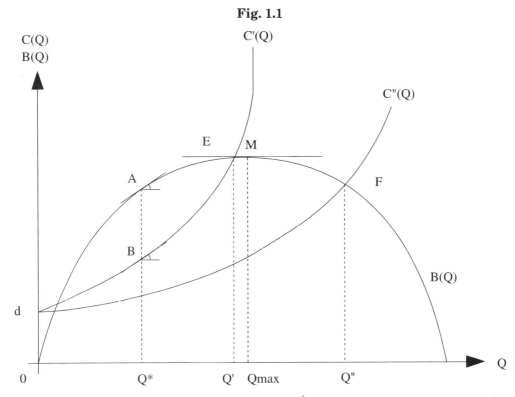

Source : J. BENARD *Économie publique,* Economica, 1985, p. 258

La surproduction de biens collectifs en résultant reflète la nature de la négociation ouverte entre le mandant et le mandataire. L'obtention d'un budget élevé s'accompagne d'une contrepartie d'offre importante de biens publics. Ce budget élevé signifie que la disposition marginale à payer de la tutelle est forte pour ce bien collectif. La tutelle cautionne donc indirectement la surproduction. Sa mésinformation la conduit à inciter des déviances stratégiques habilement manipulées par le mandant manager. Cette déviance managériale a été précisée sous une forme plus sophistiquée par J.-C. Migué et G. Bélanger en 1974. La perfection apportée concerne la fonction d'utilité du manager bureaucrate toujours déterminée en fonction de son pouvoir et donc de sa production de biens collectifs, mais également selon certains avantages complémentaires tels que le prestige, la reconnaissance externe de son administration, les avantages en nature…

Dans ce cas, la gestion bureaucratique managériale génère toujours une surproduction, mais moindre que celle tirée de l'optimum du modèle précédent de Niskanen. Cette différence s'explique par un arbitrage entre *la production de biens publics,* consentie en échange du budget alloué, et *les avantages complémentaires recherchés,* soit :

(1.48) $Q^* < Q_{M.B} < Q_N$

$Q_{M.B}$ = quantité relative à l'optimum défini par Migue et Bélanger

Q_N = quantité relative à l'optimum défini par Niskanen

Dans les deux cas, la gestion bureaucratique managériale s'écarte de l'optimum concurrentiel.

1.2. Minimisation stratégique de l'effort

Un autre cas de déviance peut être signalé lorsque l'inefficience tient cette fois à une minimisation volontaire de la production, thèse de l'inefficacité X développée par Leibenstein. Cette gestion relève d'un comportement de rationalité limitée définie par H. Simon[26], en ce sens que l'agent économique recherche seulement une certaine satisfaction et non une maximisation totale de son utilité. Ainsi, l'agent économique cherche un niveau satisfaisant de profits, de budget, ou de pouvoir... L'obtention de ce niveau de satisfaction n'incite nullement l'individu à fournir plus d'efforts pour augmenter son gain. L'homme se satisfait ainsi d'une situation inefficace ne garantissant pas l'affectation optimale des ressources. La manipulation stratégique consiste dans ce cas à présenter le résultat d'inefficience comme l'issue d'un réel comportement de maximisation. Un mandataire doté d'une rente informationnelle peut donc illusionner le mandant en pratiquant consciemment une stratégie de moindre effort (aléa moral) tout en la présentant comme une stratégie optimale.

Le mandant peut être exposé à d'autres risques de déviances provoqués par les consommateurs au moment de la révélation de leurs préférences.

Ces comportements stratégiques confortent les manipulations et encouragent la constitution de coalitions. Pour éviter de demeurer minoritaires, les agents tentent de se regrouper ; ils escomptent ainsi sauvegarder le plus efficacement possible l'ordre de leurs préférences et l'intensité de leurs priorités.

2. Organisation des coalitions

En théorie de la négociation, les joueurs peuvent adopter un comportement coopératif pour conclure des accords irrévocables. L'accent est alors mis sur la recherche de coalitions. Les engagements mutuels issus de telles coalitions impliquent inévitablement la perte du contrôle individuel des décisions. Pour assurer la stabilité d'une coalition, chaque joueur doit tenir compte des intensités des préférences et des possibilités de menaces de chaque partenaire. La problématique générale de telles coalitions revient à l'arbitrage entre « le désir d'avoir » et « la raison d'avoir ».

2.1. Formation des coalitions

Dans la littérature des équilibres politico-économiques, la formation des coalitions est soumise aux règles du marchandage politique (thèse du « log rolling » de Buchanan et Tullock). Le marchandage politique ne peut s'appliquer qu'aux projets non mutuellement exclusifs. Ce marchandage tient compte des intensités de préférences et favorise la constitution de coalitions capables de déjouer la décision collective. Ce marchandage consiste en un accord de réciprocité : les groupes I et II, coalisés, s'entendent sur la convention d'un soutien total et prioritaire en faveur du projet A, favorable au groupe I ; la même entente est garantie ensuite en faveur du projet B, désiré par le groupe II. Sans cette coalition, les groupes I et II n'ont aucune chance de voir leur projet respectif triompher. Le groupe I peut également indemniser le groupe II si le projet A aboutit grâce à l'entente passée et si le vote échoue pour le projet B non prioritaire.

---

26. H. SIMON (1968) : « Rationality as a Process and as a Product of Thought », *American Economic Review,* vol. 68, n° 2, May 1968, pp. 1-16.

Les conditions d'une coalition reposent, d'une manière générale, sur les propriétés de la négociation. Indépendamment du cas particulier de la coalition par marchandage politique, la formation d'une négociation repose sur deux conditions nécessaires :
- il convient d'abord d'évaluer la situation l'emportant en cas de désaccord entre les partenaires ;
- il faut ensuite définir la répartition du gain entre les joueurs unis.

En posant R comme point de rupture, c'est-à-dire point de désaccord, J.-P. Ponssard[27] montre graphiquement que tous les points du segment ZZ correspondent à toutes les répartitions possibles de la somme Z entre les joueurs. Seules les répartitions du segment AB sont mutuellement envisageables par les deux joueurs : chaque joueur n'accepte, en effet, un accord que s'il y gagne quelque chose. Le joueur 1 accepte de négocier avec le joueur 2 s'il obtient plus que son gain initial retiré de la situation de *statu quo* définie en R avant toute coalition ; parallèlement, le joueur 2 accepte de négocier avec le joueur 1 s'il obtient plus que son gain initial retiré du jeu avant toute coalition. Les joueurs 1 et 2 peuvent obtenir, indépendamment, respectivement les sommes A et B. Le joueur 1 accepte donc de négocier s'il peut obtenir plus que A, de même pour le joueur 2 s'il obtient plus que la somme B. En combinant raisonnablement leur désir d'avoir (recherche du gain maximal individuel) et leur raison d'avoir (prise en compte des intérêts des autres), les deux joueurs s'entendent sur toute répartition leur garantissant réciproquement un gain supplémentaire relativement à la situation optimale de comportements totalement indépendants. Toute répartition située sur le segment AB satisfait aux exigences des joueurs. Si chacun se limitait à son désir d'avoir, le conflit serait inévitable car les intérêts des joueurs sont opposés ; il n'y aurait donc aucune solution de négociation. Lorsque leur raison d'avoir l'emporte, les joueurs négocient en prenant conscience des intérêts de l'adversaire ; ils définissent dès lors une frontière optimale mutuellement acceptable. Une seule répartition est équitable et est définie en S : c'est le résultat de la négociation qui consiste à partager équitablement le gain entre les deux joueurs en prenant pour origine la situation de désaccord définie en R. Cette solution S est symétrique entre A et B (partage égal du gain entre les deux joueurs).

Les coordonnées de la solution S sont :

(1.49) $\quad X + \dfrac{Z - X - Y}{2} \quad$ pour le joueur 1

et

(1.50) $\quad Y + \dfrac{Z - X - Y}{2} \quad$ pour le joueur 2

---

27. J.-P. PONSSARD (1977) : *Logique de la négociation en théorie des jeux,* Éditions d'Organisation.

2.2. Propriétés générales de la solution de négociation

En définissant les coordonnées des axes en termes d'utilité et non de gains, J.-P. Ponssard établit les conditions générales de détermination de la solution S. Chaque coalition envisageable se définit en termes de satisfaction pour les joueurs. Le point de rupture R, de coordonnées $R(U_0^1, U_0^2)$, représente le niveau de satisfaction obtenue par chacun en cas de désaccord. L'ensemble D définit le domaine des accords possibles par négociation. Seules les négociations limitées au triangle RAB sont mutuellement envisageables par les deux joueurs, puisque chaque partenaire veut tirer profit de la négociation.

La solution S d'une négociation stable doit satisfaire aux deux exigences d'efficience et d'équité. Une solution efficace maximise l'utilité totale des joueurs : contrainte d'efficience. Pour être équitable, la solution doit partager également le gain entre les deux joueurs en tenant compte de la situation initiale définie avant toute coalition ; la solution S doit donc se situer sur la première bissectrice ayant R pour origine, c'est-à-dire sur la droite, de sorte que : $U^1 - U_0^1 = U^2 - U_0^2$

Pour satisfaire à ces deux exigences, la solution S doit vérifier un point de tangence entre la contrainte d'efficience et l'hyperbole équilatère d'équation :

(1.51) $(U^1 - U_0^1)(U^2 - U_0^2) = constante.$

Ce point de tangence partage en deux parties égales le segment de tangente passant par ce point et délimité par les deux axes. Un seul point vérifie cette propriété : le point S est donc le point unique qui maximise le produit des utilités des joueurs. Une seule négociation est donc à la fois efficace et équitable. *Cette négociation définie en S n'est autre que la solution de Nash* puisqu'elle maximise par définition le produit des gains des joueurs. Cette solution privilégie la raison d'avoir des joueurs ; leurs demandes maximales respectives n'influencent nullement la solution définie à partir du point de rupture R. Une autre solution de négociation est proposée par Kalai et Smorodinsky ; inversement à la solution de Nash, le désir d'avoir de chaque joueur joue un rôle déterminant puisqu'il revient à affecter la valeur 0 au point de rupture et la valeur 1 aux demandes maximales des joueurs. Le point d'efficience se définit sur la première bissectrice ; pour satisfaire aux contraintes du domaine des possibles, il suffit de projeter la solution issue de la première bissectrice sur la frontière d'efficacité. Les solutions de Nash et de Kalai-Smorodinsky sont le plus souvent très voisines ; leur fondement théorique diffère en revanche largement, puisque Nash privilégie l'approche non coopérative (raison d'avoir) alors que Kalai-Smorodinsky sélectionnent l'approche coopérative en retenant le critère du désir d'avoir.

La solution S a été définie à partir du point de rupture R ; elle tient donc compte du rapport des forces des joueurs. Ce rapport des forces est internalisé en R. La localisation du point R peut avantager un joueur lors du partage des gains. Les joueurs peuvent donc avoir intérêt à menacer leur adversaire pour tenter d'améliorer la position du point de rupture. Les menaces des joueurs permettent de manipuler le point R et ont ainsi inévitablement une influence sur le résultat de la négociation.

Fig. 1.2.

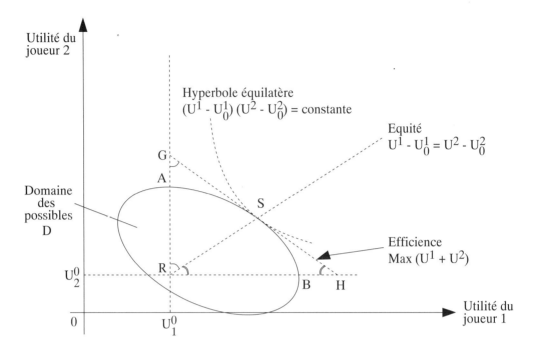

Source : J.-P. PONSSARD : *Logique de la négociation en théorie des jeux,*
Éditions d'Organisation, 1977, p. 112.

2.3. Taille et conditions de stabilité des coalitions

Une coalition est la constitution d'un groupe de joueurs parvenant à une entente à l'insu des autres. Lorsque le jeu comptabilise n joueurs, 2^n-1 coalitions sont possibles si l'on inclut toutes les coalitions réduites à un seul joueur (joueur déviant). Une bonne répartition des gains à l'intérieur d'une coalition favorise sa stabilité.

Riker a défini en 1962 les conditions d'une coalition optimale. Ces conditions reposent sur la taille de la coalition. La règle d'optimalité est vérifiée pour une coalition décisive minimale : le nombre réduit des membres de la coalition garantit un partage intéressant des gains pour chaque membre et permet surtout de disséminer les pertes engendrées sur l'opposition nombreuse, le coût par tête étant de fait indolore. Ces conditions de succès sont reprises par les théoriciens de la réglementation (Stigler, Peltzman, Becker) lorsqu'ils déterminent la taille optimale des majorités nécessaires à l'équilibre recherché.

La structure des coalitions mérite toutefois d'être précisée pour garantir les conditions de stabilité. Les n joueurs n'envisageant pas une coopération totale forment diverses coalitions $S_1, S_2, S_3,... S_n...$ Toute coalition doit veiller au risque de départ d'un membre susceptible d'hypothéquer sa raison d'être. L'intersection de deux coalitions différentes est vide ; l'union de toutes les coalitions formées constitue la coopération totale des joueurs :

(1.52) $S_i \cap S_j = 0; \forall i, \forall j$
$S_1 \cup S_2 \cup .... \cup S_n = N$ avec N = coalition rassemblant les n joueurs

Supposons une coalition S disposant d'une somme V(S) à répartir totalement entre ses membres i. La répartition est symbolisée par X :

(1.53) $\sum_{i \in S} X_i = V(S)$

Le joueur j, membre de la coalition S, s'estime lésé par le partage, qu'il juge trop profitable au joueur k. Le joueur j dresse une objection contre k en affirmant qu'il peut constituer une coalition S_j sans k, disposant d'une somme $V(S_j)$ suffisante permettant à chaque membre de cette nouvelle coalition de retirer plus que le gain reçu dans la répartition initiale liant j et k. La formalisation de cette objection est la suivante :

soit X : la répartition associée à la coalition initiale S

soit Y : la répartition associée à S_j

$j \in S_j, k \notin S_k$

(1.54) $\sum_{i \in S_j} Y_i = V(S_j)$

$Y_i > X_i, \forall i \in S_j$

La contre-attaque de k revient à engager une coalition S_k disposant d'une somme $V(S_k)$ et excluant le joueur j. Pour faire échouer j dans son objection, le joueur k doit être en mesure d'attirer les joueurs prêts à suivre j en leur proposant un partage plus profitable. La contre-objection peut se définir de la manière suivante :

soit Z : la répartition associée à S_k

X et Y jouent le même rôle que dans (1.54)

$k \in S_k, j \notin S_k$

(1.55) $\sum_{i \in S_k} Z_i = V(S_k)$

$Z_i \geq X_i, \forall i \in S_k$

$Z_i \geq Y_i, \forall i \in S_j \text{ et } S_k$

Une coalition stable est ainsi un ensemble de répartitions tel que, pour toutes les coalitions retenues, aucune objection ne puisse être formulée, ou soit automatiquement mise en échec par une contre-objection. Cette condition peut être draconienne et les risques d'instabilité demeurent dans ce cas élevés. La formation de coalitions peut ainsi aussi bien garantir la convergence vers l'optimum (coalition stable) ou s'en écarter (coalition instable). Toutes les coalitions ne peuvent donc être proscrites et c'est là que réside toute la difficulté. Au mieux, il convient de réduire les formations de coalitions nuisibles. Une première tentative est recherchée du côté des procédures itératives de décentralisation veillant à éliminer les asymétries informationnelles.

SECTION 3. FONDEMENTS DES PROCÉDURES DE DÉCENTRALISATION INFORMATIVE

Pour saisir le rôle de ces procédures, il est indispensable de les resituer rapidement dans leur contexte historique. Nous préciserons ensuite leur nature en étudiant notamment leur algorithme de référence.

A. Historique du débat sur l'utilité d'une décentralisation

Dans l'entre-deux-guerres, période 1918-1939, un débat oppose les économistes libéraux (von Mises, 1920, von Hayek, 1930) aux économistes socialistes (Barone, 1910) favorables à une planification centralisée. Pour Mises, toute planification centrale absolue sans marché est irrationnelle et impossible. Elle enlève aux prix leur fonction économique d'indicateurs de rareté utile. La réplique socialiste est formulée par O. Lange en 1936-1937, qui affirme la possibilité de planifier centralement une affectation optimale des ressources. Les conditions de succès de ce centralisme reposent sur une procédure de cheminement vers l'équilibre : le planificateur détermine des prix duaux optimaux et ajuste tout déséquilibre en faisant varier les prix. En 1967, Lange plaidera même pour l'abandon de sa procédure décentralisée de tâtonnement vers l'équilibre en faveur d'une solution informatisée d'un modèle central !

La persistance de déséquilibres remet très vite en cause l'utopie de Lange et conduit le mathématicien Kantorovitch à plaider pour une reconsidération du rôle des prix. Les effets négatifs de la centralisation incitent très progressivement à rechercher une décentralisation informative fondée sur le principe d'échanges itératifs de messages entre le centre et la périphérie (consommateurs et producteurs).

Les procédures de planification sont des méthodes d'élaboration du plan. Elles définissent les règles de calcul et d'échanges d'information entre les agents susceptibles de garantir un plan optimal. La planification concernée dans notre cas est impérative : elle repose sur l'hypothèse d'une connaissance de toutes les caractéristiques des unités périphériques par le planificateur. L'imperfection réelle de telles informations et la difficulté d'amener spontanément les agents périphériques à coopérer avec le planificateur central favorisent l'élaboration de procédures de décentralisation informative. La nécessité d'une telle décentralisation se fait sentir tant théoriquement (réhabilitation du rôle des prix, recherche des conditions d'une affectation optimale des ressources) que pratiquement (dysfonctionnements majeurs et déséquilibres persistants). Toute la centralisation est faite en termes de quantités physiques réduisant les prix à un rôle purement comptable et ne leur permettant plus de signaler les tensions du marché.

La planification centrale reposait sur l'élaboration de plans définis à partir des balances matières, avec prédominance des choix politiques sur les exigences économiques. La méthode des chaînons conducteurs est retenue lorsque des déséquilibres majeurs apparaissent ; les secteurs sont alors classés dans un ordre essentiellement politique et seuls les secteurs prioritaires (industrie lourde, armement) sont dotés efficacement en ressources nécessaires.

Cette centralisation impérative génère de nombreuses inefficiences et entretient des coûts de fonctionnement prohibitifs conduisant les économies de ces pays au chaos. L'industrialisation se réalise au prix d'un coût économique et social énorme dont prennent progressivement conscience les dirigeants concernés.

Dès 1956, de nombreux essais de décentralisation sont tentés en URSS, Pologne, Tchécoslovaquie... Ces essais avortent car tous maintiennent fermement le principe de la propriété collective et du contrôle central de l'économie par le planificateur.

L'expérience récente (1991-1992) de libéralisation économique des pays de l'Est (Communauté des États indépendants) condamne fermement l'utopie de Lange et prouve le rôle indispensable des prix dans une économie. Ce retour au libéralisme pourrait *a priori* éliminer tout l'intérêt d'une étude des procédures de décentralisation. Un tel réflexe paraît toutefois précipité et maladroit pour au moins une raison majeure : les procédures de décentralisation informative demeurent purement théoriques puisqu'elles n'ont suscité aucune expérience économique réelle. Leur utilité ne peut donc être remise en cause par le changement de régime observé récemment à l'Est. Ces procédures conservent une richesse théorique importante et leurs fondements nous enseignent les règles essentielles d'une convergence itérative vers l'équilibre. Elles ont, de plus, le mérite d'avoir clairement posé le rôle de l'incitation pour la maîtrise des comportements. Elles ont ainsi provoqué l'élaboration de nouvelles procédures, fondées sur la décentralisation incitative, applicables à de nombreux problèmes d'économie publique.

Ces précisions permettront de comprendre pourquoi la réponse au débat de l'entre-deux-guerres n'est donnée théoriquement qu'en 1960 par Arrow et Hurwicz sur la base de quelques postulats :

– chaque agent connaît mieux que quiconque tout ce qui le concerne ;

– le plan central consiste en une affectation optimale des ressources et est le résultat d'une procédure itérative entre le centre et la périphérie ;

– ces itérations amènent le centre à modifier ses projets jusqu'à obtention d'un état optimal, le centre se confondant dès lors avec le crieur walrasien ;

– l'optimum est vérifié dès que le centre reçoit de toutes les unités périphériques exactement les mêmes réponses que celles enregistrées à l'itération précédente.

La nature des procédures de décentralisation informative diffère selon le type de messages échangés et selon l'algorithme mathématique retenu.

B. Typologie des procédures de décentralisation informative

Le classement de ces procédures peut se faire sur la base de deux critères :
- la nature des indices (prix, quantités, messages mixtes) ;
- la nature de l'algorithme (gradient, décomposition).

1. Nature des indices

Les indices reflètent le type de messages échangés entre la périphérie et le centre planificateur. Trois types d'incides peuvent être retenus : les prix, les quantités, ou une combinaison des deux.

La décentralisation par les prix implique l'envoi de messages prix. La périphérie répond par des messages quantités : demande des consommateurs au prix annoncé, offre des producteurs au prix communiqué par le centre. Le planificateur modifie les prix au cours des itérations en fonction des déséquilibres de quantités annoncées. Il renvoie ainsi à chaque itération de nouveaux prix corrigés afin de converger au plus vite vers l'équilibre. L'état optimal est assuré dès que la correction des prix est inutile pour garantir l'équilibre offre-demande.

Parallèlement, *la décentralisation par les quantités* implique l'envoi de messages quantités par le centre et la réponse par la périphérie sous forme de prix, c'est-à-dire par les taux marginaux de transformation (TMT) et les taux marginaux de substitution (TMS) optimisant l'utilité respective des producteurs et consommateurs pour les quantités proposées par le centre. Le centre modifie les quantités en fonction de l'écart entre chaque TMT révélé (TMS) et le TMT réel (TMS) correspondant à la maximisation réelle de la situation annoncée.

Une décentralisation mixte combine l'envoi de messages prix et quantités ; la décentralisation par les quantités peut être retenue en priorité pour les biens collectifs présentant des indivisibilités, les autres biens pouvant bénéficier d'une décentralisation par les prix. Les règles d'ajustement demeurent identiques à celles définies pour une décentralisation exclusive par les prix ou par les quantités.

2. Nature de l'algorithme

L'algorithme est le mode de calcul permettant d'assurer la progression de l'ajustement vers l'équilibre optimal. Deux algorithmes caractérisent les décentralisations informatives : le gradient et la décomposition.

L'algorithme du gradient s'apparente au mécanisme de tâtonnement walrasien ; il garantit le calcul d'ajustement différentiel des indices échangés. L'algorithme de décomposition repose sur une méthode de décomposition d'un programme d'optimisation défini à partir des programmes linéaires de Dantzig-Wolfe[28].

Chaque algorithme vérifie trois propriétés particulières :

GRADIENT		DÉCOMPOSITION	
P1 :	procédure de tâtonnement qui mime le marché	P1 :	approximation par le centre de l'ensemble de production de chaque firme
P2 :	les prix et quantités de toutes les étapes intermédiaires ne se concrétisent par aucune transaction	P2 :	connaissance par le centre d'un programme réalisable pour chaque firme
P3 :	rien n'est décidé avant que la procédure ne soit achevée	P3 :	mémorisation par le centre de toutes les informations successives

La procédure peut donc être définie en fonction de la nature de l'indice échangé et du mode de calcul retenu.

3. Classification des procédures

Un tableau à double entrée permet de définir simplement une typologie des procédures informatives :

Tableau 1.1

Algorithme/Indices	Gradient	Décomposition
Prix	LAH	Malinvaud
Quantité	Heal MDP	Weitzman
Mixtes	Malinvaud Heal	Younes-Picard

LAH : Lange-Arrow-Hurwicz.

MDP : Malinvaud-Drèze-de la Vallée Poussin.

Pour comprendre les fondements de la décentralisation, nous étudierons le fonctionnement et les propriétés de ces procédures informatives. Les limites respectives seront toujours signalées. Le bilan des décisions informatives décentralisées sera ainsi dressé au chapitre II, combinant l'étude des décentralisations par les prix et par les quantités selon l'algorithme sélectionné.

---

28. DANTZIG, WOLFE (1961) : « The Decomposition Algorithm for Linear Programs », *Econometrica,* vol. 29, 1961.

CHAPITRE II

MÉTHODOLOGIE DES PROCÉDURES DE DÉCENTRALISATION INFORMATIVES

Ce chapitre s'articule autour de deux sections centrales présentant respectivement les fondements et propriétés de deux modes de décentralisation informative selon que le dialogue centre-périphérie véhicule des messages prix ou quantités. La première section définit la décentralisation informative par les prix indépendamment de l'algorithme retenu. Deux procédures de référence sont présentées : la procédure de gradient de type LAH et celle de décomposition élaborée par Malinvaud. Dans une seconde section, les propriétés d'une décentralisation informative par les quantités sont présentées. Le même raisonnement est retenu : deux procédures de décentralisation par les quantités sont étudiées, qu'elles recourent à l'algorithme de gradient (Heal) ou de décomposition (Weitzman).

SECTION 1. DÉCENTRALISATION INFORMATIVE PAR LES PRIX

En régime de concurrence pure et parfaite, les prix sont une donnée exogène pour chaque agent, même si, globalement, ils sont déterminés par la loi de l'offre et de la demande. Dans les procédures de décentralisation de type gradient, le planificateur joue le rôle du commissaire walrasien et équilibre les offres et demandes de la périphérie. Le fonctionnement de tels ajustements peut être décrit à partir de la procédure LAH. L'algorithme de décomposition maintient un échange de messages entre le centre et la périphérie mais fonde sa logique de décentralisation sur un programme d'optimation central ajusté aux programmes d'optimation locaux. Cette méthode d'ajustement peut être étudiée sur la présentation de la procédure Malinvaud. Nous examinerons successivement ces deux procédures de référence qui retiennent la même nature d'indice mais diffèrent par leur algorithme.

A. Procédure de gradient de LAH

Cette procédure décentralisée est fondée sur les propriétés de dualité de la programmation non linéaire. Le centre adresse à la périphérie des messages prix appelés indices prospectifs prix. La périphérie y répond par des propositions, c'est-à-dire par les quantités désirées aux prix annoncés. Nous étudierons successivement le fonctionnement (1) et les propriétés (2) de la procédure, avant d'en proposer une application simple (3).

1. Fonctionnement de la procédure

1.1. Logique des itérations

Cette procédure itérative se caractérise par un certain nombre de caractères généraux indispensables à maîtriser pour bien saisir la logique des ajustements retenus. Le fonctionnement schématique de chaque itération θ est le suivant :

1. Le centre bienveillant maximise une fonction de préférence sociale représentant l'intérêt général. L'intérêt général relève des intérêts individuels et satisfait à la condition suivante de maximisation :

(2.1) $\quad Max\, U^i(X_k^i)$

2. Cette maximisation s'établit sous une contrainte d'emplois-ressources qui traduit les conditions de production :

(2.2) $\quad \sum_k X_k^i - \sum_k Y_k^h \leq \varpi_k$

3. Les indices prospectifs envoyés par le centre à la périphérie sont des prix fictifs des facteurs de production et des biens et services produits.

4. À partir de ces prix fictifs, les entreprises calculent leurs programmes de production maximisant leur profit pour ces prix. Les entreprises annoncent leurs propositions au centre, soit les demandes en inputs, les offres de biens et le niveau de profit en résultant.

Il y a tâtonnement jusqu'à la détermination d'un plan assurant la compatibilité des choix des agents consommateurs et producteurs.

5. Le centre modifie le vecteur de prix à l'étape $\theta + 1$ en augmentant le prix s'il y a excès de demande à l'étape θ, et en baissant le prix si l'excès d'offre l'emporte en θ. Le tâtonnement par révision des prix vérifie le mode d'ajustement walrasien corrigeant les déséquilibres offres-demandes :

(2.3) $\quad P_k^{\theta+1} - P_k^\theta = a_k \left[\hat{X}_k^\theta - \varpi_k - \hat{Y}_k^\theta \right]$

1.2. Hypothèses de la procédure

Quatre hypothèses sont indispensables pour assurer le fonctionnement cohérent de cette procédure :

> **H1 :** Les ensembles de production sont compacts et convexes, excluant les rendements croissants.
>
> **H2 :** L'ensemble de consommation est fermé et convexe.
>
> **H3 :** La fonction objectif $U(X_k^i)$ est continue et concave ; les utilités marginales sont donc décroissantes.
>
> **H4 :** Le centre connaît une estimation par excès de l'ensemble des consommations réalisables.

Ces hypothèses permettent à la procédure de fonctionner et de converger progressivement vers l'équilibre. Les conditions de convergence caractérisent les propriétés de cette procédure.

2. Propriétés de la procédure

2.1. Fondements généraux des propriétés

Les propriétés les plus importantes d'une procédure de planification ont été définies par Malinvaud. Elles sont au nombre de trois :

P1 : *Une procédure est bien définie* s'il existe des solutions aux opérations. Ainsi, tout plan obtenu à une itération quelconque, donc non nécessairement optimal, est un plan réalisable. Une procédure bien définie implique que chaque étape soit réalisable.

P2 : *Une procédure est monotone* si l'information tirée de toute étape supplémentaire est au moins égale à celle tirée à l'étape précédente, soit :

(2.4) $\varphi(Y^\theta) \geq \varphi(Y^{\theta-1}), \forall \theta$

Une procédure est *strictement monotone* si deux conditions sont vérifiées :

a – la procédure est monotone ;

b – le plan Y^θ doit être nécessairement optimal si $\varphi(Y^\theta) = \varphi(Y^{\theta-1})$.

P3 : *Une procédure est convergente* si quand θ croît indéfiniment, alors $\varphi(Y^\theta)$ tend vers l'optimum. Pour assurer la correction d'étape en étape, le pas d'ajustement a_k doit être d'autant plus petit et le nombre d'itérations θ d'autant plus grand que la distance des prix au prix d'équilibre doit être faible. Il en résulte un antagonisme possible entre, d'une part, la vitesse de convergence recherchée (pas d'ajutements élevés) et la précision de convergence (pas d'ajustement faible), d'autre part. Le souci d'une convergence rapide conduit à choisir un pas d'ajustement suffisamment grand pour rendre les révisions de prix appréciables à chaque itération. Inversement, la précision de la convergence nécessite un pas d'ajustement petit et implique un nombre plus important d'itérations.

2.2. Propriétés de LAH

a – La procédure LAH n'est pas bien définie :

Les hypothèses H1 et H2 définies précédemment impliquent toujours l'existence d'une solution pour les ensembles de consommation et de production, mais le plan Y^θ, déterminé à l'itération θ et caractérisé par le vecteur de consommation $\hat{X}^\theta$ et les vecteurs de production $\hat{Y}^\theta$, n'est pas nécessairement réalisable car il ne satisfait pas la contrainte emplois-ressources.

b – La procédure LAH n'est pas monotone :

N'étant pas définie, elle ne peut être monotone puisque la propriété P2 de monotonie n'a de sens que si la procédure est bien définie.

c – La procédure LAH est convergente :

Cette convergence n'est vérifiée qu'au prix de deux hypothèses : la stricte convexité des ensembles de production et la stricte concavité de la fonction objectif. Ces hypothèses sont particulièrement restrictives mais la procédure est dite néanmoins convergente. La convergence s'établit autour de l'équilibre (convergence « à la limite »).

3. Application

Considérons une économie limitée à deux entreprises. Ces deux entreprises fabriquent le même produit Y à partir du facteur capital (K) et du facteur travail (L). Leur fonction de production est respectivement la suivante :

(2.5) $\quad Y_1 = 3 \log(1+K_1) + \log(1+L_1)$

(2.6) $\quad Y_2 = \log(1+K_2) + 5 \log(1+L_2)$

Le stock total de chaque ressource est limité :

(2.7) $\quad \sum_{i=1,2} K_i = 8$

(2.8) $\quad \sum_{i=1,2} L_i = 20$

Les demandes de biens sont déterminées à partir de la fonction d'utilité sociale W du planificateur :

(2.9) $\quad W = 14 \log Y_1 + 16 \log Y_2$

Problème :

1. Le planificateur souhaite que la répartition des facteurs K et L assure la maximisation de la production totale du bien Y. Il réalise une centralisation totale pour satisfaire cet objectif. Déterminer les affectations optimales en facteurs pour les deux entreprises.

2. Ignorant les fonctions de production, le centre recourt à une décentralisation et retient la procédure LAH. Les indices prospectifs communiqués par le centre à la périphérie lors de la première itération sont les messages prix suivants :

$P_Y = 4 \quad r = P_K = 1 \quad W = P_L = 2$

Les pas d'ajustement respectifs sont : $a_Y = 0 \quad a_K = 0{,}5 \quad a_L = 0{,}01$

Déterminer les affectations en facteurs et en biens de production pour chaque entreprise à l'issue de la première itération. En déduire les prix qui devront être adressés à la seconde itération.

Résolution :

1. Centralisation

Le centre omniscient dispose des informations suffisantes pour déterminer les affectations optimales en biens et facteurs. Il pratique un programme de maximisation de la production totale. Connaissant les fonctions de production des entreprises, il peut en déduire l'expression de la production totale. Son programme de maximisation doit tenir compte des stocks disponibles en inputs :

(2.10) $\text{Max } Y = 3 \text{ Log}(1+K_1) + \text{Log}(1+L_1) + \text{Log}(1+K_2) + 5 \text{ Log}(1+L_2)$

(2.11) $\sum_i K_i - 8 = 0 \;;\; \alpha \geq 0$

(2.12) $\sum_i L_i - 20 = 0 \;;\; \beta \geq 0$

Les conditions du premier ordre de ce programme sont définies à partir des dérivées partielles premières du lagrangien L par rapport aux quantités de facteurs utilisées. L'hypothèse d'utilités marginales décroissantes garantit que ces conditions du premier ordre sont nécessaires et suffisantes. À l'optimum, toutes les contraintes sont saturées et les multiplicateurs α, β associés aux contraintes (2.11) et (2.12) sont donc strictement positifs. Les dérivées partielles vérifient les résultats suivants à l'optimum :

(2.13) $\dfrac{\partial L}{\partial K_1} = \dfrac{3}{1+K_1} - \alpha = 0 \Rightarrow \alpha = \dfrac{3}{1+K_1}$

(2.14) $\dfrac{\partial L}{\partial K_2} = \dfrac{1}{1+K_2} - \alpha = 0 \Rightarrow \alpha = \dfrac{1}{1+K_2}$

(2.15) $\dfrac{\partial L}{\partial L_1} = \dfrac{1}{1+L_1} - \beta = 0 \Rightarrow \beta = \dfrac{1}{1+L_1}$

(2.16) $\dfrac{\partial L}{\partial L_2} = \dfrac{5}{1+L_2} - \beta = 0 \Rightarrow \beta = \dfrac{5}{1+L_2}$

de (2.13) et (2.14), on déduit :

(2.17) $K_1 = 3 K_2 + 2$

de (2.15) et (2.16), on déduit :

(2.18) $L_2 = 4 + 5 L_1$

sachant que : $K_1 + K_2 = 8$ et $L_1 + L_2 = 20$ et compte tenu de (2.17) et (2.18), on déduit :

(2.19) $3 K_2 + 2 + K_2 = 8$

(2.20) $L_1 + 4 + 5L_1 = 20$

il en résulte les affectations optimales en facteurs pour chaque entreprise :

(2.21) $K_1^* = \dfrac{13}{2} \; ; \; K_2^* = \dfrac{3}{2}$

$L_1^* = \dfrac{8}{3} \; ; \; L_2^* = \dfrac{52}{3}$

2. Décentralisation par les prix selon LAH

La décentralisation se réalise entreprise par entreprise. Le centre adresse à chaque entreprise des indices prospectifs (prix d'inputs et d'ouputs) et attend en retour les propositions de chaque entreprise.

Etape θ pour l'entreprise 1 :

Le centre adresse : $P_Y = 4 \quad r = 1$ et $w = 2$

L'entreprise réalise un programme de maximisation de son profit sous contrainte de sa fonction de production pour en déduire les quantités de facteurs nécessaires à sa production optimale, étant donné les indices prospectifs communiqués :

(2.22) $Max\Pi_1 = P_Y.Y_1 - rK_1 - wL_1$

(2.23) $Y_1 = 3Log(1+K_1) + Log(1+L_1) \; ; \; \alpha \geq 0$

Les conditions du premier ordre vérifient à l'optimum :

(2.24) $\dfrac{\partial L}{\partial Y_1} = 3 - \alpha = 0 \Rightarrow \alpha = 3$

(2.25) $\dfrac{\partial L}{\partial K_1} = -1 - \alpha(-3/_{1+K_1}) = 0 \Rightarrow K_1^* = 8$

(2.26) $\dfrac{\partial L}{\partial L_1} = -1 - \alpha(-1/_{1+L_1}) = 0 \Rightarrow L_1^* = 2$

(2.27) $Y_1 = 3 \, Log(1+K_1) + Log\,(1+L_1)$
$= 3\,Log\,9 + Log\,3 \Rightarrow Y_1^* = 7$

Etape θ pour l'entreprise 2 :

Le centre adresse les mêmes indices prospectifs à l'entreprise 2.

L'entreprise 2 répond par des propositions vérifiant la maximisation de son profit aux prix annoncés :

(2.28) $Max\Pi_2 = P_Y.Y_2 - rK_2 - wL_2$

(2.29) $Y_2 = 3Log(1+K_2) + Log(1+L_2) \; ; \; \beta \geq 0$

Les conditions du premier ordre permettent d'écrire à l'optimum :

(2.30) $\dfrac{\partial L}{\partial Y_2} = 3 - \beta = 0 \Rightarrow \beta = 3$

(2.31) $\dfrac{\partial L}{\partial K_2} = -1 - \beta(-1/_{1+K_2}) = 0 \Rightarrow K_2^* = 2$

(2.32) $\dfrac{\partial L}{\partial L_2} = -1 - \beta(-5/_{1+L_2}) = 0 \Rightarrow L_2^* = 14$

soit une production totale :

(2.33) $Y_2 = \text{Log}(1+K_2) + 5\,\text{Log}(1+L_2) = \text{Log}\,3 + 5\,\text{Log}\,15 \Rightarrow Y_2^* = 16$

Comparaison des demandes et offres en facteurs :

demande totale en facteur K : offre totale en facteur K :

(2.34) $K_1^* + K_2^* = 10$ $\qquad \sum_{i=1,2} K_i = 8$

demande totale en facteur L : offre totale en facteur L :

(2.35) $L_1^* + L_2^* = 16$ $\qquad \sum_{i=1,2} L_i = 20$

Déséquilibres observés en θ :

excès de demande en capital : $K_1^* + K_2^* = 10 \;>\; \sum_{i=1,2} K_i = 8$

excès d'offre de travail : $L_1^* + L_2^* = 16 \;<\; \sum_{i=1,2} L_i = 20$

Des ajustements de prix sont donc nécessaires pour équilibrer les offres et demandes de facteurs de production.

La demande en biens Y_1 est, par définition, déterminée à partir de la fonction de préférence sociale W du planificateur :

(2.36) $W_{Y_1} = \dfrac{\partial W}{\partial Y_1} = \dfrac{14}{Y_1} = \dfrac{14}{7} = 2$

À l'optimum, le rapport des prix est égal au rapport des productivités marginales :

(2.37) $\dfrac{P_{Y_1}}{P_n} = P_{Y_1} = 4 \quad$ avec n, bien numéraire

Le bien 2 vérifie les mêmes propriétés, d'où :

(2.38) $W_{Y_2} = \dfrac{\partial W}{\partial Y_2} = \dfrac{16}{16} = 1$

(2.39) $\dfrac{P_{Y_2}}{P_n} = 4$

La règle générale des ajustements s'écrit sous la forme :

(2.40) $\Delta P_Y^\theta = a_Y (\sum D^\theta - \sum O^\theta)$

En appliquant cette règle d'ajustement aux biens et facteurs de production, nous obtenons les variations de prix suivantes :

(2.41) $\Delta P_{Y_1}^\theta = 0(2-4) = 0$

(2.42) $\Delta P_{Y_2}^\theta = 0(1-4) = 0$

(2.43) $\Delta P_K^\theta = 0,5(10-8) = 1$

(2.44) $\Delta P_L^\theta = 0,01(16-20) = -0,04$

Les ajustements de prix réalisés à la fin de la première itération permettent de définir les nouveaux indices prospectifs qui seront annoncés au début de la seconde itération :

(2.45) $P_{Y_1}^{\theta+1} = P_{Y_1}^\theta + \Delta P_{Y_1}^\theta = 4$

(2.46) $P_{Y_2}^{\theta+1} = P_{Y_2}^\theta + \Delta P_{Y_2}^\theta = 4$

(2.47) $r^{\theta+1} = P_K^{\theta+1} = P_K^\theta + \Delta P_K^\theta = 1 + 1 = 2$

(2.48) $w^{\theta+1} = P_L^{\theta+1} = P_L^\theta + \Delta P_L^\theta = 2 - 0,04 = 3,96$

Les résultats de ces ajustements sont parfaitement logiques : l'excès de demande en capital implique une hausse du prix de ce facteur afin de favoriser la substitution travail/capital ; pour inciter l'emploi de la main-d'œuvre, le coût d'embauche est minoré. Les ajustements seront pratiqués à la fin de chaque itération jusqu'à ce que les offres et demandes s'équilibrent. Rappelons qu'aucune transaction ou production ne peut être réalisée tant que l'équilibre n'est pas vérifié.

Cette procédure de gradient vérifie donc les propriétés du mécanisme d'ajustement walrasien. L'anonymat des messages est sauvegardé. Le planificateur n'a qu'une fonction réduite : il intervient pour équilibrer les offres et demandes des agents périphériques. Le planificateur ne rassemble pas les informations et ne cherche pas à appréhender les fonctions de production et domaines de production des firmes. Ce rôle réduit tient à la méthode du gradient fondée sur une logique de tâtonnement par un calcul d'ajustement différentiel des indices échangés.

Une autre méthode de calcul, fondée sur l'algorithme de décomposition, permet de réaliser un programme d'optimation. La procédure de Malinvaud utilise cet algorithme et retient les mêmes indices prospectifs que ceux définis dans la procédure LAH.

B. Procédure de décomposition de Malinvaud

Cette procédure de décentralisation informative par les prix est définie en 1967. Le centre adopte un comportement d'État tutélaire bienveillant vis-à-vis des consommateurs en retenant dans sa fonction de préférence sociale W l'utilité des consommateurs telle qu'il la ressent lui-même. Ne maîtrisant pas totalement les ensembles de production des firmes, il engage un dialogue avec ces dernières afin d'approximer par défaut les ensembles de production. Nous analyserons tout d'abord le fonctionnement de cette procédure (1) et étudierons ensuite ses propriétés (2). Pour conclure cette section, nous appliquerons cette procédure à un cas précis (3).

1. Fonctionnement de la procédure

Le centre cherche à approximer les ensembles de production au voisinage de l'optimum. Pour atteindre cet objectif, il adresse des indices prospectifs prix aux firmes et résout le programme d'optimation général suivant sous la contrainte d'emplois-ressources :

(2.49) $MaxW[U^i(X^\theta)]$

(2.50) $X^\theta - \sum_h y_h^\theta \leq \varpi$

(2.51) $y_h^\theta \in Y_h^\theta$

où y_h^θ = production réalisée par la firme h à l'étape θ

Y_h^θ = ensemble de production de h *estimé* par le centre à l'étape θ compte tenu de ses informations en θ

Le centre cherche à améliorer ses connaissances sur les ensembles de production de chaque firme. Il peut se contenter de les approximer par défaut et cherche donc à connaître seulement la forme de ces ensembles au voisinage des programmes de production optimaux.

L'approximation tentée est réalisée d'étape en étape selon la méthode suivante :

1. Le centre dispose d'une connaissance de base : il connaît un programme de production réalisable. Il maîtrise donc dès le départ un point de l'ensemble de production de chaque firme. Ce point correspond à la proposition de production $\bar{y}_{hk}^\theta$ de l'entreprise h pour le bien k à l'étape initiale θ.

2. Partant de cette information mémorisée, le centre tente d'approximer en $\theta + 1$ l'ensemble de la production de l'entreprise h ; il estime ainsi une production $y_{hk}^{\theta+1}$: c'est la production en bien k de l'entreprise h approximée par le centre en $\theta + 1$.

3. Le centre pondère l'ensemble de la production par un coefficient inconnu $\lambda_h^{\theta+1}$; ce coefficient est déterminé par la résolution du programme d'optimisation engagé par le centre à chaque itération pour maximiser le bien-être social collectif.

4. La résolution du programme engagé par le centre permet de définir les prix estimés par le centre sur la base de ses approximations. Le centre adresse ces prix calculés aux firmes.

5. Les entreprises calculent leurs programmes de production en $\theta + 1$ en réalisant leur propre modèle d'optimisation. Les résultats de ce calcul constituent les propositions qu'elles communiquent au centre.

6. Le centre mémorise ces nouvelles informations de type $\bar{y}_h^{\theta+1}$ et les compare aux calculs approximés réalisés par lui-même.

7. Le centre poursuit les approximations selon la même méthode tant que les propositions des firmes diffèrent de ses propres calculs.

Le fonctionnement de chaque étape s'articule par conséquent autour de deux programmes :

1.1. Programme d'approximation du centre

(2.52) $MaxW\left[U^i(X^\theta)\right]$

(2.53) $X_k^{\theta+1} - \sum_h y_{hk}^{\theta+1} \leq \varpi_k$; $P_k^{\theta+1} \geq 0$

(2.54) $y_{hk}^{\theta+1} - \sum \bar{y}_{hk}^\theta . \lambda_h^\theta \leq 0$; $\alpha_{hk}^{\theta+1} \geq 0$

(2.55) $\sum \lambda_h^{\theta+1} = 1$; $\beta_h^{\theta+1} \geq ou \leq 0$

L'équation (2.54) traduit la mémorisation par le centre des propositions antérieures des firmes. Ces propositions sont sauvegardées et pondérées par un coefficient positif.

Les conditions du premier ordre vérifient à l'optimum pour :
$X_k^{\theta+1} > 0$, $y_{hk}^{\theta+1} > 0$, $\lambda_{hk}^{\theta+1} > 0$

(2.56) $\dfrac{\partial L}{\partial X_k^{\theta+1}} = W_k^{\theta+1} - P_k^{\theta+1} = 0$

(2.57) $\dfrac{\partial L}{\partial y_{hk}^{\theta+1}} = P_k^{\theta+1} - \alpha_{hk}^{\theta+1} = 0$

(2.58) $\dfrac{\partial L}{\partial \lambda_h^\theta} = \sum_k \alpha_{hk}^{\theta+1} . \bar{y}_{hk}^\theta - \beta_h^{\theta+1} = 0$

Des équations (2.56), (2.57) et (2.58), le centre déduit les valeurs d'approximation optimales relatives aux consommations finales $X_k^{\theta+1}$, aux productions des firmes $y_{hk}^{\theta+1}$, et aux prix $P_k^{\theta+1}$.

1.2. Programme réel de production des firmes

Chaque firme maîtrise sa fonction de production et peut définir sans erreur son modèle d'optimation défini simplement par la maximisation de son profit sous sa contrainte de production :

(2.59) $Max\Pi_h^{\theta+1} = \sum_k P_k^{\theta+1} . y_{hk}^\theta$

(2.60) $f_h\left[...y_{hk}^\theta...\right] \leq 0$; $\mu_h \geq 0$

Les conditions du premier ordre de ce programme classique permettent de définir le niveau de production optimale des firmes :

(2.61) $\dfrac{\partial L}{\partial y_{hk}^{\theta+1}} = P_k^{\theta+1} - \mu_h \dfrac{\partial f_h}{\partial y_{hk}^{\theta+1}} = 0$

d'où (2.62) $P*_k^{\theta+1} = \dfrac{f'^{\theta+1}_{hk}}{f'^{\theta+1}_{hn}}$ avec n = bien numéraire

$f'^{\theta+1}_{hk}$ = productivité marginale de l'entreprise h pour le bien k en $\theta + 1$

À l'optimum, le rapport des prix de deux biens k et n est égal au rapport des productivités marginales de ces biens.

La procédure de Malinvaud repose sur quatre hypothèses :

> **H1 :** La fonction d'utilité sociale W vérifie des utilités marginales décroissantes car elle est continue et concave.
>
> **H2 :** L'ensemble de consommation X est convexe et fermé.
>
> **H3 :** Les ensembles de production de chaque firme sont fermés, compacts et convexes : ils n'admettent donc pas les situations à rendements croissants.
>
> **H4 :** Le planificateur connaît un plan de production réalisable pour chaque firme dès le démarrage de la procédure.

La procédure fonctionne sous ces quatre hypothèses et vérifie trois propriétés fondamentales.

2. Propriétés de la procédure

Lors de l'analyse de la procédure LAH, nous avons présenté les propriétés générales qu'une procédure de décentralisation pouvait vérifier. À l'inverse de la procédure LAH, qui ne satisfait qu'à la propriété de convergence, la procédure de Malinvaud vérifie les trois propriétés.

a – La procédure est bien définie : elle est réalisable en chaque étape pour deux raisons : la contrainte d'emplois-ressources est respectée, et la convexité des ensembles de production implique que toute approximation définie en chaque étape soit contenue dans l'ensemble réel.

L'approximation par défaut implique donc : $\begin{array}{l} Y_h^{\theta+1} \subseteq Y_h \\ y_h^{\theta+1} \in Y_h \end{array}$

En conséquence, l'interruption de la procédure avant l'étape finale garantit un plan néanmoins réalisable.

b – La procédure est monotone croissante : l'information du centre croît à chaque étape et l'approximation du domaine de production progresse d'étape en étape.

On vérifie ainsi nécessairement que : $W\left[X^{\theta+1}\right] \geq W\left[X^{\theta}\right]$

c – La procédure est convergente : chaque étape garantit une progression d'information au centre ; la monotonie croissante de la procédure garantit une convergence vers un optimum global défini par la maximisation du bien-être social W(X*).

La procédure de Malinvaud offre donc de solides garanties avec la vérification des trois hypothèses. Elle limite, en revanche, la décentralisation à une communication centre-entreprises et exclut du dialogue les consommateurs dont les préférences sociales et utilités sont définies par le centre dans la fonction W. Pour bien saisir les caractéristiques générales de cette procédure, nous proposons de résoudre une étude de cas.

3. Application

Soit une économie composée de deux firmes A et B utilisant l'input capital K. La fonction sociale d'utilité définie par le centre vérifie l'expression :

(2.63) $W(A,B) = 1,4 \Log A + 2,1 \Log B$

Les firmes ont pour fonction de production respectivement :

(2.64) $A = 3,1 K_A^{0,2}$

(2.65) $B = 4,3 K_B^{0,3}$

Le stock de capital disponible dans l'économie est égal à 1 : $\overline{K} = 1$

Le centre ignore les fonctions de production des firmes A et B et décide d'utiliser une décentralisation de type Malinvaud pour élaborer le plan optimal. Disposant d'une connaissance initiale sur un plan de production réalisable pour chaque firme, le centre communique les prix initiaux suivants aux firmes :

$P_A^\theta = P_K^\theta = 2$

$P_B^\theta = 1$

En déduire l'optimum tel qu'il résulte de la seconde itération.

Résolution :

1. Première itération : étape θ

Les firmes répondent personnellement aux messages prix adressés. Elles calculent individuellement leur programme de maximisation de profit afin de définir le premier optimum local pour elles :

Programme d'optimation de la firme A :

(2.66) $Max \Pi_A = A - K_A$

(2.67) $A = 3,1 K_A^{0,2}$

Le dual de ce programme permet de déterminer les solutions optimales :

(2.68) $K_A^* = 0,55$
$A^* = 2,75$

Programme d'optimation de la firme B :

(2.69) $Max \Pi_B = B - K_B$

(2.70) $B = 4,3 K_B^{0,3}$

À partir des conditions du premier ordre définies par le dual du programme d'optimation, nous vérifions :

(2.71) $K_B^* = 0,534$
$B^* = 3,56$

Les firmes adressent au centre leurs propositions définies par les équations (2.70) et (2.71).
Le centre enregistre les réponses des firmes et en déduit les domaines de production de A et B :

Fig. 2.1

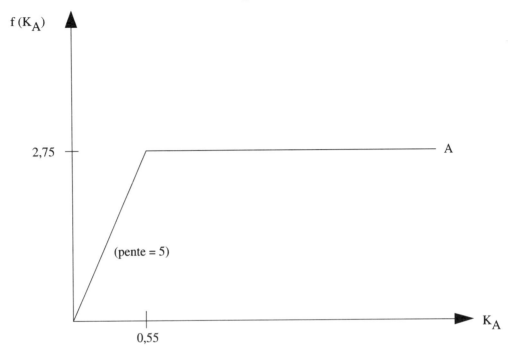

Fig. 2.2

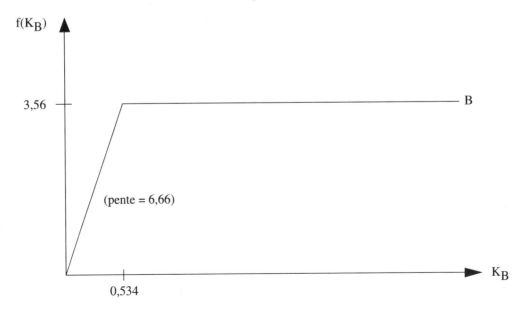

Le centre estime les possibilités technologiques de A et B selon le raisonnement suivant :

En donnant 0,55 unité de capital à A, il pourra offrir 0,45 unité de capital à B. Le centre en déduit que B pourra produire 3 unités de biens. Ce calcul est fondé sur *l'estimation* de la fonction de production de B.

Le centre estime qu'une offre totale du capital à A maintiendrait la production à 2,75 unités de biens car A sature ses possibilités de production avec la proposition optimale adressée au centre (utilisation maximale de 0,55 unité de capital, toute allocation complémentaire générant un gaspillage). Ne disposant pas d'un stock de capital suffisant, le centre ne peut satisfaire la demande totale de B. L'optimum pour le centre est donc le point (2,75 ; 3) impliquant une production de 2,75 unités de biens A et de 3 par B. Cette maximisation vérifie une solution de coin.

Le centre associe à cet optimum estimé le vecteur des prix duaux vérifiant la règle classique d'optimalité telle que le rapport des prix s'égalise à l'optimum au rapport des utilités marginales :

(2.72) $\quad \dfrac{P_A}{P_B} = \dfrac{W'_A}{W'_B} = 0{,}727$

(2.73) $\quad P_K = P_B \cdot f'_B(K_B)$

d'où (2.74) si $P_A^{\theta+1} = 2 \Rightarrow P_B^{\theta+1} = 2{,}75 \Rightarrow P_K^{\theta+1} = 9{,}8$

Le centre renvoie aux entreprises ce nouveau vecteur de prix et engage ainsi une seconde itération.

2. Seconde itération : étape $\theta + 1$

La réponse des entreprises à ce nouveau vecteur de prix découle de la maximisation de leur profit respectif :

Programme d'optimation de A :

(2.75) $\quad Max\Pi_A = 2A - 9{,}8K_A$

(2.76) $\quad A = 3{,}1 K_A^{0,2}$

À partir des conditions du premier ordre, on déduit les quantités optimales du bien A et du facteur K :

(2.77) $\quad \begin{aligned} K_A^* &= 0{,}074 \\ A^* &= 1.84 \end{aligned}$

Programme d'optimation de B :

(2.78) $\quad Max\Pi_B = 2{,}75B - 9{,}8K_B$

(2.79) $\quad B = 4{,}3 K_B^{0,3}$

soit, à l'optimum, pour des contraintes de production saturées :

(2.80) $\quad \begin{aligned} K_B^* &= 0{,}234 \\ B^* &= 2{,}788 \end{aligned}$

Sur la base de ces réponses, le centre améliore la représentation des possibilités technologiques des entreprises. Les informations reçues à chaque étape sont mémorisées. Il en résulte les approximations suivantes :

Fig. 2.3

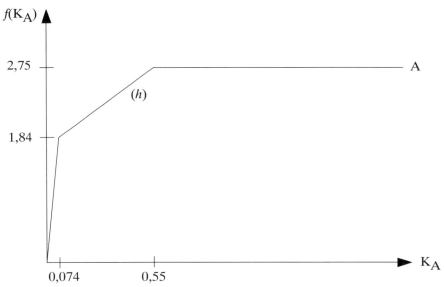

Fig. 2.4

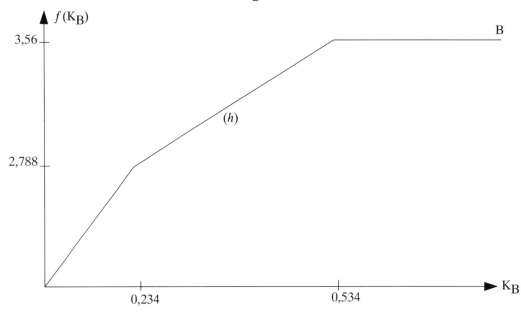

Le segment *(h)* de la figure 2.3 vérifie l'équation :

(2.81) $y = ax + b$

avec $a = \dfrac{1,84 - 2,75}{0,074 - 0,55} = 1,91$ $b = 1,840 - (1,91)(0,074) = 1,69$

soit $y = 1,91\, x + 1,69$

Ainsi, si K_A = 0,4 unités, le centre estime que A produira :

$$A = 1{,}91\ (0{,}4) + 1{,}69 = 2{,}454 \text{ unités de biens.}$$

En donnant 0,234 unité de capital à B, et le solde (0,766 unité) à A, le centre en déduit que B et A produiront respectivement 2,788 et 3,15 unités. L'allocation totale du capital (K = 1) à A impliquerait selon l'estimation du centre une production de 3,6 unités par A :

$$y = 1{,}91\ (1) + 1{,}69 = 3{,}6$$

Le segment (h) de la figure 2.4 vérifie l'équation :

(2.82) $\quad y = ax + b$

avec $\quad a = \dfrac{2{,}788 - 3{,}56}{0{,}234 - 0{,}534} = 2{,}57 \qquad b = 2{,}788 - (2{,}57)(0{,}234) = 2{,}18$

soit $\quad y = 2{,}57\ x + 2{,}18$

Ainsi, si K_B = 0,45 unité, le centre estime que B produira :

$$B = 2{,}57\ (0{,}45) + 2{,}18 = 3{,}34 \text{ unités de biens.}$$

Ainsi, s'il donne 0,55 unité de capital à A et le solde (0,45) à B, il estime désormais que A produira 2,75 unités et B produira 3,34 unités.

L'allocation totale du capital à B permettrait à B, selon l'estimation du centre, de produire 4,75 unités : $y = 2{,}57\ (1) + 2{,}18 = 4{,}75$

Le centre est en mesure de faire une nouvelle estimation de l'ensemble de production possible de chaque entreprise :

Fig. 2.5

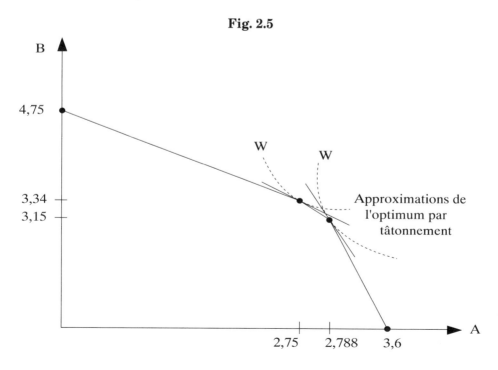

De l'ensemble de ces estimations, le centre déduit l'optimum estimé et annonce les nouveaux prix duaux vérifiant :

(2.83) $\quad \dfrac{P_A}{P_B} = 0,26$

d'où (2.84) si $P_A^{\theta+2} = 1 \Rightarrow P_B^{\theta+2} = 3,85 \Rightarrow P_K^{\theta+2} = 13,7$

Par itérations successives, le centre assure une approximation par défaut de l'optimum global. La procédure converge vers cet optimum par monotonie croissante et chaque étape de calcul garantit un plan de production réalisable mémorisé par le centre. Cette procédure souffre toutefois d'une lourdeur incontestable puisque le centre doit résoudre un problème d'approximation par entreprise et mémoriser toutes les connaissances progressives tirées de la décentralisation opérée avec chaque entreprise.

À la lourdeur de cette procédure, on peut opposer la simplicité de la procédure LAH n'exigeant aucune optimisation explicite par la périphérie mais seulement des réactions aux prix pour vérifier progressivement l'égalité des TMS et TMT. Les deux procédures éliminent les situations de rendements dimensionnels croissants. Les situations vérifiant des zones d'économies d'échelle (rendements croissants) peuvent être traitées dans le cas d'une décentralisation bien spécifique définie par Heal. Il s'agit toujours d'une décentralisation informative mais sur la base d'un échange de messages quantités. L'étude de ce mode de décentralisation permettra cependant de préciser que toutes les décentralisations par les quantités ne tolèrent pas nécessairement les rendements dimensionnels croissants.

SECTION 2. DÉCENTRALISATION INFORMATIVE PAR LES QUANTITÉS

Deux procédures de décentralisation par les quantités seront successivement étudiées : la procédure de Heal puis celle de Weitzman. Ces deux procédures véhiculent le même type de messages informatifs (quantités) mais retiennent un mode de calcul différent. La procédure de Heal est une procédure de gradient convergeant vers l'optimum par tâtonnement. Inversement, la procédure de Weitzman repose sur l'algorithme de décomposition assurant l'optimalité par un programme d'optimation. L'étude de ces deux procédures s'articule respectivement autour de trois paragraphes analysant successivement le fonctionnement de la décentralisation, les propriétés générales et proposant finalement un exercice de cas.

A. Procédure de gradient de Heal

Cette procédure d'allocation des ressources organise un dialogue entre le centre et la périphérie. Les messages quantités échangés assurent une convergence vers un maximum local en l'absence d'hypothèses particulières. La présence de rendements dimensionnels croissants assure une convergence globale sous réserve d'une hypothèse de concavité pour les fonctions de production des entreprises, les fonctions d'utilité individuelles et la fonction d'utilité sociale.

1. Fonctionnement de la procédure

Le centre dispose d'une fonction W d'utilité collective définie sur le principe d'un état bienveillant soucieux de l'intérêt individuel (fonction d'utilité sociale bergsonienne) :

(2.85) $\quad W = [U^i(X_k^i)]$

Méconnaissant les fonctions de production des entreprises, le centre décentralise la recherche de l'optimum et organise le dialogue suivant :

1. À l'étape θ, il définit un vecteur y_h^k d'allocation en facteurs : consommation de l'input k par l'entreprise h. Il communique cette allocation à chaque entreprise h.

2. Chaque entreprise h répond à cette information par deux propositions concernant respectivement la productivité marginale en valeur f_k^h associée à ce vecteur et la production totale Y_k^h associée.

3. Le centre regroupe les réponses de toutes les entreprises h et calcule pour chaque firme l'utilité marginale V_{hk}^θ de l'allocation en facteur k dans son affectation à l'entreprise h. Cette utilité marginale s'appelle la valorisation marginale du facteur k et se calcule de la manière suivante :

(2.86) $\quad V_{hk}^\theta = \left(\dfrac{\partial W}{\partial Y_{hk}^\theta}\right)\left(\dfrac{\partial Y_{hk}^\theta}{\partial X_{hk}^\theta}\right)$ où X_{hk}^θ = quantité du facteur utilisée par h

Elle ne peut donc être calculée que si les entreprises transmettent au centre leur productivité marginale.

Le centre détermine également la valorisation moyenne $\overline{V}_k^\theta$, de sorte que :

(2.87) $\quad \overline{V}_k^\theta = \dfrac{\sum\limits_h V_{hk}^\theta}{\sum h}$

4. Les ajustements engagés par le centre portent sur une modification des affectations en facteurs dès que la valorisation marginale en facteur k à une entreprise diffère de la valorisation moyenne.

Le centre augmente l'allocation en facteur si : $V_{hk}^\theta > \overline{V}_k^\theta$

et inversement, il la diminue dès que : $V_{hk}^\theta < \overline{V}_k^\theta$

Les ajustements en facteurs opérés à la fin de chaque itération sont pondérés par un pas d'ajustement a_k, de sorte que :

(2.88) $\quad \Delta X_{hk}^\theta = a_k^\theta (V_{hk}^\theta - \overline{V}_k^\theta)$

La procédure conduit à des allocations réalisables, c'est-à-dire non négatives et vérifiant la condition d'égalité emplois-ressources pour chaque facteur. Elle admet les rendements dimensionnels croissants. Son fonctionnement repose sur deux hypothèses :

> **H1 :** Les entreprises retenues sont monoproductrices : une seule entreprise productrice de chaque bien ;
>
> **H2 :** Le centre connaît initialement un plan de production réalisable pour chaque entreprise.

Tous les messages sont individualisés mais le centre n'assure pas de stockage des informations échangées. La procédure reste cependant lourde et coûteuse puisque les entreprises transmettent deux types de propositions : l'une en prix (productivités marginales en valeur), l'autre en quantités (niveau de production). Ce coût élevé de la décentralisation réhabilite le dilemme posé entre la recherche d'une convergence rapide (pas d'ajustements élevés d'une étape à l'autre) et le désir d'une convergence précise (pas d'ajustements petits d'une itération à l'autre). Les exigences de cette procédure sont, en revanche, faibles sur la nature des fonctions et ensembles de production : la fonction d'utilité du planificateur peut être quelconque ainsi que les ensembles de production des entreprises si on recherche une simple convergence locale. Les qualités de cette procédure tiennent à ses propriétés.

2. Propriétés de la procédure

La procédure de Heal vérifie les trois propriétés définies au sens de Malinvaud et tolère de plus tous les types de rendements dimensionnels (décroissants, constants et croissants).

a – La procédure est bien définie : toutes les allocations de facteurs sont possibles et chaque itération est donc réalisable.

b – La procédure vérifie une stricte monotonie croissante : à chaque étape, le domaine de production connu du centre s'élargit ou au moins ne se réduit pas ; il en retire donc toujours un gain d'utilité tant que l'optimum n'est pas atteint :

$U(Y_{hk}^{\theta}) \geq U(Y_{hk}^{\theta-1})$

c – La procédure converge : vers un maximum local en l'absence d'hypothèses particulières. L'optimum atteint en cas de rendements dimensionnels croissants est local. La convergence globale peut être vérifiée en cas de concavité des fonctions de production et fonctions d'utilité individuelles et sociale.

3. Application

Soit une économie limitée à deux entreprises A et B dont les fonctions de production respectives sont :

(2.89) $A = 4K_A - \frac{1}{2}K_A^2$

(2.90) $B = K_B$

La fonction d'utilité collective définie par le centre vérifie l'équation :

(2.91) $W = A + 2B$

Les entreprises utilisent un seul facteur de production (le capital) dont l'offre totale est limitée à 4 unités : $\overline{K} = 4$

Ignorant les fonctions de production des entreprises, le centre recourt à une décentralisation de type Heal pour élaborer la recherche de l'optimum. Il retient un pas d'ajustement a_k égal à l'unité pour chaque itération : $a_k = 1$

Déterminer les allocations de facteurs à l'issue de la seconde itération sachant que les indices prospectifs transmis par le centre à A et B sont respectivement : $K_A = 1$ et $K_B = 3$

Résolution :

1. Première itération : θ

— Détermination des propositions des entreprises en réponse aux messages quantités transmis par le centre :

Productivité marginale du capital :

(2.92) $\quad \dfrac{\partial Y_A^\theta}{\partial K_A^\theta} = 4 - K_A = 3$

(2.93) $\quad \dfrac{\partial Y_B^\theta}{\partial K_B^\theta} = 1$

Niveaux de production réalisés à partir des affectations reçues :

(2.94) $\quad Y_A^\theta = 4(1) - \dfrac{(1)^2}{2} = \dfrac{7}{2}$

(2.95) $\quad Y_B^\theta = K_B^\theta = 3$

Les réponses des entreprises au centre sont donc :

(2.96) $\quad \begin{aligned}\dfrac{\partial Y_A^\theta}{\partial K_A^\theta} &= 3 \\ Y_A^\theta &= \dfrac{7}{2}\end{aligned}$ (2.97) $\quad \begin{aligned}\dfrac{\partial Y_B^\theta}{\partial K_B^\theta} &= 1 \\ Y_B^\theta &= 3\end{aligned}$

Le centre rassemble ces informations pour en déduire les valorisations marginales et moyenne en facteurs :

(2.97) $\quad V_{K_A}^\theta = \left(\dfrac{\partial W}{\partial Y_A^\theta}\right)\left(\dfrac{\partial Y_A^\theta}{\partial K_A^\theta}\right) = (1)(3) = 3$

(2.98) $\quad V_{K_B}^\theta = \left(\dfrac{\partial W}{\partial Y_B^\theta}\right)\left(\dfrac{\partial Y_B^\theta}{\partial K_B^\theta}\right) = (2)(1) = 2$

d'où il déduit la valorisation moyenne en capital :

(2.99) $\quad \overline{V}_K^\theta = \dfrac{\sum_h V_{hK}^\theta}{\sum h} = \dfrac{3+2}{2} = \dfrac{5}{2}$

Les ajustements établis par le centre à la fin de la première itération sont donc les suivants :

(2.100) $\quad \begin{aligned}\Delta X_{K_A}^\theta &= a_K^\theta(V_{K_A}^\theta - \overline{V}_K^\theta) = (1)(3 - \tfrac{5}{2}) = \dfrac{1}{2} \\ \Delta X_{K_B}^\theta &= a_K^\theta(V_{K_B}^\theta - \overline{V}_K^\theta) = (1)(2 - \tfrac{5}{2}) = -\dfrac{1}{2}\end{aligned}$

où $\quad X_{K_i}^\theta = $ quantité de facteurs K utilisée par *i* en θ

$\Delta X_{K_i}^\theta = $ ajustement de la quantité de facteurs K utilisée par *i* en θ

Pour alléger l'écriture, nous poserons :

$$X_{K_i}^{\theta} = K_i^{\theta}$$

$$\Delta X_{K_i}^{\theta} = \Delta K_i^{\theta}$$

La nouvelle affectation de facteurs en résultant et permettant d'engager une nouvelle itération vérifie les expressions :

(2.101) $\quad \begin{aligned} K_A^{\theta+1} &= K_A^{\theta} + \Delta K_A^{\theta} = 1,5 \\ K_B^{\theta+1} &= K_B^{\theta} + \Delta K_B^{\theta} = 2,5 \end{aligned}$

2. Seconde itération : θ + 1

Le centre envoie les nouveaux indices prospectifs calculés à la fin de l'itération précédente, soit :

(2.102) $\quad \begin{aligned} K_A^{\theta+1} &= 1,5 \\ K_B^{\theta+1} &= 2,5 \end{aligned}$

En réponse à ces allocations de facteurs, les entreprises adressent leurs propositions :

(2.103) $\quad \begin{aligned} \frac{\partial Y_A^{\theta+1}}{\partial K_A^{\theta+1}} &= 4 - 1,5 = 2,5 \\ Y_A^{\theta+1} &= 4,875 \end{aligned}$ (2.104) $\quad \begin{aligned} \frac{\partial Y_B^{\theta+1}}{\partial K_B^{\theta+1}} &= 1 \\ Y_B^{\theta+1} &= 2,5 \end{aligned}$

Le centre en déduit les valorisations marginales et calcule la valorisation moyenne du facteur K :

(2.105) $\quad V_{K_A}^{\theta+1} = (1)(2,5) = 2,5 \quad$ (2.106) $\quad V_{K_B}^{\theta+1} = (2)(1) = 2$

d'où une valorisation moyenne égale à :

(2.107) $\quad \overline{V}_K^{\theta+1} = \frac{2,5 + 2}{2} = 2,25$

Les valorisations marginales en capital pour chaque firme diffèrent de la valorisation moyenne et impliquent donc des ajustements pour définir une nouvelle affectation de facteurs susceptible de garantir l'optimum. Les ajustements pratiqués sont les suivants :

(2.108) $\quad \begin{aligned} \Delta K_A^{\theta+1} &= (1)(2,5 - 2,25) = 0,25 \\ \Delta K_B^{\theta+1} &= (1)(2 - 2,25) = -0,25 \end{aligned}$

Cette itération s'achève par la détermination de la nouvelle affectation en facteur K adressée aux entreprises lors de la prochaine itération :

(2.109) $\quad \begin{aligned} K_A^{\theta+2} &= K_A^{\theta+1} + \Delta K_A^{\theta+1} = 1,75 \\ K_B^{\theta+2} &= K_B^{\theta+1} + \Delta K_B^{\theta+1} = 2,25 \end{aligned}$

Les ajustements pratiqués au cours des deux premières itérations confirment la propriété de monotonie croissante : en θ, les ajustements nécessaires impliquent des variations d'allocations de facteurs de l'ordre de 0,5 ; en $\theta + 1$, ces corrections sont limitées à une variation de 0,25. La règle d'ajustement encourage les entreprises performantes dont la valorisation marginale en capital est supérieure à la valorisation moyenne ; inversement, les firmes dont la valorisation marginale reste inférieure à la valorisation moyenne sont pénalisées et reçoivent moins d'allocation en input à l'étape suivante. Ce caractère incitatif reste cependant très mineur. Une autre procédure de décentralisation informative par les quantités tente de prendre en compte également ce problème de motivation. Il s'agit de la décentralisation proposée par Weitzman, qui demeure toutefois informative même si un soupçon d'essai incitatif peut y être observé au même titre que pour la procédure de Heal.

B. Procédure de décomposition de Weitzman

Cette procédure, élaborée en 1970, organise la décentralisation autour d'informations physiques (quantités). Le mode de calcul retenu pour approximer l'optimum repose sur un modèle d'optimation. La procédure de Weitzman est donc une procédure de décomposition au même titre que celle de Malinvaud, mais elle en diffère par la nature du message adressé. La procédure de Weitzman est ainsi le dual de la procédure Malinvaud en ce sens qu'elle établit une approximation par excès des ensembles de production (par défaut dans la procédure Malinvaud) ; l'approximation est décroissante (croissante chez Malinvaud) ; les indices prospectifs sont des quantités (prix chez Malinvaud). Nous étudierons successivement ses fondements et caractéristiques générales en présentant tout d'abord son fonctionnement (1), puis en définissant ses propriétés (2). Enfin, nous vérifierons ces enseignements généraux à l'aide d'une simple application (3).

1. Fonctionnement de la procédure

À la différence de la procédure de Malinvaud, la procédure de Weitzman établit une approximation par excès de l'ensemble de production. L'ensemble de production estimé diminue donc progressivement d'étape en étape. Le planificateur approche l'ensemble de production de l'extérieur car il part d'un état de production utopique. Ce choix résulte de la volonté de contraindre les entreprises à se rapprocher de leur frontière d'efficacité. Le fonctionnement de chaque étape repose sur la logique suivante.

À l'étape θ, le centre engage une décentralisation par les quantités avec les entreprises :

1. Le centre sélectionne un ensemble de production utopique pour chaque firme et en déduit une quantité de production à réaliser. Cette quantité est volontairement trop ambitieuse. Elle résulte du programme de maximisation de l'utilité sociale calculé par le centre :

(2.110) $MaxW[U^i(X_k^i)]$

(2.111) $\sum_i X_k^i - \sum_h q_{hk}^\theta \leq \varpi_k$

(2.112) $q_{hk}^\theta \in Y_h^\theta$

avec q_{hk}^θ = quantité de production adressée par le centre à h

Y_h^θ = ensemble de production de h estimé par le centre en θ

avec $Y_h \subseteq Y_h^\theta$ sachant que Y_h = ensemble réel de h

2. Les firmes ne peuvent réaliser ce quota de production et doivent s'efforcer de s'en approcher en produisant le plus efficacement possible. Cette recherche d'efficacité résulte d'une maîtrise des coûts de production et implique la réalisation du programme suivant :

(2.113) $MinC_{hk}^\theta = \sum_k P_{hk}^\theta (\bar{q}_{hk}^\theta - y_{hk}^\theta)$

(2.114) $f^h(y_{hk}^\theta) \geq 0$; $\mu_h^\theta \geq 0$

La contrainte (2.114) traduit la fonction de production de h. Pour réaliser le quota donné par le centre, l'entreprise h doit logiquement acquérir une certaine production puisque le quota est volontairement exagéré par le centre. Ces propositions résultent de la minimisation du programme précédent, dont les conditions du premier ordre vérifient les relations suivantes à l'optimum :

(2.115) $\dfrac{\partial L}{\partial y_{hk}^\theta} = -P_{hk}^\theta + \mu_h \dfrac{\partial f^h}{\partial y_{hk}^\theta} = 0 \Rightarrow P_{hk}^\theta = \mu_h f_{hk}^{'\theta}$

avec $f_{hk}^{'\theta} = \dfrac{\partial f^h}{\partial y_{hk}^\theta}$

L'entreprise répond au centre par deux propositions concernant respectivement le volume de sa production optimale pour le quota fixé et le prix de pénalité induit de l'acquisition complémentaire imposée pour satisfaire au quota. Le calcul de ce prix résulte du programme général de minimisation incluant une nouvelle contrainte relative au coût d'acquisition de la production complémentaire nécessaire :

(2.116) $MinC_{hk}^\theta = \sum_k P_{hk}^\theta (\bar{q}_{hk}^\theta - y_{hk}^\theta)$

(2.117) $y_{hk}^\theta + (\bar{q}_{hk}^\theta - y_{hk}^\theta) \geq \bar{q}_{hk}^\theta$; $\lambda_h^\theta \geq 0$

La contrainte (2.117) représente le niveau de production nécessaire pour réaliser au moins le quota fixé. L'entreprise est donc pénalisée car elle devrait acheter une certaine quantité pour satisfaire aux exigences du centre. Ce coût d'acquisition vérifie à l'optimum la relation suivante induite de la condition première du programme défini avec la contrainte (2.117) :

(2.118) $\quad \dfrac{\partial L}{\partial \overline{q}_{hk}^{\theta}} = P_{hk}^{\theta} - \lambda_{h}^{\theta} = 0 \quad \Rightarrow P_{hk}^{\theta} = \lambda_{hk}^{\theta}$

Des relations (2.115) et (2.118), on déduit :
(2.119) $\quad P_{hk}^{\theta} = \mu_{h}^{\theta} f_{hk}^{'\theta} = \lambda_{h}^{\theta}$

Cette relation indique que le prix dual λ_{h}^{θ} est égal à la pénalité P_{hk}^{θ} que l'entreprise h doit payer par unité de bien acquise pour satisfaire au quota fixé. Ce prix dual est encore égal, à l'optimum, au coût marginal du quota en bien k imposé à h, ainsi qu'au coût marginal de la production optimale de la firme h : $\lambda_{hk}^{\theta} = P_{hk}^{\theta} = \dfrac{\partial C_{hk}^{\theta}}{\partial q_{hk}^{\theta}} = \dfrac{\partial C_{hk}^{\theta}}{\partial y_{hk}^{\theta}}$

3. L'entreprise adresse ainsi au centre les deux informations suivantes :
- sa production optimale : $y_{hk}^{*\theta}$
- le coût unitaire de pénalité : λ_{h}^{θ}

On peut penser que chaque firme se donne arbitrairement le prix P ou retient les prix que le centre a calculés lors de son modèle de maximisation de l'utilité sociale (prix communiqués aux entreprises).

4. Le centre tire un bon enseignement de ces informations : il vérifie que la capacité optimale de production de chaque firme est inférieure au quota fixé et constitue donc un point de l'ensemble de production initial estimé par excès. Il révise ainsi à la baisse son estimation du plan de production des firmes en prenant désormais comme référence l'intersection de l'ensemble initial estimé et du nouveau plan déduit des informations des firmes. La nouvelle approximation de l'ensemble de production de chaque firme vérifie la propriété :

(2.120) $\quad Y_{h}^{\theta+1} \subseteq Y_{h}^{\theta}$

5. Le centre engage une nouvelle itération et adresse un nouveau quota à chaque entreprise, puis renouvelle les mêmes calculs que précédemment. La procédure s'achève lorsque l'estimation du centre converge vers l'optimum local de chaque entreprise.

La réalisation de chaque étape est conditionnée par un certain nombre d'hypothèses :

> **H1:** Les ensembles de production des entreprises sont convexes.
> **H2:** Le planificateur est capable de donner une estimation par excès de chaque ensemble de production.

Aucune hypothèse spécifique n'est posée sur la nature de la fonction d'utilité du planificateur ; elle peut donc être quelconque. La procédure ne peut être appliquée aux rendements dimensionnels croissants et ne tolère aucune externalité. Elle n'admet pas les biens collectifs. La procédure vérifie une propriété de convergence.

2. Propriétés de la procédure

a – La procédure n'est pas bien définie : le plan de production choisi par le centre est volontairement irréalisable. Seule la dernière étape est donc réalisable : le quota fixé en fin de procédure est compatible avec les réelles capacités optimales des firmes.

b – La procédure n'est pas monotone : la fonction d'utilité collective vérifie une monotonie décroissante induite de l'approximation par excès des ensembles de production imposant une révision à la baisse des quotas communiqués aux entreprises. D'étape en étape, l'utilité sociale retirée décroît :

$$W(U_i^*) \leq \ldots \leq W(U_i^{\theta+1}) \leq W(U_i^\theta)$$

c – La procédure est convergente : la convergence s'établit vers un optimum exact. Cependant, du point de vue de la vitesse de convergence, la procédure n'est pas très performante et son efficacité dépend de la précision des approximations initiales du centre sur les ensembles de production des entreprises.

3. Application

L'économie est limitée aux entreprises A et B. Le centre recourt à une décentralisation informative par les quantités pour définir l'optimum. Il retient la procédure de Weitzman et adresse aux entreprises les quotas de production :
$$\bar{q}_A^\theta = 1$$
$$\bar{q}_B^\theta = 3$$

La fonction d'utilité sociale du planificateur vérifie l'expression :

(2.121) $W = 2{,}5 \text{ Log } A + 1{,}8 \text{ Log } B$

Les fonctions de production des entreprises sont respectivement :

(2.122) $y_A = 0{,}8 K_A^{0,5}$

(2.123) $y_B = 2{,}4 K_B^{0,5}$

Le stock de capital disponible est égal à 1.

Déterminer les réponses des entreprises à la fin de la première itération.

Résolution :

Réaction des entreprises aux quotas adressés :

Chaque firme définit ses capacités de production optimale en minimisant le coût total de sa production.

Programme de minimisation de A :

(2.124) $Min C_A^\theta = \sum_A P_A^\theta (\bar{q}_A^\theta - y_A^\theta)$

(2.125) $y_A^\theta - 0{,}8 K_A^{0,5} \leq 0$; $\mu_A^\theta \geq 0$

À l'optimum, les conditions du premier ordre permettent de vérifier :

(2.126) $\dfrac{\partial L}{\partial y_A^\theta} = -P_A^\theta + \mu_A = 0 \Rightarrow P_A^\theta = \mu_A$

Pour satisfaire le quota de production, l'entreprise A devrait acquérir une quantité supplémentaire de bien. Son programme s'élargit dans ce cas d'une contrainte afin de tenir compte de la pénalité d'acquisition de la quantité complémentaire nécessaire. Le programme complet s'écrit :

(2.127) $Min C_A^\theta = \sum_A P_A^\theta . Z_A^\theta$ \qquad avec \quad $Z_A^\theta = \overline{q}_A^\theta - y_A^\theta$

(2.128) $y_A^\theta + Z_A^\theta \geq \overline{q}_A^\theta \; ; \; \lambda_A^\theta \geq 0$

(2.129) $y_A^\theta - 0{,}8 K_A^{0,5} \leq 0 \; ; \; \mu_A^\theta \geq 0$

Les conditions du premier ordre impliquent à l'optimum :

(2.130) $\dfrac{\partial L}{\partial Z_A^\theta} = P_A^\theta - \lambda_A^\theta = 0 \Rightarrow P_A^\theta = \lambda_A^\theta$

(2.131) $\dfrac{\partial L}{\partial y_A^\theta} = -\lambda_A^\theta + \mu_A^\theta = 0 \Rightarrow \lambda_A^\theta = \mu_A^\theta$

soit : (2.132) $P_A^\theta = \lambda_A^\theta = \mu_A^\theta$

La firme A reçoit au plus une dotation en facteur capital égale à 1. En produisant efficacement, elle peut dès lors réaliser la production optimale suivante :

(2.133) $y_A = 0{,}8 K_A^{0,5}$

soit, avec $\overline{K}_A^\theta = 1$, une production optimale :

(2.134) $y_A^\theta = 0{,}8(1)^{0,5} = 0{,}8 \;\Rightarrow\; y_A^\theta < \overline{q}_A^\theta$

L'entreprise A devrait donc disposer d'une dotation plus forte en capital pour satisfaire au quota fixé par le centre. La quantité de facteur capital nécessaire à la réalisation du quota est en effet :

(2.135) $\overline{q}_A^\theta = 0{,}8 K_A^{0,5} \Leftrightarrow 1 = 0{,}8 K_A^{0,5} \Rightarrow K_A^\theta = 1{,}56$

En termes de bien, l'acquisition de l'entreprise s'élève à :

(2.136) $Z_A^\theta = \overline{q}_A^\theta - y_A^{*\theta} = 1 - 0{,}8 = 0{,}2$

Pour un prix $P_A^\theta = 1$, le coût d'acquisition en bien A s'élève à :

(2.137) $C_A^\theta = P_A^\theta . Z_A^\theta = 1(0{,}2) = 0{,}2$

Les propositions de l'entreprise A adressées au centre sont :

(2.138) niveau de production optimale : $y_A^{*\theta} = 0{,}8$

(2.139) pénalité d'acquisition en bien A : $\lambda_A^\theta = \dfrac{\partial C_A^\theta}{\partial \overline{q}_A^\theta} = P_A^\theta = 1$

Le centre enregistre ces informations et doit engager une nouvelle itération car $y_A^{*\theta} \neq \overline{q}_A^\theta$. Il détermine ainsi un nouveau quota vérifiant la propriété : $\overline{q}_A^{\theta+1} < \overline{q}_A^\theta$

Nous pouvons appliquer le même raisonnement au cas de l'entreprise B :

Programme de minimisation de B :

(2.140) $MinC_B^\theta = \sum_B P_B^\theta (\overline{q}_B^\theta - y_B^\theta) = \sum_B P_B^\theta . Z_B^\theta$

(2.141) $y_B^\theta + Z_B^\theta \geq \overline{q}_B^\theta \; ; \; \lambda_B^\theta \geq 0$

(2.142) $B - 2,4 K_B^{0,5} \leq 0 \; ; \; \mu_B^\theta \geq 0$

À l'optimum, les conditions du premier ordre permettent de vérifier :

(2.143) $\dfrac{\partial L}{\partial Z_B^\theta} = P_R^\theta - \lambda_R^\theta = 0 \Rightarrow P_R^\theta = \lambda_R^\theta$

(2.144) $\dfrac{\partial L}{\partial y_B^\theta} = -\lambda_B^\theta + \mu_B^\theta = 0 \Rightarrow \lambda_B^\theta = \mu_B^\theta$

Pour satisfaire le quota de production, l'entreprise B devrait acquérir une quantité supplémentaire de bien.

La firme B reçoit au plus une dotation en facteur capital égale à 1. En produisant efficacement, elle peut dès lors réaliser la production optimale suivante :

(2.145) $y_B^\theta = 2,4 K_B^{0,5} = 2,4(1)^{0,5} = 2,4$

soit $\quad y_B^{*\theta} < \overline{q}_B^\theta$

L'entreprise B devrait donc disposer d'une dotation en capital plus importante pour satisfaire au quota fixé par le centre. La quantité de facteur capital nécessaire à la réalisation du quota est en effet :

(2.146) $y_B^\theta = 2,4 K_B^{0,5} = \overline{q}_B^\theta = 3 \Rightarrow K_B^\theta = 1,56$

En termes de bien, l'acquisition de l'entreprise s'élève à :

(2.147) $Z_B^\theta = \overline{q}_B^\theta - y_B^{*\theta} = 3 - 2,4 = 0,6$

Pour un prix $P_A^\theta = 1$, le coût d'acquisition en bien B s'élève à :

(2.148) $C_B^\theta = P_B^\theta . Z_B^\theta = 1(0,6) = 0,6$

Les propositions de l'entreprise B adressées au centre sont :

(2.149) niveau de production optimale : $y_B^{*\theta} = 2,4$

(2.150) pénalité d'acquisition en bien B : $\lambda_B^\theta = \dfrac{\partial C_B^\theta}{\partial y_B^\theta} = P_B^\theta = 1$

Le centre enregistre ces informations et doit engager une nouvelle itération car $y_B^{*\theta} < \overline{q}_B^\theta \Rightarrow$ il annonce un nouveau quota de sorte que $\overline{q}_B^{\theta+1} < \overline{q}_B^\theta$

La procédure de Weitzman présente un intérêt théorique non négligeable. L'entreprise est guidée par l'objectif du centre et le coût de pénalité, induit de l'acquisition complémentaire de bien indispensable pour satisfaire le quota, agit comme un stimulant. Cette procédure permet également aux entreprises de découvrir elles-mêmes leur plan optimal à l'étape terminale. Le centre peut satisfaire des priorités en insistant sur la nécessité de réaliser certains objectifs, notamment en imposant des quotas prioritaires pour l'utilisation de certains biens. Cette procédure souffre cependant d'un important défaut : elle est très lourde en messages et en calculs puisqu'elle implique la transmission par les entreprises de deux propositions, l'une en prix (pénalité), l'autre en quantités (production optimale réalisable).

D'une manière générale, toutes les procédures étudiées dans ce chapitre se heurtent aux mêmes défauts : lourdeur de la transmission des messages, coût des calculs, insuffisance incitative. *Les procédures mixtes de décentralisation informative* réduisent un peu ces lacunes en permettant une approximation plus rapide des ensembles de production des entreprises au voisinage de l'optimum. Le fonctionnement de ces procédures est identique à la méthodologie des procédures de prix ou de quantités ; leur particularité tient seulement à la combinaison de messages prix et quantités. Ces procédures mixtes reposent sur un algorithme de gradient (procédure mixte de Heal, procédure mixte de Malinvaud), ou sur un algorithme de décomposition (procédure mixte de Younes-Picard). Seule celle définie par Malinvaud permet de gérer les cas d'externalités et de biens collectifs. Nous n'étudierons pas précisément ces procédures puisque leur fonctionnement est très largement inspiré des procédures présentées en détail dans ce chapitre. L'étude de la décentralisation informative mérite d'être élargie désormais au traitement des biens collectifs. Cette analyse est l'objet du chapitre III ; elle offre, de plus, l'opportunité de présenter les fondements d'une procédure mixte en étudiant le fonctionnement de la procédure mixte de Malinvaud.

L'ensemble des procédures informatives de décentralisation manque de fondements incitatifs déjouant tout risque de comportements stratégiques. Ces procédures demeurent manipulables. Des mécanismes correcteurs doivent donc être recherchés pour vaincre les défaillances incitatives. Les caractéristiques et propriétés de procédures de décentralisation incitative seront développées au chapitre IV.

CHAPITRE III

DÉCENTRALISATION ET INTÉGRATION DES BIENS COLLECTIFS

L'intégration des biens collectifs présente plusieurs difficultés tenant essentiellement à la nature de leur indivisibilité de consommation. Ainsi la correspondance entre l'équilibre général de marchés et l'optimum paretien est-elle brisée en présence de biens collectifs et d'externalités. Des procédures de gestion directe ont donc été élaborées pour prendre en compte de tels biens. Ces procédures reposent en partie sur les règles de la négociation (équilibre négocié de Lindahl, pseudo-équilibre de Samuelson). Les analyses proposées par Lindahl et Samuelson se limitent toutefois à décrire les conditions et conséquences d'un équilibre négocié. Pour appréhender la recherche d'un tel équilibre et comprendre les divers ajustements tentés, des procédures de décentralisation devront être élaborées. Deux procédures de décentralisation intègrent les biens collectifs : la procédure MDP, d'une part, du nom de ses auteurs (Malinvaud-Drèze-de la Vallée Poussin), et la procédure mixte de Malinvaud, d'autre part. Nous étudierons dans ce chapitre ces différentes procédures en précisant, notamment, les modalités du passage d'un équilibre négocié avec biens collectifs à une décentralisation informative intégrant tous les types de biens.

SECTION 1. NÉGOCIATIONS ET BIENS COLLECTIFS

La théorie de l'échange volontaire de Lindahl indique comment les négociations unanimes entre les consommateurs contribuables garantissent un équilibre confondu avec l'optimum paretien. La condition de succès de cette correspondance tient à la règle de financement des biens collectifs : la disposition marginale à payer le bien collectif doit être à l'optimum, pour chaque individu, égale à la part supportée dans le coût de ce bien collectif. L'équilibre qui en résulte naît des négociations entre les citoyens et l'État. Deux études définissent les conditions d'un tel équilibre négocié : Lindahl initie l'analyse en 1919 et la limite à une approche d'équilibre partiel (A), Samuelson étend la théorie lindahlienne à un modèle d'équilibre général en 1966 (B).

A. Équilibre négocié de Lindahl

L'analyse de Lindahl, définie en équilibre partiel, retient deux individus A et B et admet deux biens, *un bien privatif n servant de numéraire* et *un bien collectif pur g* de *consommation indivisible*. Nous vérifions ainsi :

(3.1) $\quad X_A^g = X_B^g = X_g = Y_g$

Le bien collectif pur g vérifie la *propriété de non-exclusion d'usage* : il est totalement à la disposition de chaque consommateur et sa consommation X par un individu particulier ne nuit à aucun autre. Toute la production Y de ce bien est donc disponible pour chaque individu et la *consommation demeure indivisible* (propriété définie en 3.1). Cette indivisibilité nécessite une règle de détermination tant pour la gestion que pour le financement du bien g.

1. Conditions d'équilibre et règle de financement des biens collectifs purs

Pour garantir un équilibre en présence de biens privatifs et collectifs, la négociation s'impose. Chaque individu doit déterminer sa demande rationnelle en bien collectif. Cette demande est issue du modèle de maximisation de l'utilité individuelle, soit, pour chaque individu :

(3.2) $\quad Max U^A(X_n^A, X_g)$

(3.3) $\quad X_A^n + hC_g X_g \leq R^A \quad$ avec h = part fiscale de A pour le financement de g

(3.4) $\quad Max U^B(X_n^B, X_g)$

(3.5) $\quad X_n^B + (1-h)C_g X_g \leq R^B \quad$ avec $(1-h)$ = part fiscale de B

Les conditions du premier ordre de ces deux programmes vérifient respectivement à l'optimum :

(3.6) $\quad \dfrac{\partial L}{\partial X_g} = \dfrac{\partial U^A}{\partial X_g} - \lambda h C_g = 0 \Leftrightarrow U_g^A = \lambda h C_g \quad$ avec $\quad U_g^i = \dfrac{\partial U^i}{\partial X_g} ; \forall i$

(3.7) $\quad \dfrac{\partial L}{\partial X_n^A} = \dfrac{\partial U^A}{\partial X_n^A} - \lambda = 0 \Leftrightarrow U_n^A = \lambda$

de (3.6) et (3.7) on déduit :

(3.8) $\quad \dfrac{U_g^A}{U_n^A} = hC_g$

de même pour le programme relatif à B :

(3.9) $\dfrac{\partial L}{\partial X_g} = \dfrac{\partial U^B}{\partial X_g} - \lambda(1-h)C_g = 0 \Leftrightarrow U_g^B = \lambda(1-h)C_g$

(3.10) $\dfrac{\partial L}{\partial X_n^B} = \dfrac{\partial U^B}{\partial X_n^B} - \lambda = 0 \Leftrightarrow U_n^B = \lambda$

soit de (3.9) et (3.10) :

(3.11) $\dfrac{U_g^B}{U_n^B} = (1-h)C_g$

Des conditions (3.8) et (3.11), nous déduisons :

(3.12) $\dfrac{U_g^A}{U_n^A} + \dfrac{U_g^B}{U_n^B} = C_g$

Ce résultat indique que la somme des dispositions marginales à payer le bien collectif (somme des TMS individuels à l'optimum) est égale au coût de ce bien.

On peut également déduire, des conditions du premier ordre des programmes d'optimation et de leurs contraintes, la *fonction de demande rationnelle en bien g de chaque individu*. Cette demande est définie en fonction des prix et du revenu. Pour un bien collectif pur, le prix s'identifie à la part fiscale individuelle supportée (taux de fiscalité) :

(3.13) $\begin{aligned} X_g^A &= X_g^A(h\,;R^A) \\ X_g^B &= X_g^B(1-h\,;R^B) \end{aligned}$

sous la condition d'équilibre : (3.14) $X_g^A = X_g^B$

Cet équilibre est illustré graphiquement par Lindahl et Johansen[1]. La courbe de demande rationnelle de chaque individu résulte géométriquement du lieu des points de tangence entre les courbes d'indifférence et la droite de budget de cet individu lorsque la pente de la droite budgétaire varie. L'équation de la droite de budget de A et B vérifie l'équation :

(3.15) $\begin{aligned} X_n^A + hC_g X_g \leq R^A &\Leftrightarrow X_n^A = -h\overline{C}_g X_g + \overline{R}^A \\ X_n^B + (1-h)C_g X_g \leq R^B &\Leftrightarrow X_n^B = (1-h)\overline{C}_g X_g + \overline{R}^B \end{aligned}$

Pour C_g donné et des revenus initiaux donnés, la variation de la pente de la droite budgétaire de chaque individu ne peut résulter que de la variation des parts fiscales individuelles h et $(1-h)$ qui ne varient que de 0 à 1 (taux de 0% ou de 100%).

La satisfaction de A progresse quand sa charge fiscale se réduit, donc quand h tend vers 0. En portant graphiquement h sur l'axe des ordonnées et la consommation X_g en abscisse, Lindahl et Johansen définissent les courbes d'utilité de A lorsque seul h varie.

Ils vérifient que : $U_2^A > U_1^A > U_0^A$

---

[1]. Voir à ce sujet : J. BENARD (1985), *op. cit.* pp. 155-158.

Ils en déduisent le lieu des points de tangence des courbes d'indifférence de A et des droites relatives à un taux fiscal donné. Ce lieu des points de tangence, caractérisé par le segment AA', représente la courbe de demande rationnelle de A pour un bien collectif pur g.

Fig. 3.1.

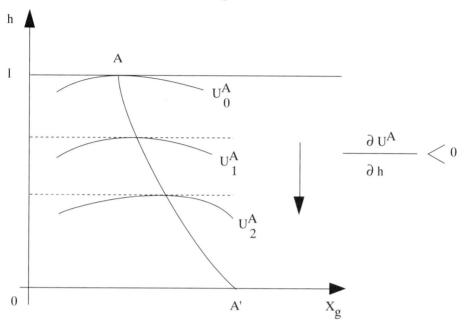

Parallèlement, pour un taux fiscal $(1-h)$ variant de 0 à 1 et donc pour h variant dans ce cas de 1 à 0, la satisfaction de B progresse quand sa part fiscale $(1-h)$ se réduit et tend donc vers 0. Le lieu BB' des points de tangence des courbes d'indifférence de B et des droites relatives au taux fiscal correspondant constitue la courbe de demande rationnelle de B pour g.

Sur un graphique récapitulatif, regroupant les demandes rationnelles de A et B pour le bien collectif g, on peut vérifier la solution P d'équilibre. Cette solution résulte de l'intersection des segments AA' et BB' tangents en ce point à une même horizontale h^* qui représente le prix à payer pour chaque individu pour une même quantité demandée de bien g, soit un coût h^* pour A et $(1-h^*)$ pour B, avec $X_g^A = X_g^B = X_g^*$. La satisfaction de A croît quand ses courbes d'indifférence tendent vers l'axe des abscisses (h tendant vers 0), l'utilité de B diminue dans ce cas, $(1-h)$ augmentant nécessairement quand h se réduit :

$$U^{A'} > U^A \Rightarrow \frac{\partial U^A}{\partial h} < 0$$

$$U^{B'} > U^B \Rightarrow \frac{\partial U^B}{\partial (1-h)} < 0 \Rightarrow \frac{\partial U^B}{\partial h} > 0$$

Fig. 3.2.

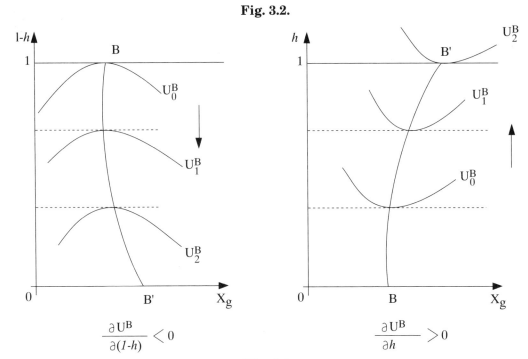

$$\frac{\partial U^B}{\partial (1-h)} < 0 \qquad \frac{\partial U^B}{\partial h} > 0$$

Fig. 3.3

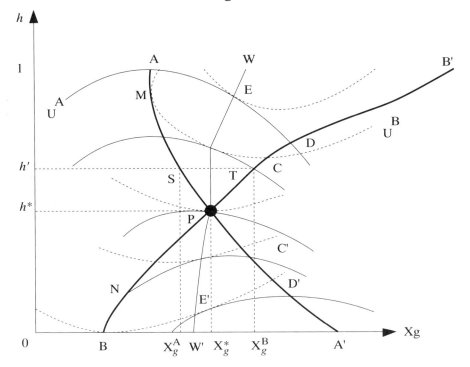

WW' = lieu des optima parétiens = courbe des contrats

2. Propriétés de la solution d'équilibre lindahlienne

La solution P d'équilibre vérifie trois propriétés :

> **P1** : *La somme des TMS individuels est à l'optimum égale à la somme des dispositions marginales à payer des individus :*
>
> La solution P est la la seule solution mutuellement optimale pour A et B ; elle vérifie donc la condition d'optimalité de chaque TMS individuel égal dans ce cas au rapport des prix :
>
> (3.16) $$TMS^A = \frac{h.C_g}{P_n} = hC_g$$
> $$TMS^B = \frac{(1-h)C_g}{P_n} = (1-h)C_g$$
> avec n = bien numéraire ($P_n = 1$)
>
> **P2** : *La solution P est paretienne :*
>
> Les courbes d'indifférence de A et B vérifient un point de tangence unique confondu en P ; elles sont ainsi tangentes entre elles et satisfont donc à la condition paretienne, de sorte que :
>
> (3.17) $$\frac{U_g^A}{U_n^A} + \frac{U_g^B}{U_n^B} = C_g \Leftrightarrow \sum_{i=A,B} TMS^i = C_g$$
>
> **P3** : *L'équilibre est une solution de négociation :*
>
> Cet équilibre est atteint par *négociation directe* entre A et B. Les deux individus doivent s'entendre sur une répartition des charges fiscales respectives. Toute part fiscale h différente de h^* est incompatible avec la condition d'équilibre $X_g^A = X_g^B$. Pour satisfaire à cette condition d'équilibre, l'entente est nécessaire et implique une négociation directe et progressive sur la détermination du taux h^*. Cette solution d'équilibre implique un prix individualisé et non un prix unique commun pour l'ensemble des consommateurs du bien collectif. Pour chaque individu, sa disposition marginale à payer le bien collectif est ainsi égale à l'équilibre à la part qu'il supportera dans le coût de ce bien.

La solution P est donc à la fois une solution d'équilibre négocié et une solution paretienne. Cette double propriété lui vaut la qualification d'*équilibre de Lindahl*. Le point P n'est toutefois pas le seul point paretien. Tous les points situés sur le segment WW' sont paretiens mais seul P peut être obtenu par négociation directe car il est le seul point paretien commun aux deux courbes de demande notionnelle. Si les individus négocient entre eux et recherchent les points qui sont à la fois les plus avantageux pour chacun et acceptables par le partenaire (c'est-à-dire situés sur la courbe notionnelle de l'autre), *deux propositions aboutissent* :

A recherche un point situé vers B afin que h soit le plus faible possible et que ce point appartienne à la courbe de demande de B. Le point N vérifie ces conditions : il appartient à la courbe d'indifférence la plus élevée de A rencontrant un point de contact avec BB'.

B pose les mêmes exigences et retient ainsi le point M qui appartient à sa courbe d'indifférence la plus élevée tout en vérifiant un point de contact avec AA'.

La courbe de négociation paretienne se situe donc sur le segment NPM mais seul l'équilibre P est une solution de négociation directe avec décision unanime des joueurs.

3. Limites de la solution d'équilibre de Lindahl

L'équilibre de Lindahl vérifie plusieurs limites dont les plus importantes tiennent à l'exigence des hypothèses nécessaires à sa réalisation[2].

Une première limite tient à la nature de la solution définie par un modèle d'équilibre partiel, limité à deux individus et deux biens mais fixant surtout le coût du bien collectif et négligeant les effets revenu ; C_g, R^A et R^B étant exogènes. Les deux individus disposent d'un pouvoir de négociation égal et demeurent des preneurs de prix.

La seconde limite importante résulte de l'ignorance totale des incidences de la fiscalité sur la solution d'équilibre. L'analyse n'est valide que pour une répartition donnée des revenus initiaux alors que ces revenus ont en réalité un rôle non négligeable et conditionnent la position de chacune des courbes de demande individuelle. La solution d'équilibre définie en P est optimale et correspond à l'optimum qui découle des dotations de richesses et de la répartition initiale des richesses entre A et B. Toute modification de cette dotation agit sur P. Or, Lindahl n'a pas étudié les conséquences de la fiscalité sur les revenus : le prélèvement d'un impôt pour financer le bien collectif affecte les revenus et modifie donc la répartition des richesses. Ces effets sont pris en compte par Samuelson quand il généralise l'équilibre lindahlien à une solution d'équilibre général.

B. Pseudo-équilibre général de Samuelson

Samuelson généralise en 1966 la théorie de Lindahl à un modèle d'équilibre général à l'aide d'une approche qu'il qualifie « d'algorithme de la pseudo-demande et du pseudo-équilibre ». Il ne s'agit que d'un pseudo-équilibre puisqu'il reste soumis aux comportements des individus censés révéler leurs exactes préférences pour le bien collectif pur à consommation automatique et dont ils ne peuvent être exclus, quel que soit leur comportement.

1. Propriétés du pseudo-équilibre général

L'analyse proposée par Samuelson ne retient que les biens collectifs consommés par les consommateurs ; une extension aux entreprises est proposée par J. Bénard dans son manuel d'économie publique de référence.

Samuelson établit un modèle de type walrasien déterminant les équations d'équilibre pour les différents biens et les équations notionnelles tirées des optima individuels. Chaque agent maximise son utilité en tenant compte des biens collectifs. Le programme d'optimation individuel s'écrit donc :

(3.18) $\quad Max U^i(X_k^i, X_g)$

(3.19) $\quad \sum_k P_k X_k^i + \sum_g P_g^i X_g \leq \overline{R}^i + T^i \ ; \ \lambda^i \geq 0$

---

2. Pour un examen complet des limites théoriques et graphiques de la solution de Lindahl, le lecteur se reportera avec profit à l'appréciation critique de l'équilibre lindahlien formulée par J. BENARD (1985), *op. cit.* pp. 158-161.

où T^i = transfert forfaitaire, positif, négatif ou nul, c'est-à-dire une compensation modifiant la distribution des revenus sans altérer ni les choix de consommation, ni les choix de production, et maintenant donc identiques les TMS et TMT.

Les conditions du premier ordre sont à l'optimum :

(3.20) $\dfrac{\partial L}{\partial X_k^i} = U_k^i - \lambda^i P_k = 0$ pour $U_k^i = \dfrac{\partial U^i}{\partial X_k^i}$; $\forall i, \forall k$

(3.21) $\dfrac{\partial L}{\partial X_g} = U_g^i - \lambda^i P_g = 0$

d'où, à l'optimum :

(3.22) $\dfrac{U_k^i}{U_n^i} = P_k$

$\dfrac{U_g^i}{U_n^i} = P_g^i$

De ces conditions d'optimalité, Samuelson déduit les fonctions de pseudo-demande, c'est-à-dire les fonctions de demande rationnelles en biens k et g :

(3.23) $X_k^i = X_k^i(P_1,...,P_k,...,P_n,P_g^i,R^i + T^i)$
$X_g^i = X_g^i(P_1,...,P_k,...,P_n,P_g^i,R^i + T^i)$

Pour déterminer simultanément les quantités, prix et transferts d'équilibre, Samuelson retient un système de pseudo-équilibre général assurant *quatre conditions*[3] :

— l'égalisation des offres et demandes de biens privatifs (équation 3.24) ;

— l'égalisation de la demande individuelle et de la demande globale de chaque bien collectif (équations 3.25 et 3.26) ;

— l'égalisation de la somme des prix individualisés et du coût de production pour les biens collectifs (équation 3.27) ;

— la réalisation de la condition d'une distribution optimale des revenus : l'utilité sociale marginale du revenu doit être égale quels que soient les individus concernés (équation 3.28).

Ce pseudo-modèle s'écrit :

(3.24) $\sum_i X_k^i(P_1,...,P_k,...P_n,P_g^i,R^i + T^i) = \sum_h y_k^h(P_1,...P_k,...P_n,P_g^h)$

(3.25) $X_g^i = y_g^o$ $\forall i$; $\forall g$

---

3. Pour une représentation graphique de ce pseudo-équilibre, se reporter à J. BENARD, *op. cit.* pp. 167-170, MILLERON (1972) et KOLM (1969).

(3.26) $X_g^h = y_g^o \quad \forall h ; \forall g$

(3.27) $\sum_i P_g^i + \sum_h P_g^h = P_g ; \forall g$

(3.28) $W^i U_n^i = W^j U_n^j ; \forall i ; \forall j$

où y_g^o = offre globale du bien collectif pur

X_g^h = demande de bien collectif par l'entreprise h

2. Conditions d'existence du pseudo-équilibre général

La preuve de l'existence de cet équilibre général est donnée par Milleron en 1972, qui démontre que tout optimum paretien avec biens collectifs vérifie un équilibre de Lindahl élargi au cas d'un équilibre général, c'est-à-dire un pseudo-équilibre général au sens de Samuelson.

Cet optimum peut être décentralisé sous réserve que les consommateurs révèlent leurs préférences exactes. Cette condition reflète la forte hypothèse du modèle de Samuelson qui exclut simplement tout risque de passager clandestin en admettant que chaque consommateur annoncera sa réelle disposition marginale à payer le bien collectif pur indivisible, à consommation automatique.

La théorie du pseudo-équilibre général de Samuelson étend ainsi les deux théorèmes fondamentaux de l'économie du bien-être à une économie avec biens collectifs :

> ***Théorème 1 :*** Tout équilibre concurrentiel d'une économie comportant des biens privatifs et collectifs est un optimum paretien : l'allocation optimale des ressources qui en résulte implique dès lors des prix uniques pour les biens privatifs (P_k pour tout i) mais des prix individualisés pour les biens collectifs ($P_g^i \neq P_g^j$ puisque ces prix représentent la disposition marginale à payer de chaque individu pour sa consommation du bien g).

> ***Théorème 2 :*** Tout optimum paretien peut être décentralisé par un équilibre concurrentiel. Cette décentralisation est la concrétisation des négociations directes passées entre agents.

En conclusion, on peut souligner deux mérites de l'approche de Samuelson :

– le pseudo-équilibre est défini dans le cadre d'un modèle d'équilibre général à la différence de l'équilibre de Lindahl réduit à une approche d'équilibre partiel ;

– les effets de revenu sont pris en compte et les transferts forfaitaires jouent leur rôle économique de redistribution. Ils étaient totalement absents chez Lindahl, de sorte qu'un pseudo-équilibre vérifiant des transferts forfaitaires nuls est un équilibre de Lindahl.

Ce pseudo-équilibre résulte des négociations tentées entre les agents pour satisfaire aux conditions d'équilibre général décrites précédemment. Ces négociations reflètent les propriétés d'une décentralisation informative intégrant les biens collectifs. La convergence vers l'équilibre n'a pas été décrite par Lindahl ou Samuelson. En revanche, trois auteurs, Malinvaud, Drèze et de la Vallée Poussin, ont étudié le passage de l'échange volontaire de Lindahl à une procédure de planification décentralisée.

SECTION 2. DÉTERMINATION PROGRESSIVE DE LA PROCÉDURE MDP

La procédure MDP, du nom de ses auteurs (Malinvaud, Drèze, de la Vallée Poussin), a été définie progressivement et est ainsi le résultat de deux procédures intermédiaires élaborées par Malinvaud en 1970-1971.

A. Procédure décentralisée de Lindahl

Cette procédure est définie par Malinvaud en 1971 et représente l'équilibre de Lindahl en termes de procédure de décentralisation informative. Cette transcription est réalisée dans le cas d'un seul bien collectif g fabriqué par une technique de production à rendements constants.

Pour expliquer la progression des négociations directes vers l'équilibre, Malinvaud applique directement la méthode des procédures de décentralisation informative et retient *des indices prix*.

Le fonctionnement de la procédure suit la logique suivante :

1. Le centre engage une étape θ et communique avec la périphérie. Le prix adressé par le centre à la périphérie correspond à la part fiscale de i et s'écrit : t_i^θ

2. Les agents répondent à ce message par une proposition égale à leur demande X_{ig}^θ en biens collectifs et fonction de la part fiscale annoncée par le centre.

3. Tout déséquilibre au niveau des propositions des différents agents implique une correction des parts fiscales respectives. La règle d'ajustement s'écrit de la manière suivante dans le cas d'une économie réduite à deux agents A et B :

(3.29) $\Delta t_A^\theta = t_A^{\theta+1} - t_A^\theta = a\left[X_{gA}^\theta - X_{gB}^\theta\right]$

$t_A^\theta + t_B^\theta = 1 \ ; \ \forall \theta$

avec $X_{gA}^\theta = X_{gA}\left[t_A^\theta \ ; R^A\right]$

$a > 0$

La part fiscale de A se réduit si la demande de B en bien g l'emporte sur celle de A, et inversement si B demande moins du bien collectif g que A :

(3.30) $\begin{array}{l} X_{gA}^\theta < X_{gB}^\theta \Rightarrow \Delta^- t_A^\theta \\ X_{gA}^\theta > X_{gB}^\theta \Rightarrow \Delta^+ t_A^\theta \end{array}$

Malinvaud précise que cette procédure ne converge pas nécessairement vers l'optimum parétien. Elle ignore les effets revenus et les transferts forfaitaires ; elle peut donc ne pas respecter la condition d'une distribution optimale et favoriser le joueur qui dispose d'une meilleure allocation budgétaire (absence totale de compensation forfaitaire).

Pour pallier l'insuffisance de convergence de la procédure de Lindahl, une autre procédure est envisagée par Malinvaud sur le même principe de décentralisation informative.

B. Procédure Lindahl-Malinvaud

Cette nouvelle procédure est un prolongement de la procédure précédente : elle demeure une procédure de décentralisation par les prix mais s'étend à m individus (avec $m > 2$) et, surtout, intègre le principe des transferts forfaitaires de revenus.

Son fonctionnement est identique à la procédure de Lindahl et nous ne le reproduirons pas. Sa spécificité apparaît en revanche au niveau de la règle d'ajustement des parts fiscales tenant compte du rôle des transferts forfaitaires (T^i) et permettant de la qualifier de procédure distributivement neutre.

1. Règle d'ajustement

Lorsque la condition d'équilibre de la demande en bien collectif n'est pas vérifiée (si $X_{gA}^{\theta} \neq X_{gB}^{\theta}$), le centre procède aux *deux* ajustements suivants :

(3.31) $\Delta t_i^{\theta} = a \left[X_{gi}^{\theta} - \frac{1}{m} \sum_j X_{gj}^{\theta} \right]; \forall i$

et

(3.32) $\Delta T_i^{\theta} = -\frac{1}{m} \left[\sum_j X_{gj}^{\theta} \right] . \Delta t_i^{\theta}; \forall i$

avec
$\sum_i \Delta T_i^{\theta} = 0$
$X_{gi}^{\theta} = X_{gi} \left[t_i^{\theta}, T_i^{\theta} \right]; \forall i$

Les équations (3.31) et (3.32) s'interprètent de la manière suivante :

– (3.31) : Toute demande individuelle de bien collectif excédant la demande moyenne de tous les consommateurs, y compris celle de l'individu en question, implique un ajustement à la hausse ($a>0$) de la part fiscale de cet individu. Inversement, pour une demande individuelle inférieure à la demande moyenne, le consommateur contribuable bénéficie d'une baisse de sa part fiscale imputée pour la consommation du bien collectif.

– (3.32) : La variation de la part fiscale est compensée par une variation égale du transfert forfaitaire afin de sauvegarder le niveau de satisfaction des individus au cours de la procédure. Cette compensation implique donc une hausse du transfert forfaitaire en cas de charge fiscale accrue, et une baisse en cas d'allègement.

2. Limites de la procédure

Ces conditions d'ajustement garantissent une convergence vers un état réalisable optimal égal au pseudo-équilibre général de Samuelson. La procédure Lindahl-Malinvaud de décentralisation est donc une procédure dynamique du pseudo-équilibre général de Samuelson. Cetttte procédure souffre toutefois d'un large défaut puisqu'elle n'est pas bien définie. En effet, seule la dernière étape est réalisable ; les étapes précédentes vérifient des situations de déséquilibres et sont donc irréalisables. À chaque étape, la demande en bien g d'au moins un individu est différente de la demande des autres, soit :

(3.33) $\quad X_{gi}^{\theta} \neq \frac{1}{m} \sum_{j} X_{gj}^{\theta}$

Cette condition ne respecte donc pas la propriété d'un bien collectif pur à consommation indivisible. En conséquence, la procédure est irréalisable à toute étape intermédiaire et devient totalement inutile si elle n'est pas menée à son terme. Pour pallier cette carence, trois auteurs, Drèze, de la Vallée Poussin et Malinvaud, proposent d'inverser la procédure Lindahl-Malinvaud et élaborent en 1971 une nouvelle procédure (procédure MDP).

C. Procédure MDP

Cette procédure est l'inverse de la précédente et repose donc sur une décentralisation *par les quantités*. Le centre adresse à la périphérie la quantité de bien collectif X_g^{θ}. Pour satisfaire à la propriété d'indivisibilité d'un bien collectif pur, l'indice prospectif adressé à chaque individu est la quantité globale de bien g et donc la même pour tous. La périphérie y répond par une proposition qui représente sa contribution fiscale unitaire t_{gi}^{θ}. Les contributions fiscales sont individualisées.

1. Caractéristiques des ajustements

Le centre regroupe l'ensemble des propositions et vérifie que la somme des contributions fiscales égalise le coût de production du bien g (condition d'équilibre). Toute différence entre cette somme des dispositions marginales à payer pour consommer le bien g et son coût nécessite un ajustement de l'indice prospectif communiqué par le centre. La règle d'ajustement s'applique à la quantité de bien collectif g adressée à la périphérie (3.34), à la quantité de bien privatif n également communiquée (3.35), et à l'input de bien privatif nécessaire à la production du bien g (3.36). Les ajustements s'établissent de la manière suivante :

Ajustement de la quantité de bien g :

(3.34) $\Delta X_{gi}^{\theta} = a\left[\sum_{i}\Pi_{gi}^{\theta} - C_{g}^{\theta}\right]$

avec Π_{gi}^{θ} = taux marginal de substitution entre le bien collectif et le bien numéraire, soit la disposition marginale de i à payer le bien collectif en cette étape

La variation de la quantité de bien collectif g est proportionnelle ($a>0$) à la différence observée entre la somme des dispositions marginales individuelles à payer le bien g et le coût marginal de production de ce bien. Tout excès des dispositions marginales totales à payer le bien g relativement à son coût marginal implique un accroissement de la quantité de bien g allouée.

Ajustement de la quantité de bien n :

(3.35) $\Delta X_{ni}^{\theta} = -(\Pi_{gi}^{\theta})(\Delta X_{g}^{\theta}) + \delta_{i} a\left[\sum_{i}\Pi_{gi}^{\theta} - C_{g}^{\theta}\right]^{2}$

avec δ_{i} = part de i dans le surplus généré au cours de la procédure et tel que $\sum_{i}\delta_{i} = 1$

Cet ajustement peut être défini plus simplement en rapprochant les équations (3.34) et (3.35). Nous le ferons après avoir présenté les caractéristiques du troisième et dernier ajustement de cette procédure :

Ajustement de l'input :

(3.36) $\Delta y_{ng}^{\theta} = C_{g}^{\theta} \cdot \Delta X_{g}^{\theta}$

L'ajustement en input privatif est simplement fonction de l'ajustement réalisé en bien collectif lorsque ce dernier est consommé en tant qu'output. L'absence d'ajustement en ouput collectif annule tout ajustement en input collectif.

En rapportant l'équation (3.35) sur l'équation (3.34), J. Bénard propose une interprétation plus explicite de l'ajustement en bien privatif. Ce rapport vérifie la relation suivante :

(3.37) $\dfrac{\Delta X_{ni}^{\theta}}{\Delta X_{gi}^{\theta}} = -\Pi_{gi}^{\theta} + \delta_{i}\left[\sum_{i}\Pi_{gi}^{\theta} - C_{g}^{\theta}\right]$

or, par définition :

$-\dfrac{\Delta X_{ni}^{\theta}}{\Delta X_{g}^{\theta}} = -\dfrac{\partial X_{n}^{i}/\partial \theta}{\partial X_{g}/\partial \theta}$

et, à l'optimum : $-\dfrac{\Delta X_{ni}^{\theta}}{\Delta X_{g}^{\theta}} = -\dfrac{\partial X_{n}^{i}/\partial \theta}{\partial X_{g}/\partial \theta} = \dfrac{t_{gi}^{\theta}}{t_{n}^{\theta}} = t_{gi}^{\theta} \rightarrow t_{n}^{\theta} = 1 (n = numéraire)$

L'équation (3.37) s'écrit donc encore :

(3.38)
$$t_{gi}^{\theta} = -\left[-\Pi_{gi}^{\theta} + \delta_i (\sum_i \Pi_{gi}^{\theta} - C_g^{\theta})\right]$$
$$\Rightarrow t_{gi}^{\theta} = \Pi_{gi}^{\theta} - \delta_i \left(\sum_i \Pi_{gi}^{\theta} - C_g^{\theta}\right)$$

Cette équation caractérise l'ajustement en bien privatif défini en (3.35). Son interprétation est plus facile : le transfert prélevé sur i est égal à la différence entre sa disposition marginale à payer le bien g et la part δ_i de l'excédent budgétaire unitaire qui lui revient (le terme entre crochets représentant cet excédent budgétaire en l'étape θ).

Cette procédure est performante pour plusieurs raisons : elle intègre efficacement les biens collectifs purs en respectant leur nature d'indivisibilité de consommation ; elle tient compte des transferts forfaitaires et ne néglige pas ainsi les effets de revenu. Elle vérifie surtout d'importantes propriétés.

2. Propriétés de la procédure

La procédure MDP vérifie *quatre propriétés,* les trois propriétés des procédures de décentralisation informative définies par Malinvaud (chapitre II), et une propriété de distribution.

a – La procédure est bien définie : toutes les quantités de biens privatif et collectif sont définies à chaque étape ; c'est l'effet d'une décentralisation par les quantités respectant de fait le caractère indivisible de la consommation de biens collectifs purs.

b – La procédure est monotone non décroissante : ainsi, aucun individu ne perd quand la procédure se poursuit ; au pire, l'utilité demeure constante (variation nulle), au mieux, elle s'élève (variation >0) :

$$\frac{\partial U^i}{\partial \theta} = \left(\frac{\partial U^i}{\partial X_g}\right)\left(\frac{dX_g}{d\theta}\right) = \frac{\partial U^i}{\partial X_g} . \delta_i . a (\sum_i \Pi_{gi}^{\theta} - C_g)^2 \geq 0$$

c – La procédure est convergente : elle converge vers un optimum parétien en un nombre fini d'étapes si les agents adoptent tous une stratégie de maximin, chassant ainsi avec prudence le risque d'une non-révélation sincère des préférences.

d – La procédure est distributivement neutre : cette propriété est démontrée en 1976 par Champsaur : le centre peut atteindre l'optimum parétien désiré s'il choisit efficacement les δ_i représentant la part des individus i dans le surplus généré au cours de la procédure.

L'ensemble de ces propriétés font de la procédure MDP *la procédure théorique de référence* pour une décentralisation informative de l'optimum avec biens collectifs. La décentralisation par les quantités convient parfaitement aux biens collectifs mais présente toutefois une certaine limite du point de vue des biens privatifs lorsque la procédure est étendue à un grand nombre de biens privatifs. La consommation des biens privatifs étant individualisée, une décentralisation par les quantités implique donc une lourdeur et un coût important de transmission d'indices prospectifs : un indice par bien privatif et par individu. Une décentralisation par les prix permet d'éviter cette lourdeur mais est nuisible aux biens collectifs (cas de la procédure Lindahl-Malinvaud). Pour satisfaire aux propriétés respectives des biens collectifs et privatifs, *une décentralisation mixte* paraît très intéressante : elle permet d'appliquer une décentralisation par les prix aux biens privatifs (un prix concurrentiel par bien mais le même pour chaque individu) et de retenir des indices quantités pour les biens collectifs (la même quantité globale de bien collectif pour l'ensemble des agents). Ce mode de décentralisation a été retenu par Malinvaud en 1972.

SECTION 3. DÉCENTRALISATION MIXTE DE MALINVAUD

Cette procédure, combinaison de deux procédures, se réfère à une procédure de décentralisation par les prix (type LAH) pour les biens privatifs et à une procédure de décentralisation par les quantités (type MDP) pour les biens collectifs. Le fonctionnement de cette procédure est ainsi calqué sur les modalités et caractéristiques générales des deux procédures de référence (LAH et MDP). Nous pouvons donc nous contenter d'exposer les règles d'ajustement de cette procédure mixte pour appréhender ensuite ses caractéristiques générales et propriétés.

A. Modalités d'ajustements d'une procédure mixte

Trois ajustements sont nécessaires en cours de procédure. Ils portent respectivement sur les prix des biens privatifs (3.39), sur la quantité des biens collectifs (3.40) et sur le revenu des agents (3.41).

Ajustement du prix du bien k :

$$(3.39) \quad \Delta P_k^\theta = P_k^{\theta+1} - P_k^\theta = a\left[\sum_i X_{ik}^\theta - \sum_h y_{hk}^\theta - \varpi_k\right]$$

L'ajustement du prix du bien privatif est proportionnel ($a>0$) à l'excès de demande ou d'offre nette de ce bien. Pour corriger une demande excédentaire, le centre adresse à l'étape suivante un prix plus élevé et inversement en cas d'excès du côté de l'offre.

Ajustement de la quantité du bien g :

(3.40) $\Delta X_g^\theta = X_g^{\theta+1} - X_g^\theta = a\left[\sum_i \Pi_{gi}^\theta - C_g^\theta\right]$

L'ajustement de la quantité de bien collectif est emprunté à l'ajustement pratiqué dans la procédure MDP (3.40 = 3.34) : la correction est proportionnelle à la différence entre la somme des dispositions marginales individuelles à payer le bien *g* et le coût marginal de ce bien.

Ajustement du revenu :

(3.41) $\Delta R_i^\theta = R_i^{\theta+1} - R_i^\theta = V_i^\theta + \delta_i\left[w^\theta - z^\theta\right]$

avec :

(3.42) $V_i^\theta = \sum_i \Pi_{gi}^\theta . \Delta X_g^\theta$ = compensation monétaire reçue par *i* pour la révision des prix des biens privatifs et des quantités de biens collectifs

(3.43) $w^\theta = \sum_g \left[\sum_i \Pi_{gi}^\theta - C_g^\theta\right].\Delta X_g^\theta$ = surplus social tenant compte de la valeur nette de la variation de la consommation collective globale

(3.44) $z^\theta = \sum_k \Delta P_k^\theta \left[\sum_i X_{ik}^\theta - \sum_h y_{hk}^\theta - \varpi_k\right] + \sum_g \Delta C_g^\theta \left[X_g^\theta - y_g^\theta\right]$ = variation du coût de la demande excédentaire globale pour les biens *k* et *g*

(3.45) $\delta_i = \dfrac{\overline{R_i}}{\sum_i \overline{R_i}}$ = paramètre de redistribution pour assurer la neutralité de la procédure ; ce paramètre est constant et ne varie pas au cours des différentes étapes de la procédure.

avec $\sum_i \delta_i = 1$ $\overline{R_i}$ = revenu initial de l'individu *i*

L'ajustement sur les transferts forfaitaires de revenu défini en (3.41) sert à garantir l'équité tout au long de la procédure. Ces transferts compensent les effets des ajustements de prix des biens privatifs et ceux des ajustements de quantités des biens collectifs.

Cette procédure s'applique à tous les biens en fonction de leur nature : en termes de quantités pour tous les biens collectifs dont le nombre peut être illimité, en termes de prix pour les biens privatifs et indépendamment de leur nombre. Elle s'adapte également à plusieurs agents et échappe ainsi au contexte restrictif de la procédure de Lindahl, réduite à deux agents et un bien. Cette procédure satisfait à quelques propriétés importantes.

B. Propriétés de la procédure

La procédure mixte de Malinvaud ne vérifie pas toutes les propriétés générales définies par Malinvaud. Elle vérifie toutefois d'autres conditions non négligeables.

a – La procédure n'est pas bien définie : certaines étapes intermédiaires de la procédure ne sont pas réalisables. Tout arrêt de la procédure avant sa fin présente donc le risque d'aboutir, par exemple, à un excès de demande en biens privatifs ne pouvant être satisfait. Ce défaut n'est pas spécifique à cette procédure ; c'est la lacune de toutes les décentralisations par les prix fondées sur un algorithme de gradient basant l'ajustement des prix sur les excès de demande. L'étape finale de la procédure est en revanche réalisable et la procédure conserve ainsi un intérêt lorsqu'elle peut être maintenue jusqu'à son terme.

b – La procédure est monotone non décroissante : les utilités individuelles tendent à s'améliorer au cours de la procédure ; au pire, elles demeurent constantes.

c – La procédure est convergente : elle converge localement vers un équilibre égal à un optimum paretien. Cette convergence s'accompagne donc d'un accroissement progressif des utilités individuelles.

d – La procédure est distributivement neutre : elle conserve ainsi la propriété de la procédure MDP. La distribution dépend du choix du paramètre constant δ_i sélectionné par le centre à l'initialisation de la procédure. La variation d'utilité individuelle sera ainsi *simultanément* positive ou négative *pour tous* afin de sauvegarder la neutralité. Cette variation vérifie l'équation :

$$(3.46) \quad \Delta U_i^\theta = \frac{dU_i}{d\theta} = \delta_i \left[w^\theta - z^\theta \right]$$

Le signe de (3.46) ne dépend que du terme entre crochets qui est bien indépendant de i et respecte donc la condition de neutralité.

e – La procédure n'est pas coûteuse : l'économie de messages est importante puisque la décentralisation par les prix appliquée aux biens privatifs implique un prix unique par bien privatif, le même prix pour tous les individus (rôle d'un prix unique concurrentiel imposé aux agents preneurs de prix) ; parallèlement, une seule quantité pour chaque bien collectif est transmise aux individus, la même quantité pour tous (indivisibilité de consommation d'un bien collectif pur).

La procédure mixte de Malinvaud offre donc une garantie pour le traitement satisfaisant d'une décentralisation élargie aux biens privatifs et collectifs. Un problème demeure toutefois en raison du risque de comportements de passager clandestin. Le risque de passager clandestin est soulevé très tôt en économie publique, dès 1959 par Musgrave. Dans le cadre de la décentralisation, Malinvaud n'étudie pas les effets de tels comportements sur les qualités de convergence des procédures. Drèze et de la Vallée Poussin démontrent toutefois dès 1971 que la stratégie de la vérité est une stratégie dominante dans une procédure de type MDP. Ils approfondissent leur étude et soulignent en 1978 que la dissimulation des préférences devrait entraîner le fléchissement de la satisfaction du fraudeur au cours de la procédure ; *cette perte d'utilité pouvant précipiter l'arrêt de la procédure avant que le fraudeur n'ait maximisé sa satisfaction.* Les joueurs rationnels prudents adopteront donc une stratégie de maximin en révélant leurs préférences exactes pour éviter tout risque d'interruption rapide de la décentralisation engagée. La procédure converge alors vers un optimum paretien. Roberts généralise en 1979 les résultats de Drèze et de la Vallée Poussin au cas de plusieurs biens privatifs et vérifie la même conclusion mais sous l'hypothèse que les agents ne s'intéressent qu'aux conséquences de leurs messages à court terme (adoption de stratégies myopes). La convergence est dans ce cas sauvegardée mais ralentie. Champsaur et Laroque lèvent l'hypothèse de myopie en 1980 et démontrent les mêmes propriétés en horizon intertemporel, mais au prix d'une convergence réduite et d'une disparition des paramètres de distribution δ_i garantissant la neutralité de la procédure. La procédure converge dès lors vers un équilibre dénué de tout transfert forfaitaire, perdant ainsi les qualités d'un pseudo-équilibre général samuelsonien pour rejoindre un équilibre de Lindahl.

La procédure MDP et ses extensions telles que la procédure mixte de Malinvaud parviennent donc à échapper au problème de passager clandestin mais à un certain prix, en raison de l'absence totale de mécanismes incitatifs au cours des différentes étapes. D'une manière générale, l'ensemble des procédures informatives de décentralisation manque de fondements incitatifs déjouant tout risque de comportements stratégiques. Ces procédures demeurent manipulables. Des mécanismes correcteurs doivent donc être recherchés pour vaincre les défaillances incitatives. Les caractéristiques et propriétés des procédures de décentralisation incitative seront développées au chapitre IV.

CHAPITRE IV

INDICATEURS DE SUCCÈS ET CORRECTIONS DES DÉFAILLANCES INCITATIVES

Les procédures informatives de décentralisation vérifient plusieurs limites au niveau de l'élaboration du plan et au stade de son exécution. Elles présupposent ainsi des comportements parfaitement rationnels pour tous les agents et la réussite progressive du plan à l'issue d'étapes successives. Pour inciter les agents à accomplir un programme, il est cependant nécessaire de construire un système de stimulants-pénalités. Les procédures pourront ainsi être incitatives et non manipulables. Les mécanismes incitatifs sollicités doivent remplir plusieurs conditions que nous étudierons en détail dans ce chapitre. Pour nous convaincre de l'utilité de procédures incitatives, nous passerons en revue dans une première section les risques de comportements stratégiques incontrôlables des procédures de gradient et de décomposition étudiées précédemment. La deuxième section présentera un mécanisme incitatif satisfaisant fondé sur une règle de décision collective et une règle de transfert. La dernière section de ce chapitre sera consacrée à l'examen d'indicateurs de succès et de mécanismes satisfaisants.

SECTION 1. RISQUES DE COMPORTEMENTS STRATÉGIQUES INCONTRÔLABLES

Les comportements stratégiques sont mis en échec dès que les procédures vérifient des propriétés incitatives suffisantes. Après avoir présenté ces propriétés (A), nous vérifierons si les procédures informatives étudiées précédemment contiennent les éléments suffisants permettant d'écarter les risques stratégiques dénoncés (B).

A. Propriétés incitatives minimales

Les procédures de décentralisation informative sont conditionnées par le comportement des agents. Pour garantir la vérité, et en faire une stratégie dominante, *deux propriétés* doivent être vérifiées.

> **P1 :** *La procédure doit être incitative :* elle doit ainsi être individuellement rationnelle et vérifier une monotonie non décroissante, de sorte que chaque agent i ne retire de toute étape aucune utilité décroissante. À chaque étape intermédiaire, nous vérifions :
>
> (4.1) $\quad U_i\left[X_i^{\theta+1}\right] \geq U_i\left[X_i^{\theta}\right]$; $\forall i$; $\forall \theta$
>
> **P2 :** *La procédure doit être non manipulable :* la vérité est ainsi stratégie dominante, soit parce que les agents révèlent spontanément leurs préférences réelles, soit parce que la procédure les conduit à le faire en corrigeant progressivement toutes les déviances. La procédure remet dès lors en cause les comportements stratégiques et garantit la convergence progressive vers l'équilibre recherché.

Le caractère incitatif des procédures peut être précisé selon que la décentralisation conduise les joueurs à révéler leurs véritables préférences en toute étape du jeu *(procédure dite localement incitative)*, ou les stimule à dire la vérité uniquement en fonction de l'incidence d'un tel comportement sur l'étape finale de la procédure *(procédure globalement incitative)*.

Nous appliquerons ces propriétés aux procédures informatives étudiées au chapitre précédent afin de mieux apprécier la portée de telles décentralisations.

B. Défaillances incitatives des procédures informatives

L'appréciation du caractère incitatif des décentralisations informatives peut être opérée sur le même principe que celui retenu pour l'analyse de ces procédures, soit en fonction de la nature de l'algorithme de référence. Nous appliquerons successivement les enseignements des propriétés incitatives aux procédures de gradient, de décomposition, puis à une procédure intégrant les biens collectifs et transferts forfaitaires.

1. Incitation et procédures de gradient

Les propriétés incitatives peuvent être testées sur les procédures de LAH (gradient par les prix) et Heal (gradient par les quantités).

La procédure LAH délègue aux agents périphériques un rôle important en leur demandant de révéler des propositions égales à leur capacité de production optimale. Il paraît difficile d'admettre que ces entreprises réalisent efficacement ces calculs, rien ne les y incitant. Les chefs d'entreprise peuvent donc adopter facilement et librement des comportements stratégiques. L'annonce de résultats déviants incontrôlables peut les aider à obtenir des indices prospectifs plus intéressants à la réalisation de leur profit. Les entreprises ne sont donc pas incitées à respecter la seconde propriété de non-manipulabilité ; rien ne garantit dès lors que la première propriété puisse être satisfaite.

La procédure LAH ne peut donc être qualifiée de procédure incitative puisqu'elle est fortement exposée aux risques de comportements stratégiques qu'elle ne sait déjouer. Laffont et Rochet ont démontré toutefois que l'envoi de prix non linéaires (barèmes de prix intégrant les propositions formulées par les firmes) pouvait rendre la procédure incitative localement, sous réserve que les joueurs adoptent tous des stratégies dominantes.

La procédure de Heal par les quantités paraît mieux résister aux risques de manipulabilité de transmission des messages. Ce résultat tient à la nature de l'indice transmis et à la règle d'ajustement qui en résulte. Les ajustements, fondés sur le principe du calcul des valorisations sociales marginales et sur leur comparaison avec la valorisation moyenne correspondante, devraient sensibiliser davantage les agents à la révélation de messages sincères. Heal démontre que toute déviance stratégique individuelle écartant l'individu du plan socialement optimal se solde au mieux par un gain pour le déviant mais au détriment des autres agents. Le gain retiré par le déviant est, de plus, inférieur à la perte totale subie par les autres. Les agents rationnels vérifiant une aversion au risque adopteront donc des stratégies prudentielles et révéleront des messages sincères. La méfiance réciproque des joueurs devrait également écarter les risques élevés de passagers clandestins si l'on admet que les joueurs veilleront eux-mêmes à chasser les déviances pour éviter d'en supporter la perte sociale sèche.

Le caractère incitatif de la procédure de Heal est donc plus marqué. Cette procédure ne vérifie toutefois pas les conditions des mécanismes incitatifs efficaces garantissant toujours la vérité comme stratégie dominante.

2. Incitation et procédures de décomposition

Deux procédures de décomposition ont été étudiées : la procédure de Malinvaud par les prix et la procédure de Weitzman par les quantités.

La procédure de Malinvaud ne contient aucun mécanisme incitatif susceptible de déjouer les risques de comportements stratégiques. Le centre dispose, certes, d'une information initiale sur un plan de production réalisable pour chaque firme. Il pourrait ainsi être en mesure *a priori* de contrôler la qualité des propositions transmises par la périphérie. Rien n'interdit en fait aux entreprises de transmettre des messages biaisés et de remettre en cause l'approximation par défaut tentée par le centre.

La procédure demeure par conséquent manipulable et non incitative. Elle ne satisfait donc pas aux propriétés incitatives des procédures.

La décentralisation par les quantités proposée par Weitzman ne vérifie pas non plus les propriétés recherchées : elle demeure manipulable et non incitative en ne motivant nullement les entreprises à communiquer des messages prix sincères.

Les procédures informatives de gradient comme de décomposition souffrent donc de défaillances incitatives risquant de renforcer leur lourdeur et leur coût de réalisation en prolongeant le nombre d'étapes nécessaires pour converger vers l'optimum recherché. Ces défauts sont minorés quand on sélectionne une procédure adaptée aux biens collectifs et privatifs, la procédure MDP.

3. Incitation et procédure MDP

Cette procédure de décentralisation par les quantités offre plusieurs avantages du point de vue de l'incitation, en plus de ses qualités spécifiques d'intégration de biens collectifs et de prise en compte de transferts forfaitaires.

Les qualités incitatives de cette procédure ont été étudiées par Laffont et Rochet, Champsaur et Laroque en 1981 pour une application aux biens collectifs et privatifs. Une autre analyse a été menée en 1980-1982 par Champsaur et Laroque pour un cas réduit aux biens privatifs.

Les propriétés incitatives ont été mises en évidence en fonction de la *nature des stratégies jouées*. Quatre résultats ont été démontrés :

– procédure *non manipulable* si les joueurs adoptent des stratégies prudentielles de *maximin* ;

– procédure individuellement rationnelle mais *manipulable* si les joueurs adoptent des stratégies *dominantes* mais *myopes de Cournot-Nash*. La procédure n'est plus distributivement neutre car l'optimum atteint après une convergence ralentie n'est plus celui sélectionné par le centre (*manipulabilité* de la procédure du point de vue de *l'équité* mais *pas du point de vue de l'efficacité* car convergence sauvegardée) ;

– procédure *non manipulable* si les stratégies sont *dominantes* mais *myopes* et si les *joueurs sont au plus deux* ;

– procédure *manipulable* si les *joueurs sont plus de deux* et adoptent des stratégies *dominantes* mais *myopes*.

La procédure MDP résiste donc mieux que les autres procédures aux propriétés incitatives ; elle demeure, de plus, la procédure théorique de référence prenant en compte tous les biens. Ses qualités incitatives restent cependant conditionnées par la nature des stratégies jouées. Il convient donc de rechercher des mécanismes incitatifs *indépendants des stratégies* et garantissant toujours la vérité comme stratégie dominante.

SECTION 2. LOGIQUE DE L'INCITATION

La recherche de mécanismes incitatifs prônant la vérité comme stratégie dominante est indispensable pour combattre les défaillances recensées à la section précédente de ce chapitre. Ces mécanismes de décision ont été définis en économie publique et, à la différence des procédures itératives informatives, ils garantissent la non-manipulabilité et la révélation exacte des préférences par une décentralisation réduite à une seule étape.

A. Fonctionnement des mécanismes incitatifs

Initié par Hurwicz en 1969, le problème de l'incitation a été théorisé par Gibbard en 1973 et complété par Satterthwaite en 1975.

1. Fondements du théorème d'impossibilité de Gibbard-Satterthwaite

Reprenant les enseignements du célèbre théorème d'impossibilité d'Arrow (chapitre I), Gibbard et Satterthwaite démontrent l'impossibilité pour une collectivité totale donnée de sélectionner, parmi au moins trois alternatives, une fonction d'utilité sociale vérifiant simultanément :
– un domaine universel (comportements stratégiques admis) ;
– un optimum paretien ;
– les propriétés incitatives (procédure incitative et non manipulable) ;
– un choix non dictatorial.

Pour contourner ce théorème, deux hypothèses sont posées :
H1 : les agents prennent leurs décisions à la suite de plusieurs itérations convergentes ;
H2 : les agents décident inversement après un seul échange de messages mais à l'aide d'un mécanisme incitatif satisfaisant.

Un mécanisme incitatif est un mécanisme de décision assurant la révélation sincère des préférences par tous les agents. La vérité est une stratégie dominante et le mécanisme est non manipulable. Green et Laffont le qualifient en 1979 de mécanisme satisfaisant quand il conduit à un optimum paretien.

2. Propriétés des mécanismes incitatifs

Les mécanismes incitatifs vérifient trois propriétés :

P1 : *Ces mécanismes de décision sont statiques :* les messages sont transmis au cours d'une seule étape et les décisions sont prises à la fin de cette étape unique. Ils nécessitent donc le plus souvent la collecte d'une information nombreuse et d'autant plus difficile à réaliser que tout doit être fait en une seule étape.

P2 : *Les agents révèlent directement leurs préférences :* chaque agent choisit un comportement sincère ou déviant ; la stratégie retenue est dite dominante indépendamment de sa qualité.

> **P3** : *La vérité est une stratégie dominante pour tous* : les individus peuvent mentir (P2) s'ils escomptent en retirer une certaine utilité. Toutefois, la propriété P3 devrait conduire chaque agent rationnel à révéler exactement ses préférences puisqu'une stratégie dominante lui garantit nécessairement une utilité maximale, cette stratégie n'étant dominée par aucune autre. Pour un mécanisme de décision D, la stratégie de la vérité V_i jouée par i est dominante si et seulement si elle n'est dominée par aucune autre stratégie déguisée W_i jouée par i et indépendamment du comportement sincère ou déviant des autres joueurs j.
>
> (4.2) $\quad U_i\left[D(V_i, W_j)\right] > U_i\left[D(W_i, W_j)\right]$

Pour vérifier ces propriétés, les mécanismes incitatifs peuvent associer à la règle de décision collective un système de bonus-pénalité décourageant la fraude. Une utilisation efficace d'un tel système de pénalité est proposée par Clarke et Groves et constitue un mécanisme pivotal ingénieux.

B. Originalité et efficacité du mécanisme incitatif du pivot

En 1971, Clarke propose un mécanisme incitatif combinant une règle de décision collective et une règle de transfert. Tout individu déviant écartant la décision collective de l'optimum supporte le coût de la désexternalité qu'il fait subir aux autres. Cet agent est le pivot du système puisqu'il fait basculer la décision collective en fonction de sa stratégie individuelle. En 1975, Groves améliore la règle de transfert du mécanisme incitatif en déterminant une fonction arbitraire h indépendante des préférences de l'agent pivot. Les travaux indépendants de Clarke et Groves constituent ce que l'on appelle aujourd'hui le « mécanisme du pivot ».

1. Présentation du mécanisme de Clarke-Groves

Le mécanisme du pivot de Clarke-Groves associe deux règles : une règle de décision collective pour la révélation directe des préférences individuelles, et une règle de transfert négatif (pénalité).

1.1. Règle de décision collective

L'adoption d'un projet W soumis à concertation publique s'effectue à la règle majoritaire et est identifiée par une variable muette prenant les valeurs 0 ou 1 selon les préférences individuelles révélées :

(4.3) adoption du projet si : $D(W) = 1 \Rightarrow \sum_i W_i \geq 0$

(4.4) rejet du projet si : $D(W) = 0 \Rightarrow \sum_i W_i < 0$

où D = mécanisme de décision

W_i = préférence individuelle de i pour le projet W

$\sum_i W_i$ = préférence collective pour le projet W

1.2. Règle de transfert

Dès la présentation du projet W, les agents sont informés qu'un transfert négatif pourra leur être imputé selon la décision finale adoptée. La règle de transfert prend en compte toutes les possibilités de comportements individuels et en déduit trois formules de prélèvement individuel applicable selon les stratégies jouées par la collectivité :

(4.5) $t_i(W) = \sum W_{-i} + h_i(W_{-i})$ avec $\sum W_{-i} < 0$ *si et seulement si* $\sum W_{-i} < 0$ *mais* $\sum W_i \geq 0$

(4.6) $t_i(W) = -\sum W_{-i} + h_i(W_{-i})$ avec $-\sum W_{-i} < 0$ *si et seulement si* $\sum W_{-i} \geq 0$ *mais* $\sum W_i < 0$

(4.7) $t_i(W) = 0 + h_i(W)$ avec $\quad ou \sum W_{-i} \geq 0 \ et \sum W_i \geq 0$
$\quad ou \sum W_{-i} < 0 \ et \sum W_i < 0$

W_i = préférence individuelle de i concernant le projet W

W_{-i} = préférence affichée des autres joueurs que i concernant W

$h_i(W_{-i})$ = fonction arbitraire connue par les agents et liant une partie du transfert de i aux préférences affichées par tous les autres agents. Elle est indépendante des préférences affichées par i et met i en incertitude pour l'évaluation de son transfert fiscal.

La différence entre les mécanismes de Clarke et Groves tient seulement à cette fonction h qui est inexistante chez Clarke.

2. Propriétés du mécanisme du pivot

Trois propriétés ont été mises en évidence par Groves et Loeb en 1975 et constituent le *théorème de Groves-Loeb* :

> **P1 :** Tous les mécanismes incitatifs du type de celui de Groves conduisent à un ou plusieurs optima paretiens ; ils sont donc tous incitatifs satisfaisants et la vérité est une stratégie dominante pour tous les agents.
>
> **P2 :** Tout mécanisme incitatif de révélation directe des préférences est un mécanisme de décision de Groves.
>
> **P3 :** Tout mécanisme incitatif satisfaisant est un mécanisme de Groves.

Le théorème de Groves-Loeb implique donc que chaque agent améliore sa satisfaction en annonçant ses réelles préférences. Les déviances sont déjouées pour deux raisons : la pénalité stimule l'adoption d'une stratégie de la vérité et le mécanisme du pivot condamne tous les déviants à une perte. Pour démontrer la portée de la première propriété, les auteurs étudient tous les cas de comportements et vérifient à chaque fois que seule la stratégie de la vérité procure l'utilité individuelle la plus forte :

(4.8) $\quad U_i[D(V_i)] \geq U_i[D(W_i)]$

avec V_i = préférence de i quand il dit la vérité

W_i = préférence de i quand il ment

Démonstration :

1 – Chaque agent a deux possibilités : dire la vérité (V_i) ou mentir (W_i). En tant qu'individu rationnel, il sélectionne la stratégie qui lui procure la plus grande utilité.

2 – L'utilité individuelle tirée de la décision collective est égale à la somme de l'utilité marginale réellement ressentie par i et du transfert imputé :

(4.9) $\quad U_i[D(W)] = (V_i, 0) + t_i(W)$

L'utilité marginale réellement ressentie par i vérifie deux résultats possibles : elle est égale à V_i si le projet est sélectionné ; mais elle devient nulle si le projet est refoulé collectivement *indépendamment du choix de i*.

3 – L'utilité de l'agent i dépend ainsi de la règle de décision collective et de la règle du transfert, qu'il dise lui-même la vérité ou qu'il mente.

Pour vérifier si i gagne toujours à dire la vérité, nous devons donc étudier deux cas : un premier cas lorsque le projet est adopté et un second cas relatif au rejet du projet. *Quatre possibilités* (a, b, c, d) devront être envisagées *pour chaque cas*, afin de retenir toutes les combinaisons stratégiques envisageables liant les préférences (favorables/défavorables) des autres agents à celles (favorables/défavorables) de i :

Premier cas : les (-i) sont pour le projet : $\sum W_{-i} \geq 0$

a – la collectivité dans son ensemble est favorable au projet et la préférence affichée de i, vraie ou fausse, contribue à l'adoption du projet en soutenant le choix des $(-i)$: $D(W) = 1$

b – la préférence de i a une influence sur la décision finale selon qu'il dise la vérité ou qu'il mente :

    si i dit la vérité, le projet est retenu : $D(W) = 1$

    si i ment, il fait basculer la décison finale et exerce ainsi sa force d'agent pivot : $D(W) = 0$

c – la préférence de i est déterminante pour la décision finale :

    si i dit la vérité, il renverse la décision favorable des $(-i)$ et le projet n'est pas adopté : $D(W) = 0$

    si i ment, il soutient la décision des $(-i)$ et le projet recueille une majorité favorable suffisante : $D(W) = 1$

d – le projet W n'est pas adopté et la préférence affichée de i, vraie ou fausse, remet donc en cause la préférence des $(-i)$: i exerce ainsi son rôle d'agent pivot dans les deux cas (vérité ou mensonge) et le projet n'est pas retenu : $D(W) = 0$

Second cas : les (-i) sont contre le projet : $\sum W_{-i} < 0$

a – la collectivité dans son ensemble est contre le projet et la préférence affichée de i, vraie ou fausse, contribue à l'adoption du projet ; i fait basculer le choix des $(-i)$ et exerce son pouvoir d'agent pivot qu'il dise la vérité ou qu'il mente : $D(W) = 1$

b – la préférence de i a une influence sur la décision finale selon qu'il dise la vérité ou qu'il mente :

    si i dit la vérité, il fait basculer la décision finale et le projet est retenu : $D(W) = 1$

    si i ment, il renforce la décision des $(-i)$ défavorables au projet W : $D(W) = 0$

    c − la préférence de *i* est déterminante pour la décision finale :

        si *i* dit la vérité, il soutient la décision favorable des (-*i*) et le projet n'est pas adopté : D(W) = 0

        si *i* ment, il renverse la décision des (-*i*) et le projet recueille une majorité favorable suffisante : D(W) = 1

    d − le projet W n'est pas adopté et la préférence affichée de *i*, vraie ou fausse, ne remet donc pas en cause la préférence des (-*i*) ; le projet n'est pas retenu : D(W) = 0.

L'étude de ces deux cas, avec toutes les combinaisons de préférences présentées, devrait nous révéler si l'agent *i* gagne à dire la vérité ou à mentir. Nous mesurerons ainsi l'utilité de dire la vérité et l'utilité du mensonge dans chaque cas : en calculant la différence de ces deux utilités, nous déduirons le comportement le plus profitable à *i* et nous vérifierons ainsi si l'utilité de dire vrai l'emporte toujours et rend la vérité stratégie dominante :

(4. 10) $U_i(V_i) - U_i(W_i) = \Delta U_i$

avec : $\Delta U_i > 0 \Rightarrow$ *i* gagne à dire la vérité (vérité stratégie dominante) ;

    $\Delta U_i = 0 \Rightarrow$ *i* ne gagne rien mais ne perd rien en disant la vérité :

        il est donc indifférent à la vérité et au mensonge ;

    $\Delta U_i < 0 \Rightarrow$ *i* perd en disant la vérité : il préfère donc mentir.

Étude détaillée des différentes alternatives :

    − *les (-i) sont pour le projet :* incidence du comportement de *i* sur la règle de décision collective : intérêt de *i* à dire la vérité ;

    − *les (-i) sont contre le projet :* incidence du comportement de *i* sur la décision collective : intérêt de *i* à dire la vérité.

Tab. 4.1

Premier cas général : $\sum W_{-i} \geq 0$: les (-i) sont favorables au projet

Cas a, b, c, d	Préférence révélée de i	$\sum W_i$	Signe de $\sum W_i$	D(W)	$U^i(V_i) =$	Règle de décision	Règle de transfert
a	V_i	$\sum W_{-i} + V_i$	≥ 0	D = 1	$U^i(V_i) =$	$V_i +$	$0 + h_i(W_{-i})$
	W_i	$\sum W_{-i} + W_i$	≥ 0	D = 1	$U^i(W_i) =$	$V_i +$	$0 + h_i(W_{-i})$
					$\Delta U^i =$	0	
b	V_i	$\sum W_{-i} + V_i$	≥ 0	D = 1	$U^i(V_i) =$	$V_i +$	$0 + h_i(W_{-i})$
	W_i	$\sum W_{-i} + W_i$	< 0	D = 0	$U^i(W_i) =$	$0 -$	$\sum W_{-i} + h_i(W_{-i})$
					$\Delta U^i =$	$V_i +$	$\sum W_{-i} \geq 0$
c	V_i	$\sum W_{-i} + V_i$	< 0	D = 0	$U^i(V_i) =$	$0 -$	$\sum W_{-i} + h_i(W_{-i})$
	W_i	$\sum W_{-i} + W_i$	≥ 0	D = 1	$U^i(W_i) =$	$V_i +$	$0 + h_i(W_{-i})$
					$\Delta U^i =$	$-(V_i +$	$\sum W_{-i}) \geq 0$
d	V_i	$\sum W_{-i} + V_i$	< 0	D = 0	$U^i(V_i) =$	$0 -$	$\sum W_{-i} + h_i(W_{-i})$
	W_i	$\sum W_{-i} + W_i$	< 0	D = 0	$U^i(W_i) =$	$0 -$	$\sum W_{-i} + h_i(W_{-i})$
					$\Delta U^i =$	0	

Observation : l'utilité de i quand il dit la vérité l'emporte toujours sur l'utilité retirée du mensonge, ou, au pire, lui est égale.

DÉCISION ET PROCÉDURES DE DÉCENTRALISATION

Tab. 4.2

Second cas général : $\sum W_{-i} < 0$: les ($-i$) sont défavorables au projet

Cas a, b, c, d	Préférence révélée de i	$\sum W_i$	Signe de $\sum W_i$	D(W)	$U^i(V_i) =$	Règle de décision	Règle de transfert
a	V_i	$\sum W_{-i} + V_i$	≥ 0	D = 1	$U^i(V_i) =$	$V_i +$	$\sum W_{-i} + h_i(W_{-i})$
	W_i	$\sum W_{-i} + W_i$	≥ 0	D = 1	$U^i(W_i) =$	$V_i +$	$\sum W_{-i} + h_i(W_{-i})$
					$\Delta U^i =$	0	
b	V_i	$\sum W_{-i} + V_i$	≥ 0	D = 1	$U^i(V_i) =$	$V_i +$	$\sum W_{-i} + h_i(W_{-i})$
	W_i	$\sum W_{-i} + W_i$	< 0	D = 0	$U^i(W_i) =$	$0 -$	$0 + h_i(W_{-i})$
					$\Delta U^i =$	$V_i +$	$\sum W_{-i} \geq 0$
c	V_i	$\sum W_{-i} + V_i$	< 0	D = 0	$U^i(V_i) =$	$0 -$	$0 + h_i(W_{-i})$
	W_i	$\sum W_{-i} + W_i$	≥ 0	D = 1	$U^i(W_i) =$	$V_i +$	$\sum W_{-i} + h_i(W_{-i})$
					$\Delta U^i =$	$-(V_i +$	$\sum W_{-i}) \geq 0$
d	V_i	$\sum W_{-i} + V_i$	< 0	D = 0	$U^i(V_i) =$	$0 -$	$0 + h_i(W_{-i})$
	W_i	$\sum W_{-i} + W_i$	< 0	D = 0	$U^i(W_i) =$	$0 -$	$0 + h_i(W_{-i})$
					$\Delta U^i =$	0	

Observation : l'utilité de dire la vérité l'emporte donc dans tous les cas, ou au pire est confondue avec l'utilité de mentir.

Toutes les alternatives retenues dans ces deux tableaux procurent un gain d'utilité au joueur qui sélectionne la stratégie de la vérité. Au pire, le joueur ne gagne rien, mais ne perd rien. Dans tous les cas, nous vérifions en effet :

(4.11) $U_i(V_i) - U_i(W_i) = \Delta U_i \geq 0$

La vérité est donc toujours une stratégie dominante ; le mécanisme du pivot est efficace en ce sens qu'il incite les joueurs rationnels à révéler leurs exactes préférences.

Ce mécanisme est-il satisfaisant ? Le mécanisme du pivot conduit à un optimum paretien de second rang. La nature de cet optimum résulte du coût du mécanisme. Les agents sont contraints à supporter un transfert négatif non redistribué par l'État. Les sommes ainsi perçues par l'État doivent être utilisées pour des activités excluant les agents afin d'éviter tout risque de nouvelles manipulations stratégiques. Ces sommes peuvent donc être mal utilisées. Ce gaspillage est cependant une condition nécessaire pour vaincre les déviances éventuelles des agents incités sinon à mentir. La non-redistribution des transferts perçus par l'État est alors une solution de moindre mal sauvegardant un état paretien de second rang.

Le mécanisme du pivot est donc un outil d'analyse performant en théorie de l'incitation. Son utilisation n'est pas limitée au mécanisme de Clarke-Groves. Il s'adapte parfaitement bien à d'autres mécanismes incitatifs fondés sur le système des « bonus-malus » ou indicateurs de succès.

SECTION 3. RECHERCHE D'INDICATEURS DE SUCCÈS SATISFAISANTS

Les indicateurs de succès relèvent de schémas incitatifs traditionnels fondés sur le principe du bonus-malus. Ces indicateurs ont été introduits dès 1965 dans les pays de l'Est lors des réformes de planification. Les indicateurs définissent les primes ou pénalités en fonction de quantités de référence ou de seuils de rentabilité fixés par le centre. Ces indicateurs ne sont pas satisfaisants.

Leur étude est cependant nécessaire dans un premier temps (A) afin de saisir dans un second temps l'incidence d'une intégration du mécanisme du pivot sur de tels indicateurs (B).

A. Indicateurs de succès et logique du bonus

Selon la définition de J. Bénard, un indicateur de succès est « *la valorisation par le planificateur de l'écart entre un objectif fixé par lui à une entreprise et le même objectif atteint, réalisé, par la dite entreprise* ».

Ellman (1973), Fan (1975) et Weitzman (1976) formalisent[1] les indicateurs de succès retenus lors des réformes soviétiques de 1965 et 1971. L'approche de Weitzman

---

1. M. ELLMAN (1973) : « Bonus Formulae and Soviet Managerial Performance : a further Comment », *Southern Economic Journal,* April 1973, vol. 39. pp. 652-653.
L. S. FAN (1975) : « On the Reward System », *American Economic Review,* March 1975, vol. 65.
M. L. WEITZMAN (1976) : « The New Soviet Incentive Model », *Bell Journal of Economics,* vol. 7, Spring 1976.

est une bonne synthèse de ce type d'incitation et permet de considérer les indicateurs de Fan et Ellman comme des cas particuliers de ceux de Weitzman. Par commodité, nous retiendrons cette logique de présentation sans respecter par conséquent l'ordre chronologique des présentations proposées par les auteurs.

1. Synthèse de Weitzman

L'indicateur de Weitzman se réfère à trois phases de calcul et s'appuie donc sur la logique d'une décentralisation incitative itérative.

Phase 1 : Étape préliminaire

Envoi des messages du centre vers la périphérie. Le centre demande aux firmes de réaliser l'objectif π^0. Cet objectif est défini en valeur et est un condensé de divers objectifs de production, de rentabilité ou autres priorités souhaitées par le centre. Le centre alloue automatiquement à chaque firme un bonus provisoire $\overline{B}$.

Phase 2 : Étape de planification

Réponses des firmes aux objectifs du centre. La proposition de chaque entreprise est retenue par le centre. La firme s'engage à réaliser le projet π^F.

Le bonus $\hat{B}$ attribué à l'entreprise dépend de la différence annoncée entre l'objectif π^0 du centre et la proposition π^F de l'entreprise :

(4.12) $\hat{B} = \overline{B} + \beta(\pi^F - \pi^0)$ avec si $\begin{array}{l} \pi^F > \pi^0 \Rightarrow \hat{B} > \overline{B} \\ \pi^F < \pi^0 \Rightarrow \hat{B} < \overline{B} \end{array}$

Le bonus se transforme en pénalité dès que la proposition de l'entreprise ne permet pas de satisfaire au moins l'objectif fixé par le centre :

(4.13) $\beta(\pi^0 - \pi^F) > \overline{B} \Rightarrow \hat{B} < 0$

Un mécanisme incitatif limité à ces deux phases encouragerait les entreprises à dévier en annonçant volontairement des propositions très ambitieuses, voire irréalisables, et qu'elles ne chercheraient pas à atteindre sans contrôle du centre. Pour éviter de telles déviances, une troisième phase de contrôle est donc indispensable.

Phase 3 : Étape d'exécution

Après contrôle du centre : le centre vérifie de combien la proposition annoncée π^F diffère du plan effectivement réalisé π^A par l'entreprise. La firme reçoit un bonus calculé sur la base d'un indicateur de succès S tenant compte de π^F et de π^A :

(4.14) $\begin{array}{l} S_W(\pi^F, \pi^A) = \hat{B} + \alpha(\pi^A - \pi^F) \text{ si } \pi^A \geq \pi^F \\ S_W(\pi^F, \pi^A) = \hat{B} - \gamma(\pi^F - \pi^A) \text{ si } \pi^A < \pi^F \end{array}$

où S_W = indicateur de succès défini par Weitzman

Pour décourager la déviance, les coefficients de bonus α, β, γ doivent vérifier nécessairement la relation :

(4.15) $0 < \alpha < \beta < \gamma$

Les entreprises peuvent donc prendre un risque en proposant une proposition supérieure à l'objectif du centre. Ce risque est sanctionné si le plan proposé n'est pas réalisé. Il faut donc que la menace du malus soit la plus forte ; cette menace est représentée par le coefficient γ associé à la différence entre le plan annoncé et le plan effectivement réalisé. Ce coefficient doit donc être le plus élevé. Inversement, pour ne pas décourager les entreprises, le centre garantit un coefficient de bonus β suffisamment rémunérateur afin d'inciter les propositions performantes des entreprises. Ce coefficient doit cependant demeurer supérieur au coefficient α afin de pas inciter les entreprises à proposer des plans certes supérieurs à l'objectif du centre mais très proches du plan réellement réalisé (minimisation du risque par l'entreprise prudentielle à la recherche absolue d'une captation de bonus).

L'indicateur de succès de Weitzman est le seul à se référer aux réformes soviétiques de 1971 et le seul à retenir trois phases d'élaboration. Les deux autres indicateurs en sont des cas particuliers.

2. Cas particulier d'Ellman

Ellman propose dès 1973 un indicateur de succès pour formaliser la réforme soviétique de 1965. Cet indicateur est défini en deux phases :

Phase 1 : Étape de planification

L'entreprise fait une proposition au centre. Elle annonce le plan π^F.

Phase 2 : Étape d'exécution

Le centre compare la proposition de la firme au plan π^A effectivement réalisé. La rémunération proposée est alors fonction de cette différence et est définie sur la base d'un indicateur de succès particulier :

(4.16) $\begin{aligned} S_E(\pi^F, \pi^A) &= \beta\pi^F + \alpha(\pi^A - \pi^F) \text{ si } \pi^A \geq \pi^F \\ S_E(\pi^F, \pi^A) &= \beta\pi^F - \gamma(\pi^F - \pi^A) \text{ si } \pi^A < \pi^F \end{aligned}$

L'indicateur d'Ellman (S_E) est bien un cas particulier de celui de Weitzman (S_W) : le centre ne fixe aucun objectif préliminaire, de sorte que :

(4.17) $S_W = S_E$ si et seulement si $\overline{B} = \beta\pi^0$

d'où $S_W = S_E + (\overline{B} - \beta\pi^0)$

3. Cas particulier de Fan

Cet indicateur est présenté en 1975 comme simplification de l'indicateur initial défini par Ellman. Deux phases d'élaboration sont également retenues en fonction de la proposition de la firme et de son plan effectivement réalisé. L'indicateur s'écrit de la façon suivante :

(4.18) $S_F(\pi^F, \pi^A) = \beta\left[\pi^F + (\pi^A - \pi^F) - \varepsilon|\pi^A - \pi^F|\right]$

avec :

(4.19) $\varepsilon = \dfrac{\beta - \alpha}{\beta} = \dfrac{\gamma - \beta}{\beta} \Rightarrow 0 < \varepsilon < 1$

soit, en définitive :

(4.20)
$S_F(\pi^F, \pi^A) = (\dfrac{\alpha + \gamma}{2})\pi^F + \alpha(\pi^A - \pi^F) \text{ si } \pi^A \geq \pi^F$

$S_F(\pi^F, \pi^A) = (\dfrac{\alpha + \gamma}{2})\pi^F - \gamma(\pi^F - \pi^A) \text{ si } \pi^A < \pi^F$

En posant : $\beta = \dfrac{\alpha + \gamma}{2}$, l'équation (4.20) se confond avec l'équation (4.14) relative à l'indicateur de succès de Weitzman. Or, les équations (4.14) et (4.16) sont identiques dès que (4.17) est vérifiée. Nous pouvons ainsi en déduire :

(4.21) $S_F \subseteq S_E \subseteq S_W$

Les indicateurs de succès d'Ellman, Fan et Weitzman n'éliminent pas totalement la déviance. Les tricheries peuvent profiter aux entreprises dès que deux conditions sont vérifiées : incertitude persistante favorisant les réponses biaisées des entreprises, et influence des propositions des entreprises sur les décisions du centre en matière d'affectation des ressources.

B. Vérification de l'insuffisance incitative des indicateurs de succès de type Weitzman

Loeb et Magat[2] dénoncent l'insuffisance incitative des indicateurs de succès d'Ellman, Fan et Weitzman. Ils démontrent, à l'aide d'un exemple numérique, que les entreprises peuvent être incitées à tricher. L'indicateur de référence retenu est celui de Fan simplifié.

Le cas étudié concerne un problème d'allocation du facteur unique de production (le capital K) entre deux entreprises identiques. Le centre ignore la fonction de production de chaque entreprise.

Les firmes vérifient la même fonction de production : une fonction croissante du stock de capital utilisé :

---

2. B. LOEB et W. A. MAGAT (1978) : « Success Indicators in the Soviet Union : the Problem of Incentives and Efficient Allocations », *American Economic Review,* March 1978, pp. 173-181.

(4.22) $\pi_i^A(K_i) = K_i^{0,5} \quad \forall i = 1, 2$

où π_i^A = profit effectivement réalisé par l'entreprise i

Pour garantir une répartition efficace du stock de capital ($\overline{K} = 2$) entre les deux firmes, le centre entreprend un programme de maximisation des profits joints estimés des firmes sous contrainte de leur disponibilité en capital, soit :

(4.23) $MaxW = \pi_1^F(K_1) + \pi_2^F(K_2)$

(4.24) $K_1 + K_2 \leq \overline{K}$

L'estimation des profits joints est réalisée à partir des fonctions de production révélées par les firmes.

Les entreprises obtiennent un bonus défini sur la base de l'indicateur de Fan si elles réalisent un plan supérieur à celui formulé lors de leur proposition. L'indicateur de succès simplifié s'écrit :

(4.25) $S_F^i(\pi_i^A, \pi_i^F, \pi_j^F) = \pi_i^A(K_i) - \varepsilon |\pi_i^F(K_i) - \pi_i^A(K)_i|$

avec (4.25) = (4.18) pour $\beta = 1$

Loeb et Magat envisagent deux types de comportements pour les entreprises :
– révélation sincère de la fonction de production

(4.26) $\pi_i^A(K_i) = K_i^{0,5} \quad \forall i = 1, 2$

– tricherie : annonce d'une fausse fonction de production

(4.27) $\pi_i^F(K_i) = K_i - (1,75 - \sqrt{1,75}); \forall i = 1, 2$

Les entreprises gagnent-elles à révéler sincèrement leur fonction ?

Première étude : Les deux entreprises annoncent leur vraie fonction de production.

Annonce des firmes : $\pi_i^A(K_i) = K_i^{0,5} \quad \forall i = 1, 2$

Programme du centre :

(4.28) $MaxW = K_1^{0,5} + K_2^{0,5}$

(4.29) $K_1 + K_2 \leq 2$

Des conditions du premier ordre, on déduit à l'optimum :

$K_1^* = K_2^* = 1$

(4.30) $\pi_1^F = \pi_1^A = K_1^{*0,5} = 1$

$\pi_2^F = \pi_2^A = K_2^{*0,5} = 1$

L'optimum global induit de cette répartition optimale du facteur K vérifie le résultat :

(4.31) $\quad W^* = \pi_1^A + \pi_2^A = 2$

Le bonus tiré de l'indicateur de succès de Fan pour des réponses sincères vérifie les résultats suivants :

(4.32) $\quad \begin{aligned} S_F^1 &= \pi_1^A(K_1 = 1) - \varepsilon\left|\pi_1^F(K_1) - \pi_1^A(K_1)\right| \\ &\Leftrightarrow S_F^1 = 1 - \varepsilon|1-1| = 1 = \pi_1^A(K_1 = 1) \end{aligned}$

(4.33) $\quad \begin{aligned} S_F^2 &= \pi_2^A(K_2 = 1) - \varepsilon\left|\pi_2^F(K_2) - \pi_2^A(K_2)\right| \\ &\Leftrightarrow S_F^2 = 1 - \varepsilon|1-1| = 1 = \pi_2^A(K_2 = 1) \end{aligned}$

Chaque entreprise conserve exactement sa rémunération. L'indicateur de succès confirme ainsi la sincérité des réponses des firmes.

Seconde étude : Seule l'entreprise 2 dit la vérité ; l'entreprise 1 ment.

Annonce des firmes : $\quad \begin{aligned} \pi_1^F(K_1) &= K_1 - (1,75 - \sqrt{1,75}) \\ \pi_2^F(K_2) &= K_2^{0,5} \end{aligned}$

Programme du centre :

(4.34) $\quad MaxW = \pi_1^F(K_1) + \pi_2^F(K_2) = K_1 - (1,75 - \sqrt{1,75}) + K_2^{0,5}$

(4.35) $\quad K_1 + K_2 \leq 2$

Des conditions du premier ordre, on déduit à l'optimum :

(4.36) $\quad \begin{aligned} K_1^* &= 1,75 \\ K_2^* &= 0,25 \\ \pi_1^F &= 1,75 - 1,75 + \sqrt{1,75} = 1,32 = \pi_1^A \\ \pi_2^F &= \pi_2^A = \sqrt{0,25} = 0,5 \end{aligned}$

L'optimum global induit de cette répartition optimale du facteur K vérifie le résultat :

(4.37) $\quad W^* = \pi_1^A + \pi_2^A = 1,82$

Le centre ne peut désinciter efficacement la tricherie s'il recourt à un indice de succès de Fan.

L'indicateur de succès simplifié permet à la firme déviante de récupérer un résultat supérieur (1,32) à celui tiré de la sincérité (1) :

(4.38) $\quad \begin{aligned} S_F^1(\pi_1^A, \pi_1^F, \pi_2^F) &= \pi_1^A(K_1 = 1,75) - \varepsilon\left|\pi_1^F(K_1) - \pi_1^A(K)_1\right| \\ &\Leftrightarrow S_F^1(\pi_1^A, \pi_1^F, \pi_2^F) = 1,32 - \varepsilon|1,32 - 1,32| = 1,32 \end{aligned}$

L'indicateur de succès de Fan ne pénalise donc nullement la firme : son résultat après contrôle du centre est exactement égal au résultat profitable de sa déviance. La firme sincère est donc pénalisée car sa rémunération après contrôle du centre est finalement inférieure à celle obtenue avant contrôle, et pour un même comportement de parfaite loyauté :

(4.39) $S_F^2(\pi_2^A, \pi_2^F, \pi_1^F) = \pi_2^A(K_2 = 0,25) + \varepsilon|\pi_2^F(K_2) - \pi_2^A(K_2)|$

$\Leftrightarrow S_F^2(\pi_2^A, \pi_2^F, \pi_1^F) = 0,5 + \varepsilon|0,5 - 0,5| = 0,5$

soit une utilité sociale égale avec ou sans indicateur de succès :

(4.40) $W^* = S_F^1 + S_F^2 = 1,32 + 0,5 = 1,82 = \pi_1^A + \pi_2^A$

Plusieurs enseignements peuvent être tirés de ces deux études :

a – la tricherie profite à la firme 1 qui vérifie alors un profit de 1,32 supérieur au profit de 1 unité retiré en cas de révélation sincère de sa fonction de production ;

b – la firme 2 subit la déviance de sa rivale et supporte une baisse de profit : elle obtient un profit de 1 unité quand la firme 1 dit la vérité et un profit réduit à 0,5 unité quand la firme 1 triche. La firme 2 révèle sincèrement dans les deux cas sa réelle fonction : elle sera donc incitée à suivre sa rivale et trichera la prochaine fois ;

c – l'utilité sociale retirée du cas de déviance est inférieure à celle retirée d'une situation sincère : l'affectation des ressources qui en résulte n'est donc pas efficace ;

d – dans ce cas particulier, *le centre ne pouvait pas déceler la fraude* car, exceptionnellement, le profit réel de la firme 1 déviante se confondait avec son profit annoncé au centre. La firme 1 a donc *manipulé efficacement* le centre et l'indicateur de succès de Fan n'a pas permis de déceler ce comportement stratégique.

Le bilan de ces observations est donc que les indicateurs de succès proposés ne constituent pas des mécanismes incitatifs satisfaisants. Un rapprochement rapide peut être fait avec la théorie de la bureaucratie. Au chapitre I, nous avons souligné le risque de comportement déviant d'un bureaucrate surestimant ses besoins de fonctionnement dans le seul but d'obtenir un pouvoir supérieur, le pouvoir étant fonction croissante de l'enveloppe budgétaire reçue. Parallèlement, dans l'application étudiée ci-dessus, l'entreprise adopte un comportement stratégique pour améliorer ses capacités de fonctionnement, son profit étant une fonction croissante de sa dotation en capital.

Loeb et Magat tentent de pallier l'insuffisance incitative de tels mécanismes en leur intégrant le principe d'un pivot emprunté au mécanisme de Clarke-Groves.

C. Intégration du mécanisme du pivot aux indicateurs de succès

La méthodologie des indicateurs de succès de type Weitzman est sauvegardée mais valorisée par un mécanisme du pivot. L'indicateur de succès en résultant s'écrit :

(4.41) $S_{L.M}(\pi_i^A, \pi_i^F) = \pi_i^A(K_i) + \sum_{j \neq i} \pi_j^F(K_j) - A_i(\pi_{-i}^F) \quad \forall i$

Le dernier terme de l'équation (4.41) représente le pivot : on retranche en effet aux deux termes précédents une somme A_i calculée en fonction des profits prévus pour toutes les autres entreprises (-i), l'entreprise i étant exclue.

Dans ce cas, l'indicateur de succès de Loeb et Magat calculé pour l'entreprise i est égal à la différence entre :

– son profit réalisé pour la dotation reçue, majoré des profits attendus des autres entreprises en fonction de leur dotation en capital, et

– le montant du pivot estimé par la valeur des profits prévus des (-i) quand l'entreprise i est exclue et que le capital est totalement distribué aux (-i) de façon optimale. L'entreprise i dépourvue de capital ne peut dès lors fonctionner, soit :

(4.42) $A_i = Max \sum_{j \neq i} \pi_j^F(K_j)$

avec

(4.43) $\sum_{j \neq i} K_j \leq \overline{K}$

Ce mécanisme du pivot défini par l'équation (4.41) restitue aux indicateurs de succès les qualités incitatives minimales.

L'indicateur de Loeb et Magat est un mécanisme incitatif efficace :

– il garantit une *stratégie individuellement rationnelle* : l'indicateur de succès et le profit réel des firmes vérifient une fonction monotone croissante assurant à chaque agent un gain d'utilité ;

– il vérifie également une *stratégie non manipulable* : la vérité est stratégie dominante car chaque révélation sincère engendre une répartition efficace des dotations par le centre permettant à la firme sincère de maximiser son profit. Cette répartition assure parallèlement la maximisation de l'indicateur de succès associé à la firme sincère.

C'est un mécanisme satisfaisant qui révèle, en outre, le coût social d'opportunité de l'élimination du joueur i, l'élimination étant mesurée par le troisième terme relatif au pivot.

Loeb et Magat vérifient les propriétés incitatives de leur indicateur satisfaisant en reprenant l'exemple précédent.

Vérification numérique :

Premier cas :

• *l'entreprise 1 ment et 2 dit la vérité :*

Annonce des firmes :
$$\pi_1^F(K_1) = K_1 - (1,75 - \sqrt{1,75})$$
$$\pi_2^F(K_2) = K_2^{0,5}$$

La dotation des ressources sur l'annonce de telles fonctions a été définie précédemment : l'entreprise 1 déviante reçoit un stock de capital égal à 1,75 ; l'entreprise 2 sincère reçoit un stock de 0,32.

Chaque firme est soumise à l'indicateur de succès de Loeb et Magat. La firme 1 recevra donc un indicateur minoré du montant relatif au pivot. Ce montant est défini lorsque le centre alloue fictivement tout le capital à l'entreprise 2 et exclut de fait l'entreprise 1 :

(4.44) $A_1(\pi_2^F) = Max \pi_2^F (K=2) = 2^{0,5} = 1,41$

La rémunération de l'entreprise 1 retirée de l'indicateur de succès de Loeb et Magat est alors :

(4.45) $S_{L.M}^1 = (1,75)^{0,5} + (0,25)^{0,5} - 1,41 = 0,41$

En révélant sa fonction exacte, l'entreprise 1 obtenait une rémunération égale à 1 sous l'indicateur de succès de Fan (rémunération calculée à l'équation 4.30). En trichant, l'entreprise 1 soumise à un indicateur de succès avec pivot obtient une rémunération inférieure, égale à 0,41 unité. *Le pivot décourage donc toute entreprise rationnelle à dévier.*

Second cas :

• *les deux entreprises disent la vérité :*

La révélation exacte des fonctions par les deux firmes assure les rémunérations suivantes avec des indicateurs intégrant un pivot :

– le centre alloue à chaque firme la même dotation : calculs issus du programme du centre (équations 4.28 et 4.29), soit :

$$K_1^* = K_2^* = 1$$
$$\pi_1^F = \pi_1^A = K_1^{*0,5} = 1$$
$$\pi_2^F = \pi_2^A = K_2^{*0,5} = 1$$

– le terme relatif au pivot vérifie toujours la même valeur puisqu'il est calculé pour une répartition totale et optimale du capital en faveur de l'entreprise 2, soit :

$$A_1(\pi_2^F) = Max \pi_2^F (K=2) = 2^{0,5} = 1,41$$

La rémunération revenant à l'entreprise 1 quand elle est sincère et soumise à l'indicateur de Loeb et Magat est donc :

(4.46) $S_{L.M}^1 = (1)^{0,5} + (1)^{0,5} - 1,41 = 0,59$

La rémunération retirée de la vérité (0,59) est bien supérieure à celle tirée du mensonge (0,41). Le pivot restitue donc aux indicateurs de succès les propriétés incitatives minimales et en fait des mécanismes incitatifs satisfaisants assurant la vérité stratégie dominante. L'utilité sociale retirée est également supérieure quand chaque firme est sincère :

• *l'entreprise 1 ment et 2 dit la vérité :*

(4.47) $K_1^* = 1,75 \Rightarrow \pi_A^1 = 1,32$
$K_2^* = 0,25 \Rightarrow \pi_F^2 = \pi_A^2 = 0,5$

d'où :

(4.48) $S_{L.M}^1 = 0,41$
$S_{L.M}^2 = 0,41$

soit une utilité sociale :

(4.49) $W^* = 0{,}41 + 0{,}41 = 0{,}82$

- *les deux entreprises disent la vérité :*

$$K_1^* = K_2^* = 1$$

(4.50) $\pi_1^F = \pi_1^A = K_1^{*0,5} = 1$

$\pi_2^F = \pi_2^A = K_2^{*0,5} = 1$

d'où :

(4.51) $S_{L.M}^1 = 0{,}59$

$S_{L.M}^2 = 0{,}59$

soit une utilité sociale de :

(4.52) $W^* = 0{,}59 + 0{,}59 = 1{,}18 > 0{,}82$

Ce dernier résultat confirme que l'indicateur de succès de Loeb et Magat est individuellement rationnel lorsque les entreprises sont sincères ; il procure de fait une utilité sociale optimale. C'est un mécanisme incitatif satisfaisant.

Le pivot incite les agents à dire la vérité mais leur fait supporter un coût. Ce coût peut être facilement mis en évidence sur l'étude de cas proposée : lorsque les deux entreprises annoncent spontanément la vérité et obtiennent une rémunération calculée à partir de l'indice de succès de Fan, l'utilité sociale optimale retirée est égale à 2. En adoptant exactement la même stratégie (vérité), les entreprises vérifient une rémunération inférieure sous l'indicateur de succès de Loeb et Magat et l'utilité sociale retirée est de 1,18. La somme prélevée par l'État dans ce dernier cas et non redistribuée est donc égale à 0,82. C'est la perte sèche des entreprises soumises à un mécanisme du pivot pourtant indispensable pour écarter les déviances. En revenant à un mécanisme incitatif sans pivot, les entreprises pourraient escompter une plus forte utilité sociale mais avec un risque élevé de comportements stratégiques. On retrouverait dans ce cas l'effet de spécularité sur les comportements anticipés (chapitre I) : l'entreprise 1 sait qu'elle gagnerait à dire la vérité mais elle anticipe que 2 va dévier et décide de dévier elle-même pour ne pas subir totalement la tricherie de sa rivale. Réciproquement, la firme 2 spécule sur la même anticipation. Les deux entreprises dévient et l'utilité sociale optimale n'est jamais atteinte. Dans ce cas, le mécanisme du pivot est certainement préférable, et la perte sèche qu'il impose pour garantir la vérité stratégie dominante est une solution de moindre mal et une sécurité pour les joueurs (anticipation stable pour tous car la vérité est une stratégie dominante).

Le mécanisme du pivot de Clarke-Groves présente donc d'importantes qualités. Groves et Ledyard[3] l'ont également appliqué en 1977 aux biens collectifs.

---

3. Th. GROVES et J. LEDYARD (1977) : « Optimal Allocation of Public Inputs : a solution to the 'Free Rider' Problem », *Econometrica,* vol. 45, pp. 783-809.

D. Mécanisme du pivot et biens collectifs

Cette application reprend les principes de la décentralisation avec transmission de messages.

Deux phases sont retenues : une première phase permet aux contribuables consommateurs d'annoncer leur disposition marginale à payer le bien collectif. L'État détermine, en revanche, la contribution réelle de chaque contribuable en posant une règle de financement inspirée du mécanisme du pivot. La phase 2 permet d'identifier les contribuables en les révélant comme agent pivot ou non pivot.

Phase 1 : les consommateurs i indiquent à l'État leurs dispositions marginales à payer les biens collectifs g.

Leur contribution réelle C, c'est-à-dire la somme effectivement imputée par l'État, est déterminée par la règle de financement intégrant un mécanisme du pivot, soit :

$$(4.53) \quad C_i = m_i(y) - \left[\sum_j m_j(y) - c(y)\right] + h_i(m_{-i})$$

où
C_i = contribution totale demandée à i pour le bien g

$m_i(y)$ = disposition marginale à payer de i, déclarée par lui-même à l'initialisation de la phase 1 = proposition de i

y = quantité de bien collectif demandée

$h_{i(m\text{-}i)}$ = paiement forfaitaire imputé à i (effet du pivot)

$\left[\sum_j m_j(y) - c(y)\right]$ = transfert fiscal égal au surplus de tous les agents consommateurs pour le bien collectif demandé

$c(y)$ = coût total de production du bien g

Les agents pivots dont la disposition marginale à payer fait basculer la décision collective sont doublement taxés :
– ils supportent comme tout le monde la taxe forfaitaire $h_i(m_{-i})$;
– ils subissent une pénalité complémentaire égale à la taxe $t_i(m)$:

$$(4.54) \quad t_i(m) = -\left[\sum_j m_j(y) - c(y)\right]$$

Phase 2 : identification des joueurs : sont-ils agents pivots ou révèlent-ils sincèrement leur disposition marginale à payer le bien collectif ?

Deux cas s'opposent :

cas 1 : i n'est pas pivot : son message ne change rien à la décision collective qui était donc optimale ; dès lors, les contributions totales des consommateurs couvrent exactement le coût du bien g :

(4.55) $\quad \sum_j m_g^j = c_g \, ; \, \forall g$

cas 2 : i est un agent pivot : son message fait basculer la décision collective qui n'était donc pas optimale. L'agent pivot a dès lors le mérite de dénoncer une décision sous-optimale ; il génère ainsi un surplus collectif, de sorte que :

(4.56) $\quad \sum_j m_j(y) > c(y)$

Ce mécanisme converge vers un optimum de second rang car tous les transferts prélevés par l'État ne sont pas redistribués afin d'éviter tout risque de nouveaux comportements stratégiques.

Green et Laffont[4] ont déterminé en 1977-1979 les conditions nécessaires pour corriger ce problème de non-redistribution. Ils démontrent que les sommes perçues par l'État peuvent être reversées, et sans nuire au mécanisme du pivot, si les exigences de l'État pour la révélation de la vérité sont réduites et si deux conditions sont respectées :

a – le mode de redistribution est publiquement annoncé ;

b – le centre peut définir les anticipations des agents *i* relatives aux dispositions marginales à payer des autres agents.

Le mécanisme du pivot est alors sauvegardé et la probabilité de vérifier un mécanisme satisfaisant tend vers 1 dès que le nombre des agents concernés tend vers l'infini : c'est le critère bayésien de redistribution.

D'Aspremont et Gérard-Varet[5] déterminent également une condition nécessaire et suffisante pour garantir un mécanisme incitatif satisfaisant avec équilibre budgétaire. Le centre doit satisfaire à la condition *b* définie par Green-Laffont. La vérité doit être dans ce cas une stratégie d'équilibre bayésien et la somme des transferts prélevés est nulle. M. Mougeot[6] en déduit que le mécanisme de d'Aspremont-Gérard-Varet peut être analysé comme un mécanisme de Groves exprimé en espérance mathématique.

---

4. J. GREEN et J.-J. LAFFONT (1977) : « On the Revelation of Preferences for Public Goods », *Journal of Public Goods,* n° 8, 1977, pp. 79-93.

5. C. d'ASPREMONT et L. A. GÉRARD-VARET (1979) : « On Bayesian Incentive Compatible Mechanisms » in J.-J. LAFFONT : *Aggregation and Revelation of Preferences* North-Holland, Amsterdam, 1979.

6. M. MOUGEOT (1989) : *Économie du Secteur Public*, Economica, pp. 437-443.

Au terme de ce chapitre, nous observons que la théorie sait combattre les défaillances incitatives dès qu'elle retient des mécanismes intégrant un système de pivot. Les mécanismes ainsi organisés demeurent cependant très lourds et, en pratique, les comportements stratégiques restent souvent difficiles à vaincre. Les décideurs politiques peuvent tenter de s'inspirer des fondements théoriques des mécanismes satisfaisants afin d'éliminer progressivement les déviances. Les limites pratiques sont toutefois très fortes et les régulations des déviances s'opèrent dans les faits bien souvent *ex post* seulement mais sous réserve que les tricheurs puissent être repérés.

Cette première partie, consacrée à la décentralisation, nous a permis d'étudier plusieurs problèmes relevant des deux premières fonctions microéconomiques musgraviennes : l'affectation des ressources et la répartition par le biais des transferts forfaitaires. Privé d'omniscience, l'État, soucieux du bien-être social, pourchasse les asymétries informationnelles et entreprend une décentralisation (chapitre I). Les stratégies de décentralisation doivent satisfaire plusieurs conditions pour garantir une convergence vers un optimum. En suivant les règles d'un algorithme de référence et en sélectionnant un type de messages précis, les décentralisations peuvent satisfaire plusieurs propriétés (chapitre II). Ces décentralisations sont également applicables aux biens collectifs et puisent leurs fondements dans la logique de la négociation (chapitre III). Contribuant à la réalisation progressive d'une allocation optimale des ressources, ces procédures de décentralisation réduisent le plus souvent le problème de la redistribution en négligeant le rôle des transferts forfaitaires. Elles ignorent surtout les risques de défaillances incitatives. Le décideur doit donc leur préférer des procédures incitatives générant des mécanismes incitatifs statiques satisfaisants en intégrant le principe de taxes pivotales (chapitre IV).

Les deux fonctions musgraviennes d'affectation des ressources et de redistribution peuvent également être satisfaites par des décisions de réglementation ou de déréglementation. Des propriétés spécifiques peuvent être mises en évidence selon que le décideur privilégie la recherche de l'efficacité économique, de l'efficacité politique ou de l'équité. Les analyses relatives à ce type de décision font l'objet de la deuxième partie. Elles nous permettront d'étudier, notamment, les fondements microéconomiques des interventions publiques sans négliger leur incidence macroéconomique. Deux études de cas, respectivement empruntées au secteur aérien et au monde agricole, refléteront les enjeux respectifs des politiques de déréglementation commerciale et de réglementation institutionnelle actuellement menées aux États-Unis et en Europe.

DEUXIÈME PARTIE

DÉCISION ET THÉORIE DE LA RÉGLEMENTATION

CHAPITRE V

EFFICACITÉ ÉCONOMIQUE OU EFFICACITÉ POLITIQUE DES RÉGLEMENTATIONS

La concurrence garantit théoriquement l'affectation optimale des ressources. L'État intervient pourtant fréquemment dans la gestion de l'activité économique. Pour comprendre les raisons de l'intervention de l'État et justifier ses comportements, nous préciserons tout d'abord, en introduction, les fondements microéconomiques des réglementations économiques. Cette présentation générale nous conduira à analyser les réglementations publiques en fonction de trois paradigmes : ceux de l'efficacité économique (section 1), de l'équité (section 2) et, enfin, celui de l'efficacité politique (section 3). Les deux premiers relèvent d'une approche normative des interventions publiques. Le troisième appartient à une approche positive des réglementations.

Fondements microéconomiques des interventions publiques :

L'État intervient principalement dans trois cas, lorsque la concurrence est *inefficace, impraticable ou destructrice*[1]. Il cherche ainsi à consolider l'efficacité économique.

Les rendements croissants propres aux monopoles naturels rendent *la concurrence inefficace*. Une tarification au coût marginal expose inévitablement le monopole naturel au déficit chronique. Les coûts décroissants maintiennent le coût marginal inférieur au coût moyen ; dès lors, une vente au coût marginal ne peut couvrir le coût moyen de production. Les rendements croissants confortent toutefois les grandes entreprises et favorisent les risques d'abus de position dominante. Les rendements dimensionnels croissants jouent ainsi le rôle d'une barrière stratégique à l'entrée.

Lorsque la concurrence est imposée aux monopoles naturels, l'État doit intervenir dans deux buts :

– pour subventionner le déficit induit d'une gestion concurrentielle avec tarification au coût marginal ;

---

1. D. Encaoua (1986) : « Réglementation et concurrence : quelques éléments de théorie économique », document de la direction de la prévision, ministère de l'Économie, des Finances et du Budget, 12 mars 1986 (également in *Économie et Prévisions*).

– pour interdire les rentes de situation acquises par les grandes firmes dominantes soucieuses de s'accaparer la totalité du marché.

Cette intervention peut se faire à l'entrée pour sauvegarder l'efficacité économique indispensable à une allocation optimale des ressources. Elle peut s'établir également au niveau des prix pour assurer l'équité et interdire les prix de monopole nuisibles à l'intérêt des consommateurs.

La concurrence est impraticable dès que le marché est instable ou que les ajustements nécessaires à son équilibre sont trop coûteux socialement. L'intervention de l'État paraît dès lors raisonnable pour recouvrer les conditions nécessaires à l'efficacité économique.

La concurrence est destructrice[1] dès qu'elle génère des déséquilibres chroniques hypothéquant toute allocation optimale des ressources. À la différence du cas précédent, l'imperfection dénoncée résulte directement de la concurrence pratiquée. L'excédent de capacités de production liées aux fluctuations de la demande nuit aux entreprises installées sur le marché et leur fait supporter des coûts. L'État doit intervenir pour lutter contre de tels dysfonctionnements. Il intervient pour défendre les firmes installées exposées aux déséquilibres du marché. Il peut ainsi réglementer l'entrée sur le marché afin de protéger les firmes installées particulièrement exposées à la concurrence de nouvelles firmes en phase de relance. Ce type de contrôle crée une certaine discrimination apparente entre firmes installées et firmes nouvelles ; il est toutefois indispensable à la survie des premières largement exposées aux déséquilibres du marché et menacées d'éviction par les secondes dès que la demande sur ce marché s'accélère. L'État intervient dans ce cas pour stabiliser le marché et protéger les firmes installées. Sa mission est purement économique.

L'utilité d'une réglementation ne se limite toutefois pas à ces trois cas. La réglementation est également présente dans de nombreuses autres situations *vérifiant notamment des rendements non croissants*. La concurrence est par nature parfaitement adaptée à ce type de rendements puisque l'efficacité économique d'une bonne allocation des ressources relève d'une gestion concurrentielle. Il peut donc paraître étonnant que l'État intervienne parfois et spontanément dans de tels secteurs. La réglementation peut se justifier dans de tels cas par deux raisons : soit par volonté de redistribution *(recherche d'équité)*, soit pour conforter un soutien politique *(recherche d'efficacité politique)*. L'intervention de l'État relève alors des *approches normative* (équité) *et positive* (efficacité politique).

Cette décomposition des objectifs de l'intervention publique peut être schématisée de la manière suivante :

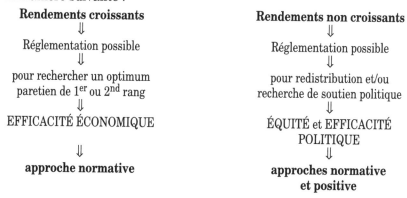

Nous étudierons successivement les propriétés de chaque paradigme de la réglementation afin de justifier les diverses interventions de l'État. Bien que relevant également de l'efficacité économique, nous analyserons séparément les problèmes de redistribution en les traitant sous l'angle de l'équité. Trois paradigmes seront ainsi retenus : ceux de l'efficacité économique, de l'équité et de l'efficacité politique.

SECTION 1. RÉGLEMENTATION ET EFFICACITÉ ÉCONOMIQUE

Une allocation optimale des ressources garantit un optimum paretien de premier rang lorsque les règles d'une gestion concurrentielle sont appliquées efficacement. La tarification concurrentielle au coût marginal n'est toutefois pas toujours efficace. Les rendements croissants remettent en cause ses fondements dès que le déficit induit d'une telle gestion est insupportable. L'État rencontre souvent des limites pour financer un tel déficit. Dès que les prélèvements ne peuvent être majorés, la gestion concurrentielle en rendements croissants provoque des dysfonctionnements qui éloignent l'économie d'une situation optimale de premier rang. La réglementation s'impose dans de tels cas, tant pour défendre le monopoleur exposé à un déficit chronique que pour régulariser l'économie privée d'une gestion optimale.

La réglementation publique peut garantir une tarification optimale assurant un équilibre budgétaire. Les prix doivent alors s'écarter du coût marginal dans des proportions précises, définies par Ramsey et Boiteux.

A. Propriétés d'une tarification optimale de Ramsey-Boiteux

Ramsey (1927) et Boiteux (1956) déterminent les conditions nécessaires et suffisantes[2] pour une gestion optimale des monopoles publics naturels astreints à l'équilibre budgétaire.

Le monopole public maximise son profit sous contrainte de vérifier un équilibre budgétaire. La tarification en résultant maximise le surplus collectif et les conditions d'optimalité sont sauvegardées. Le programme de ce monopole naturel s'écrit :

(5.1) $Max \Pi = RT - CT(Y) \quad \Leftrightarrow \quad Max \Pi = PY - CT(Y)$

(5.2) $\Pi = 0 \; ; \; \lambda \geq 0 \qquad\qquad\qquad \Pi = 0 \; ; \; \lambda \geq 0$

---

2. F. Ramsey (1927) : « A Contribution to the Theory of Taxation », *Economic Journal*, vol. 37, n° 1. M. Boiteux (1956) : « Sur la gestion des monopoles publics astreints à l'équilibre budgétaire », *Econometrica*, vol. XXIV, n° 1.

La dérivée première du lagrangien L par rapport à la quantité produite vérifie à l'optimum, pour une contrainte saturée, la relation :

$$(5.3) \quad \frac{\partial L}{\partial Y} = P - \frac{\partial CT}{\partial Y} + \lambda \left[P'.Y + P - \frac{\partial CT}{\partial Y} \right] = 0 \quad \text{où} \quad P' = \frac{\partial P}{\partial Y}$$

$$\Leftrightarrow P - Cm + \lambda [P'.Y + P - Cm] = 0$$

$$\Leftrightarrow \frac{P - Cm}{P} = \frac{-\lambda [P'.Y] - \lambda [P - Cm]}{P}$$

$$\Leftrightarrow \frac{P - Cm}{P} + \lambda \frac{[P - Cm]}{P} = \frac{-\lambda [P'.Y]}{P}$$

$$\Leftrightarrow \frac{P - Cm}{P}(1 + \lambda) = \frac{-\lambda [P'.Y]}{P}$$

$$\Leftrightarrow \frac{P - Cm}{P} = -\frac{\lambda}{1+\lambda} \left[\frac{P'.Y}{P} \right]$$

Par définition, l'élasticité-prix de la demande est égale à la variation relative de la quantité demandée sur la variation relative du prix :

$$\varepsilon = \left(\frac{\partial Y}{\partial P}\right)\left(\frac{P}{Y}\right) = \left(\frac{1}{P'}\right)\left(\frac{P}{Y}\right) = \frac{P}{P'.Y} \quad \text{car} \quad P' = \frac{\partial P}{\partial Y}$$

L'équation (5.3) devient dès lors :

$$(5.4) \quad \frac{P - Cm}{P} = -\left(\frac{\lambda}{1+\lambda}\right)\left(\frac{1}{\varepsilon}\right)$$

L'équation (5.4) définit la règle de tarification optimale de Ramsey-Boiteux. L'écart relatif entre le prix et le coût marginal est donc inversement proportionnel à la valeur absolue de l'élasticité-prix de la demande, mais fonction directe du coût social d'opportunité de la contrainte budgétaire.

L'élasticité-prix de la demande étant négative pour la très grande majorité des biens, la tarification de Ramsey-Boiteux impose donc un prix supérieur au coût marginal pour couvrir le déficit budgétaire induit d'une gestion concurrentielle au coût marginal (5.4 étant positif si $\varepsilon < 0$). Les écarts entre le prix et le coût marginal sont d'autant plus grands que la demande est faiblement élastique.

Ce prix de Ramsey-Boiteux maximise le surplus collectif car il tient compte de l'intérêt général en intégrant une contrainte d'équilibre budgétaire. Cette tarification est donc optimale mais ne vérifie cependant pas un optimum parétien de premier rang.

B. Tarification optimale de second rang

L'optimum paretien de premier rang maximise le bien-être social et résulte d'un programme de maximisation de l'utilité sociale sous des contraintes de production et de ressources exclusivement. Cet optimum est donc déterminé pour une distribution donnée des richesses.

Dès que l'État doit intervenir pour stabiliser le marché ou réguler les comportements, des contraintes additionnelles sont retenues. Sans ces contraintes supplémentaires, le bien-être ne peut être garanti, soit parce que les agents économiques adoptent des comportements stratégiques, soit encore parce que la gestion au coût marginal génère des déséquilibres. L'État corrige les déviances observées en fixant des contraintes qui ont le mérite d'assurer une solution optimale dès qu'elles sont parfaitement adaptées au problème. L'optimum qui résulte d'un programme avec contraintes additionnelles ne peut être de premier rang puisque toute contrainte additionnelle saturée réduit le domaine des possibles relativement au programme initial paretien. L'optimum est nécessairement réduit mais demeure la meilleure solution réalisable et maximisant le bien-être social, compte tenu des comportements stratégiques ou risques de déséquilibres rencontrés. *Cette solution de moindre mal est qualifiée d'optimum de second rang.*

La règle de Ramsey-Boiteux résulte d'un programme de maximisation du profit sous une contrainte additionnelle d'équilibre budgétaire. Elle ne peut donc garantir un optimum de premier rang. Le prix de Ramsey-Boiteux vérifie toutefois un optimum de second rang et maximise ainsi le surplus collectif dès que sa règle tarifaire est imposée aux monopoles naturels astreints à l'équilibre budgétaire. La règle de Ramsey-Boiteux est donc optimale : elle garantit la détermination de prix optimaux dont l'écart entre le prix et le coût marginal est inversement proportionnel à l'élasticité-prix de la demande. Par dualité, elle assure également une allocation optimale des ressources.

La tarification optimale de second rang de Ramsey-Boiteux n'est pas l'unique mode de contrôle des monopoles naturels. Une tarification majorant les coûts de production unitaire d'un taux de rémunération garanti des capitaux investis est largement adoptée, aux États-Unis notamment, lors de la réglementation des monopoles naturels. Cette tarification favorise la déviance en incitant la surcapitalisation.

C. Réglementation et incitation à la surcapitalisation

Averch et Johnson présentent en 1962 deux effets de la réglementation des monopoles naturels. Le premier concerne l'incitation à la surcapitalisation analysée comme un moyen d'enfreindre la contrainte fixée sur le taux de rentabilité du capital d'une firme réglementée. Le second concerne l'intérêt de cette firme à s'étendre sur d'autres marchés réglementés.

La réglementation étudiée dans ce cas plafonne la rentabilité de la firme à un niveau inférieur à celui tiré d'une gestion concurrentielle. Pour sauvegarder sa compétitivité, la firme réglementée est incitée à substituer du travail au capital et à augmenter sa production. Le supplément de production est produit inefficacement en raison du suréquipement employé. La surcapitalisation compromet la minimisation des coûts de production.

Le programme de la firme réglementée s'écrit :

(5.5) $Max \pi = PY - wL - rK$

(5.6) $Y - f(K,L) \leq 0 \; ; \; \lambda \geq 0$

(5.7) $PY - wL - rK - (\theta - r)K \leq 0 \; ; \; \mu \geq 0$

avec : w = taux de salaire

r = coût du capital

θ = taux plafond de la réglementation imposée sur la rentabilité du capital : rentabilité maximale garantie

La contrainte de rentabilité définie par l'équation (5.7) peut encore s'écrire :

(5.8) $\dfrac{\pi + rK}{K} \leq 0 \Rightarrow \theta > r$

Les conditions d'optimalité du premier ordre vérifient la relation :

(5.9) $\dfrac{f'_K}{f'_L} = \dfrac{r - \mu\theta}{(1-\mu)w}$

Ce résultat est donc différent de celui issu d'une situation de concurrence avec affectation optimale des ressources. Les conditions de l'optimalité concurrentielle réapparaissent dès que la contrainte (5.7) n'est pas saturée, donc si $\mu = 0 \Rightarrow (5.9) \Leftrightarrow \dfrac{f'_K}{f'_L} = \dfrac{r}{w}$

Si, en revanche, la contrainte (5.7) est saturée ($\mu > 0$), l'affectation optimale des ressources est compromise. La rentabilité plafonnée garantie induit un taux marginal de transformation (TMST) du travail en capital inférieur à celui obtenu en concurrence parfaite. À l'optimum, ce TMST est tel que le prix relatif du capital par rapport au travail est moins élevé pour la firme réglementée ($TMST \equiv \dfrac{f'_K}{f'_L} < \dfrac{r}{w}$) que pour la firme concurrentielle ($TMST \equiv \dfrac{f'_K}{f'_L} = \dfrac{r}{w}$). La firme réglementée tire dès lors un avantage de la surcapitalisation.

Cet effet de surcapitalisation, qualifié d'effet Averch-Johnson, a largement été vérifié aux États-Unis pour les monopoles réglementés (Courville, 1974 ; Spann, 1974 ; Petersen, 1975). Au niveau français, l'effet Averch-Johnson est mis en évidence par J. Pavaux pour la réglementation du transport aérien.

La surcapitalisation induite d'une telle réglementation incite également les firmes réglementées à pénétrer de nouveaux marchés. Averch et Johnson démontrent que cette extension se réalise même si le coût est supérieur aux revenus additionnels escomptés. Les nouveaux marchés, mêmes déficitaires, permettent à l'entreprise d'accroître son taux de rendement de base évalué sur la valeur de son capital total. La contrainte fixée sur le taux de rendement de l'entreprise réglementée se desserre et l'accès aux nouveaux marchés lui procure une augmentation de profit.

Le report sur d'autres marchés prouve que l'agent réglementé cherche à contourner les limites imposées par la réglementation tout en profitant parallèlement des garanties qu'elle implique. La réglementation entretient dans ce cas des déviances, et écarte donc de l'optimum.

Lorsque la tarification réglementaire est, en revanche, optimale de second rang (tarification Ramsey-Boiteux), l'intervention publique sauvegarde le mieux possible l'efficacité économique, et la réglementation est donc utile. L'efficacité économique ne se réduit pas à une recherche d'affectation optimale des ressources ; elle s'accompagne également d'objectifs redistributifs qui entrent dans la fonction de justice redistributive relevant plus précisément du paradigme d'équité.

SECTION 2. RÉGLEMENTATION ET ÉQUITÉ

L'optimum parétien est défini pour une distribution donnée des revenus. À chaque distribution de richesses correspond un optimum économique. L'État peut intervenir pour redistribuer les richesses en fonction de sa conception de l'équité.

Le pseudo-équilibre général de Samuelson, étudié au chapitre I, associe les fonctions allocatives et redistributives de l'État. La redistribution est opérée à l'aide de transferts forfaitaires n'affectant pas les taux marginaux de substitution ou de transformation des agents. Ces transferts jouent le rôle de prélèvements mais ont des effets limités aux revenus. Ils permettent à l'État de redistribuer les richesses.

La redistribution des revenus peut être étudiée sous deux angles différents : soit en termes de réglementation engagée pour satisfaire une condition d'équité, soit en termes de fiscalité pour définir les règles d'un partage optimal. Ces deux approches seront étudiées, mais différemment et en fonction de leur champ d'analyse. Les conditions d'une réglementation équitable seront envisagées dans cette section. Inversement, les effets d'un partage fiscal optimal et les conditions d'une justice redistributive seront analysés dans la troisième partie, consacrée à l'économie de la fiscalité.

Ce découpage peut paraître étrange. Il est toutefois largement réfléchi. On ne peut en effet nier que de très nombreux thèmes de l'économie publique engagent des problèmes de redistribution. Traiter globalement de la fiscalité peut alors être un choix nécessitant toutefois d'importants efforts au lecteur qui devrait disposer instantanément de nombreuses connaissances en fiscalité, en théorie de la réglementation, en économie du bien-être... Pour aider l'étudiant à maîtriser progressivement toutes les connaissances nécessaires en économie publique, nous préférons décomposer l'analyse, au risque d'une certaine lourdeur qualitative. Nous présenterons ainsi exclusivement dans cette section les questions de justice relevant des réglementations publiques. Nous traiterons ensuite, aux chapitres VIII et IX, les problèmes de justice liés à la théorie de la fiscalité.

A. Fondements d'une réglementation juste

La réglementation juste, c'est-à-dire équitable, est celle qui satisfait certaines règles d'arbitrage entre consommateurs et producteurs soumis aux conditions de l'intervention publique. Les propriétés d'une telle réglementation ont été définies par Lee[3] en 1980.

1. Réglementation juste et prix préférentiels

Une réglementation arbitrant équitablement les intérêts respectifs des consommateurs et des producteurs vérifie trois propriétés :

> P1 : Elle est favorable à la fois aux consommateurs et aux producteurs du bien réglementé.
>
> P2 : Elle implique l'absence de transfert liquide des consommateurs vers les producteurs.
>
> P3 : Le tuteur est juste, c'est-à-dire équitable dans la détermination des prix.

Les conditions d'un arbitrage équitable sont assurées par le tuteur arbitre. La réglementation doit alors être perçue comme un processus d'échange liant les producteurs et les consommateurs, et intégrant l'État arbitre[4]. Une réglementation équitable n'est pas nécessairement égalitaire (elle ne l'est même qu'exceptionnellement). La justice équitable est simplement une justice *profitable à tous* mais sans condition de partage relatif du gain entre tous. Certains gagnent parfois plus que d'autres mais chaque groupe d'agents tire nécessairement un intérêt de la réglementation juste :

– les producteurs obtiennent l'autorisation de maintenir leur cartel ; en échange, ils accordent des avantages de prix aux consommateurs mais ces prix demeurent toutefois supérieurs aux prix de concurrence ;

– les consommateurs échappent ainsi aux prix de cartel et en tirent un avantage.

---

3. L. W. LEE (1980) : « A Theory of Just Regulation », *American Economic Review* ; December 1980, vol. 70, n° 5, pp. 848-862.

4. Pour une étude détaillée de la réglementation juste, voir : C. PONDAVEN (1989) : *Théorie de la réglementation : efficacité économique ou efficacité politique ? Application économétrique à la politique agricole commune*, Montchrestien-LGDJ, (chapitre 3).

Les prix réglementés, acceptables pour les deux groupes d'agents aux intérêts antinomiques, sont donc compris entre les prix de cartel profitables aux producteurs et les prix de concurrence satisfaisants pour les consommateurs.

Lee détermine la solution de prix juste définie intialement par J. de Graaf comme le prix qui assure une distribution des richesses et une affectation des ressources équitables.

La réglementation juste implique des *prix préférentiels* (ou « prix sociaux de faveur »). Ces prix ont l'avantage de laisser inchangés respectivement les surplus du consommateur et du producteur.

Le prix maximal hypothétique qui ne modifie pas le niveau de bien-être du consommateur après réglementation est le prix préférentiel P" vérifiant la relation :

(5.10) $\quad \int_{P''}^{\infty} q(P)dP - E(q'',h) = G°$

⇔ surplus net du consommateur = surplus net du consommateur
  après réglementation   avant réglementation

avec $q'' = q''(P)$ = fonction de demande des consommateurs

E = dépense publique impliquée par la réglementation : dépense fonction du niveau de production q (avec $\partial E / \partial q > 0$), et de la structure h du marché.

La dépense E est entièrement supportée par les consommateurs par prélèvement fiscal.

Le producteur doit également bénéficier d'un prix préférentiel minimal P' vérifiant la relation :

(5.11) $P' q' - C(q') =$ $\quad\quad\quad \Pi°$ $\quad\quad\quad$ avec $q' = q(P')$

surplus net du   =   surplus net du
producteur après   producteur avant
réglementation   réglementation

Ces deux prix P' et P" déterminent les frontières de prix inférieure et supérieure imposées par l'arbitre. Pour que la réglementation profite simultanément aux producteurs et consommateurs, la réglementation décidée doit établir un prix intermédiaire P* appartenant à l'intervalle défini par les prix préférentiels P' et P", soit : $P' \leq P^* \leq P''$

Les surplus des agents définis pour le prix arbitral P* sont respectivement pour les consommateurs et producteurs :

(5.12) $G^* = \int_{P^*}^{\infty} q(P)dP - E(q^*,h)$ pour les consommateurs

(5.13) $\Pi^* = P^* q^* - C(q^*)$ pour les producteurs

Par définition, la réglementation juste profite simultanément aux deux groupes d'agents ; elle vérifie donc les relations :

$$(G^* - G^\circ) > 0$$

(5.14) et

$$(\Pi^* - \Pi^\circ) > 0$$

Le prix P* est le prix juste qui rend équitable la réglementation. Ce prix doit vérifier certaines conditions d'arbitrage.

2. Conditions d'arbitrage de Nash

Un concept simple d'honnêteté est vérifié dans la solution d'arbitrage de Nash définie en 1953. Nash établit cette solution en posant les quatre axiomes suivants :

> **A1 :** Le prix réglementé doit être invariant à une transformation de l'utilité du surplus du consommateur et du producteur.
>
> **A2 :** Ce prix vérifie un optimum parétien puisqu'il n'existe pas d'autres prix susceptibles d'améliorer la situation d'au moins un groupe sans détériorer celle de l'autre.
>
> **A3 :** Le tuteur ne prendra pas en considération les éléments exclus précédemment. Il respecte donc une indépendance à l'égard des alternatives non pertinentes.
>
> **A4 :** Le tuteur n'a de biais en faveur ni des consommateurs, ni des producteurs.

La vérification de ces quatre axiomes implique une fonction d'utilité unique pour l'arbitre. La solution unique d'un tel arbitrage coopératif est égale au produit des gains nets, donc au produit des surplus.

Lee applique ce résultat à la théorie de la réglementation et démontre que le tuteur honnête, au sens économique de Nash, doit déterminer un prix d'arbitrage P* qui maximise le produit des surplus des joueurs. Le programme d'arbitrage équitable est alors une simple maximisation d'un produit des surplus sous contrainte des conditions initiales d'une réglementation juste définies précédemment, soit :

(5.15) $\quad Max(G^* - G^\circ)(\Pi^* - \Pi^\circ)$

(5.16) $\quad G^\circ = \int_{P''}^{\infty} q(P)dP - E(q'', h)$

(5.17) $\quad \Pi^\circ = P' q'(P') - C(q')$

(5.18) $\quad G^* = \int_{P^*}^{\infty} q(P)dP - E(q^*, h)$

(5.19) $\quad \Pi^* = P^* q^*(P^*) - C(q^*)$

Les conditions du premier ordre de cette maximisation vérifient à l'optimum la relation :

(5.20) $\quad \dfrac{\partial L}{\partial P*} = (\Pi* - \Pi°)\dfrac{\partial G*}{\partial P*} + (G* - G°)\dfrac{\partial \Pi*}{\partial \Pi°} = 0$

L'équation (5.20) est la condition parétienne de la solution de Nash.

Par définition : $G* > G°$; $\Pi* > \Pi°$, il s'ensuit donc que : $(G* - G°) > 0$; $(\Pi* - \Pi°) > 0$

Il en résulte donc d'après (5.20) que nécessairement :
- ou $(\partial G* - \partial G°)(\partial \Pi* - \partial \Pi°) = 0$: dans ce cas, le prix réglementé P* maximise à la fois le surplus du consommateur et du producteur ;
- ou $(\partial G* - \partial G°)(\partial \Pi* - \partial \Pi°) < 0$: $\dfrac{\partial G*}{\partial P*}, \dfrac{\partial \Pi*}{\partial P*}$ étant alors nécessairement de signes opposés.

Économiquement, Posner soutient qu'il est plus probable que les producteurs soient les premiers protégés ; dans ce cas :

$\dfrac{\partial \Pi*}{\partial P*} > 0$; $\dfrac{\partial G*}{\partial P*} < 0$

Cette implication se justifie par le rôle souvent plus déterminant des producteurs dans la croissance.

Nous vérifions alors les résultants suivants (5.21) et (5.22) :
- côté consommation :

(5.21) $\quad \dfrac{\partial G*}{\partial P*} = -q* \left[1 + \left(\dfrac{\partial E}{\partial q*}\right)\left(\dfrac{\partial q*}{\partial P*}\right)\left(\dfrac{1}{q*}\right)\right]$

$\Leftrightarrow \dfrac{\partial G*}{\partial P*} = -q*\left[1 + \lambda*\left(\dfrac{CE*}{P*}\right)\right] < 0$

avec $\quad \lambda* = \left(\dfrac{\partial q*}{\partial P*}\right)\left(\dfrac{P*}{q*}\right) < 0$

$CE* = \dfrac{\partial E}{\partial q*}$

$\lambda*$ = élasticité-prix de la demande ; CE* = coût marginal de contrôle

d'où $\quad 1 + \lambda*\left(\dfrac{CE*}{P*}\right) > 0 \Rightarrow P* > -\lambda(CE*) > 0$

– côté production :

(5.22)
$$\frac{\partial \Pi^*}{\partial P^*} = P^*\left(\frac{\partial q^*}{\partial P^*}\right) + q^* - \left(\frac{\partial C}{\partial q^*}\right)\left(\frac{\partial q^*}{\partial P^*}\right)$$

$$\Leftrightarrow \frac{\partial \Pi^*}{\partial P^*} = q^*\left[1 + \lambda^* - CM^*\left(\frac{\lambda^*}{P^*}\right)\right] > 0$$

avec $CM^* = \frac{\partial C}{\partial q^*}$ = coût marginal de production

d'où $\quad 1 + \lambda^*\left[\frac{P^* - CM^*}{P^*}\right] > 0$

Le prix arbitral P* vérifie donc :

(5.23) $P^* > \left(\frac{\lambda^*}{1+\lambda^*}\right) \cdot CM^* \quad$ si et seulement si $\quad 1 + \lambda^* > 0 \Leftrightarrow -1 < \lambda^* < 0$

$P^* < \left(\frac{\lambda^*}{1+\lambda^*}\right) \cdot CM^* \quad$ si et seulement si $\quad 1 + \lambda^* < 0 \Leftrightarrow \lambda^* < -1 < 0$

Trois cas peuvent être étudiés selon les valeurs de λ^* :

– pour $\lambda^* > -1$:

(a) : $P^* > -\lambda^* (CE^*) > 0$

(b) : $P^* > 0 > \left(\frac{\lambda^*}{1+\lambda^*}\right)(CM^*)$: condition nécessairement vérifiée car par définition $P^* \geq 0$. Seule la condition (a) est contraignante ;

– pour $\lambda^* < -1$

$0 < -\lambda^* (CE^*) < P^* < \left(\frac{\lambda^*}{1+\lambda^*}\right)(CM^*)$

– pour $\lambda^* = -1$

(a) $P^* > CE^* > 0$

(b) $1 - \left[\left(\frac{P^* - CM^*}{P^*}\right)\right] = 1 - 1 + \left(\frac{CE^*}{P^*}\right) > 0$

Seule la condition (a) est contraignante ; nous retrouvons la condition du premier cas ($\lambda^* > -1$) dont l'expression est identique quand $\lambda^* = -1$.

Lee exclut le second cas ($\lambda^* < -1$) et raisonne sur les cas où les variations de surplus des agents sont de signes opposés. Il retient le cas le plus probable tel que : $\frac{\partial G^*}{\partial P^*} < 0$ et $\frac{\partial \Pi^*}{\partial P^*} > 0$, et calcule le rapport des gains nets des joueurs.

B. Propriétés du surplus social marginal

Le rapport des gains nets du producteur et du consommateur peut être défini pour la valeur du prix arbitral P* :

$$(5.24) \quad S^* = \frac{\partial L}{\partial P^*} = (\Pi^* - \Pi^°)\left(\frac{\partial G^*}{\partial P^*}\right) + (G^* - G^°)\left(\frac{\partial \Pi^*}{\partial P^*}\right)$$

$\Leftrightarrow$

$$(5.25) \quad S^* = \frac{\Pi^* - \Pi^°}{G^* - G^°} = -\frac{(\partial \Pi^*/\partial P^*)}{(\partial G^*/\partial P^*)} = \frac{[P^* + \lambda^*(P^* - CM^*)]}{[P^* + \lambda^*(CE^*)]} > 0$$

si $\quad \dfrac{\partial G^*}{\partial P^*} < 0 \quad$ et $\quad \dfrac{\partial \Pi^*}{\partial P^*} > 0$

Ce rapport des gains permet de déduire la valeur du surplus social marginal.

1. Détermination du surplus social marginal

Le surplus social marginal MSS* est égal par définition à la différence entre le prix et le coût marginal total de production CM* et de contrôle CE*. Il vérifie l'expression :

$$(5.26) \quad MSS^* = P^* - (CM^* + CE^*)$$

Le surplus social marginal peut également se déduire de l'addition des surplus marginaux des joueurs pour le prix arbitral P*, somme pondérée par un coefficient égal au rapport du prix arbitral sur la quantité définie à ce prix et multipliée par l'élasticité-prix de la demande :

$$(5.27) \quad \frac{\partial G^*}{\partial P^*} = -q^*\left[1 + (\frac{CE^*}{P^*})(\lambda^*)\right] < 0 \quad : \text{surplus marginal des consommateurs}$$

$$(5.28) \quad \frac{\partial \Pi^*}{\partial P^*} = q^*\left[1 + \lambda^* - CM^*(\frac{\lambda^*}{P^*})\right] > 0 \quad : \text{surplus marginal des producteurs}$$

Soit une somme égale à :

$$(5.29) \quad \frac{\partial G^*}{\partial P^*} + \frac{\partial \Pi^*}{\partial P^*} = \frac{q^*}{P^*}[\lambda^*(P^* - CM^* - CE^*)]$$

On en déduit donc :

$$(5.30) \quad \left[\left(\frac{\partial G^*}{\partial P^*}\right) + \left(\frac{\partial \Pi^*}{\partial P^*}\right)\right]\left(\frac{P^*}{q^* \lambda^*}\right) = P^* - (CM^* + CE^*) \equiv MSS^* \quad \text{(cqfd)}$$

Le surplus social marginal peut encore s'exprimer en fonction du rapport S* des gains nets. Pour les conditions d'arbitrage optimal, nous vérifions en effet :

$$(5.31) \quad S^* = \frac{\partial \Pi^* / \partial P^*}{\partial G^* / \partial P^*} = \frac{P^* + \lambda^*(P^* - CM^*)}{P^* + \lambda^*(CE^*)}$$

Des équations (5.30) et (5.31), nous déduisons :

$$(5.32) \quad MSS^* = \frac{\partial \Pi^*}{\partial P^*}\left(1 - \frac{1}{S^*}\right)\left(\frac{P^*}{q^* \lambda^*}\right)$$

avec :

$$\frac{\partial \Pi^*}{\partial P^*} > 0$$

$$\lambda^* < 0 \; ; \; P^* > 0 \; ; \; q^* > 0 \Rightarrow \frac{P^*}{q^* \lambda^*} < 0$$

MSS* est donc du signe opposé à celui de (1–1/S*). Trois résultats peuvent donc être observés :

  a – MSS* < 0   si et seulement si $(\Pi^* - \Pi^\circ) > (G^* - G^\circ) \Rightarrow S^* > 1$

C'est la solution économiquement la plus probable. Un surplus social marginal négatif profite davantage aux producteurs ;

  b – MSS* > 0   si et seulement si $(G^* - G^\circ) > (\Pi^* - \Pi^\circ) \Rightarrow S^* < 1$

La réglementation est plus profitable aux consommateurs quand le surplus social marginal est positif ;

  c – MSS* = 0   si et seulement si $(\Pi^* - \Pi^\circ) = (G^* - G^\circ) \Rightarrow S^* = 1$

Le surplus social passe par un maximum (MSS* = 0) quand les gains nets des producteurs et consommateurs sont égaux (S* = 1).

En définitive, on peut donc affirmer que le surplus social décroît (MSS* < 0) quand le rapport des gains nets des joueurs est favorable aux producteurs (S* > 1). Le surplus social croît (MSS* > 0) quand le rapport des gains nets profite aux consommateurs (S* < 1). Il passe enfin par un maximum (MSS*) quand les joueurs tirent de la réglementation des gains nets égaux (S* = 1).

2. Nature de l'optimum atteint

Le surplus social marginal, retiré d'une réglementation juste satisfaisant aux conditions d'arbitrage optimal, vérifie un optimum de second rang. La contrainte posée en faveur des producteurs $\left(\frac{\partial G^*}{\partial P^*} < 0 \; ; \; \frac{\partial \Pi^*}{\partial P^*} > 0\right)$ et la condition d'une réglementation favorable à tous $((G^* - G^\circ) > 0 \; ; \; (\Pi^* - \Pi^\circ) > 0)$ annulent toute possibilité d'un optimum de premier rang défini pour un programme de maximisation sans contrainte additionnelle. Le surplus social optimal de premier rang est égal à la différence entre le prix arbitral et le coût marginal de production, soit : (P* – CM*). L'optimum de second rang vérifié est par définition égal à la différence entre ce prix arbitral et le coût marginal total de production et de contrôle ; soit : (P* − CM* − CE*). Le coût marginal de contrôle représente l'effet des contraintes induites de la réglementation équitable. Lee en conclut que la réglementation génère une perte sociale sèche : le coût à payer est égal à la valeur du coût marginal du contrôle.

En respectant les conditions d'un arbitrage équitable, le tuteur veille à sauvegarder l'intérêt général. Néanmoins, son choix peut associer en dernière limite un intérêt particulier conduisant à protéger davantage l'un des groupes sans nuire systématiquement aux autres groupes. Cet avantage est pris le plus souvent en faveur des producteurs pour les raisons précitées par Posner. D'autres arbitrages peuvent être négociés. Lee retient le cas d'arbitrage entre producteurs et consommateurs pour une structure de marché donnée. La négociation rejoint dès lors les paradigmes d'équité et d'efficacité.

C. Interaction équité-efficacité

Dans les approches théoriques de la réglementation, une incertitude demeure quant au choix *a priori* des firmes à réglementer. Lee pose ce problème en terme d'incitation et analyse l'influence des structures de marché sur le surplus des agents. Il s'appuie sur la relation qui lie le profit des industries et le degré h de concentration de leur marché. Plus un secteur industriel est concentré et plus le profit pour une firme non réglementée est élevé ($\frac{\partial \Pi^\circ}{\partial h} > 0$), le profit non réglementé étant évalué par le terme Π^0. Inversement, la concentration est dommageable au consommateur ($\frac{\partial G^\circ}{\partial h} < 0$) qui supporte des prix de plus en plus élevés[5].

1. Degré de concentration du marché et surplus optimaux

La structure h du marché peut modifier le surplus des agents et les inciter à demander de la réglementation. Les demandes de réglementation s'écrivent donc :

— pour les consommateurs :

$$(5.33) \quad \frac{\partial(G^* - G^\circ)}{\partial h} = \underbrace{\left(\frac{\partial G^*}{\partial P^*}\right)\left(\frac{\partial P^*}{\partial h}\right)}_{\substack{\text{effet de } h \text{ sur le} \\ \text{surplus réglementé}}} - \underbrace{\left(\frac{\partial E}{\partial h}\right)}_{\substack{\text{effet de } h \\ \text{sur le coût de} \\ \text{gestion du marché}}} - \underbrace{\left(\frac{\partial G^\circ}{\partial h}\right)}_{\substack{\text{effet de } h \text{ sur} \\ \text{le surplus avant} \\ \text{réglementation}}}$$

---

5. Pour une étude détaillée des effets de la concentration et des lois antitrusts sur les surplus des agents, se reporter à C. PONDAVEN : *op. cit.*, pp. 87-102.

L'incitation du consommateur à réclamer une réglementation modifiant la structure du marché est maximale quand : $\dfrac{\partial(G^* - G^\circ)}{\partial h} = 0$, soit encore quand :

$$(5.34) \quad \left(\frac{\partial G^*}{\partial P^*}\right)\left(\frac{\partial P^*}{\partial h}\right) = \frac{\partial E}{\partial h} + \frac{\partial G^\circ}{\partial h}$$

c'est-à-dire quand la modification de la structure de marché lui garantit au moins le maintien de son surplus.

Cette condition d'optimalité relie les paradigmes de l'efficacité économique et de l'équité. L'intervention publique se justifie pour la défense du bien-être social afin de protéger le consommateur des risques d'abus de position dominante des grandes entreprises fortement concentrées. La demande de réglementation optimale est vérifiée pour une structure de marché maintenant inchangé le surplus du consommateur (condition d'équité). Il ne s'agit donc pas de rechercher un optimum économique pour une distribution donnée des richesses. La solution retenue définit une structure de marché compatible avec des prix redistributifs non défavorables aux intérêts des consommateurs. Cette solution n'interdit donc pas une certaine concentration du marché favorable aux producteurs, sous réserve qu'elle ne nuise pas trop fortement aux consommateurs. L'arbitrage retenu associe donc des contraintes d'efficacité et d'équité.

– pour les producteurs :

$$(5.35) \quad \frac{\partial(\Pi^* - \Pi^\circ)}{\partial h} = \underbrace{\left(\frac{\partial \Pi^*}{\partial P^*}\right)\left(\frac{\partial P^*}{\partial h}\right)}_{\text{effet de } h \text{ sur le surplus réglementé}} - \underbrace{\frac{\partial \Pi^\circ}{\partial h}}_{\text{effet de } h \text{ sur le surplus avant réglementation}}$$

Par hypothèse, nous savons que les dépenses publiques impliquées par la réglementation sont financées par le système fiscal dont seuls les consommateurs supportent la charge. De ce fait, l'effet de h sur le coût de contrôle E n'est pas pris en compte dans l'équation (5.35).

L'incitation du producteur pour la réglementation est maximale quand la modification de la structure h n'altère en rien son surplus initial, soit :

$$(5.36) \quad \left(\frac{\partial \Pi^*}{\partial P^*}\right)\left(\frac{\partial P^*}{\partial h}\right) = \frac{\partial \Pi^\circ}{\partial h}$$

En supposant une liaison de type quadratique entre le degré de concentration et les surplus tirés de la réglementation, Lee démontre graphiquement (figure 5.1) que le degré de la concentration optimale (h_2) de l'industrie pour le consommateur diffère de celui qui est optimal (h_1) pour le producteur. Le consommateur gagne souvent à demander un contrôle du niveau de concentration compris entre ces deux optima :

$$h_1 < h < h_2$$

Le producteur aurait donc intérêt à la réglementation plus tôt que le consommateur et au fur et à mesure que l'indice de concentration progresse.

Fig. 5.1.

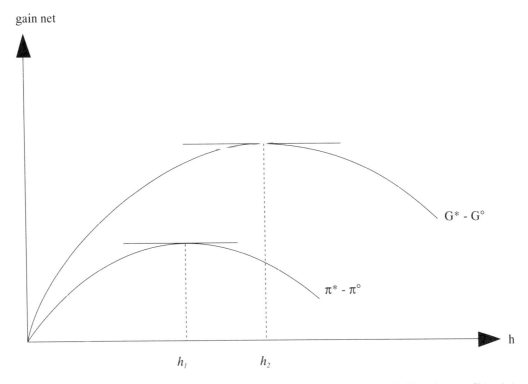

La structure de marché compatible avec les contraintes d'efficacité et d'équité vérifie un degré de concentration h^* tel que :

$$\frac{\partial E}{\partial h} + \frac{\partial G°}{\partial h} = \frac{\partial \Pi°}{\partial h} \quad \Rightarrow \quad h_1 < h^* < h_2$$

Ce taux de concentration interdit la concurrence dommageable aux producteurs ($h \neq 0$) et prohibe le monopole défavorable aux consommateurs ($h \neq 1$). La recherche d'équité renforce l'efficacité économique car elle exclut toute position dominante des producteurs. La solution arbitrale retenue n'implique cependant pas une efficacité parétienne de premier rang totalement profitable aux consommateurs ($h = 0$) ; la contrainte additionnelle d'équité donne une solution coopérative optimale de second rang maximisant le produit des gains des joueurs. Lee étudie enfin séparément les effets d'une politique de contrôle des prix (objectif exclusif d'équité) et ceux d'une politique de contrôle de la concentration industrielle (objectif exclusif d'efficacité économique). Chaque politique est alors menée séparément sans contrainte additionnelle. Ces politiques peuvent se concurrencer ou se renforcer mutuellement.

2. Compatibilité ou antinomie des objectifs d'équité et d'efficacité

Deux politiques sont retenues : une politique de réglementation des prix pour garantir l'équité, une politique antitrust pour assurer l'efficacité économique.

Les lois antitrusts ne réglementent pas au sens de Lee mais brisent des structures industrielles et modifient les incitations à la réglementation. La réglementation antitrust renforce le pouvoir de menace des consommateurs. Elle agit en effet sur les prix et affecte donc les surplus des agents. Lee étudie l'incidence d'une telle politique confrontée à l'application d'une réglementation des prix.

Le niveau d'activité antitrust maximisant le surplus net social U (objectif d'efficacité économique) doit vérifier le programme suivant :

(5.37) $MaxU^* = G^* + \Pi^* - A(a)$

avec U^* = surplus net social tenant compte de la mise en application de l'activité antitrust

$A(a)$ = coût d'opportunité du niveau a de l'activité antitrust

La politique antitrust s'intéresse à la taille de ce surplus en cherchant à le maximiser (surplus optimal). Le tuteur arbitre ne retient, pour sa part, que des objectifs d'équité (surplus équitable).

À partir des conditions de premier ordre de l'optimisation, nous vérifions :

(5.38) $\dfrac{\partial U^*}{\partial a} = \dfrac{\partial G^*}{\partial a} + \dfrac{\partial \Pi^*}{\partial a} - \dfrac{\partial A}{\partial a} = 0$

or, par définition : $MSS^* = P - (CM^* + CE^*) = \left[\left(\dfrac{\partial G^*}{\partial P^*}\right) + \left(\dfrac{\partial \Pi^*}{\partial P^*}\right)\right]\left(\dfrac{P^*}{q^* \lambda^*}\right)$

soit, en termes d'activité antitrust : $MSS^* = \dfrac{\partial U^*}{\partial a}$

d'où, en termes d'activité antitrust, à l'optimum :

(5.39) $\dfrac{\partial A}{\partial a} = [P^* - (CM^* + CE^*)]\left(\dfrac{\partial q^*}{\partial P^*}\right)\left(\dfrac{\partial P^*}{\partial a}\right)$

Nous en déduisons :

(5.40) $MSS^* = \dfrac{(\partial A / \partial a)}{(\partial q^* / \partial P^*)(\partial P^* / \partial a)}$

$\Leftrightarrow \quad \dfrac{MSS^*}{P^*} = \dfrac{(\partial A / \partial a)}{(\partial q^* / \partial P^*)(1 / P^*)(\partial P^* / \partial a)}$

$\Leftrightarrow \quad \dfrac{MSS^*}{P^*} = \dfrac{(\partial A / \partial a)a}{(\partial q^* / \partial P^*)(a / P^*)(\partial P^* / \partial a)}$

$= \dfrac{(\partial A / \partial a)(a)(P^* / q^*)}{(\partial q^* / \partial P^*)(P^* / q^*)\phi^*}$

avec $\phi^* = \left(\dfrac{a}{P^*}\right)\left(\dfrac{\partial P^*}{\partial a}\right)$ = flexibilité du prix en fonction de l'activité a

$$\Leftrightarrow \quad \frac{MSS^*}{P^*} = \frac{(\partial A / \partial a)(a)(P^*/q^*)}{\rho^* \phi^*}$$

$$= \frac{(\partial A / \partial a)(a/A)(P^*/q^*)}{\rho^* \phi^* (1/A))}$$

avec $\rho^* = \left(\dfrac{\partial q^*}{\partial P^*}\right)\left(\dfrac{P^*}{q^*}\right)$ = élasticité-prix

$$\Leftrightarrow \quad \frac{MSS^*}{P^*} = \frac{\theta^* (P^*/q^*)}{\rho^* \phi^* (1/A)}$$

$$= \left[\theta^* \frac{P^*}{q^*}\right]\left[\frac{A}{\rho^* \phi^*}\right]$$

avec $\theta^* = \left(\dfrac{\partial A}{\partial a}\right)\left(\dfrac{a}{A}\right)$ = élasticité-coût de l'activité a

soit un surplus social marginal en termes d'élasticité :

(5.41) $\quad MSS^* = \left(\dfrac{A}{q^*}\right)\left(\dfrac{\theta^*}{\rho^* \phi^*}\right)$

Lee conclut que les relations (5.32) et (5.41) forment un modèle d'interactions entre l'agence antitrust et le tuteur. C'est un modèle de type Stackelberg attribuant à l'agence antitrust le rôle de meneur, et celui de suiveur au tuteur arbitre. L'objectif d'efficacité l'emportera dans ce cas.

Ce modèle fournit trois enseignements :
– la politique antitrust défend avec succès l'intérêt économique des consommateurs ;
– le surplus social marginal est une fonction croissante de la relation négative liant le prix réglementé à la politique antitrust :
ainsi plus $\dfrac{\partial \phi}{\partial a} < 0$ et plus MSS* est élevé ;
– le surplus social marginal est une fonction décroissante de l'élasticité-prix de la demande : $\dfrac{\partial MSS^*}{\partial \rho^*} < 0$.

En brisant certaines structures industrielles, la loi antitrust parvient à remettre en cause le pouvoir de marchandage des producteurs dans la réglementation. Elle favorise ainsi les consommateurs. Ce résultat nous paraît possible uniquement en raison des hypothèses initiales posées par Lee. En effet, en ne prenant en considération que les critères économiques de la réglementation, du point de vue de l'économie du bien-être, Lee peut supposer une interaction entre l'agence antitrust et la tutelle chargée d'appliquer la réglementation. Néanmoins, le pouvoir dominant de l'agence antitrust peut être remis en cause dès que nous réintroduisons dans le modèle de Stackelberg des critères politiques. Dans ce cas, le tuteur peut exercer une pression sur l'agence antitrust limitant considérablement son pouvoir indirect sur les prix réglementés ($\dfrac{\partial P^*}{\partial a} \to 0$).

Ce pouvoir du tuteur dépend des relations qu'il entretient avec certains groupes et est donc fonction du pouvoir de pression qu'il peut exercer. En conséquence, la réglementation mérite d'être étudiée également du point de vue de l'efficacité politique.

SECTION 3. RÉGLEMENTATION ET EFFICACITÉ POLITIQUE

Reconnaître que l'État n'agit pas exclusivement comme un dictateur bienveillant et omniscient, soucieux uniquement de l'intérêt public, permet de combiner les domaines économique et politique en les intégrant dans une même théorie. Bien que défenseur de l'optique du despote bienveillant, Wicksell en souligne néanmoins les limites quand il définit les règles de la prise de décision. Avec sa théorie de l'entrepreneur dynamique et du gouvernement à la recherche d'un maximum de votes, Schumpeter complète l'argumentation wicksellienne. Ces deux auteurs sont les précurseurs d'un nouveau courant, « L'école de l'économie politique »[6], qui se développe au cours des années 60. Ce courant est élaboré par l'école du « choix public » (Public Choice) qui représente, selon Tullock (1976), *« un nouvel éclairage de l'activité étatique »*.

L'école du Public Choice reconnaît l'objectif d'intérêt général mais le considère insuffisant pour représenter les fonctions de l'État. La théorie de l'intérêt particulier permet de justifier la recherche de soutien politique. Elle relève d'une approche positive de l'économie.

Les économistes du Public Choice renoncent aux hypothèses classiques mais irréelles d'un compromis social à l'unanimité, d'agrégation non biaisée des préférences individuelles. En dénonçant les limites de la théorie économique classique pour l'analyse de la prise de décision, ils sont conduits à définir les propriétés d'une théorie du vote rationnel. La théorie du vote est analysée comme un problème de jeu coopératif révélant l'intérêt des coalitions selon la concurrence politique des partis (Downs, 1957 ; Riker, 1962 ; Olson, 1966). L'influence des électeurs sur la réussite électorale du gouvernement conduit également Buchanan et Tullock (1962) à reconnaître les avantages d'un marchandage politique (« logrolling ») pour consolider le soutien politique d'un parti incertain de sa réélection. Les modèles politico-économiques (Pommerehne-Schneider-Lafay, 1981) et la théorie économique de la bureaucratie tiennent compte des interactions politico-économiques et étudient les comportements des différents acteurs économiques. Dans les modèles managériaux de la théorie bureaucratique, le bureaucrate est un intermédiaire actif qui peut agir contre ou en faveur du gouvernement. Même le « bureaucrate bienveillant » de conception weberienne qui s'efforce de respecter le mieux possible le programme gouvernemental agit pour l'intérêt personnel du parti au pouvoir et non au nom de l'intérêt général. Son comportement influence en retour les électeurs sensibles aux actions de l'État.

---

6. Appellation proposée par S. B. Frey (1985) pour définir le rapprochement des sphères économique et politique. FREY (1985) : *Économie politique moderne,* Collection Économie d'Aujourd'hui, PUF ; appellation à ne surtout pas confondre avec l'économie politique traditionnelle traitant des principes de l'économie générale.

Toutes ces théories ont initié l'approche stiglerienne de la réglementation publique fondée sur la logique d'un marchandage politique entre le gouvernement et une majorité de taille réduite de gagnants. Les conditions de succès de telles négociations sont formalisées par Peltzman dans son modèle du soutien politique.

A. Logique du modèle de soutien politique optimal

Le modèle de soutien politique optimal élaboré par Peltzman en 1976 puise ses enseignements dans la théorie de la captation de Stigler. Pour comprendre les propriétés de ce modèle, la présentation initiale des fondements de la théorie de Stigler est indispensable.

1. Fondements de la théorie stiglerienne de la captation

La théorie économique de la réglementation de l'intérêt particulier est présentée par Stigler dès 1971. Les premières conclusions de cette étude demeurent assez pessimistes quant au rôle de la réglementation comme correcteur des défaillances du marché.

L'originalité de l'analyse de Stigler est de ramener la réglementation à un problème de marchandage entre le tuteur offreur de services, et le citoyen, garant d'un soutien politique en échange des protections acquises. La réglementation se ramène dès lors à la recherche d'une taille optimale de suffrages favorables. Pour obtenir la garantie d'un soutien politique suffisant, le tuteur doit garantir à ses supporters le versement de transferts. Les transferts vérifient des rendements décroissants en fonction de la taille du groupe bénéficiaire. Les coûts de fonctionnement des campagnes de soutien politique limitent non seulement la taille du groupe dominant mais aussi leurs gains. Le faible nombre de gagnants contribue à faciliter la cohérence de leurs exigences et des négociations avec le tuteur. Ainsi, c'est moins le nombre de gagnants qui importe que leur poids électoral.

Cette théorie est également qualifiée de théorie de la captation (ou théorie de la prédation) dès que les agents réglementés parviennent à tourner à leur avantage la réglementation aux cours de marchandages successifs avec le tuteur. Le nombre des partenaires et leur pouvoir sont donc déterminants et conditionnent le partage gagnants-perdants. Le nombre des bénéficiaires (gagnants) ne doit pas être trop élevé pour que le gain par tête suffise à garantir leur soutien politique ; inversement, le nombre des victimes (perdants) mérite d'être soutenu afin de disséminer efficacement le coût par tête des réglementations.

Les conditions nécessaires et suffisantes de la taille optimale du groupe des gagnants sont présentées par Peltzman.

2. Propriétés du modèle de soutien politique optimal

Peltzman (1976) formalise la théorie économique de la réglementation de l'intérêt particulier et souligne que les coûts de fonctionnement des campagnes de soutien non seulement sont une limite à la taille du groupe dominant, mais imposent également un seuil maximal à la distribution des transferts.

L'intérêt particulier du tuteur est symbolisé par son pouvoir à contrôler et taxer les votes des citoyens. Un électeur favorable bénéficie d'une subvention ; les membres de l'opposition sont pénalisés par une taxe servant à financer le transfert alloué aux gagnants. La recherche de soutien politique revient à fixer la majorité politique optimale.

2.1. Conditions nécessaires à une majorité suffisante

Le tuteur soucieux de sa réélection recherche une majorité M de supporters égale à la différence entre la probabilité f que les bénéficiaires en nombre n le soutiennent moins la probabilité h que les perdants en nombre $(N - n)$ votent contre :

(5.42) $M = n.f - (N - n).h$

où M = majorité politique favorable au tuteur

n = nombre des électeurs bénéficiant de la réglementation et considérés comme des supporters potentiels

f = probabilité qu'un bénéficiaire soit un électeur supporter

g = probabilité que l'agent taxé soutienne l'opposition

N = nombre total des électeurs

Trois hypothèses sont posées :

> **H1** : Les probabilités f et h sont non nulles et différentes de l'unité. Elles dépendent du montant des gains ou des pertes des groupes respectifs avec : $0 < h < 1$ et $0 < f < 1$
>
> Il existe donc toujours simultanément des perdants et des gagnants.
>
> Le vote n'est donc jamais certain.
>
> **H2** : Le gain ou la perte par tête sont supposés tout d'abord égaux au sein de chaque groupe. Cette hypothèse est ensuite levée pour étudier les effets de dislocation des ententes dans chaque groupe. Les transferts versés aux gagnants sont totalement financés par les taxes prélevées sur le groupe des perdants.
>
> **H3** : L'absence d'information d'un électeur sur un programme ne le conduit pas à formuler un vote pervers. Un bénéficiaire, ne disposant pas d'une information suffisante pour soutenir sans hésitation le tuteur, ne peut biaiser son vote : ou il s'abstient, ou il décide de son vote au hasard en jouant à pile ou face.

La probabilité d'obtenir un vote favorable est directement liée au gain net alloué à l'électeur, de telle sorte que :

(5.43) $f = f(g)$ où g = gain net par tête

La probabilité f de voter pour est une fonction à rendements croissants du gain attendu (mais à taux décroissant) :

$$f'_g \equiv \frac{\partial f}{\partial g} > 0 \;;\; f''_{gg} \equiv \frac{\partial f'_g}{\partial g} < 0$$

Le gain alloué aux bénéficiaires est le montant net des transferts versés déduit de toutes charges leur incombant, soit :

(5.44) $g = \dfrac{T - K - C(n)}{n}$

où T = montant total des transferts alloués au groupe bénéficiaire

K = dépenses supportées par les supporters de la politique gouvernementale pour atténuer l'opposition, c'est-à-dire le « coût de la persuasion »

C(n) = coût d'organisation supporté par le tuteur pour encourager les bénéficiaires à se mobiliser contre l'opposition, soit donc le coût de fonctionnement des groupes de pression des gagnants. Ce coût dépend des dépenses K de mobilisation et du transfert T alloué. Ce coût d'organisation est une fonction croissante du nombre de gagnants : $\dfrac{\partial C}{\partial n} > 0$.

La part du transfert alloué aux bénéficiaires est déterminée par le montant des sommes prélevées sur les victimes de la réglementation. Si les perdants sont taxés au taux t, le transfert T vérifie l'expression :

(5.45) $T = (N - n).B(t)$

avec B = richesse des agents non bénéficiaires, fonction négative de la taxe t : $B'_t < 0$

À partir de (5.45), la taxe t s'écrit donc :

(5.46) $t = \dfrac{T}{B(N - n)}$

De la même façon que se mobilisent les gagnants, les électeurs de l'opposition s'organisent. Leur comportement est défini par la probabilité h qui est fonction de la taxe t et du paramètre z égal à la part des dépenses de persuasion par tête de l'opposition ; dépenses supportées par les gagnants :

(5.47) $z = \dfrac{K}{N - n}$

avec $h = h(t, z)$ et tel que : $h'_z = \dfrac{\partial h}{\partial z} < 0$; $h''_{zz} = \dfrac{\partial h'}{\partial z} > 0$

mais $h'_t = \dfrac{\partial h}{\partial t} > 0$; $h''_{tt} = \dfrac{\partial h'}{\partial t} < 0$

La probabilité h qu'un perdant se mobilise contre le parti au pouvoir diminue en fonction des dépenses d'intoxication engagées par les gagnants. La probabilité de voter contre le gouvernement est, en revanche, fonction positive de la taxe t prélevée sur les perdants.

Le modèle de soutien politique retenu par le tuteur peltzmanien s'écrit donc comme un programme de maximisation d'une majorité politique M sous contraintes :

(5.48) Max M = $n.f(g) - (N - n).h(t, z)$
(5.49) $ng - [T - K - C(n)] \leq 0$; $\lambda \geq 0$
(5.50) $t(N - n) B(t) - T \leq 0$; $\mu \geq 0$
(5.51) $(N-n).z - K \leq 0$; $\gamma \geq 0$

Les conditions du premier ordre sont nécessaires et suffisantes en raison des conditions posées sur les fonctions f, h, C et B. Nous en déduisons à l'optimum :

(5.52) $\quad \lambda = -\mu = \gamma = f'_g = -h'_z$

(5.53) $\quad -\dfrac{h'_t}{h'_z} = \left(\dfrac{\partial z}{\partial t}\right)_h = B(t) + tB'_t > 0$

(5.54) $\quad \dfrac{n}{N} = 1 - \dfrac{f'_g(g+a)}{f + h - f'_g(m-a)}$

avec $\quad a = \dfrac{C(n)}{n}$ = coût moyen d'organisation des gagnants

$\quad m = \dfrac{\partial C(n)}{\partial n}$ = coût marginal d'organisation des gagnants

La relation (5.52) permet de réécrire la relation (5.53) sous la forme :

$$f'_g = \dfrac{h'_t}{B(t) + tB'_t}$$

L'interprétation de cette relation est beaucoup plus aisée : elle indique qu'à l'optimum, le rendement politique marginal d'un transfert alloué à un bénéficiaire (f'_g) est égal au coût politique marginal de l'impôt associé : $\dfrac{h'_t}{B(t) + tB'_t}$. Cet impôt n'est pas optimal car il ne maximise pas la recette fiscale payée par les perdants. En effet, cette recette vérifie un maximum si et seulement si : $B(t) + tB'_t = 0$. Or, la relation (5.53) pose $B(t) + tB'_t > 0$. La taxation des perdants ne maximise donc pas l'intérêt des gagnants puisque la réglementation politique optimale impose une limite à la taxation. Le tuteur évite ainsi une trop forte opposition.

Des relations (5.52), (5.53) et (5.54), nous pouvons enfin déduire l'expression de la taille optimale de la majorité politique, soit :

(5.55) $\quad \left(\dfrac{n}{N}\right)^* = 1 - \dfrac{(g+a)f'_g}{f + h - (m-a)f'_g}$

Pour satisfaire au critère de la majorité absolue, cette majorité politique doit vérifier, compte tenu des équations (5.48) et (5.52), la condition :

(5.56) $\quad \left(\dfrac{n}{N}\right)^* > \dfrac{\frac{1}{2} + h}{f + h}$

La taille optimale du groupe des gagnants doit être majoritaire en votes, ce qui impose : $f > \frac{1}{2}$

Le modèle de soutien politique optimal constitue un *jeu à somme négative* même si les transferts versés aux gagnants sont intégralement financés par les taxes prélevées sur les perdants. La réglementation écarte de la solution parétienne de premier rang et génère ainsi une perte sociale sèche. Les prix réglementés sont en effet différents des prix concurrentiels optimaux et affectent négativement l'efficacité économique. C'est à ce titre un jeu à somme négative.

2.2. Conditions nécessaires à la minimisation de l'opposition

Les dépenses de persuasion peuvent aider le tuteur à réduire l'opposition. En taxant différemment les différents perdants, l'opposition peut être réduite. Peltzman définit les conditions nécessaires à la minimisation de l'opposition en distinguant deux groupes de perdants de tailles respectives P_1 et P_2, avec : $P_1 + P_2 = N - n$.

Le programme de minimisation de l'opposition s'écrit :

(5.57) $\quad MinO = P_1 h_1(t_1) + P_2 h_2(t_2)$

(5.58) $\quad T - t_1 P_1 B_1(t_1) - t_2 P_2 B_2(t_2) \geq 0 \; ; \; \lambda \geq 0$

Les valeurs optimales des taxes t_1 et t_2 sont déterminées par les relations duales du programme de maximisation. À partir des conditions du premier ordre, nécessaires et suffisantes en raison des conditions posées sur les fonctions f, h et B, nous vérifions à l'optimum :

(5.59) $\quad \dfrac{h'_1}{h'_2} = \dfrac{B_1(t_1) + t_1 B'_1}{B_2(t_2) + t_2 B'_2}$

De l'équation (5.59) et de la définition du transfert T égal à :

$T = t_1 B_1(t_1) P_1 + t_2 B_2(t_2) P_2$, on tire les expressions des taxes optimales affectées aux groupes de l'opposition :

(5.60)
$$t_1^* = \frac{\frac{TB'_2}{P_2 B_2} + B_2 - \frac{h'_2}{h'_1} B'_1}{B'_2 \frac{P_1 B_1}{P_2 B_2} + \frac{h'_2}{h'_1} B'_1}$$

$$t_2^* = \frac{h'_2(B_1 + t_1 B'_1) - h'_1 B_2}{h'_1 B'_2 + h'_2 B'_1 B_2 P_2}$$

Toutes les variables de (5.60), sauf B'_1, B'_2, sont positives ; le dénominateur est donc négatif et le signe de la taxe est l'opposé du signe du numérateur de (5.60) ; soit :

$$t_1 > 0 \; si \; B_2 < \frac{h'_2}{h'_1} B'_1 - \frac{TB'_2}{P_2 B_2}$$

$$t_1 < 0 \; si \; B_2 > \frac{h'_2}{h'1} B'_1 - \frac{TB'_2}{P_2 B_2}$$

L'expression complexe de t indique que la taxe affectée à un groupe i ne dépend pas seulement des principales caractéristiques de ce groupe, c'est-à-dire de sa richesse B et de son comportement de vote étant donné la taxe supportée. La taxe prélevée sur le groupe i de l'opposition dépend également des variables propres à l'autre groupe j de l'opposition. Les groupes de l'opposition n'agissent donc pas de manière indépendante. Par conséquent, il peut être utile de taxer différemment les groupes d'opposition. Ainsi, en pénalisant moins le groupe i ($t_i < t_j$), le tuteur peut espérer retirer un gain politique en réduisant les contestations. Le tuteur doit donc être en mesure initialement d'apprécier le poids politique de chaque groupe d'opposition.

Les conditions d'un soutien politique optimal peuvent également être subordonnées à la structure de marché observée. Peltzman démontre que le prix politiquement optimal est logiquement compris entre le prix concurrentiel et le prix de monopole.

B. Structures de marché et conditions d'un soutien politique optimal

Pour rendre compte des effets des structures de marché sur les prix politiquement optimaux, Peltzman définit un modèle simple de soutien politique pour une collectivité composée de deux groupes, les producteurs et les consommateurs. La réglementation des prix pratiquée vise à soutenir le revenu des producteurs noté π. Les prix pratiqués sont donc supérieurs aux prix de concurrence. Le consommateur est pénalisé par cette politique de prix et est donc le perdant de la réglementation.

Le tuteur cherche à maximiser ses chances de réélection en s'assurant la plus grande majorité de producteurs soutenus. Il doit tenir compte des contraintes de demande et de coût (c = coût total de production) : ces contraintes sont représentées par la fonction de profit. Le programme du tuteur s'écrit donc :

(5.61) $\quad MaxM = M(p,\pi)$

(5.62) $\quad \pi - f(p,c) \leq 0 \ ; \ \lambda \geq 0$

avec
$$\begin{cases} M'_p = \dfrac{\partial M}{\partial p} < 0 \ ; \ M''_{pp} = \dfrac{\partial M'_p}{\partial p} < 0 \\ M'_\pi = \dfrac{\partial M}{\partial \pi} > 0 \ ; \ M''_{\pi\pi} = \dfrac{\partial M'_\pi}{\partial \pi} < 0 \\ M''_{p\pi} = \dfrac{\partial M'_p}{\partial \pi} = 0 \\ f'_p = \dfrac{\partial f}{\partial p} \geq 0 \ ; \ f''_{pp} = \dfrac{\partial f'}{\partial p} < 0 \ ; \ f'_c = \dfrac{\partial f}{\partial c} < 0 \ ; \ f''_{cc} = \dfrac{\partial f'_c}{\partial c} < 0 \end{cases}$$

Nous vérifions à l'optimum :

(5.63) $\qquad M'_\pi = \qquad -\dfrac{M'_p}{f'_p} \qquad = \qquad -\lambda$

| gain politique marginal en voix d'un franc de profit | coût politique marginal d'un franc de baisse des prix ($-M'_p$) entraînant une baisse de profit (f'_p) | prix ombre c-à-d coût social d'opportunité de la réglementation en termes de voix |

À l'optimum, le surplus marginal du producteur bénéficiant de la réglementation doit être égal au surplus marginal du consommateur. La productivité marginale politique retirée est égale au coût marginal qui lui est associé.

Le prix réglementé optimal d'une politique favorable aux producteurs est nécessairement supérieur au prix de concurrence. Ce prix doit toutefois être inférieur au prix de monopole afin de ne pas soulever une trop forte opposition des consommateurs. Le tuteur perd en voix du côté des consommateurs ce qu'il gagne du côté des producteurs dès qu'il élève le prix pour renforcer le profit des producteurs. Le prix politiquement optimal est atteint quand l'avantage politique marginal est égal au coût politique marginal.

Les enseignements de ce modèle sont regroupés au graphique suivant (figure 5.2). Pour un coût c constant, et en raison des hypothèses sur les rendements des fonctions de profit et de majorité politique, Peltzman définit une courbe de profit à croissance ralentie passant par un maximum en S. La fonction de majorité politique est représentée par des courbes d'isovotes (isoquantes d'isomajorité). Ces courbes d'isovotes sont respectivement définies pour trois structures données de marché : le monopole, l'oligopole et la concurrence. Seule l'isoquante relative à la concurrence garantit un optimum de premier rang maximisant le bien-être des consommateurs. La solution politiquement optimale, vérifiant l'égalité entre la productivité politique marginale et le coût politique marginal, est définie au point de tangence A entre la colline des profits et l'isoquante induite d'une réglementation. Le prix politiquement optimal n'est donc pas défini, ni pour une situation de concurrence (solution sur l'axe des abscisses assurant un profit nul), ni pour une situation de monopole (solution en S).

Peltzman tire de cette analyse un enseignement complémentaire intéressant concernant les structures de marché les plus politiquement profitables à la réglementation. Les monopoles naturels (rendements dimensionnels croissants) et les secteurs concurrentiels (producteurs preneurs de prix) sont plus profitables à la réglementation politique que les oligopoles ou secteurs de concurrence monopolistique. Cet enseignement peut être démontré graphiquement à partir des gains de votes escomptés d'une réglementation.

Le gain de vote retiré de la réglementation du secteur concurrentiel est égal à la différence entre les courbes d'isovotes M_1 (majorité politique optimale) et M_3 (concurrence), soit : $M_1 - M_3$.

De même, le gain escompté de la réglementation d'un monopole naturel est égal à la différence entre les courbes d'isovotes M_1 (majorité politique optimale) et M_2 (monopole).

La réglementation d'un oligopole ou d'un secteur de concurrence monopolistique, c'est-à-dire de toute situation de concurrence imparfaite, génère un gain égal à la différence entre les courbes d'isovotes M_1 et M_4 (oligopole). Le gain retiré est inférieur à celui des deux situations précédentes car l'oligopole pratique des prix moins éloignés des prix politiquement optimaux que ne le sont les prix de concurrence ou de monopole. Ainsi, la réglementation pratiquée permet de récupérer moins de soutien que ceux tirés d'une gestion des prix éloignés de l'optimum politique.

Nous vérifions ainsi :

(5.64) $\quad M_1 - M_4 \quad < \quad M_1 - M_2 \quad < \quad M_1 - M_3$

gain tiré de la réglementation d'une concurrence imparfaite $\quad$ gain tiré de la réglementation d'un monopole $\quad$ gain tiré de la réglementation de la concurrence

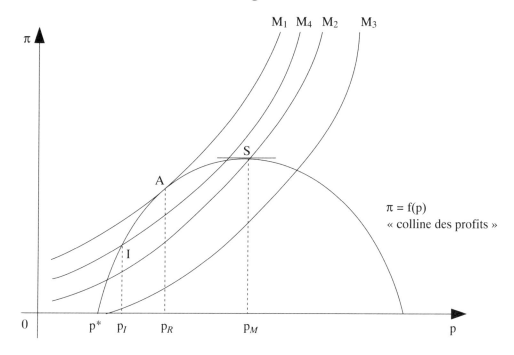

Fig. 5.2

P* = prix de concurrence parfaite P_I = prix de concurrence imparfaite
P_M = prix de monopole P_R = prix réglementé

L'expérience montre que les réglementations publiques couvrent en règle générale deux formes de marché :

– *les secteurs à rendements d'échelle croissants* favorables à l'instauration de monopoles naturels (eau, gaz, électricité, transports ferroviaires, télécommunications...) ;

– mais également et plus curieusement *les secteurs à rendements d'échelle non croissants* tels que l'agriculture[7], les taxis, la pharmacie, la coiffure, les transports aériens[8] et routiers...

La recherche d'efficacité économique justifie les interventions dans les secteurs vérifiant d'importantes économies d'échelle ou de réseau. Les autres secteurs, à rendements constants ou décroissants, présentent des garanties pour le soutien politique dès qu'une réglementation est tentée en faveur des consommateurs (sous réserve de véri-

---

7. Une estimation politico-métrique de la réglementation agricole communautaire est proposée au chapitre VII pour le cas français sur la période 1969-1991.

8. Voir à ce sujet le chapitre VII pour une étude de cas relative au bilan de la déréglementation du secteur aérien américain (période 1979-1991).

fier une demande élastique et des économies d'échelle), ou des producteurs (en cas d'offre inélastique). Les modifications des conditions d'offre et de demande génèrent des effets de substitution résultant de l'incitation des perdants de la réglementation à reporter leurs votes sur d'autres partis politiques. Des effets politiques de richesse peuvent également apparaître lorsque la perte de soutien politique conduit le tuteur à entreprendre de plus larges campagnes de mobilisation politique[9].

La réaction politique des différents groupes d'agents réglementés prouve qu'il est politiquement risqué pour un gouvernement de ne satisfaire que des intérêts particuliers. Les conditions d'une réglementation politiquement optimale témoignent de l'utilité de certains ajustements fondés sur une négociation raisonnable susceptible de ménager l'opposition tout en garantissant une majorité suffisante. Les conditions de succès d'une réglementation politique optimale nécessitent donc le respect d'un minimum d'efficacité économique. La conjonction des paradigmes d'efficacité économique et d'efficacité politique paraît dès lors raisonnable pour justifier les propriétés de nombreuses interventions publiques. Cette conjonction peut être définie dans un modèle englobant dont nous étudierons les propriétés générales au chapitre VI.

---

9. Pour une étude détaillée des variations infinitésimales des conditions d'offre et de demande et des effets sur les réglementations, voir C. PONDAVEN (1989) : *op. cit.*, pp. 158-164.

CHAPITRE VI

CONFLITS OU CONJONCTIONS DES PARADIGMES ÉCONOMIQUES ET POLITIQUE

L'influence de l'État dans la vie économique s'est fortement accrue au cours des dernières décennies. L'État n'intervient pas seulement dans le but d'assurer une distribution équitable des revenus, une affectation optimale des ressources ou une régulation stabilisatrice de l'économie. À ces activités musgraviennes d'intervention se joignent de plus en plus des raisons de réglementation d'intérêt particulier visant des objectifs d'efficacité politique.

Est-il alors correct de dissocier ces deux formes de réglementation et de poser que l'État agit soit dans l'intérêt du bien-être social (efficacité économique ou équité), soit dans son propre intérêt (efficacité politique) ?

Keeler (1984) montre que ces approches dissociées sont insuffisantes pour rendre compte de la portée réelle des réglementations publiques. Un essai de combinaison des paradigmes économiques et politique est dès lors tenté et un modèle englobant de la réglementation est finalement retenu (sections 1 et 2). Cette approche englobante renforce l'utilité d'une réglementation dont certaines limites sont aujourd'hui clairement dénoncées par les enseignements théoriques de la concurrence disputable (section 3).

SECTION 1. MODÈLE ENGLOBANT DE LA RÉGLEMENTATION PUBLIQUE

Dans son article « Theories of Regulation and the Deregulation Movement », Keeler explique en 1984 comment, au prix de quelques hypothèses supplémentaires, le tuteur peltzmanien peut devenir également sensible à des intérêts d'ordre général.

Les modèles d'intérêt général étudiés précédemment ne sont pas optimaux de premier rang. Ils maximisent l'utilité sociale mais sous contrainte d'assurer une satisfaction minimale à un groupe particulier. Ces modèles relèvent d'un programme d'intérêt général (recherche d'efficacité économique) mais intègrent une contrainte prudentielle d'intérêt particulier (recherche d'efficacité politique). Pour mettre clairement en évidence cette interdépendance des efficacités, Keeler retient une situation économique vérifiant des rendements d'échelle et des externalités. Le tuteur peltzmanien ne peut rester indifférent à la correction des externalités ou des imperfections de la concurrence. Il associe ainsi très largement les objectifs d'intérêt général à son programme d'intérêt particulier. La théorie de l'efficacité politique ainsi élargie pour prendre en compte d'importantes considérations d'intérêt public explique mieux les mouvements de réglementation que ne le font à elles seules toutes les approches des formes de réglementation d'intérêt général. Keeler formalise cette approche élargie dans un modèle englobant dont il présente deux versions : le cas de l'intérêt général et le cas de l'intérêt particulier.

A. Fondements
du modèle englobant

Le modèle développé par Keeler est un modèle d'optimisation défini en équilibre partiel. Le modèle défendant l'intérêt général maximise la somme des surplus marshalliens des consommateurs et producteurs. Le modèle de l'intérêt particulier repose sur une fonction de soutien politique qui est une forme particulière de la fonction d'utilité collective. La maximisation tentée dans chaque cas s'établit sous une contrainte de profit nul pour le monopoleur producteur de tous les biens réglementés.

1. Cas de l'intérêt général

La réglementation porte sur l'entrée sur le marché des biens produits par un monopoleur producteur de tous les biens réglementés. La contrainte sur le profit de ce monopoleur est une contrainte de profit nul (recherche d'efficacité économique).

Le tuteur connaît la fonction de coût total du producteur de la forme : $CT = C(Q_1,...,Q_n)$. Il maîtrise également les fonctions de demandes individuelles de la forme $P_i = P_i(Q_i)$.

La fonction objectif de ce tuteur est définie par la maximisation du surplus collectif égal à la somme des surplus marshalliens des agents, soit :

(6.1) $\quad W = \sum_{k}(SC_k + SP_k)$

avec
$$SC_k = \int_0^{q_k} p_k(q_k)dq_k - q_k \cdot p_k(q_k)$$
$$SP_k = \pi_k = q_k \cdot p_k(q_k) - C(q)$$

où $C(q)$ = coût total de production

Il en résulte donc :

(6.2) $W = \sum_k \left[\int_0^{q_k} p_k(q_k) dq_k - q_k \cdot p_k(q_k) + q_k \cdot p_k(q_k) - C(q) \right]$

soit $W = \sum_k \left[\int_0^{q_k} p_k(q_k) dq_k \right] - C(q)$

Le programme du tuteur bienveillant s'écrit donc :

(6.3) Max $W = \sum_k \left[\int_0^{q_k} p_k(q_k) dq_k \right] - C(q)$

(6.4) $\sum_k q_k \cdot p_k(q_k) - C(q) \geq 0 ; \lambda \geq 0$

Des conditions d'optimalité de premier ordre, on déduit :

(6.5) $p_k = \dfrac{p_k^* - Cm_k}{p_k^*} = \dfrac{-\lambda}{(1+\lambda)\varepsilon_k}$

où $\varepsilon_k = \left(\dfrac{\partial q_k}{\partial p_k} \right) \left(\dfrac{p_k}{q_k} \right)$ = élasticité-prix de la demande pour le bien k

Cm_k = coût marginal de production du bien k

La relation (6.5) entre le prix et le coût marginal indique que, sur un marché réglementé, le prix d'un bien est supérieur à son coût marginal. L'écart relatif entre le prix de marché p_k^* et le coût marginal de ce bien est inversement proportionnel à la valeur absolue de l'élasticité-prix de la demande. Le coefficient de proportion est le coût social d'opportunité lié à l'achat de ce bien réglementé, soit $\lambda/(1+\lambda)$.

Le prix p_k ainsi obtenu est un prix de Ramsey-Boiteux, optimal de second rang. C'est la condition de l'efficacité recherchée.

2. Cas de l'intérêt particulier

Le modèle de l'intérêt particulier revient à maximiser une fonction de soutien politique, elle-même fonction du surplus des consommateurs (groupe des gagnants de la réglementation), mais sous contrainte de vérifier un profit nul pour le producteur (contrainte relevant de l'efficacité économique). Il s'agit donc de maximiser le surplus d'un groupe d'agents (consommateurs) sans toutefois annuler toute considération d'ordre général.

Le programme de ce tuteur s'écrit :

(6.6) $MaxS = S(SC_1, SC_2, ..., SC_n)$

(6.7) $\sum_k q_k \cdot p_k(q_k) - C(q) \geq 0 : \mu \geq 0$

Des conditions d'optimalité de premier ordre, nous vérifions :

(6.8) $\quad t_k = \dfrac{p_k - Cm_k}{p_k} = -\left(\dfrac{\mu - S'_k}{\mu}\right)\left(\dfrac{1}{\varepsilon_k}\right)$

avec $\quad S'_k = \dfrac{\partial S_k}{\partial q_k}$

Le multiplicateur μ est le soutien politique marginal retiré d'une unité supplémentaire de subvention ($\mu = \dfrac{\partial soutien}{\partial subvention}$) accordée par le tuteur. C'est le coût social d'opportunité de la réglementation, soit encore le rendement politique marginal du transfert pour le gagnant de la réglementation.

L'écart entre le prix et le coût marginal du bien k réglementé est une fonction décroissante du soutien politique marginal S'_k. Si ce soutien politique marginal est inférieur au coût social d'opportunité de la réglementation, alors l'écart entre le prix et le coût marginal du bien k réglementé décroît en fonction de l'élasticité-prix de la demande car $\varepsilon_k < 0$; le bien réglementé k doit dans ce cas être subventionné ($t_k<0$). Inversement, le bien k sera taxé ($t_k>0$) si le soutien politique marginal est supérieur au coût social d'opportunité de la réglementation.

La maximisation du soutien politique du tuteur dans ce modèle (modèle de Peltzman élargi) n'ignore pas les conditions d'efficacité économique puisque la règle de tarification optimale est fonction de μ et de S'_k. Keeler montre que son modèle de maximisation du soutien politique devient également un modèle de taxation à la Ramsey si, pour tous les biens, une unité supplémentaire du surplus du consommateur (surplus marginal) induit dans chaque cas le même accroissement de soutien politique.

Ce modèle de Ramsey est de plus un modèle d'intérêt général assurant un optimum parétien de premier rang si les rendements d'échelle sont constants. Le modèle de soutien politique de Keeler est un modèle d'intérêt particulier dérivé d'une fonction de bien-être social. Il s'agit, par conséquent, d'un type particulier de fonction d'intérêt général. Le tuteur politique peut améliorer ou atténuer l'efficacité économique en réglementant. Il risque d'autant plus d'affecter le bien-être qu'il concentre ses actions sur un petit nombre d'agents. Il peut ainsi pratiquer des transferts politiquement efficaces mais économiquement inefficaces risquant peut-être de compromettre à terme sa réélection. Pour pallier ce risque, il doit veiller à partager son action et à satisfaire au moins certains intérêts collectifs profitables à tous. Keeler en déduit que l'efficacité économique renforce dans l'immédiat l'efficacité politique mais l'inefficacité économique peut, en revanche, ruiner à terme l'efficacité politique. L'interaction des deux paradigmes paraît donc une condition souhaitable pour tous ceux qui ambitionnent de se maintenir au pouvoir.

B. Enseignements
du modèle englobant

Les deux versions du modèle de Keeler méritent d'être rapprochées car elle semblent pouvoir être analysées par un seul et même modèle.

Le modèle keelerien de l'intérêt général vérifie la condition d'optimalité suivante, définie précédemment par la relation (6.5) :

(6.5) $\quad p_k = \dfrac{p_k^* - Cm_k}{p_k^*} = \dfrac{-\lambda}{(1+\lambda)\varepsilon_k}$

Cette relation devient dans le modèle keelerien de l'intérêt particulier la relation (6.8) :

(6.8) $\quad t_k = \dfrac{p_k - Cm_k}{p_k} = -\left(\dfrac{\mu - S_k'}{\mu}\right)\left(\dfrac{1}{\varepsilon_k}\right)$

Un seul et même modèle permet d'analyser ces deux réglementations. Ce modèle est le modèle de réglementation élargi de l'intérêt particulier englobant l'intérêt général et l'intérêt particulier. Les conditions d'optimalité (6.5) et (6.8) doivent être équivalentes pour assurer un seul et même modèle. Cette exigence implique de devoir déterminer, par exemple, le multiplicateur μ en fonction de λ, soit :

(6.9) $\quad \mu = S_k'(1+\lambda) \Rightarrow S_k' = \dfrac{\mu}{1+\lambda}$

Le soutien politique marginal doit donc être le même pour tous les biens k, quel que soit le surplus du consommateur retiré de ces biens.

Nous pouvons généraliser ce résultat d'une autre manière en prenant le cas de deux biens k et l :

(6.10) $\quad \begin{aligned} t_k &= \dfrac{p_k - Cm_k}{p_k} \\ t_l &= \dfrac{p_l - Cm_l}{p_l} \end{aligned}$

D'après le modèle de l'intérêt général, nous savons que :

(6.11) $\quad p_i = \dfrac{-\lambda}{(1+\lambda)\varepsilon_i} \quad$ pour tout $i = k, l$

Les conditions du modèle de l'intérêt particulier nous permettent de poser :

(6.12) $\quad t_i = -\left(\dfrac{1}{\varepsilon_i}\right)\left(\dfrac{\mu - S_i'}{\mu}\right) \quad$ pour tout $i = k, l$

Pour vérifier la thèse de Keeler, nous devons observer les égalités suivantes :

(6.13) $\quad \dfrac{p_k}{p_l} = \dfrac{\varepsilon_l}{\varepsilon_k} \qquad = \qquad \left(\dfrac{S_{kl}'}{S_{ll}'}\right)\left(\dfrac{t_k + 1/\varepsilon_k}{t_l + 1/\varepsilon_l}\right)$

conditions d'optimalité $\qquad$ conditions d'optimalité du
de l'intérêt général $\qquad$ programme d'intérêt particulier

Le terme $\dfrac{t_k + 1/\varepsilon_k}{t_l + 1/\varepsilon_l}$ représente la flexibilité du surplus à la réglementation puisque t_k et t_l sont fonction du multiplicateur μ qui est un indicateur de rareté de la contrainte posée sur l'évolution des coûts.

En conclusion, on peut donc affirmer que le modèle de l'intérêt particulier se confond avec le modèle de l'intérêt général quand la réglementation affecte différents biens pour maximiser le soutien politique en découlant et pour égaliser le soutien politique marginal retiré de chaque réglementation. Une condition nécessaire à l'identité des modèles est l'égalité du coût social d'opportunité de la contrainte budgétaire du monopoleur dans chaque modèle, soit : $\lambda = \mu$.

Le modèle englobant de Keeler prouve l'intérêt d'un tuteur à la recherche d'efficacité politique de retenir également des considérations économiques confirmant ainsi l'importance des interactions politico-économiques : l'efficacité économique accompagne l'efficacité politique dans l'immédiat et peut devenir une condition de succès indispensable, à terme, pour la garantie d'une réélection. Le tuteur prudent doit donc veiller à répartir efficacement ses interventions entre les gagnants et les perdants ; les propriétés du modèle englobant l'aident à réussir ce partage. Les règles d'un tel partage diffèrent-elles sensiblement des conditions d'un arbitrage optimal défini par Lee lors de la présentation du paradigme d'équité ? L'interaction des efficacités économique et politique semble pouvoir être transposée au contexte d'équité. Nous la tentons et vérifions les résultats suivants.

SECTION 2. DU MODÈLE D'ARBITRAGE AU MODÈLE ENGLOBANT

Les analyses de Keeler et de Lee ne retiennent pas *a priori* la même optique. Le modèle de Lee assure en priorité un minimum de bien-être collectif (soit en termes de surplus pour les producteurs et consommateurs ($\Pi^* - \Pi^\circ$) > 0 ; ($G^* - G^\circ$) > 0), puis privilégie un groupe particulier dont le niveau d'utilité est fonction du bien-être social (mais ($\Pi^* - \Pi^\circ$) > ($G^* - G^\circ$) afin de satisfaire l'intérêt particulier).

Cette présentation se rapproche toutefois de celle de Keeler quand on reconnaît que défendre les intérêts des producteurs et consommateurs revient en théorie du bien-être à privilégier en réalité les consommateurs (problématique de l'optimum paretien).

Pour mettre en évidence ce résultat, nous proposons une reformulation très schématique des deux modèles de référence. Nous considérons que le tuteur keelerien combinant l'intérêt général et l'intérêt particulier recherche la maximisation du bien-être de toute la collectivité car l'utilité du groupe qu'il protège est fonction du surplus collectif. Cette protection conduit à poser une contrainte supplémentaire indiquant que le niveau d'utilité du groupe privilégié ne doit pas être inférieur à un certain niveau de profit (protection des producteurs).

Le modèle de Keeler pourrait dès lors prendre la forme suivante :

(6.14) $\quad Max W = W\left[U^i(X_k^i)\right]$

(6.15) $\quad \pi^h(y^h) \geq \overline{\pi} \; ; \; \mu^h \geq 0$

(6.16) $\quad \sum_i X_k^i - \sum_h y_k^h \leq 0 \; ; \; \lambda_k \geq 0$

où $\quad X_k^i =$ quantité de bien k consommée par i

Des conditions d'optimalité du premier orde et en considérant n comme bien numéraire, nous déduisons :

(6.17) $\lambda_k = \dfrac{U_k^i}{U_n^i} = \dfrac{\pi_k^h}{\pi_n^h}$

où
$$U_k^i = \dfrac{\partial W(U^i)}{\partial X_k^i}$$
$$\pi_k^h = \dfrac{\partial \pi^h}{\partial y_k^h}$$

Parallèlement, pour adopter une écriture semblable, nous pouvons considérer que la problématique définie par Lee revient à maximiser le surplus des consommateurs et des producteurs défini à partir de leur fonction d'utilité respective. Le problème peut donc s'écrire sous la forme générale suivante :

(6.18) $Max W = W\left[U^i(X_k^i)..., \pi^h(y_k^h)...\right]$

(6.19) $\sum_i X_k^i - \sum_h y_k^h \leq 0 \; ; \; \lambda_k \geq 0$

soit, à l'optimum, pour deux biens k et n dont n est le numéraire :

(6.20) $\lambda_k = \dfrac{U_k^i}{U_n^i} = \dfrac{\pi_k^h}{\pi_n^h}$

Nous observons une identité des résultats quand on rapporte les solutions des modèles de Keeler et de Lee à deux biens k et n (6.17 = 6.20). À l'optimum, pour chaque bien, le TMS pour tous les consommateurs est égal au TMT dans toutes les entreprises, et est égal à l'indicateur de rareté correspondant. Aucun individu n'a donc intérêt à modifier son comportement. Pour le modèle de Lee, ce résultat optimal est un équilibre de Nash qui ne peut résulter nécessairement que d'une circulation de l'information et d'une négociation directe entre les agents (jeu coopératif). Cet équilibre est au mieux un optimum de second rang, étant donné la protection simultanée des deux groupes de joueurs.

Les deux modèles, *a priori* différents, retiennent donc la même problématique pour améliorer le soutien politique en combinant l'intérêt général et l'intérêt particulier. Maximiser le produit des surplus des consommateurs et des producteurs revient à s'écarter des analyses traditionnelles du bien-être fondées sur une logique paretienne d'optimisation du bien-être des consommateurs. Dès lors, la seule différence entre les modèles de Lee et de Keeler concerne le groupe spécifique privilégié. Dans l'approche de Keeler, le groupe protégé peut être de nature très hétérogène et représenter des producteurs ou des consommateurs. Lee donne la préférence aux producteurs en s'appuyant sur le principe de Posner. Cette différence entre les deux modèles intervient directement dans la définition du programme du tuteur. La contrainte de réglementation ne concerne que les producteurs chez Lee (protection de ce groupe) ; inversement, dans le modèle de Keeler, la contrainte peut défendre des agents producteurs, ou des consommateurs, ou une répartition des deux.

Malgré ces nuances, les conditions d'un arbitrage optimal se confondent avec celles du soutien optimal englobant dès que le tuteur rapporte les solutions de chaque modèle à deux biens. La portée de ce résultat tient probablement aux comportements prudentiels d'un tuteur soucieux de se maintenir au pouvoir. Il évite ainsi les choix extrêmes favorisant toujours les mêmes majorités au détriment d'une opposition durablement exposée aux coûts de la réglementation ; parallèlement, il écarte les solutions de réglementations favorables à tous, au gain par tête infinitésimal et impliquant nécessairement un coût global à répartir ensuite sur la collectivité. Une solution de moindre mal consiste à ménager les revendications des perdants ; deux possibilités sont alors offertes : les conditions d'un arbitrage optimal permettent de garantir à tous un minimum de bien-être général tout en privilégiant plus fortement un groupe ; les règles du soutien optimal reviennent à modérer la taille du groupe des gagnants pour alléger le coût par tête des pertes disséminées sur une opposition nombreuse mais peu active.

Le tuteur prudent gagne donc à retenir les enseignements keeleriens du modèle englobant. Nous pourrions ainsi envisager une évolution des théories de la réglementation au cours d'un mandat politique en considérant que l'aversion au risque conduit le tuteur à adopter successivement une stratégie de Lee (arbitrage équitable pour tous), puis une politique peltzmanienne (mise en garde des gagnants) combinée à un choix keelerien cherchant à maximiser le soutien d'une majorité politique la plus large possible (stratégie de maximin à la veille d'une élection). Ces combinaisons stratégiques subissent les mouvements du cycle électoral et génèrent ainsi un cycle de vie des réglementations. En début de mandat, le tuteur keelerien favorise l'intérêt de ceux qui ont contribué à son élection sans négliger toutefois l'intérêt général car il sait que le niveau d'utilité des gagnants dépend du niveau de bien-être social. Le tuteur keelerien est attentif à la préférence de tous les électeurs pour les résultats économiques les plus récents. Il allège volontairement les privilèges accordés aux gagnants initiaux pour mieux répartir les avantages sur l'ensemble des citoyens afin de conforter ses chances de réélection.

Les conditions d'efficacité économique sont donc essentielles dans chaque programme pour minimiser les risques d'échecs d'une campagne électorale. Les contraintes d'intérêt général semblent, par conséquent, raisonnablement l'emporter puisqu'elles exercent même un rôle dans les modèles de soutien politique. Les conditions favorables aux interventions publiques et justifiant les réglementations économiques ne sont toutefois pas sans faiblesse. Les développements récents de la concurrence disputable remettent en cause plusieurs réglementations publiques.

SECTION 3. ENSEIGNEMENTS DE LA THÉORIE DES MARCHÉS DISPUTABLES ET LIMITES DES RÉGLEMENTATIONS PUBLIQUES

Les développements relativement récents de la théorie des marchés disputables (« contestable markets ») complètent les enseignements traditionnels de la théorie économique des réglementations des monopoles naturels. Initiée à la fin des années 70 et développée au début des années 80 par Baumol-Panzar-Willig (1982) et Bailey-Friedlaender (1982), la théorie des marchés disputables remet en cause les réglementations publiques appliquées aux monopoles multi-produits vérifiant une sous-additivité des coûts de production.

Pour comprendre cette remise en cause (B), nous présenterons tout d'abord les fondements et caractéristiques générales de la théorie des marchés disputables (A).

A. Fondements de la théorie des marchés disputables

Les défaillances des réglementations économiques sont signalées bien avant la naissance des nouvelles théories des marchés de concurrence. Dès 1962, Averch et Johnson signalent les distorsions directement induites du processus réglementaire favorisant l'inefficacité économique dans le choix des combinaisons de facteurs. La réglementation de la rentabilité des monopoles favorise un effet Averch-Johnson caractérisé par un biais de surcapitalisation (voir chapitre V, section 1, paragraphe C).

Stigler dénonce également dans sa théorie de la captation les effets des réglementations défavorables à l'intérêt des consommateurs. Il tente ainsi de justifier l'inefficacité économique des interventions publiques par la recherche d'intérêts particuliers.

Au cours des années 70, les tarifications réglementaires ont été définies sur la base des coûts unitaires mais, sous l'effet des déséquilibres conjoncturels de l'époque et des dysfonctionnements du marché, une telle tarification a encouragé les tensions inflationnistes et soutenu la crise économique. Là encore, la réglementation économique pratiquée a avorté.

D'une manière générale, les progrès technologiques et les innovations techniques remettent en cause le principe même de monopole naturel, donc l'utilité d'une réglementation de ces secteurs.

Ces défaillances ont été étudiées plus précisément à la fin des années 70 et l'accent a été mis sur l'étude des structures de marché, notamment sur l'efficacité des barrières à l'entrée. Ces travaux ont abouti à un nouveau concept, celui de la concurrence disputable[1].

1. Caractéristiques d'un marché disputable

L'entrée sur ce marché est totalement libre ; les conditions d'accès sont les mêmes pour tous et l'entrant n'est donc pas désavantagé. Les consommateurs disposent d'un libre choix comme sur un marché classique de concurrence pure.

La sortie de ce marché se fait sans coût. L'entrant potentiel qui s'installe supporte seulement un coût d'usage et de dépréciation de l'équipement. Le risque d'entrée est faible ou nul. Il n'y a pas de barrière à la sortie. Les entrées suivies de sorties immédiates (« hit and run » ou « raids » selon l'expression de A. Jacquemin) sont donc plausibles.

---

1. Voir à ce sujet les articles de synthèse de :
J. BENARD : « Les Réglementations publiques de l'activité économique », *Revue d'Économie Politique*, n° 1, 1988, pp. 9-16.
M. RAINELLI : *Économie industrielle,* Mémentos Dalloz, 1989, chapitre V.

Le marché de concurrence disputable ne se distingue donc pas du marché de concurence pure et parfaite par les conditions d'entrée ou de sortie. La différence vient du nombre des firmes et de leur taille. En concurrence pure et parfaite, les firmes sont nombreuses et de petite taille (absence de position dominante et principe du « price taker »). Sur le marché de concurrence disputable, un petit nombre de firmes de grande taille peut en revanche fonctionner. Les caractéristiques générales de ce marché peuvent se résumer de la manière suivante :

Concurrence pure	**Concurrence disputable**
1. Entrée libre	1. Entrée libre
2. Sortie sans coût	2. Sortie sans coût
3. Grand nombre de firmes de petite taille	3. Peut fonctionner avec un petit nombre de firmes de grande taille

2. Propriétés des coûts de production

Pour repérer l'effet des coûts fixes sur les coûts moyens de production de différents outputs produits conjointement lorsque les inputs fixes sont indivisibles, Baumol-Panzar et Willig proposent de transposer les fonctions de production en fonctions de coût. Ils mettent ainsi en évidence la notion de sous-additivité des coûts de production.

La sous-additivité des coûts apparaît dès qu'il est moins coûteux de fabriquer n biens conjointement que séparément, soit :

(6.21) $\quad C(q_1,......,q_n) < C_1(q_1) + ... + C_n(q_n)$

Cette condition suffit à justifier la supériorité d'un monopole multi-produits produisant donc plus efficacement qu'un ensemble de firmes concurrentielles, sous réserve toutefois que le monopole fixe ses prix à la valeur des coûts marginaux.

Faulhaber (1975), puis Baumol-Panzar-Bailey (1977) ont démontré *les conditions suffisantes* pour une sous-additivité des coûts de production :

> **C1 :** le coût moyen homothétique doit être décroissant : c'est le coût moyen radial obtenu pour une variation homothétique de la gamme de production ; il en résulte :
>
> (6.22) $\quad C(\alpha q) < \alpha C(q) \quad \forall \alpha > 1$
>
> avec q = vecteur de productions multiples
>
> $C(q)$ = fonction de coût total
>
> α = scalaire
>
> **C2 :** la convexité transversale doit être vérifiée : elle exprime la complémentarité technique des outputs joints, soit :
>
> (6.23) $\quad C[\beta q_1, (1-\beta)q_2] \leq \beta C(q_1) + (1-\beta)C(q_2) \quad \text{avec} \quad 0 < \beta < 1$

Ces deux conditions ne sont mutuellement compatibles pour toutes les valeurs des quantités produites des différents biens que s'il y a des coûts fixes (Sheshinski, 1986).

Le monopole vérifiant la sous-additivité des coûts obtient deux types particuliers d'économie d'échelle :

> – *des économies d'échelle homothétiques* induites de la condition de coût moyen homothétique décroissant : coûts décroissants ⇒ rendements d'échelle croissants ;
>
> – *des économies d'envergure* (ou économies de gamme = concept de « scope economies ») résultant de la multiplicité des outputs produits conjointement.

Ces deux types d'économies de production suffisent à remettre en cause la réglementation publique des monopoles multi-produits. Les conditions nécessaires et suffisantes au maintien des structures monopolistiques sont définies au théorème suivant.

3. Théorème de la main invisible faible

Baumol et Willig démontrent qu'une firme multi-produits dotée d'économies d'échelle et d'envergure peut prétendre à une structure de monopole naturel pour deux raisons qui constituent le théorème de la main invisible faible. Le nom donné à ce théorème est bien sûr établi en référence à « la main invisible » des marchés de concurrence. La concurrence disputable ne peut se référer aux propriétés de la main invisible propre aux marchés de concurrence pure car elle exige, en plus des hypothèses d'entrée libre sur le marché et d'absence de réaction des firmes, une condition de sortie libre. Le théorème smithien classique de la main invisible est, dans le cas des marchés disputables, conditionné par une exigence supplémentaire impliquant notamment que le monopole soit soutenable par les prix ou par les quantités ; d'où l'appellation de « théorème de la main invisible faible ».

Les deux conditions de validité de ce théorème sont les suivantes :

> a – la firme en situation de monopole est nécessairement plus efficace qu'un ensemble de firmes concurrentielles produisant séparément les mêmes produits ;
>
> b – la firme multi-produits est exposée à une concurrence virtuelle et, pour en échapper, elle est contrainte de pratiquer spontanément des prix optimaux de Ramsey-Boiteux, dits prix soutenables dans ce contexte de marché disputable.

La menace des concurrents virtuels interdit donc au monopole de pratiquer une tarification de monopole avec des prix élevés confortant les rendements et incitant l'entrée sur ce marché. Le monopole soucieux de défendre ses parts de marché ne peut se protéger de la concurrence qu'en dissuadant l'entrée sur son marché ; il doit alors pratiquer une tarification optimale de second rang garantissant son équilibre budgétaire et ruinant toute initiative de concurrence.

La validité de ce théorème exige *trois conditions nécessaires* pour vérifier la menace crédible de la concurrence potentielle :

C1 : les concurrents virtuels doivent bénéficier de la même technologie que le monopole multi-produits installé ;

C2 : l'entrant ne doit subir aucun coût irrécupérable (« sunk costs ») ;

C3 : les consommateurs sont sensibles au prix.

Des coûts irrécupérables, c'est-à-dire non récupérables à la sortie, seraient un obstacle à la concurrence virtuelle et garantiraient quelques opportunités suffisantes au monopole pour maintenir une tarification supérieure à celle définie par les prix de Ramsey-Boiteux. Le marché de concurrence disputable doit être un marché sur lequel la sortie s'effectue sans coût, par exemple sous l'effet d'un marché performant de l'occasion.

Le théorème de la main invisible faible est remis en cause dès que l'une de ces conditions n'est pas vérifiée. Dans ce cas, la réglementation est indispensable.

L'étude de la structure industrielle et des caractéristiques du marché paraît donc être une étape préalable indispensable avant de décider l'application d'une réglementation ou d'une déréglementation. Quatre repères doivent être cernés : l'existence de coûts sous-additifs, la présence d'économies d'envergure, l'absence de coûts irrécupérables et le degré de sensibilité de la demande au prix. La décision se résume aux traits suivants en fonction de la nature du marché observé préalablement :

Marché disputable	**Marché avec coûts irrécupérables**
⇓	⇓
Réglementation **inutile**	Réglementation **nécessaire**
⇓	⇓
Prix Ramsey-Boiteux **automatiques** = application de prix soutenables	Prix Ramsey-Boiteux **imposés**
⇓	⇓
Efficacité économique Maximisation du bien-être social	Efficacité économique Maximisation du bien-être social

La portée du théorème de la main invisible faible est donc de rendre la réglementation des monopoles totalement inutile. L'efficacité économique peut être sauvegardée en présence de monopoles lorsque le marché vérifie une configuration soutenable.

B. Configuration soutenable et remise en cause des réglementations économiques

La nature d'un marché est définie en fonction du nombre de firmes, des quantités produites et du prix pratiqué. Un marché vérifie ainsi une configuration concurrentielle si le nombre des firmes est élevé et si les quantités produites sont négociées à la valeur du coût marginal de production. Le marché vérifie inversement une configuration de monopole si la firme produisant les biens sur ce marché est unique ; la quantité produite est alors nécessairement inférieure à la production réalisée en concurrence et le prix retenu par la firme est celui qui maximise son profit.

Une configuration de marché réalisable vérifie les conditions d'équilibre d'offre et de demande (marché soldé) assurant un profit positif ou nul à chaque intervenant.

La configuration devient soutenable dès que l'entrée sur le marché n'est pas crédible car non profitable aux entrants.

La nature des configurations soutenables a été précisée par Bertrand et Cournot en fonction des hypothèses de comportement du monopoleur et des entrants.

L'équilibre de Bertrand est défini pour une configuration soutenable par les prix ; tous les entrants potentiels escomptent le maintien des prix fixés initialement par le monopoleur et retiennent ainsi comme unique stratégie d'entrée une baisse des prix, admettant donc que les quantités s'ajustent automatiquement sur le marché. Ces hypothèses demeurent peu vraisemblables car il est très probable que le monopoleur réagisse immédiatement aux menaces en baissant spontanément ses prix afin de mettre en échec la stratégie des concurrents virtuels. L'équilibre de Bertrand est, de plus, instable.

Une configuration soutenable par les quantités paraît plus vraisemblable ; elle caractérise ***l'équilibre de Cournot.*** Les entrants virtuels considèrent le programme de production du monopoleur comme donné et retiennent donc une stratégie jouant sur les quantités. Lorsque les prix s'ajustent aux variations de quantités *sans remettre en cause l'existence du monopole*, un équilibre est atteint et la configuration du marché est dite soutenable par les quantités. L'équilibre atteint n'est toutefois pas optimal de second rang. La réglementation demeure donc utile pour retrouver les conditions d'optimalité.

Un marché parfaitement disputable vérifie une configuration d'équilibre uniquement si elle est soutenable, donc si elle désincite suffisamment la concurrence virtuelle à réaliser une entrée sur le marché. La garantie d'une telle désincitation peut être recherchée du côté de la tarification. Une tarification optimale de second rang de type Ramsey-Boiteux garantit au monopole une tarification proportionnelle au coût marginal et satisfait à la contrainte d'équilibre budgétaire. Un monopole pratiquant des prix de Ramsey-Boiteux vérifie une configuration soutenable. La réglementation de ce monopole est donc inutile. Le théorème de la main invisible faible « révolutionne » dans ce cas la théorie économique classique puisqu'un optimum de second rang peut résulter d'une gestion monopolistique non contrôlée sous l'effet des simples menaces de concurrence virtuelle et dans l'hypothèse que le monopole est donc soutenable.

La portée des enseignements de la théorie des marchés disputables est incontestable sur le plan théorique. La concurrence disputable souffre cependant de plusieurs limites pratiques redonnant à la réglementation des monopoles naturels sa raison d'être en certaines circonstances.

C. Limites de la théorie de la concurrence disputable

Les conditions du théorème de la main invisible faible sont nombreuses et contraignantes et limitent donc la portée pratique de la concurrence disputable. Les conditions de succès impliquent, de plus, une hypothèse peu vraisemblable lorsque les entrants supposent le maintien des prix par le monopoleur, et donc son absence de réaction à leur politique de baisse des prix pour pénétrer le marché.

L'hypothèse de totale absence de coûts irrécupérables paraît peu probable et les sorties du marché sans perte demeurent ainsi très aléatoires. Les marchés de l'occasion n'existent pas dans tous les domaines, et, quand ils existent, ils ne garantissent que très rarement des ventes avec une perte réduite au seul coût d'usage. La sortie du marché se réalise dans ce cas avec un coût non négligeable qui hypothèque toute la portée du théorème de la main invisible faible.

La concurrence disputable paraît également insuffisante lorsque le monopoleur multi-produits pratique des péréquations tarifaires. En vendant certains produits à des prix ne couvrant pas le coût et en compensant ces pertes par le produit des ventes d'autres biens à des prix supérieurs au coût, le monopole naturel ne peut être soutenable ni par les prix, ni par les quantités. La concurrence virtuelle se positionnera très probablement exclusivement sur les marchés rentables en tentant de baisser les prix des seuls biens vendus à un prix supérieur au coût.

La politique de subventions croisées ainsi pratiquée peut se schématiser de la manière suivante :

– vente de biens à perte : les recettes des ventes ne couvrent pas le coût total, soit :

(6.24) $\quad p_s q_s < C(q_s) \Rightarrow$ perte sèche

– vente de biens avec profit : les recettes l'emportent sur le coût total, soit :

(6.25) $\quad p_r q_r > C(q_r) \Rightarrow$ profit net

avec s = biens subventionnés $\quad r$ = biens subventionneurs

La concurrence potentielle ne peut intervenir que sur le marché des ventes rentables. En menaçant de baisser les prix des biens subventionneurs, les entrants peuvent inciter le monopoleur à abandonner la péréquation tarifaire en annulant toute production de biens subventionnés ou, au moins, en élevant leur prix. La réglementation du monopole multi-produits avec subventions croisées est donc nécessaire pour imposer une tarification de Ramsey-Boiteux, optimale de second rang. Une telle réglementation n'est cependant pas toujours réalisable car elle nécessite une disponibilité d'informations pour le tuteur. Pour fixer des prix optimaux, le tuteur doit être en mesure d'évaluer correctement les performances des firmes et leur fonction de production. Ces éléments sont difficiles à rassembler et exigent la mise en place d'une décentralisation incitative telle que nous l'avons définie au chapitre IV.

Lorsque le théorème de la main invisible faible est insuffisant pour assurer l'efficacité, la réglementation économique s'impose. Rien ne garantit toutefois le succès d'une telle intervention publique conditionnée par la qualité des informations disponibles, par le souci exclusif du tuteur bienveillant à la recherche de la seule efficacité économique et délaissant toute autre considération d'ordre social (équité) ou politique (soutien pour consolider l'efficacité politique au détriment de l'efficacité économique).

Aux limites fonctionnelles précitées de la théorie des marchés disputables, Shepherd (1984) recense sept critiques logiques de la disputabilité[2] :

– l'entrée libre sur le marché suppose la capacité immédiate de l'entrant à se substituer au monopoleur installé, sans délai et avec une capacité totale à capter la clientèle. Le monopole ne réagirait pas à la concurrence virtuelle des petites firmes mais aurait des réactions immédiates face à l'entrée d'une firme de grande taille. Ces conditions de comportement paraissent difficilement mutuellement compatibles si on admet que l'entrant, indépendamment de sa taille, dispose d'une capacité immédiate d'installation pour se substituer avec succès au monopole en place s'il propose des prix plus avantageux ;

– l'entrée totalement libre peut cependant exister mais elle reste une exception ;

– l'hypothèse d'absence de coûts irrécupérables est insuffisante et mérite d'être élargie à la période (court terme, long terme) où se manifeste la concurrence. Le théorème de la main invisible faible suppose l'absence de réaction à court terme du monopole installé face aux stratégies des entrants. Shepherd observe qu'à l'initialisation de la phase des menaces stratégiques tentées par les concurrents virtuels, les coûts irrécupérables sont importants et constituent un outil utile pour le monopoleur qui dispose donc d'avantages immédiats pour réagir. Il y a par conséquent une forte probabilité de réaction de la firme installée dès l'entrée des concurrents sur le marché ;

– il est peu vraisemblable que plusieurs firmes installées ignorent toutes les concurrents virtuels. L'hypothèse d'ignorance de la concurrence est recevable uniquement quand le marché est détenu par un monopole dont le pouvoir industriel dominant l'autorise à négliger les entrants potentiels ;

– il est difficile d'admettre l'absence totale de réaction du monopoleur. Pourquoi n'organiserait-il pas sa protection en dressant des barrières à l'entrée ? L'hypothèse d'entrée libre sur le marché paraît difficile à soutenir ;

– la structure du marché est fondamentale pour comprendre les fondements du théorème de la main invisible faible. Ce n'est toutefois pas un cas particulier et de nombreuses propriétés en économie industrielle sont liées à la structure du marché. Shepherd reproche ainsi à Baumol-Panzar-Willig de s'approprier le caractère pionnier de tels travaux intégrant directement la structure du marché pour justifier et analyser les comportements industriels ;

---

2. Voir à ce sujet l'essai de synthèse très clair de M. RAINELLI (1989) : *op.cit.*, pp. 67-68.

– les caractéristiques du marché disputable restreignent le rôle de la main invisible en exigeant, en plus des hypothèses d'entrée libre et d'absence de réaction des firmes (hypothèses propres au marché de concurrence pure), une condition importante de sortie du marché sans coût (hypothèse peu vraisemblable hypothéquant largement la validité de la théorie de la concurrence disputable).

Malgré toutes les limites signalées, la théorie des marchés disputables fournit des éléments d'analyse intéressants permettant de mieux justifier l'utilité réelle d'une réglementation. La concurrence virtuelle efficace rend inutile la réglementation des monopoles naturels multi-produits soutenables. En revanche, un monopole multi-produits sans subventions croisées mais non soutenable par les prix nécessite une réglementation ; il en va de même pour le monopole multi-produits pratiquant des subventions croisées et étant de fait non soutenable, ni par les prix, ni par les quantités.

Ce bilan théorique des justifications et remises en cause des réglementations publiques mérite d'être confronté à quelques expériences. Deux études de cas seront successivement présentées au chapitre VII : la déréglementation aérienne américaine, d'une part, la réglementation agricole communautaire, d'autre part.

CHAPITRE VII

ÉTUDES DE CAS :
ENSEIGNEMENT DES EXPÉRIENCES DE RÉGLEMENTATION ET DÉRÉGLEMENTATION

L'étude des réglementations publiques menée aux chapitres V et VI s'achève dans ce chapitre par l'analyse de deux études de cas respectivement empruntées au domaine industriel (déréglementation du secteur aérien américain), et au monde agricole (estimation économétrique de la réglementation agricole communautaire).

La première analyse permet de préciser la portée et les limites des déréglementations progressives appliquées aux États-Unis dans le secteur aérien depuis la fin de l'année 1978. Les stratégies industrielles retenues après déréglementation reflètent de profondes restructurations caractérisées par deux tendances dominantes :

– un mouvement de faillites ou de fusions très accentué ;

– un système de plaques tournantes : « hub-and-spoke », résultant de la recherche d'économies d'envergure induites d'une organisation stratégique de l'activité des grandes compagnies aériennes : structure en rayons (« spoke ») autour d'un aéroport central (« hub ») reflétant ainsi des réseaux de lignes.

Les limites de la déréglementation sont mises en évidence à partir de la stratégie du groupe dominant, Texas Air. En l'absence de concurrence virtuelle crédible, Texas Air adopte depuis 1988 un comportement de monopoleur prédateur. Les enseignements de la concurrence disputable ne peuvent s'appliquer dans ce contexte et le groupe dominant ne peut être incité à pratiquer des prix de Ramsey-Boiteux à défaut de concurrence potentielle. L'augmentation des tarifs est alors inévitable et est le reflet d'un comportement prédateur. Le risque d'abus de position dominante oriente de nouveau le débat sur l'utilité éventuelle d'une nouvelle réglementation du secteur.

La seconde étude de cas est empruntée au monde agricole communautaire. Une étude « politico-métrique » est tentée pour apprécier les effets de la réglementation agricole. Cette analyse confirme l'intérêt d'une combinaison des paradigmes de la théorie économique du bien-être et de la théorie du soutien politique. La politique agricole commune offre, de plus, l'avantage de traiter les différentes formes de réglementations, qu'elles s'apparentent à des contraintes physiques (quotas de production), à des contraintes en valeur (réglementations des prix), ou à des contraintes institutionnelles (réglementations de l'entrée sur le marché).

Une estimation économétrique limitée à trois secteurs clefs (céréales, viandes et produits laitiers) permet d'évaluer la sous-efficacité économique de la réglementation agricole au niveau français, pour la période 1969-1991. L'estimation des surplus hicksiens permet d'évaluer le coût social de cette réglementation ; coût égal à 3 % du PIB, en moyenne, pour la période étudiée (2,27 % en moyenne pondérée). Ce coût est entièrement supporté par les consommateurs. La perte sociale sèche induite de la réglementation agricole ne peut être tolérée si la réglementation ne garantit pas de compensations. Comment accepter en effet la sous-efficacité économique de la réglementation ?

La réglementation agricole offre d'autres garanties qui se traduisent par une efficacité politique. La stabilisation des prix et la garantie d'un prix d'intervention systématique pour le rachat des excédents se transforment en versements de surplus en faveur des agriculteurs. Les surplus ainsi versés confirment d'année en année l'amorce d'un cycle politique. Ce résultat conduit à apprécier la sensibilité des réactions des agriculteurs vis-à-vis des gouvernements. En tenant compte du poids électoral réel des agriculteurs français, renforcé par le découpage des circonscriptions, nous montrons qu'un gain de 1 % de soutien agricole supplémentaire exige en fait une augmentation de 7,14 % du revenu réel. La réglementation agricole sert donc les intérêts des agriculteurs et le gouvernement escompte en retour leur soutien politique. Cette étude permet de montrer que l'arbitrage entre l'inefficacité économique et l'efficacité politique est finalement soumis aux pressions d'un groupe électoral stratégique.

SECTION 1. ENSEIGNEMENTS DE LA DÉRÉGLEMENTATION DU SECTEUR AÉRIEN AMÉRICAIN

Le secteur du transport aérien américain a subi quarante ans de réglementation sur la période 1938-1978. La tutelle chargée du contrôle était le Civil Aeronautics Board (CAB). Les fonctions du CAB tiennent à quatre types de contrôles :

– contrôle de l'entrée des nouvelles firmes sur le marché ;

– contrôle de l'utilisation des nouvelles liaisons par les compagnies installées ;

– contrôle de la cessation d'activité ou de la suppression d'une liaison aérienne ;

– contrôle des prix.

Ces contrôles donnent naissance à trois réglementations : le premier contrôle implique une réglementation de l'entrée, les deux suivants traduisent une réglementation générale du marché et le dernier s'identifie à une réglementation des prix. Deux États échappent à ces réglementations, la Californie et le Texas.

Ces formes de réglementation peuvent se schématiser de la manière suivante :

Fonctions du CAB

Contrôle de l'entrée des nouvelles firmes	Contrôle de l'utilisation des nouvelles liaisons par des compagnies installées	Contrôle de cessation d'activité ou suppression d'une liaison aérienne	Contrôle des prix
⇓	⇓		⇓
Réglementation de l'entrée	Réglementation du marché		Réglementation des prix

Le secteur aérien présente les caractéristiques d'un marché contestable générant des rendements d'échelle croissants et vérifiant d'importantes économies d'envergure. La réglementation de ce secteur est donc *a priori* surprenante et ne peut se justifier par des raisons économiques.

Après quarante ans de réglementation soutenue, le président Carter promulgue en 1978 une loi de déréglementation progressive du secteur aérien américain (Airline Deregulation Act). Trois phases essentielles ont accompagné la campagne de déréglementation :

– au 31 décembre 1981, les contrôles des liaisons aériennes et de l'entrée sur le marché sont supprimés ;

– la cessation d'homologation des tarifs est opérationnelle en 1983 ;

– dépourvu de fonctions, le CAB disparaît en 1985.

Ces trois mesures successives ont ainsi assuré la déréglementation totale du marché aérien dès janvier 1985 :

31-12-1981	1983	01-01-1985
Suppression contrôle des liaisons Suppression contrôle de l'entrée	Cessation homologation des tarifs	Disparation du CAB
⇓	⇓	⇓
Déréglementation du marché et de l'entrée	Déréglementation des prix	Désinstitutionnalisme
	⇓	

Déréglementation générale

Nous dresserons dans un premier temps le bilan de cette déréglementation (A), puis nous tenterons d'en déduire les principaux enseignements susceptibles de guider les objectifs d'une déréglementation européenne du secteur aérien (B).

A. Bilan de la déréglementation aérienne américaine : 1978-1992

Pour apprécier correctement les effets de la déréglementation aérienne américaine, nous suivrons l'évolution institutionnelle qui a accompagné ces mouvements de déréglementation[1]. Deux phases essentielles ont marqué le désengagement de l'État :
- déréglementation partielle de 1978 à 1985 ;
- déréglementation générale depuis janvier 1985.

1. Premiers effets de la déréglementation partielle : 1978-1985

Trois effets majeurs symbolisent la déréglementation progressive initiée sous la présidence Carter :

a − Forte augmentation du nombre de compagnies

En 1978, 36 compagnies aériennes américaines se partagent le marché aérien américain. En décembre 1984, on recense 120 compagnies installées. La déréglementation a donc exercé son rôle en favorisant la concurrence. Cet effet doit cependant être nuancé car la déréglementation n'a pas réussi à démanteler les cartels, et le taux de concentration du marché détenu par les 12 premières firmes reste très significatif à la fin de cette phase de déréglementation partielle du marché : les 12 premières firmes détenaient avant déréglementation 96,5 % du marché en termes de trafic et conservent un taux de 90,6 % fin 1984. Les entrants sur le marché restent donc de taille modérée et n'exercent pas une forte menace sur les grandes firmes déjà installées.

b − Évolution des coûts-prix et profits

La déréglementation a stimulé la productivité et les gains ont crû en moyenne de 3,3 % par an sur la période 1978-1985. L'effet sur les tarifs est plus ambigu à percevoir. La réglementation pratiquée sur une longue période (1938-1978) a favorisé des phénomènes de subventions croisées. Les autorités ne prennent conscience de ces péréquations qu'*ex post* sous l'effet de la déréglementation. Deux évolutions distinctes caractérisent les mouvements de prix sur la période 1978-1984 :
- une hausse de 10 % à 14 % des tarifs sur les vols court-courriers ;
- une baisse de 30 % à 50 % des tarifs sur les vols long-courriers.

La hausse observée, totalement contradictoire avec les effets escomptés d'une déréglementation devant rapprocher le secteur des conditions d'un fonctionnement concurrentiel, est, en fait, la preuve que l'autorité de tutelle (le CAB) chargée du

---

1. Voir à ce sujet F. McGowan et P. Seabright (1989) : « Deregulating European Airlines », *Economic Policy*, October 1989, pp. 283-344.

contrôle aérien sous-estimait le coût réel des lignes court-courriers jusqu'en 1978. Les compagnies devaient donc financer ces lignes déficitaires par les gains tirés des lignes rentables. Les vols long-courriers subventionnaient ainsi les petites lignes intérieures.

La déréglementation a donc révélé ces pratiques de péréquations tarifaires et, en les prohibant, a nécessairement provoqué la hausse des tarifs sur les petites lignes, hausse indispensable pour un fonctionnement non déficitaire des vols court-courriers. Les grandes lignes ont, en revanche, bénéficié d'une forte baisse des prix due principalement à trois causes : la concurrence accrue sur des lignes réputées rentables, l'annulation des phénomènes de subventions croisées et la baisse des coûts énergétiques après 1981.

c – Accroissement de la densité de trafic

Entre 1978 et 1985, le trafic aérien américain (trafic intérieur) a progressé de 50 %. Cette forte augmentation s'est accompagnée d'une amélioration très nette de la qualité du service. La concurrence a imposé aux compagnies de renforcer la sécurité des vols, d'accroître la fréquence des grandes lignes et d'améliorer la qualité du service. Ces exigences n'ont été possibles qu'en contrepartie d'un accroissement important du taux de remplissage des avions réduisant inévitablement le coût de transport par passager.

La déréglementation partielle ainsi opérée a donc renforcé le trafic aérien et la qualité des vols. La déréglementation a en ce domaine joué son rôle. Du point de vue des tarifs, de la taille des compagnies et de la décartellisation du marché, les résultats ont été plus décevants ou surprenants. Toutefois, les restructurations les plus étonnantes ne se sont révélées qu'après 1985 sous l'effet d'une déréglementation générale et continue.

2. Consolidation des effets de la déréglementation : 1985-1992

La déréglementation aérienne américaine est devenue globale dès janvier 1985 lorsque l'entrée et les prix ont été totalement libres et que l'agence de tutelle a disparu. La déréglementation a imposé de nombreuses restructurations témoignant de la contestabilité de ce marché.

a – L'alternative : faillites ou fusions

La concurrence a provoqué l'entrée de nombreuses firmes de petite taille sur le marché et a suscité les réactions immédiates des grandes firmes déjà installées héritières d'un marché très concentré. Face à la concurrence nouvelle des petites firmes, les grandes compagnies auraient pu *a priori* ne pas réagir, considérant leurs menaces non crédibles. Les grandes compagnies ont cependant engagé immédiatement une politique de riposte face à la concurrence virtuelle, mettant ainsi en pratique les enseignements du paradoxe « de la chaîne de magasins » défini par Selten.

Ce paradoxe nous enseigne qu'un monopoleur (monopole d'une chaîne de magasins) ne réagissant pas à la concurrence exercée sur l'une de ses succursales provinciales incite d'autres concurrents potentiels. L'absence de réaction face à une menace non crédible est une erreur majeure car, au lieu d'étouffer les risques de pénétration sur le marché, elle les stimule. En réagissant violemment à la petite concurrence virtuelle et en pratiquant, par exemple, une guerre des prix sévère, le monopoleur désincite tout concurrent potentiel. Il conforte ainsi sa rente de monopole. La menace peut paraître paradoxale face à une faible concurrence locale ; Selten en souligne le caractère essentiel et l'utilité indispensable pour évincer durablement toute tentative de concurrence nouvelle.

En menaçant violemment toute concurrence virtuelle, les compagnies aériennes déjà installées depuis de nombreuses années ont condamné les entrants de petite taille à un dilemme lourd de conséquences : la faillite à défaut d'une soumission totale par acceptation de fusions avec les firmes installées. La déréglementation a donc exercé de lourdes pressions sur les entrants et a ainsi généré des effets contraires à ceux attendus.

b – Le phénomène de « hub-and-spoke »

La concurrence a entraîné la formation d'une nouvelle structure, dite structure en rayons, engendrant un système de plaques tournantes. L'appellation de cette structure vient de l'image d'une concentration des compagnies autour d'un aéroport central avec le service de multiples dessertes de lignes au départ de cet aéroport, tel l'axe central (« hub ») d'une roue de charrette accueillant et desservant de multiples rayons (« spokes »). Il en résulte une concurrence de réseaux à réseaux.

La compagnie aérienne se structure autour d'un aéroport central pour multiplier les gains d'économies d'échelle homothétiques. Elle sert ainsi différentes destinations à partir d'un même aéroport central. Une telle organisation induit un système aérien en plaques tournantes aux liaisons diverses concentrées autour d'aéroports centraux dominants (A et B sur le graphique de la figure 7.1) : la première compagnie américaine détenant aujourd'hui près de 90 % du marché des aéroports de Pittsburgh, Memphis et Saint-Louis !

L'origine de telles restructurations industrielles est exclusivement due au mouvement de déréglementation initié en 1978. Le caractère contestable du marché aérien donne aux compagnies aériennes un nouvel élan lorsque la concurrence totale est promulguée. Pour bénéficier des rendements dimensionnels croissants et accroître leurs économies d'échelle, les compagnies installées augmentent le taux de remplissage des avions, réduisant ainsi le coût de transport par tête. Les économies d'envergure, tirées théoriquement de la multiplicité des outputs produits conjointement, peuvent être induites dans ce secteur de la structure en rayons des liaisons composant le réseau d'une compagnie. Les économies observées proviennent bien dans ce cas *d'effets d'échelle commerciaux,* selon l'appellation de J. Villiers, Ingénieur Général honoraire de l'aviation civile (voir à ce sujet son article : « Quelle politique de transport aérien pour l'Europe ? » Congrès annuel - AFSE - septembre 1993).

Fig. 7.1
Structure en rayons : plaques tournantes

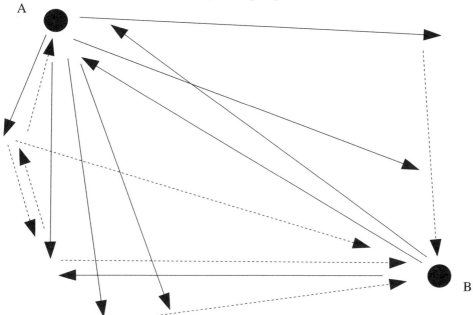

La bonne exploitation des économies d'échelle nécessite de gros appareils et conditionne une taille minimale pour les compagnies (voir tableau 7.1). La bonne maîtrise des économies d'envergure n'est possible que sous l'hypothèse d'un élargissement du nombre de liaisons aériennes pour une même compagnie et *autour d'un même aéroport central*[2] : considération des réseaux.

Tab. 7.1
Utilisation des avions et économies d'échelle

Modèle d'avion	Nombre de places	Coût moyen au km par siège (en cents US 1989)
DC 9-10	92	5,92
Boeing 737-200	133	3,92
Boeing 737-300	149	2,94
Airbus A310	218	3,69
Boeing 767-200	292	2,95
Airbus A300	300	3,48
Douglas DC-10	385	2,81
Boeing 747-100B	505	2,59

Source : Avmark (1989) : Quarterly Aircraft Operating Costs and Statistics, London 1989.

---

2. Les statistiques proposées aux différents tableaux proviennent des services américains indiqués. Tous les calculs ont été actualisés par nos soins pour tenir compte de la dernière période 1989-1991 de déréglementation du marché aérien américain.

Tab. 7.2

Évolution des charges en % avant et après déréglementation

Année	Compagnies Europe toutes lignes	Compagnies Europe lignes internationales	Compagnies USA
1976	58,4	56,3	55,4
1980	58,7	56,4	59,0
1985	64,0	62,5	61,4
1987	66,0	63,8	62,4
1989	69.0	64.2	61.2
1991	71.0	65.0	60.3

Source : Association of European Airlines.

Tab. 7.3

Évolution des charges de transport au départ de Londres et pour une destination donnée vers un aéroport central (charges en %)

Aéroport de destination	1984	1985	1986	1987	1991
Paris					
Air France	71,0	72,0	67,0	64,0	60,0
B. Airways	68,0	72,0	63,0	71,0	64,0
B. Caledonian	63,0	64,0	59,0	67,0	64,0
Amsterdam					
B. Airways	70,0	67,0	58,0	61,0	57,0
KLM	75,0	72,0	66,0	61,0	58,0
B. Caledonian	64,0	69,0	64,0	67,0	57,7
B. Midland	–	–	34,0	49,0	45,0
Dublin					
B. Airways	69,0	67,0	75,0	73,0	69,0
AER Lingus	72,0	72,0	75,0	–	–
Copenhague					
B. Airways	61,0	61,0	52,0	61,0	59,0
SAS	72,0	69,0	67,0	72,0	64,0
Francfort					
B. Airways	59,0	63,0	63,0	71,0	61,0
Lufthansa	67,0	69,0	64,0	64,0	59,0
B. Caledonian	43,0	53,0	50,0	58,0	61,0

Source : International Civil Aviation Organization.

Cette présentation temporelle des effets de la déréglementation, en fonction des phases successives de mouvements institutionnels opérés (1978-1985, 1985-1992), permet de tirer aujourd'hui un bilan général nuancé.

3. Enseignements de quatorze ans de déréglementation aérienne

Avant de dresser le bilan des gains et des pertes, quelques caractéristiques générales peuvent être répertoriées.

3.1. Quatre tendances :

a – Accroissement incontestable du trafic aérien américain pour les plus grandes compagnies mais au prix de pertes financières

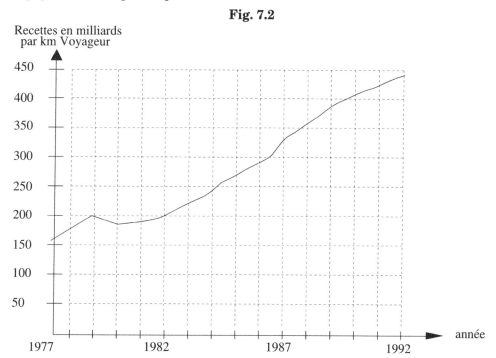

Fig. 7.2

La guerre des prix, la politique de remplissage des appareils, la garantie d'un service minimal de qualité, la fréquence des vols, contribuent à l'accroissement *des coûts de commercialisation* et anéantissent les gains nets escomptés de la déréglementation.

b – Accroissement de la proportion des vols avec transit

La structure en rayons avec une concentration autour d'un aéroport central impose une nouvelle organisation du trafic. La concentration d'activité autour d'axes dominants et le taux d'occupation des pistes induisent des délais d'attente inévitables. Les compagnies récupèrent des rendements croissants des structures en plaques tournantes ; le prix à payer de ces structures en rayons est un accroissement du nombre de vols avec escales. Les coûts d'attente pour un vol desservant plusieurs liaisons sont supportés par le client. Les compagnies dédommagent les clients par des baisses de tarifs pouvant aller de 20 % à 50 % selon la ligne et le délai supporté.

c – Une diversité de tarifs naît de la déréglementation

Sous l'effet de la concurrence et à défaut de subventions croisées systématiques entre vols long et court-courriers, les compagnies proposent de plus en plus diverses options de tarifs (vols avec ou sans transit, vols aux heures de pointe...) vérifiant la logique classique de prix promotionnels en fonction des désagréments acceptés par le client :

– les vols avec escales sont moins onéreux que les vols directs ;

– les tarifs aux heures de pointe sont supérieurs aux tarifs des heures creuses ;

– la politique commerciale au jour le jour peut favoriser les promotions tarifaires : principe d'une tarification en temps réel garantissant une bonne marge de flexibilité aux compagnies en fonction de la demande du jour.

d – Le marché aérien se révèle bien comme un marché disputable

Quatre facteurs contribuent à cette affirmation :

– Les entrants potentiels jouent la stratégie unique d'une politique active sur les prix, supposant que les compagnies installées vont maintenir leurs prix fixes : à signaler dès lors une politique de détournement de trafic pour les compagnies n'hésitant pas à « capturer » la clientèle des concurrentes sous l'effet de baisses tarifaires importantes.

Ils jouent donc sur l'hypothèse d'une configuration soutenable par les prix et telle que les tarifs des compagnies installées demeurent plus élevés que ceux des entrants.

– La concurrence virtuelle paraît d'autant plus crédible que l'entrée est libre et la sortie sans coût pour les compagnies qui quittent une ligne jugée non rentable pour la remplacer par une autre jugée plus intéressante. L'abandon d'une liaison n'engendre pas de coûts irrécupérables et la sortie est donc libre pour les compagnies déjà implantées dans le secteur aérien et s'y maintenant mais avec de nouvelles lignes.

Il est, en revanche, difficile d'admettre une sortie totale du marché sans coût, impliquant donc la vente de l'équipement sans perte (c'est-à-dire pour une perte limitée exclusivement au coût d'usage du matériel) sur le marché de l'occasion.

– Les compagnies installées défendent leurs parts de marché en se restructurant efficacement. Elles exploitent leur capacité de structures en rayons pour tirer les avantages d'une sous-additivité des coûts induite de l'exploitation de nouveaux réseaux et de la captation d'économies d'envergure tirées des vols de différentes liaisons assurées conjointement, c'est-à-dire grâce à un seul avion de taille importante assurant des vols avec transits pour regrouper les passagers d'une même destination mais en provenance de lignes différentes (point de rencontre à l'aéroport central).

Le pouvoir de riposte des compagnies installées est renforcé par leur capacité à se doter d'une taille optimale à bon marché, grâce, notamment, à l'absorption des petites firmes nouvelles trop fragiles pour supporter les ripostes.

– Les entrants sur ce marché disputable subissent les stratégies actives des compagnies installées : guerre des prix, restructuration, politique de contrôle des coûts... Les grandes compagnies déjà en place menacent donc fortement les concurrents et pratiquent spontanément des prix concurrentiels pour chasser les entrants.

Les concurrents virtuels sont ainsi condamnés à disparaître ou à être absorbés par les grosses compagnies.

Ces quatre tendances donnent au marché aérien les qualités d'un marché disputable où la réglementation paraît donc inutile si les prix de concurrence sont pratiqués spontanément sous l'effet des menaces crédibles d'une concurrence potentielle. La réalité en est bien différente.

3.2. Bilan des stratégies jouées par les compagnies installées

Les vives réactions des firmes en place dissuadent fortement les entrants virtuels à pénétrer le marché. Il en résulte trois effets :

a – Peu de survivants !

1978 : 36 compagnies
1984 : 120 compagnies
1987 : nombreuses fusions et faillites
1989 : 27 compagnies indépendantes
1991 : 26 compagnies indépendantes

b – Dominance des grandes compagnies

Tab. 7.4
Taux de concentration du marché entre les quatrièmes et dixièmes firmes :

Nombre de compagnies	1976	1984	1989	1991
4^{es}	56,7	58,6	66,8	68,2
10^{es}	91,3	85,1	95,1	96,3

La part des grandes compagnies sur les grands aéroports reflète également l'oligopolisation croissante du secteur : détention de 90 % de l'activité par deux compagnies sur de nombreux aéroports américains.

c – Nouveau classement entre les plus grandes compagnies :

Tab. 7.5
Parts de marchés des compagnies américaines pour les lignes intérieures (en % du revenu voyageur par km parcouru)

1976		1984		1989	
United	19,1	United	20,3	Texas	19,8
American	14,3	American	15,1	United	16,8
Delta	12,2	Eastern	11,9	American	16,6
Eastern	11,2	Delta	11,3	Delta	13,6
TWA	10,9	TWA	6,6	US Air	9,0
Northwest	5,6	Northwest	4,4	Northwest	7,0
Western	5,1	Continental	4,0	TWA	6,2
Pan am	4,8	Western	3,9	Pan am	2,1
Continental	4,4	Republic	3,9	Americwest	2,0
Braniff	3,9	US Air	3,8	Southest	2,0
Republic	2,7	Piedmont	2,8	Braniff	1,1
US Air	2,5	Pan am	2,7	Alaska	1,0
Frontier	1,2	Southwest	2,1	Others	2,7

Source : Bailey, Graham et Kaplan (1985) : *Deregulating the Airlines*, Mit Press Cambridge.

◯ = **gagnants** de la déréglementation (TEXAS, AMERICAN, DELTA, US AIR, NORTHWEST)

▢ = **perdants** de la déréglementation (UNITED, TWA, PAN AM, BRANIFF)

—— = **faillites ou absorptions** : groupes disparus en 1989 (EASTERN, CONTINENTAL, WESTERN, REPUBLIC) et PAN AM depuis.

Bilan : une concentration de plus en plus forte malgré une déréglementation élargie :

Parts de marché des 4res compagnies américaines :
1976 = 56,7 % 1984 = 58,6 % 1989 = 66,8 %

Parts de marché des 10res compagnies américaines :
1976 = 91,3 % 1984 = 85,1 % 1989 = 95,1 %

4. La stratégie de Texas Air

La compagnie Texas Air adopte très vite une politique de gagneur sur ce marché disputable. Le secret de sa réussite rapide tient à la nature de sa stratégie industrielle orientée sur une *gamme de services* générant des économies d'envergure. Texas Air mène alors sans relâche une politique de meneur en exploitant massivement les subventions croisées sur ses propres lignes pour déstabiliser la concurrence. Le financement de petites lignes coûteuses par les vols long-courriers rentables lui permet de se maintenir dans de nombreux États tout en dominant le marché interne aérien américain. Cette position d'élite lui garantit sans réserve l'exploitation des lignes les plus rentables. Pour déjouer la concurrence, Texas Air rachète à prix modeste des compagnies en difficulté et veille surtout à prendre des prises de participation chez ses concurrents les plus redoutables : Eastern devient ainsi très vite une filiale de Texas Air après avoir tenu le haut du podium d'honneur des compagnies américaines entre 1976 (4e rang) et 1985 (3e rang) avant de sombrer dans la liquidation en 1991.

Des prises de participation chez les concurrents les plus forts permettent à ce nouveau leader américain de mener sans risque immédiat une politique de monopoleur et d'augmenter ses tarifs sans crainte depuis 1988. La structure disputable de ce marché vérifie donc une limite : le marché aérien contestable n'a pu déjouer les configurations de monopole ou d'oligopole en étouffant stratégiquement les risques de concurrence virtuelle active. Le marché contestable n'a dès lors pas incité spontanément le groupe dominant à pratiquer une politique prudentielle de tarification à la Ramsey-Boiteux ; bien au contraire, cette nouvelle structure industrielle en plaques tournantes a consolidé les risques d'abus de position dominante et a offert au groupe leader la liberté de mener sans risque une politique de monopole.

Ce cas pratique affaiblit la portée des enseignements théoriques des marchés disputables et conduit à s'interroger sur l'utilité d'une reréglementation du marché réorganisé en structures de plaques tournantes. Le Congrès américain joue sur cette menace pour solliciter une plus grande bienveillance des grandes compagnies aériennes américaines afin d'éviter des abus de position dominante incontrôlables sur un marché déréglementé.

Ces résultats devraient fournir quelques enseignements pour la politique aérienne européenne.

B. Enseignements de la déréglementation américaine pour le marché aérien de l'Europe communautaire

L'échéance 1993 devrait démanteler progressivement la réglementation aérienne européenne, tant au niveau des tarifs que du point de vue des capacités d'exploitation des réseaux. Les résultats escomptés du Marché unique européen sont programmés pour l'horizon 2002 et restent soumis à la capacité d'entrée des concurrents sur les nouveaux marchés et à la résistance commerciale des firmes déjà installées. Les compagnies aériennes étrangères ont lancé la guerre commerciale en Europe dès 1990 et imposé indirectement le rapprochement, en janvier 1990, entre les compagnies françaises Air France, UTA et Air Inter. La guerre commerciale américaine ne rendait plus soutenable une concurrence franco-française. Plusieurs effets sont attendus de la déréglementation communautaire. Nous étudierons dans un premier temps les disparités intra-communautaires escomptées de la déréglementation. Ce bilan des prévisions permettra enfin, dans un second temps, de s'interroger sur l'incidence internationale d'une déréglementation élargie exposant les compagnies aériennes les plus faibles à un avenir bien sombre dans la mouvance de la guerre des prix et de l'exploitation tous azimuts des réseaux rentables.

1. Effets escomptés d'une déréglementation aérienne intra-communautaire

La déréglementation européenne annoncée dès 1986 pour l'échéance 1993 (puis 2002) du Grand Marché européen a été globalement évaluée à trois périodes : en 1987, 1989 et 1990. Plusieurs conséquences douloureuses sont à craindre pour les compagnies des États membres sud-européens.

1.1. Envolée vers la bataille des rabais

La concurrence aérienne élargie devrait agir tout d'abord sur les tarifs en provoquant, les premières années, une chute vertigineuse des tarifs sur vols long-courriers (tarifs internationaux). La guerre des prix s'annonce sévère sous l'effet de la guerre commerciale déjà lancée en Europe par les compagnies américaines à la recherche de nouveaux profits et de nouvelles lignes.

Les effets escomptés de la déréglementation ont été progressivement corrigés en fonction des données les plus récentes du marché, compte tenu des enseignements de l'expérience américaine et en raison également de la concurrence de plus en plus vive pratiquée par les compagnies américaines. Les tendances globales estimées[3] concernent l'évolution des tarifs sous l'effet des rabais, la capacité d'exploitation et l'évolution des coûts. Ces estimations sont résumées au tableau suivant :

---

3. Voir à ce sujet l'étude de F. McGowan et P. Seabright : *op. cit.* et celle de G. Gallais-Hamonno et I. Ehrlich (1990) : « Performances Comparées des Entreprises Publiques et Privées : l'exemple des Grandes Compagnies Aériennes » Institut Orléanais de Finance ; Rapport au Commissariat Général du Plan.

Tab. 7.6

Tendance estimée	1987	1989	1990
Rabais			
lignes rentables	− 65 % à − 90 %	− 50 % à − 70 %	non estimé
lignes − rentables	− 45 % à − 65 %	− 40 % à − 60 %	non estimé
Capacité	+ 45 % à + 55 %	+ 40 % à + 60 %	+ 40 % à + 80 %
Coûts	− 30 %	− 10 %	− 10 %

Ces prévisions semblent raisonnables avec le recul dont nous disposons aujourd'hui pour apprécier les projections. Il suffit de rappeler les stratégies des compagnies aériennes au moment de la guerre du Golfe. Pour récupérer une clientèle subitement évaporée, Air France et Air Inter proposaient des réductions allant jusqu'à 70 % sur leurs tarifs les moins élevés ! Air France a même organisé la première tombola permettant de gagner une centaine de billets Paris-New York en Concorde ! Cette politique du trajet gratuit a vite été reconduite par British Airways mais dans des proportions gigantesques : « l'offre la plus folle au monde » permettait de gagner par tombola 50 000 places aller-retour au départ ou à destination du Royaume-Uni ! Le tirage était fixé au 30 mars 1990 et les vols étaient offerts aux heureux gagnants le 23 avril 1990. La guerre des prix est donc lancée sans réserve. La déréglementation européenne exposera inévitablement les compagnies européennes à des politiques de marketing contraignantes pour rivaliser avec leurs consœurs américaines déjà conditionnées par une politique de prix bas pour tenter de soutenir la concurrence sur de nombreuses lignes intérieures.

Les compagnies européennes préparent avec difficulté cette échéance : le rapprochement immédiatement coûteux des trois compagnies françaises (Air France, Air Inter et UTA) devrait engendrer 500 millions de francs par an d'économies sous l'effet :

– d'une meilleure répartition entre Air France et UTA pour la desserte des États-Unis au départ de Paris et de la province (240 millions de francs économisés) ;

– d'une meilleure répartition entre Air france et Air Inter sur les lignes nationales et européennes (50 millions de francs d'économies) ;

– d'économies tirées de la mise en commun du fret assurant une optimisation du personnel navigant (30 millions de francs récupérés) ;

– d'économies d'échelle en matière de carburants, assurances, prêts, entretien des équipements (180 millions de francs en moins).

Cette restructuration s'accompagne cependant d'un plan d'emplois contraignant exposant à moyen terme de nombreuses personnes au licenciement (3 000 départs annoncés chez Air France pour 1993). De même, le nombre d'avions utilisés devrait se réduire afin de rentabiliser au mieux les gros appareils sous l'effet d'une harmonisation facile des programmes des trois compagnies : ainsi, dès leur fusion, les compagnies françaises ont retourné à leur propriétaire, au second semestre 1990, un Boeing 747 et un Boeing 737 (l'économie annuelle des loyers de ces deux engins s'élève à 40 millions de francs).

Au total, près de 1,7 milliard de francs d'économies ont déjà été obtenues depuis la fusion grâce à l'addition des forces conjointes des trois compagnies. Ces restructurations paraissent cependant indispensables pour sauvegarder les compagnies européennes et pour aider les plus efficaces à soutenir la concurrence internationale. Le sort des compagnies sud-européennes paraît en revanche très aléatoire.

1.2. Disparités croissantes intra-européennes

Deux groupes de compagnies européennes résulteront de la déréglementation du marché aérien communautaire. Les gagnants de la déréglementation devraient être les compagnies anglaises, allemandes et françaises intervenant sur des lignes efficaces, rentables. Inversement, les compagnies travaillant sur les lignes déjà organisées en vols charters subiront les effets de la baisse des prix ; les perdants de la déréglementation devraient donc être les compagnies grecques. Il en résultera par conséquent des disparités croissantes entre compagnies européennes. Les différences de poids des charges par compagnie en fonction du type d'activité étaient déjà significatives en 1988 :

Tab. 7.7
Poids des charges par compagnie pour les vols intra-CEE.
Données en pourcentages pour l'exercice 1988

Air France (France)	62,2
Alitalia (Italie)	61,8
British Airways (Royaume-Uni)	68,5
Iberia (Espagne)	72,0
KLM (Pays-Bas)	59,8
Lufthansa (Allemagne)	61,4
Sabena (Belgique)	58,1
SAS (Scandinavie)	62,0
Air Europe	74,5
Air UK	48,4

Source : Association of European Airlines, Civil Aviation Authority.

Ces disparités croissantes hypothéqueront progressivement la survie des compagnies les plus faibles et imposeront une restructuration industrielle du marché intérieur. À la différence du système américain organisé en plaques tournantes autour d'un aéroport central répartissant un grand nombre de vols, le marché européen devrait vérifier une organisation tripolaire (centre, nord, sud) avec une concentration de l'activité au centre.

1.3. Réaménagement spatial du marché aérien européen

La restructuration tripolaire constituera trois groupes de compagnies selon leur localisation dans la zone sud (faiblement rentable), la zone centre (active et rentable) ou la zone nord (soumise à des mouvements de restructurations internes) :

Tab. 7.8

Variables	Zone sud	Zone centre	Zone nord
Pays	Espagne Portugal Grèce	Royaume-Uni France Allemagne Italie Benelux	Pays scandinaves
Activité	Vols charters	Pôles d'activités	Périphéries car risque de concentration vers le centre (« hub-and-spoke »)
Trafic	Résiduel, faible	Dense, concurrentiel	Moyen, soumis au dynamisme du centre
Tarifs	Promotionnels non rentables car fortes charges	Très compétitifs	Élevés
Bilan	Déréglementation coûteuse pour les compagnies	Déréglementation profitable aux compagnies restructurées	Déréglementation coûteuse pour les clients

Une telle restructuration du marché intensifiera également les disparités internationales, notamment du point de vue des coûts et en termes de productivité.

2. Disparités internationales croissantes

Les disparités internationales entre compagnies aériennes seront renforcées alors qu'une concurrence élargie devrait logiquement atténuer les différences. Ce résultat tient notamment à la déréglementation européenne programmée tardivement (1993) relativement aux déréglementations opérées en 1985 aux États-Unis (déréglementation générale) et dès 1984 au Royaume-Uni (déréglementation de l'entrée et des tarifs). La libéralisation progressive des marchés et la concurrence élargie maintiendront toutefois de fortes disparités en coût moyen et en productivité. Trois groupes de compagnies se distingueront : les plus compétitives devraient être américaines (huit compagnies n'ayant pas hésité à perdre 0,8 milliard de dollars en 1992 pour s'imposer sur l'Atlantique nord), suivies des compagnies anglaises (deux compagnies), et enfin six compagnies européennes nettement moins compétitives que les firmes anglo-saxonnes devraient néanmoins pouvoir se maintenir sans trop de pertes financières et commerciales. La répartition de ces compagnies est donnée au tableau suivant :

Tab. 7.9

Grandes compagnies américaines	Compagnies anglaises	Compagnies européennes
Texas American Continental Delta TWA Pan am United US Air	British Airways + British Caledonian (fusion 1987-1988) British Midland + Air UK (fusion)	Sabena Air France Lufthansa Alitalia SAS Iberia

Ces disparités ont été définies par rapport aux performances des huit compagnies dominantes américaines (niveau 100). Les variables retenues concernent les rémunérations coût (R-C) pour les pilotes et le personnel navigant, ainsi que la productivité moyenne :

Tab. 7.10

Compagnies	R-C Pilotes	R-C Personnel	Productivité
8 Compagnies américaines	*100*	*100*	*100*
B. Airways + B. Caledonian	70	173	65
B. Midland + Air UK	52	–	25
Sabena	–	376	46
Air France	306	516	52
Lufthansa	–	330	52
Alitalia	–	–	49
Iberia	213	361	49

Source : International Civil Aviation Organization.

Le ratio personnel non volant/personnel volant vérifie du point de vue des coûts d'organisation le même ordre de disparités en 1990 :
- moyenne des 8res compagnies européennes = 3,1
- moyenne des 8res compagnies américaines = 1,9

D'une manière générale, le coût global d'organisation des compagnies américaines est inférieur de 30 % à celui des firmes européennes. Cette lourde disparité laisse présager de la dure guerre commerciale et tarifaire que lanceront sans tarder les compagnies américaines à la recherche d'économies de gamme et d'échelle croissantes. La déréglementation continue du marché aérien mondial bouleversera donc les résultats économiques de plusieurs grands groupes industriels lancés dans la bataille de l'air depuis bientôt près de dix ans. Le bilan s'annonce lourd pour un grand nombre de perdants. La déréglementation n'est donc pas sans coût et l'envol vers une concurrence renforcée risque de consolider paradoxalement certaines positions dominantes pour les firmes les plus compétitives qui parviendront à renforcer leur activité en élargissant leurs activités conjointes et en consolidant leurs réseaux. Deux projets de rapprochement, annoncés en octobre 1993, devraient aller dans cette voie : alliances Lufthansa-United Airlines, d'une part, et Air-France-Alitalia, d'autre part.

Cette étude de cas permet de mettre en évidence les réalités d'une déréglementation progressive d'un marché important, tout en soulignant la portée et les limites des restructurations industrielles qui en découlent. Le débat théorique sur l'utilité ou la désutilité d'une déréglementation acquiert dans cette analyse empirique des enseignements intéressants mettant en évidence les risques possibles d'effets pervers de nouveaux marchés organisés sur des configurations soutenables autorisant paradoxalement des stratégies dominantes proches des politiques jouées par un monopoleur non exposé à la concurrence virtuelle et donc non incité à pratiquer des prix soutenables.

Ces résultats peuvent plaider en faveur d'un minimum de réglementation interdisant tout abus de position dominante. Le maintien de marchés réglementés est cependant justifié par d'autres considérations économiques, politiques ou institutionnelles. L'observation d'un marché réglementé permettra de mettre en évidence les propriétés des interventions durables de l'État sur certaines structures économiques. L'étude de cas retenue concerne le marché agricole européen.

SECTION 2. ESTIMATIONS POLITICO-MÉTRIQUES DE LA RÉGLEMENTATION AGRICOLE COMMUNAUTAIRE

Présentée comme une réglementation d'intérêt général, la politique agricole communautaire sert bien au contraire l'intérêt politique. L'évaluation des surplus marshalliens et hicksiens permet en effet de vérifier une perte sociale en bien-être. Le coût collectif (« coût social » dans la littérature internationale), à la charge des consommateurs, confirme bien l'inefficacité économique de la politique agricole estimée à partir d'une analyse menée en équilibre partiel. Le maintien depuis 1964 d'une réglementation aussi coûteuse ne peut donc s'expliquer par des considérations économiques d'efficacité ou d'équité. La justification peut être trouvée du côté de l'analyse positive en démontrant l'intérêt politique des gouvernements pour des interventions économiquement inefficaces. L'estimation des fonctions de soutien politique des agriculteurs français permet de montrer comment les transferts versés aux agriculteurs se transforment en soutien électoral, faisant donc de l'agriculteur un groupe politique stratégique[4].

La réglementation agricole communautaire repose sur deux prix : un *prix d'intervention* et un *prix réglementé*. Le prix d'intervention est un prix de garantie au producteur pour le rachat des excédents. Ce prix s'établit toujours au-dessus du prix mondial. Le prix réglementé est le prix de vente administré des produits européens. Le consommateur achète au prix réglementé. Ce prix est fixé par les autorités communautaires au-dessus du prix d'intervention et se situe donc au-dessus du prix mondial.

---

4. Pour une étude détaillée des fonctions de soutien politique, voir l'étude économétrique appliquée à la PAC in C. PONDAVEN (1989) : *op. cit.*

Le producteur réagit logiquement au prix réglementé et adapte sa production à ce prix. Toutefois, la garantie de deux prix administrés favorise une situation de marchés segmentés dont la quantité principale produite est vendue au prix réglementé rémunérateur, et le résidu soldé au prix d'intervention. Les consommateurs demandent moins au prix réglementé qu'au prix du marché mondial nécessairement inférieur. D'une telle réglementation résultent inévitablement des excédents chroniques.

Les surproductions enregistrées sont toutefois vivement combattues depuis 1985 et impliquent des manifestations agricoles toujours vives. La colère des agriculteurs s'explique par leur refus de perdre les avantages continuels d'une réglementation protectrice. Le bilan des résultats économiques suffit cependant à prouver qu'une telle organisation des marchés n'est pas soutenable à terme en raison de son coût social élevé. Les gouvernements seront donc progressivement conduits à arbitrer entre le choix de la facilité (réglementation maintenue pour plaire au groupe agricole) et le choix de la raison (déréglementation avec nécessité d'un plan social d'accompagnement pour les producteurs surendettés). La décision est difficile, mais peut-on raisonnablement leurrer durablement les citoyens en menant une politique destructrice qui coûte chaque jour aux contribuables sans pour autant solutionner le malaise paysan ?

Nous ne cherchons pas à faire le procès de la politique agricole commune. Nous jouons seulement notre rôle d'économistes en dénonçant la sous-efficacité d'une politique à partir des résultats estimés.

A. Sous-efficacité économique de la réglementation agricole

La mesure théorique de la réglementation agricole nécessite au préalable l'estimation des surplus des acteurs consommateurs et producteurs[5]. Deux hypothèses ont été retenues : raisonnement en équilibre partiel, et hypothèse de fonctionnement comme un petit pays impliquant un prix d'équilibre égal au prix mondial.

1. Méthodologie générale des estimations tentées

Le calcul des surplus impose l'estimation des fonctions d'offre et de demande. Les estimations économétriques retenues reposent sur la méthode des moindres carrés ordinaires à défaut de résultats satisfaisants par doubles moindres carrés. Un problème d'identification liée à la méthode des moindres carrés peut donc être soulevé. Une certaine indépendance des équations d'offre et de demande peut cependant être prise en compte du fait des propriétés de la politique tarifaire communautaire. Les prix sont annoncés un an à l'avance et sont indépendants des quantités offertes. En tenant compte de délais de réaction suffisants, les prix peuvent donc être considérés indépendants des quantités. Le risque d'identification disparaît alors.

Notre estimation de la réglementation agricole communautaire concerne *trois marchés représentatifs* : le marché de la viande (bœuf, veau, porc, mouton, volaille), celui des produits laitiers (lait, beurre, fromage, œufs) et celui des céréales (blé, orge,

---

5. Pour le calcul théorique des surplus, le lecteur se reportera utilement à l'ouvrage de calcul économique de K. SCHUBERT (1994), ouvrage de la collection Vuibert Économie.
Pour une application détaillée de la théorie des surplus au domaine agricole, le lecteur consultera le manuel de C. PONDAVEN (1989) : *op. cit.*

maïs, riz). Les calculs sont établis pour le cas français afin de mesurer l'effet économique de la réglementation agricole communautaire en France. Toutes les équations de référence des fonctions d'offre et de demande, ainsi que les équations des surplus marshalliens et hicksiens des consommateurs et des surplus des producteurs sont fournies en détail dans notre publication de 1989. Les surplus sont calculés pour chaque groupe de produits. Pour dresser le bilan de l'expérience agricole communautaire, nous nous contenterons de donner les surplus totaux des consommateurs et des producteurs afin d'en déduire la perte sociale sèche qui résulte de la réglementation appliquée.

2. Coût social de la réglementation agricole française

La perte sociale sèche (ou coût social total de la réglementation) est égale à la différence entre la somme des surplus des consommateurs et producteurs, d'une part, et les recettes fiscales tirées d'une telle intervention, d'autre part.

Les surplus marshalliens des consommateurs ignorent les effets de revenu sur la demande et donnent une mesure imparfaite de la variation du bien-être à prix variables. Ils offrent, en revanche, la garantie d'une estimation facile et directe à partir des fonctions de demande marshalliennes. Une analyse plus fine de la variation de bien-être est garantie par le calcul des surplus hicksiens définis pour des demandes compensées tenant compte des effets revenu. Nous avons mesuré les deux types de surplus mais nous avons retenu les surplus hicksiens pour apprécier le coût social total. La différence entre prix mondiaux et nationaux s'élève toujours au détriment du consommateur, du fait des législations communautaires. L'évolution des surplus des consommateurs sur la période 1969-1992 présente *quatre phases* caractérisées par :
– une croissance régulière de 1969 à 1972 ;
– une accélération de 1973 à 1980 avec une forte fluctuation à la hausse en 1975, interrompue en 1978 mais reprise en 1979-80 ;
– une chute en 1981 ;
– une relative stabilisation depuis 1982 autour du niveau moyen de la période 1973-1980.

Pour évaluer le gain net ou la perte nette de la politique agricole, nous devons estimer également le surplus des producteurs. Il s'agit des surplus dus aux variations de prix des outputs et de ceux dus aux variations de prix des inputs. Le surplus total des producteurs est la somme algébrique des surplus de production dus aux variations de prix des outputs et des inputs. Ce surplus total vérifie une évolution en quatre phases :
– une croissance relativement stable en moyenne de 1969 à 1974 ;
– une accélération importante de 1975 à 1980 ;
– une chute en 1981 et 1983 interrompue par une très forte hausse des surplus en 1982 ;
– une relative stabilisation de 1983 à 1992 avec un retour au niveau moyen de 1975-1980.

Cette évolution est pratiquement calquée sur celle des surplus négatifs de consommation. Elle confirme la symétrie des surplus entre perdants (consommateurs) et gagnants (producteurs). Les pertes l'emportent sur les gains ; il en résulte donc un coût social, c'est-à-dire une perte sociale sèche. Cette perte représente une part non négligeable du PIB en valeur et atteint un niveau plafond en 1975. À partir de 1981, le coût social se réduit sous l'effet, notamment, des politiques de quotas devenues indispensables pour désinciter massivement les surproductions chroniques encouragées par la garantie systématique d'un prix d'intervention.

L'évolution de la perte sociale sèche (PSS) est donnée au tableau suivant[6] :

Tab. 7.11

Années	PSS en millions de francs	PSS en % PIB en valeur
1969	- 39 477	5,59
1970	- 33 984	4,36
1971	- 33 356	3,82
1972	- 26 041	2,64
1973	- 82 342	7,37
1974	- 81 238	6,36
1975	- 134 361	9,25
1976	- 85 139	5,09
1977	- 86 964	4,79
1978	- 21 355	1,01
1979	- 131 678	5,39
1980	- 97 415	3,51
1981	- 10 692	0,38
1982	- 48 647	0,46
1983	- 57 038	1,47
1984	- 77 495	1,44
1985	- 66 043	1,14
1986	- 58 103	0,96
1987	- 70 131	1,10
1988	- 88 566	1,35
1989	- 92 453	1,11
1990	- 90 657	1,21
1991	- 95 546	1,17
1992	- 97 035	1,18

La réglementation agricole est surtout coûteuse en 1973, 1974 et 1975. Deux allègements importants sont enregistrés en 1978 et 1981. Ils sont imputables aux baisses simultanées des pertes sociales des consommateurs (baisse de la charge) et des surplus des producteurs (ralentissement des gains pour les producteurs céréaliers et laitiers mais chute pour les producteurs de viande). Les pertes de surplus à l'offre sont la conséquence des politiques de coresponsabilité partiellement menées dans les différents secteurs (quotas, moindres soutiens des stocks). Les différentiels de prix nationaux et mondiaux sont également moins défavorables aux consommateurs sur la période 1978-1981.

---

6. Pour une analyse détaillée de la PSS et son calcul précis, voir C. PONDAVEN (1989) : *op. cit.*

Le coût social total de la réglementation agricole française représente ainsi en moyenne 3 % du PIB en valeur sur la période 1969-1992 (coût social moyen pondéré de l'ordre de 2,3 %), après avoir atteint en 1975 un plafond de 9,25 % pour tendre vers un niveau réduit de 1,07 % en moyenne depuis 1981.

Cette évolution peut s'interpréter comme *l'amorce d'un cycle politique*. La crise économique des années 70 incite le gouvernement à consolider son soutien par le versement de revenus de transfert alloués aux agriculteurs. Ces subventions atteignent un plafond en 1980 en période préélectorale. Les fortes subventions allouées en 1979 et 1980 sont rapidement gelées en 1981. Les gouvernements pratiquent dans ce cas une réglementation pour en récupérer les effets politiquement. Cette hypothèse conduit à apprécier l'efficacité politique de la réglementation agricole.

B. Efficacité politique de la réglementation agricole communautaire

Il peut être rentable pour un gouvernement de soutenir un groupe tel que les agriculteurs au nombre réduit (moins de 5 % de la population active en 1992). L'approche mandant-mandataire permet d'expliquer comment les surplus versés aux agriculteurs se transforment en soutien politique.

1. Fondements de l'efficacité politique

Les problèmes électoraux peuvent s'analyser en termes de relations mandant-mandataire. Les relations entre bureaucrates-politiciens (tuteurs) et groupes de pression suivent cette logique. Ces relations se vérifient en pratique à deux degrés, au moment du vote (premier degré), puis durant le mandat électoral (second degré).

Au premier degré, les agriculteurs, en tant qu'électeurs, sont le mandant de la relation puisque les tuteurs disposent d'un avantage informationnel sur les groupes de pression qu'ils peuvent manipuler à l'aide de règles redistributives. Le gouvernement détient le pouvoir politique et joue le rôle actif de mandataire. Le tuteur dispose d'un pouvoir politique significatif quand les groupes de pression ne peuvent facilement le désavouer (Niskanen, 1971).

Au second degré, les électeurs n'agissent plus directement et, durant le mandat électoral, le pouvoir politique appartient au gouvernement. Une relation mandant-mandataire demeure et oppose le tuteur, désormais mandant, à l'administration mandataire. La réalisation des projets s'opère dès lors sous la tutelle de la bureaucratie mandataire.

Cette double relation mandant-mandataire est déterminante pour la structure des groupes de pression et la répartition des taxes-subventions.

La pression de l'opposition est une fonction croissante du coût social induit des taxes. En répartissant les taxes sur un plus grand nombre de perdants et en prélevant une somme plus faible par membre, le tuteur peut manipuler habilement l'opposition en désincitant certains membres à exercer une pression. Le secteur de l'agriculture est particulièrement significatif à ce sujet. Il s'agit d'un groupe numériquement restreint, donc politiquement avantageux à satisfaire. C'est, de plus, un groupe actif dont la pression peut être importante et déstabilisatrice (mouvements de grèves, manifestations de colère contre les orientations agricoles américaines et les modifications du GATT comme en témoigne, par exemple, l'important rassemblement de contestations vives à Strasbourg le 1-12-1992, persistance des actions en 1993 et engagement du gouvernement Balladur en septembre 1993 en faveur des agriculteurs français). Le contrôle de ce groupe actif semble donc nécessaire. Il est d'autant plus facile que le groupe présente les caractéristiques d'une forte homogénéité entre membres. Les agriculteurs constituent ainsi un groupe fédéré, indépendamment des disparités flagrantes entre petits et gros agriculteurs.

La protection de ce groupe actif peut être opérée au titre de deux arguments :
– *par souci d'intérêt général* pour favoriser la stabilité des prix en assurant la régularité des productions ;
– *en quête d'intérêt particulier* en protégeant une catégorie d'agents politiquement non neutres et avantageuse à satisfaire politiquement en raison des qualités de son organisation et de sa taille restreinte.

Pour vérifier ces conclusions générales, nous montrons comment les surplus agricoles se transforment en soutien politique.

2. Détermination du soutien politique des agriculteurs

Pour expliquer la transformation des surplus agricoles en soutien politique, nous étudions le passage des utilités individuelles en soutien politique. Ces utilités sont calculées politiquement par des « coefficients d'indifférence » qui mesurent l'intérêt d'un groupe ou d'une catégorie socio-professionnelle (CSP) pour une même tendance politique[7]. Ces estimations sont définies à partir des indices de satisfaction des différentes CSP dont les tendances sont réparties en trois groupes : les satisfaits, les mécontents et les indécis, c'est-à-dire ceux qui ne se prononcent pas.

Nous nous référons aux sondages de popularité présidentielle publiés par l'IFOP-France Soir au journal *France Soir* jusqu'en 1983 et au *Journal du Dimanche* depuis 1983. Nous retenons les indices de satisfaction des agriculteurs pour chaque trimestre sur la période 1970-1990.

Des fonctions de soutien politique sont estimées[8].

Nous retenons dans chaque cas des données trimestrielles et annuelles. Les données trimestrielles permettent d'introduire une variable d'idéologie politique définie par une variable muette prenant une valeur 0 sous un gouvernement de droite (période 1970-1981) et une valeur 1 sous un gouvernement de gauche (période post 1981) et, par conséquent, la valeur 1 sous un gouvernement de cohabitation (1986-mai 1988). Les

---

7. Voir à ce sujet J. LECAILLON (1983) : *Disparités de revenus et stratégie politique,* notes/document de travail communiqué par l'Institut d'Études Politiques de Paris.

8. Fonctions déterminées en détail dans C. PONDAVEN (1989) : *op. cit.*

données annuelles offrent un nombre trop restreint de points pour introduire cette variable d'idéologie.

Les résultats des estimations en données annuelles et trimestrielles confirment la relation attendue et, dans tous les cas, les coefficients associés aux variables de revenu sont très significatifs. L'élasticité-revenu du soutien politique des agriculteurs est très sensiblement la même, que l'on retienne comme variable le revenu agricole total réel, le surplus agricole ou le revenu réel diminué du surplus. Une augmentation de 1 % du revenu agricole réel rapporte 1,41 % de soutien politique supplémentaire de la part des agriculteurs. On en déduit donc facilement qu'une baisse de 10 % des transferts alloués aux agriculteurs coûterait au gouvernement une baisse de 14 % de leur soutien. On comprend dès lors mieux l'attachement des gouvernements à la politique agricole communautaire. L'inefficacité économique de la réglementation est disséminée sur le groupe nombreux des consommateurs perdants. L'État récupère en revanche un gain politique non négligeable l'incitant à poursuivre ce type de réglementation mais sous contrainte, désormais, de ne pas dépasser un coût social trop élevé insupportable par les perdants. L'importance de cette perte sociale sèche doit toutefois être nuancée dans une approche d'équilibre général tenant compte de l'incidence de l'agriculture sur les autres secteurs de l'activité économique. Le coût social de la réglementation agricole peut également être assimilé en partie au coût de production de l'espace rural géré comme un bien collectif pur et générant de fait des externalités positives profitables aux consommateurs disposant ainsi d'un meilleur environnement rural. La perte sociale sèche n'est pas dans ce cas totalement dommageable et ne peut se justifier exclusivement par des considérations d'ordre politique. La mesure de telles externalités demeure cependant difficile et nécessite un examen précis des effets afin de dissocier les incidences positives (externalités positives liées à la protection d'un environnement rural) et négatives (coûts externes d'une pollution agricole).

Le meilleur contrôle du coût social de la réglementation reste très fragile et le malaise agricole dominera tant que les autorités communautaires refuseront de donner aux prix leur rôle économique de stabilisation des marchés et d'affectation des ressources. En maintenant des allocations de transferts de revenus aux producteurs, ils les habituent à considérer ces subventions comme des revenus permanents dus et non comme de réels revenus transitoires conditionnés par la croissance économique, les inégalités sociales de richesse, les objectifs politiques et économiques... La correction de telles inefficacités entretenues nécessite une réorganisation de la politique privilégiant les paradigmes de l'efficience économique et de l'équité sur celui de l'efficacité politique. Une telle réorientation revient à donner aux prix leur fonction d'allocation efficace des ressources et à opérer les compensations nécessaires par le versement de transferts négatifs (taxes) ou positifs (subventions). De tels objectifs peuvent relever en partie des règles de décision fiscale. Nous étudierons les fondements et propriétés de la politique fiscale optimale, ainsi que son incidence sur l'économie, dans une troisième et dernière partie consacrée aux décisions du partage de la charge fiscale indispensable au financement de la production de biens collectifs et nécessaire pour le budget consacré aux politiques de réglementation.

TROISIÈME PARTIE

DÉCISION ET RÈGLE FISCALE

CHAPITRE VIII

POLITIQUE FISCALE OCCIDENTALE : TENDANCES ET RÉSULTATS

L'impôt n'est jamais désiré. C'est une taxe incontournable imposée aux contribuables. La taxe fiscale modifie les valeurs des autres variables économiques telles que les prix relatifs du capital et du travail, ainsi que les prix nationaux relativement aux prix étrangers. L'impôt n'est donc pas neutre, et la théorie de l'incidence fiscale permet d'appréhender l'effet des impôts directs et indirects en comparant, notamment, l'équilibre de l'économie avant et après modification fiscale.

La nature de l'impôt est diverse. Les classifications fiscales traditionnelles permettent de retenir quatre types d'impôts : celles qui privilégient le critère de l'incidence fiscale opposent l'impôt direct, supporté par le contribuable redevable, à l'impôt indirect, acquitté par un tiers. Une classification fondée sur le principe de la capacité contributive oppose en revanche l'impôt réel prélevé sans considération de la situation personnelle du contribuable (taxes foncières) à l'impôt personnel calculé en fonction des revenus du redevable et du quotient familial.

Les formes de prélèvement sont donc diverses : directes ou indirectes, réelles ou personnelles, sur le revenu, sur le capital, sur les sociétés, ou sur la dépense. La justification de cette fiscalité élargie repose sur un double objectif d'efficacité économique et d'équité. La recherche d'efficience implique de traiter l'impôt comme le mode de financement par excellence des dépenses publiques croissantes. Dans la logique musgravienne, l'impôt fiscal optimal garantit l'allocation optimale des ressources et contribue à la stabilisation ou régulation de l'activité économique. Pour satisfaire aux contraintes de justice sociale, l'impôt doit, de plus, assurer des fonctions redistributives ; dans ce dernier cas, la logique d'équité l'emporte.

La recherche d'efficacité et d'équité via la fiscalité ne peut se définir aujourd'hui dans un cadre national. L'internationalisation croissante des économies renforce en effet les conditions de concurrence et exige plus que jamais des efforts de compétitivité. La fiscalité peut devenir un facteur favorable ou défavorable à la croissance : une fiscalité faible peut renforcer la compétitivité des entreprises nationales ; inversement, une fiscalité forte et progressive peut désinciter l'épargne et pénaliser la croissance nationale. La fiscalité draine l'épargne et affecte donc inévitablement la gestion du patrimoine.

La fiscalité et la politique économique sont étroitement liées. Cette interaction se concrétise en particulier au niveau européen par la recherche programmée d'une harmonisation fiscale indispensable à la réussite du grand marché européen unifié.

Avec la ratification de l'Acte unique européen, les pays membres se sont engagés à rattraper les insuffisances observées au niveau de la circulation du capital. Le plan Delors, qui fonde cette coordination européenne, programme trois étapes successives :
- libre circulation du capital depuis juillet 1990 ;
- coordination progressive des politiques économiques (en cours) ;
- création d'une monnaie unique et de taux de changes irrévocables (projet ultime).

Les différences de politique fiscale entre pays membres affectent les échanges et modifient les comportements individuels. Les réformes fiscales deviennent ainsi indispensables à l'unité européenne. Pour comprendre l'orientation de telles réformes, nous présenterons l'évolution globale de la politique fiscale occidentale. Cette approche statistique reposera sur les fondements analytiques de l'efficacité (section 1) et de l'équité (section 2).

SECTION 1. FISCALITÉ ET EFFICACITÉ ÉCONOMIQUE

L'évolution des dépenses publiques contraint très tôt les politiques fiscales. À une croissance exponentielle des demandes en biens collectifs (A), l'État ne peut associer un prélèvement fiscal moindre. L'évolution des prélèvements obligatoires (B) s'explique donc largement par les dépenses publiques. Un seuil maximal tolérable doit toutefois être recherché pour sauvegarder les contraintes d'efficacité économique.

A. Dynamique de l'économie publique non marchande

L'expansion de l'État est incontestable depuis le XIXe siècle. Le rapport des dépenses publiques au produit physique est un bon indicateur de cette croissance. L'accélération observée des dépenses publiques au lendemain de la Seconde Guerre mondiale a incité les économistes publics à rechercher quelques éléments de justification de la croissance du secteur public non marchand.

1. Croissance soutenue des dépenses publiques

La part des dépenses de l'État français dans le PIB représente près de 12 % en 1815-1819, près de 30 % en 1920-1924, 41 % en 1947 et atteint aujourd'hui près de 45 %. La moyenne des pays de l'OCDE est exactement comparable : en 75 ans, elle passe de 8 % (moyenne OCDE en 1815-1819) à près de 40 % (moyenne OCDE en 1992). Le tableau ci-dessous recense les grands mouvements de cette évolution continue :

Tab. 8.1

Années	France	Allemagne	Royaume-Uni	États-Unis
1815	12,0	08,0	07,0	05,0
1890	14,4	13,2	08,9	07,1
1913	12,8	14,8	12,4	08,5
1922-1925	29,4	25,0	24,2	12,6
1927-1929	31,3	30,6	23,9	11,7
1932	34,2	36,6	28,6	21,3
1940	–	–	30,2	22,2
1948-1950	41,3	40,8	39,0	23,0
1960	32,6	31,3	32,3	27,5
1970-1974	40,5	36,0	40,9	34,0
1975-1979	45,0	44,8	44,5	34,6
1987	45,3	43,2	39,8	35,0
1990	44,0	42,7	36,4	33,7

Source : André-Delorme (1979), Crozet (1991), OCDE.

Les dépenses de l'État par rapport au PIB ont donc plus que triplé de 1815 à 1990. Cette croissance est cependant irrégulière et a été particulièrement influencée par trois événements :

– les lendemains de la guerre de 1870 ;
– les conséquences de la guerre de 1914-1918 ;
– la crise des années 1930.

Après les guerres et les crises, les dépenses de l'État dans les pays occidentaux changent brusquement de rythme et atteignent en moyenne près de 36 % du PIB sur la période 1948-1950. Depuis cette date, une relative stabilité, voire une légère baisse ponctuelle, est enregistrée.

L'évolution globale des dépenses publiques depuis 1815 se caractérise par des fluctuations de long terme mais en sens inverse des mouvements de Kondratieff. S'agit-il d'une tendance séculaire irrémédiable ou est-ce le résultat d'une politique largement décidée par les autorités de tutelle successives ? La théorie économique apporte un éclairage intéressant à cette interrogation. L'examen préalable des diverses conceptions de l'État aide à justifier la part croissante du secteur public non marchand.

2. Conceptions sociale, économique et politique de l'État

Pour comprendre l'évolution séculaire du secteur public non marchand, nous devons nous interroger préalablement sur le rôle économique de l'État. Il convient également de rappeler le débat relatif aux parts respectives des activités publiques et privées dans l'activité économique. D'autres problèmes méritent enfin d'être traités et concernent directement les contraintes de financement et de budgets publics de fonctionnement. Toutes ces questions sont liées à l'efficacité de l'action de l'État.

Les fonctions économiques de l'État, définies en 1959 par Musgrave, permettent de justifier l'intervention publique par des raisons d'affectation des ressources, des choix de redistribution ou une volonté de stabilisation. Pour garantir l'efficacité économique et/ou l'équité, l'État accomplit progressivement plusieurs fonctions que nous schématisons de la manière suivante.

2.1. L'État-providence

Initié dès 1870 par des penseurs libéraux hostiles à l'accroissement des attributions de l'État mais également opposés à une philosophie individualiste trop radicale, le concept d'État-providence permet aux pouvoirs publics de satisfaire un minimum de bienveillance. Une première expérience est tentée sous Bismarck lorsqu'il instaure une politique sociale libérant les individus du besoin et les protégeant du risque.

La politique sociale de bienveillance est lentement élargie à d'autres pays : en Grande-Bretagne, avec, notamment, la loi de 1908 d'assistance aux vieillards, le système d'assurance maladie-chômage de 1911 et le système de pensions pour veuves et orphelins en 1929. La France engage une politique semblable dès 1898 en instaurant la loi sur les accidents de travail. La politique sociale française promulgue également une loi sur les retraites ouvrières et paysannes en 1910, une loi sur les assistances sociales en 1930 et une loi d'assurance chômage en 1958.

La politique de l'État-providence initie les principes d'une régulation étatique keynésienne recherchant une correspondance entre les impératifs de la croissance économique et les exigences d'une plus grande équité sociale. L'État intervient pour stimuler la consommation (théorie du multiplicateur), pour relancer l'investissement (principe de l'accélérateur) afin de soutenir ainsi la croissance économique. L'État-providence se heurte cependant aux problèmes des externalités et vérifie certaines limites dès que l'intervention publique est incompatible avec la recherche de bien-être.

2.2. L'État de bien-être

La littérature relative à l'État de bien-être (théorie du Welfare) s'impose sur la période 1920-1950. Présentée par Pigou, la théorie économique du bien-être cherche à sélectionner la meilleure politique publique parmi une gamme d'interventions possibles. Le critère de référence est la règle paretienne de solution optimale. Deux postulats fondent cette recherche de bien-être :

– l'individu est seul juge de son bien-être ;

– le bien-être social n'est influencé que par le bien-être de chacun des individus ; il en résultera donc une fonction d'utilité sociale bergsonienne directement définie en fonction des utilités individuelles.

Plusieurs applications de l'approche de bien-être ont été tentées. Le plan anglais Beveridge de 1942 de protection sociale marque l'avènement de l'État de bien-être. Les autres pays occidentaux instaurent les mêmes principes au lendemain de la Seconde Guerre mondiale : création par exemple en France, en mai 1946, d'un système généralisé de sécurité sociale pour toute la population.

Aux exigences sociales s'ajoutent rapidement des contraintes de croissance économique. Ces contraintes marquent la période de reconstruction et assignent à l'État une nouvelle fonction en l'engageant directement dans de lourds programmes de décisions publiques.

2.3. L'État planificateur

La planification de l'économie française prend naissance en 1945 quand l'État doit définir les conditions de la reconstruction. La croissance soutenue des décennies 1950 et 1960 (période des Trente Glorieuses) est attribuée en grande partie à l'efficacité de l'action des pouvoirs publics. La thèse du « plan ou anti-hasard » permet à Pierre Massé de défendre la logique d'une action publique soutenue et organisée. Le plan accompagne la prévision et guide la croissance. La planification garantit avec succès au moins six conditions indispensables à l'activité économique :

– la détermination précise des objectifs et instruments ;

– le contrôle de l'évolution des tarifs publics ;

– l'incitation publique à l'investissement ;

– l'aide gouvernementale à la recherche de débouchés ;

– le rôle économique des entreprises publiques (rapport Nora de 1967, enjeux des nationalisations des grands secteurs stratégiques, rôle économique des dénationalisations progressives) ;

– la mise en place d'une politique conjoncturelle.

Cette politique d'intérêt général peut également conduire les autorités de tutelle à rechercher certains intérêts particuliers justifiant parfois le maintien d'interventions économiques inefficaces ou incompatibles avec l'équité sociale. Dans ce cas, l'État privilégie ses fonctions d'autorité politique suprême.

2.4. L'État politique

Nous avons souligné, aux chapitres I et V, les problèmes de gestion bureaucratique et de soutien politique. La recherche d'intérêts particuliers peut consolider certaines préférences publiques et accroître le montant global des dépenses publiques indépendamment des effets économiques. L'État politique est aujourd'hui également un acteur économique décisif intervenant massivement et significativement dans les grandes orientations économiques par le biais des collectivités locales, territoriales, départementales, régionales. Une scission État de bien-être et État politique n'est donc pas crédible.

L'interaction des fonctions multiples de l'État devrait nous aider à justifier l'évolution particulière des dépenses publiques dans les pays occidentaux. La théorie économique propose plusieurs interprétations.

3. Fondements théoriques de la croissance des dépenses publiques occidentales

L'État intervient quotidiennement dans la vie active. Les dépenses publiques évoluent mais sont-elles irréversibles ? Leur croissance ne résulte-t-elle pas plus précisément de la nature des services offerts et collectivement demandés ? Plusieurs éléments de théorie économique expliquent cette croissance particulière.

3.1. La loi de Wagner

Proposée en 1883, cette loi associe le mouvement des dépenses publiques directement au développement économique d'un pays. L'indicateur de référence retenu est le revenu par tête d'habitant. La progression du revenu avec la croissance rendrait donc inévitable l'évolution incessante des dépenses publiques.

La proposition de Wagner semble *a priori* cohérente puisqu'elle associe à l'intervention publique les fonctions de politique d'accompagnement selon le degré de développement de la nation. La recherche d'une croissance soutenue implique des engagements publics renforcés et une politique généreuse de transfert pour accompagner l'évolution des revenus. Il ne peut qu'en résulter une croissance élevée des dépenses publiques, croissance marquée par des effets de seuil lors de périodes caractéristiques telles que les guerres et les crises[1].

La loi de Wagner permet d'expliquer l'évolution de long terme des dépenses publiques de transfert accompagnant la croissance du revenu par tête d'habitant en fonction du développement économique. Cette loi reste cependant très générale et d'inspiration purement empirique. Wagner se réfère en effet à l'expérience de trois pays déjà bien engagés dans un programme d'industrialisation à la fin du XIXe siècle : les États-Unis, le Royaume-Uni et l'Allemagne. L'industrialisation stimule trois catégories de dépenses publiques : les dépense réglementaires, les dépenses d'éducation et celles relatives à l'action sociale. Le poids de l'État ne peut donc qu'être croissant dans toute économie s'industrialisant. Ces conclusions demeurent toutefois purement empiriques et restent insuffisantes pour en déduire une loi irrévocable. D'autres explications sont recherchées et certaines propositions sont annoncées en fonction de la nature des services collectifs demandés.

3.2. Les thèses de la demande publique croissante

Le modèle de Borcherding (1977) définissant la demande de l'électeur médian[2] permet de vérifier économétriquement le rôle des variables agissant directement sur la demande de biens publics. Estimé sur le cas des États-Unis, pour la période 1902-1970, ce modèle révèle que l'incidence de la croissance du revenu national sur la dépense publique est moins significative que ne l'affirme la loi de Wagner.

---

1. Voir à ce sujet l'analyse intéressante de Y. CROZET : *Analyse économique de l'État*, A. Colin 1991, chapitre 3, pp. 47-63.
2. Voir à ce sujet J. BENARD (1985) : *op.cit.* pp.13-16.

La même application est tentée[3] par d'Alcantara et Barten (1976) pour les pays membres de la Communauté économique européenne. Le modèle de demande de dépenses publiques est testé sur la période 1953-1972 et indique des élasticités-revenu de la dépense publique inférieure à un pour la France (0,489), l'Italie (0,828) et le Royaume-Uni (0,371). Ces trois pays ne vérifieraient donc pas une croissance séculaire des dépenses publiques en fonction de l'évolution du revenu par tête d'habitant comme le postule la loi de Wagner. En revanche, l'Allemagne (Allemagne occidentale pour la période estimée) vérifie une élasticité-revenu (1,275) de la dépense publique conforme à la loi de Wagner car supérieure à un.

La croissance du revenu explique certainement en partie l'évolution des dépenses publiques mais la liaison économétrique reste insuffisante pour ne retenir que cette explication. D'autres auteurs recherchent du côté du financement fiscal quelques explications complémentaires aux tendances signalées.

3.3. Charge fiscale maximale, effet de déplacement et effet de cliquet

Le financement des dépenses publiques conditionne leur évolution. Cependant, indépendamment du mode de répartition de la charge fiscale, le coût relatif des dépenses publiques doit s'élever. Cette croissance inévitable résulte, selon Baumol, (1967) de la moindre productivité de l'économie publique relativement à l'économie marchande. Le secteur public produit une offre intensive en travail et récupère de fait une moindre valeur ajoutée que le secteur marchand spécialisé en production fortement capitalistique. Le coût relatif croissant des dépenses publiques induirait donc une charge fiscale croissante aux contribuables. La thèse de Baumol rejoint le pessimisme de la loi de Wagner.

La charge fiscale maximale supportable par les contribuables fixe un seuil d'évolution aux dépenses publiques. Des discontinuités apparaissent cependant lors de grands bouleversements économiques (crises) ou politiques (guerres). Les dépenses publiques progressent dans ces cas au-delà du seuil tolérable. Cette évolution traduit « l'effet de déplacement » mis en évidence par Wiseman et Peacock en 1967. Les fortes progressions ainsi justifiées par des chocs structurels seraient cependant soumises à un effet de cliquet selon Bird (1972). L'effet de cliquet explique le *maintien* des dépenses publiques exceptionnelles engagées en période de crises ou de guerres. L'État pratiquerait donc une « reconversion » des dépenses militaires vers des dépenses de transfert pour satisfaire la forte demande de biens collectifs au lendemain de chocs majeurs (contraintes de la relance, phénomène d'accoutumance).

Les vérifications économétriques tentées à ce sujet plaident en faveur de l'effet de déplacement. La pertinence de l'effet de cliquet reste très discutable[4].

---

3. Voir J. BENARD : *op. cit.* p. 16.

4. À ce sujet voir J. BENARD : *op. cit.* p. 17 et J. DIAMOND (1977) : « Econometric Testing of the Displacement Effects – A Reconsideration », *Finanzarchiv*, NF 35, Heft 3, 1977.

Indépendamment de l'explication retenue pour justifier le mouvement des dépenses publiques, des conditions de financement s'imposent. L'étude du financement des dépenses publiques relève des principes de la fiscalité. Nous étudierons ainsi successivement l'évolution des recettes fiscales occidentales et la nature des prélèvements obligatoires opérés dans une logique d'efficacité.

B. Financement fiscal et prélèvements obligatoires

La charge fiscale tolérable fixe le taux de pression fiscale et détermine la part des recettes publiques totales dans le PIB. Les recettes publiques sont issues du prélèvement des impôts, du versement des cotisations sociales effectives et du recouvrement des autres recettes induites de la production marchande de biens et services et de divers transferts perçus.

1. Structure générale des recettes publiques

Chaque pays peut pratiquer une pression fiscale particulière en fonction des objectifs qu'il s'impose. De fortes différences sont ainsi enregistrées entre les pays occidentaux :

Tab. 8.2

Évolution des recettes publiques en % du PIB

Pays	1965	1970	1974	1984
Allemagne	32,65	33,82	37,64	45,9
Belgique	30,52	35,00	38,13	44,2
Danemark	30,22	41,14	46,68	–
Espagne	16,01	17,31	18,83	–
États-Unis	24,88	29,13	28,93	33,2
France	36,49	37,01	37,50	48,2
Italie	29,07	30,16	31,86	45,6
Japon	18,19	19,52	22,18	31,1
Pays-Bas	35,11	39,66	45,18	–
Royaume-Uni	30,54	37,52	35,56	43,7
Suède	35,65	40,49	44,21	–
Moyenne OCDE	27,67	30,80	33,88	37,1
Moyenne CEE	31,24	35,23	38,43	45,8

Source : BOBE et LLAU (1978).

L'accroissement de la part des dépenses publiques dans le PIB de tous les pays occidentaux induit un accroissement inévitable des charges fiscales. Les recettes publiques totales évoluent sous une structure nouvelle élevant particulièrement le poids des cotisations sociales relativement aux prélèvements d'impôts :

Tab. 8.3

Structure des recettes publiques françaises consolidées
par opérations et en % du PIB

Recettes publiques	1960	1970	1976	1980	1984	1991
Recettes fiscales	*62,2*	*57,0*	*55,0*	*52,8*	*52,1*	*46,6*
– Impôts à la production	44,6	38,2	34,6	32,8	31,3	34,3
– Impôts sur le revenu	17,0	18,2	20,0	19,5	19,9	11,8
– Impôts sur le capital	0,6	0,6	00,4	00,5	00,9	00,5
Cotisations sociales	*25,1*	*30,3*	*35,5*	*38,5*	*38,4*	*43,9*
– Employeurs	18,2	21,4	24,6	24,7	23,7	–
– Salariés	05,4	06,5	08,6	11,1	11,7	–
– Non salariés	01,5	02,4	02,3	02,7	03,0	–
Autres recettes	*12,7*	*12,7*	*09,5*	*08,7*	*09,5*	*09,5*
– Production marchande	07,6	06,9	04,5	04,0	04,2	–
– Divers	05,1	05,8	05,0	04,7	05,3	–

Source : Cahiers français (1986) et Notes bleues.

Les recettes fiscales demeurent la source de financement dominante et représentent encore aujourd'hui près de 50 % du total des recettes publiques contre une part de près de 40 % pour les cotisations sociales et 10 % pour les autres recettes. L'évolution de ces différentes recettes depuis 1960 traduit toutefois de profonds changements structurels dans le mode de prélèvement fiscal par opérations : les impôts, dans leur ensemble, régressent de plus de 10 % et les autres recettes diminuent également de plus de 4 %. La compensation est recherchée du côté des cotisations sociales qui subissent une hausse de 15 points sur cette période. Cette structure des recettes publiques françaises n'est pas nouvelle. Dès 1974, une comparaison des prélèvements par type d'opération dans les différents pays de l'OCDE reflète le poids important des cotisations sociales dans les recettes totales. Ce poids est déjà supérieur en France de 14 % à la moyenne européenne enregistrée en 1974 :

Tab. 8.4
Structure des recettes fiscales en % des recettes totales année 1974

Pays	Impôt revenu	Impôt sociétés	Impôt biens services	Cotisations sociales	Impôts propriété donation timbres...	Autres	Total
Allemagne	30,49	04,71	25,26	35,21	02,82	1,51	100
Belgique	29,36	07,79	28,28	31,51	02,76	0,30	100
Danemark	53,37	03,24	31,74	05,74	05,80	0,11	100
Espagne	12,93	08,50	26,92	44,69	06,94	0,03	100
États-Unis	33,96	10,96	18,24	23,04	13,81	0,01	100
France	10,83	08,34	33,75	41,93	02,23	2,92	100
Italie	15,24	05,17	33,75	41,77	04,03	0,04	100
Japon	24,17	23,25	16,94	20,66	08,40	6,58	100
Pays-Bas	27,61	06,74	23,32	38,56	03,22	0,55	100
Royaume-Uni	35,17	08,09	27,11	17,11	12,30	0,22	100
Suède	45,02	03,43	26,96	19,30	01,01	4,28	100
Moyenne CEE	27,90	07,99	29,92	27,90	05,56	0,73	100

Source : BOBE et LLAU (1978).

Les différences observées d'un pays à l'autre permettent de caractériser le poids et la nature de la fiscalité par pays et par opérations. Pour éviter toute erreur, l'indicateur de référence est le *prélèvement obligatoire*. Les prélèvements obligatoires représentent l'ensemble des contributions obligatoires prélevées sans contrepartie[5] au profit des administrations publiques et des institutions communautaires européennes. Le montant total des prélèvements obligatoires rapporté au PIB mesure le niveau de la fiscalité de chaque pays. C'est donc un indicateur de mesure indispensable pour comparer les politiques fiscales pratiquées dans l'OCDE.

2. Taux et structure globale des prélèvements obligatoires

Le total des prélèvements obligatoires a progressé de manière constante, suivant ainsi l'évolution dictée par les dépenses publiques. Cette tendance est confirmée pour l'ensemble des pays occidentaux et 40 % en moyenne de la richesse totale produite est récupérée par l'État sous forme de prélèvements obligatoires. Des différences de taux sont notées d'un pays à l'autre, avec une pointe de 57 % en Suède et un taux minimal de 32 % au Japon. À cette différence de taux s'ajoutent des spécifités par *nature de prélèvements* selon une préférence pour *l'imposition directe* (Suède) ou un choix prioritaire pour *l'impôt indirect* (France). Ces différences sont résumées aux tableaux suivants :

---

5. Voir à ce sujet P. BELTRAME (1992) : *La Fiscalité en France,* Hachette Supérieur.

– le tableau 8.5 décrit l'évolution du poids total des prélèvements obligatoires dans les pays occidentaux ;

– le tableau 8.6 recense l'évolution des taux de prélèvements obligatoires français par nature de prélèvements.

Tab. 8.5

Évolution du poids des prélèvements obligatoires dans les pays occidentaux

Pays	1961 à 1973	1970	1975	1980	1982	1983	1984	1987	1988	1990
Suède	40,6	40,2	43,9	49,4	50,3	50,5	50,6	51,2	54,6	56,8
Belgique	-	35,8	41,8	44,7	46,6	45,4	-	46,3	-	44,9
Pays-Bas	-	37,9	43,6	45,7	45,5	47,3	45,4	45,6	-	45,2
Danemark	-	40,4	41,4	45,5	44,0	46,2	47,3	48,7	47,4	48,6
France	36,3	35,6	37,4	42,5	43,7	44,6	45,4	48,2	46,5	43,9
Italie	28,7	27,9	29,0	33,2	39,9	40,6	-	36,8	37,5	38,2
Royaume-Uni	31,6	37,3	35,7	36,0	39,6	37,8	38,6	36,6	36,6	35,9
Allemagne	36,1	32,9	36,0	37,8	37,3	37,4	37,3	41,9	41,4	38,5
États-Unis	29,5	29,8	29,6	30,3	30,4	29,0	-	32,7	32,4	31,3
Japon	19,1	19,7	21,0	25,9	27,2	27,7	28,5	29,9	28,0	31,1
Moyenne CEE	34,2	33,4	36,0	39,0	40,6	41,4	40,6	42,3	41,1	40,1

Source : Notes bleues.

Le taux des prélèvements obligatoires en France augmente sans discontinuité de 1976 à 1987, atteignant ainsi un sommet de 48,2 % en 1987. Aujourd'hui, ce taux est freiné mais représente encore 43,8 %, soit un résultat bien supérieur à la moyenne des économies occidentales. Cette évolution confirme la persistance du poids de l'État et des administrations publiques dans l'économie. La pression fiscale totale suit la même trajectoire que celle dictée par les prélèvements obligatoires. La structure des dépenses publiques s'est en revanche modifiée au cours du temps en élevant continuellement le taux de pression des cotisations sociales ; ce taux est de 19,5 % en 1991 et tend à se stabiliser à cette valeur depuis 1984.

Tab. 8.6
Évolution des taux des prélèvements obligatoires français

Années	Pression des cotisations sociales (% PIB)	Pression fiscale totale (en % du PIB)	Prélèvements obligatoires (en % du PIB)
1976	15,9	23,5	39,4
1977	16,5	22,9	39,4
1978	16,6	22,9	39,5
1979	17,6	23,5	41,1
1980	18,3	24,2	42,5
1981	18,3	24,5	42,8
1982	18,9	24,9	43,8
1983	19,6	25,0	44,6
1984	19,7	25,7	45,4
1985	19,3	25,9	44,5
1987	19,6	28,6	48,2
1989	19,8	25,9	45,7
1990	19,4	24,5	43,9
1991	19,5	24,3	43,8

Source : Notes bleues.

La structure des prélèvements obligatoires apporte quelques enseignements complémentaires intéressants. En comparant cette structure pour la France, pour les années 1983 et 1990, on constate une baisse des impôts sur le revenu, une réduction des impôts sur le bénéfice des sociétés, une stabilité des prélèvements de Sécurité sociale et une hausse des impôts sur le patrimoine. Cette situation est particulière à la France. Le poids des impôts sur le revenu est très largement supérieur dans tous les autres pays et les cotisations sociales sont, en contrepartie, nettement inférieures. À l'exception de la Suède, le taux global des prélèvements obligatoires est le plus élevé en France, de l'ordre de 43,9 % en 1990 contre 29,8 % aux États-Unis, 38,1 % en Allemagne et 31,3 % au Japon.

Tab. 8.7
Structure comparée des prélèvements obligatoires en France pour 1983 et 1990

Structure des prélèvements obligatoires	1983	1990
Impôt sur le revenu	13,5	10,64
Impôt sur le bénéfice des sociétés	04,3	05,6
Sécurité sociale	43,9	43,9
Impôt sur les salaires à charge des employeurs	02,4	01,16
Impôt sur le patrimoine	03,7	05,0
Impôt sur les biens et services	29,0	28,7
Autres	03,2	05,0
Total	100	100

Source : Cahiers français (1986) et OCDE.

Le poids des cotisations sociales se stabilise sur cette période mais l'effort demandé aux employeurs tend désormais à la baisse. L'augmentation des cotisations patronales affecte la compétitivité des entreprises. En période de stagnation économique, l'État préfère réduire l'effort des employeurs dans le paiement des charges sociales ; le taux des cotisations patronales se réduit ainsi légèrement pour tenter de soutenir la compétitivité des entreprises et ne pas décourager les politiques d'embauche. D'autres répartitions sont retenues dans les pays privilégiant l'impôt direct et contrôlant de plus en plus l'évolution des cotisations sociales.

La structure comparée des prélèvements obligatoires dans les différents pays occidentaux confirme la préférence française pour l'imposition indirecte. L'imposition directe représente 17,4 % du total des prélèvements obligatoires français contre une moyenne européenne de près de 34 %. La compensation de ce manque à gagner est recherchée en France du côté de l'impôt indirect avec une imposition de près de 29 % sur les biens et services et de 44 % sur les cotisations sociales. La France se distingue donc nettement de ses partenaires commerciaux puisque l'imposition directe sur le revenu des personnes physiques et sur le bénéfice des sociétés représente en moyenne 40 % des prélèvements pour l'ensemble des pays de l'OCDE. L'impôt sur la consommation est en moyenne, dans l'OCDE, de 30 % mais les cotisations sociales plafonnent à 25 % du total prélevé.

Tab. 8.8

Taux et structure des prélèvements obligatoires (PO) dans les pays occidentaux en 1989

Pays	Impôt revenu	Impôt société	Impôt biens services	Impôt patrimoine	Autres	Sécurité sociale	Total	Taux PO en % PIB
France	11,8	05,6	28,7	05,0	05,0	43,9	100	43,9
Allem.	29,5	05,5	25,6	03,0	–	36,4	100	38,1
USA	34,7	08,4	16,9	10,3	–	29,7	100	29,8
Italie	22,5	15,5	26,1	02,5	05,0	32,9	100	38,4
Japon	22,9	24,4	12,6	10,9	0,20	29,0	100	31,3
RU	26,5	12,3	31,0	12,6	0,10	17,5	100	36,5
Suède	38,7	05,0	23,9	03,5	3,40	25,5	100	56,8

Source : J. PERCEBOIS (1991).

La structure fiscale des pays anglo-saxons et scandinaves se démarque par une nette priorité à l'imposition directe sur le revenu, de l'ordre de 35 % à 50 %. Les cotisations sociales demeurent réduites au Royaume-Uni mais restent élevées dans les pays scandinaves.

La préférence est donnée à l'imposition indirecte dans les pays latins avec un taux moyen de 30 %. Les cotisations sociales sont également élevées et représentent en moyenne 30 % à 40 % du total des prélèvements (charge maximale en France avec un taux de 43,9 % aujourd'hui).

Le choix des structures fiscales se justifie largement par les objectifs retenus. Un gouvernement sensible à l'équité retiendra une imposition directe et allégera surtout le coût des cotisations fiscales. Inversement, la recherche d'efficacité peut conduire à une répartition en faveur de l'imposition indirecte. L'arbitrage efficacité-équité n'est cependant pas aussi facile. Le rendement fiscal escompté de l'imposition conditionne la structure des prélèvements. La recherche d'efficacité ne peut ainsi se faire au détriment systématique de l'équité. Un minimum d'intérêt doit être sauvegardé dans chaque cas. Les conditions minimales de succès d'une politique fiscale rejoignent ainsi les enseignements tirés de la théorie de la réglementation. On peut souligner à cet effet une relation importante vérifiée dans l'OCDE : les pays les plus riches sont moyennement imposés (cas notamment des États-Unis avec un taux de prélèvements obligatoires égal à 30 % du PIB). Le choix d'une structure fiscale est donc bien conditionné par des impératifs d'efficience économique plus ou moins compatibles avec des critères de justice sociale. L'impôt ne doit pas nuire à la croissance. La relance de l'emploi conditionne en partie le poids des charges sociales ; des charges salariales élevées compromettent l'embauche et stimulent la substitution du capital au travail. Un allégement du coût salarial total, à dépenses publiques inchangées, génère en revanche un report des charges fiscales sur d'autres biens ou d'autres catégories d'agents, au risque de renforcer les inégalités sociales. La recherche d'un bon compromis fiscal n'est donc pas simple. Tout réaménagement interne de la structure des prélèvements nécessite en réalité un rééquilibrage de la charge fiscale globale. Ce rééquilibrage repose sur les priorités économiques sélectionnées par les pouvoirs publics en fonction des contraintes d'efficience et des règles de justice sociale. La défense du paradigme de l'équité entraîne certaines orientations fiscales que nous développerons à la section 2.

SECTION 2. FISCALITÉ ET ÉQUITÉ SOCIALE

L'équité d'un système fiscal relève en partie de la politique de redistribution et génère le développement des transferts. Les conditions d'un système fiscal équitable affectent également la nature du taux d'imposition. La progressivité de l'impôt corrige plus efficacement les inégalités. Ce principe est instauré par Joseph Caillaux en 1914 lorsqu'il défend la politique de l'impôt progressif unique et personnalisé sur le revenu. L'effet redistributif de l'impôt croît avec le taux de progressivité fixé. La correction des inégalités peut également être recherchée du côté d'une restructuration des charges fiscales entre impôt direct et impôt indirect. La volonté de construction du Grand Marché européen devrait garantir cette recherche d'équité. Les conditions de l'harmonisation fiscale imposeront à des pays comme la France de rapprocher leur structure fiscale de la structure moyenne aujourd'hui en vigueur. Les réaménagements opérés réduiront les impôts indirects prélevés sur la dépense et élèveront la pression fiscale sur les revenus. Un rééquilibrage est également à attendre pour les cotisations sociales. L'harmonisation fiscale européenne soutiendra le financement de la protection sociale par l'impôt, rétablissant ainsi une meilleure justice sociale, et pouvant contribuer également, sous certaines conditions, à une meilleure efficacité économique en favorisant l'emploi. Ces réaménagements doivent cependant respecter certaines règles pour ne pas décourager l'initiative privée et surcharger les contribuables aux revenus moyens.

Une plus grande équité peut nuire à l'efficacité. Plusieurs compensations peuvent donc être recherchées par les opérations de transferts et par une meilleure répartition globale de la charge *sur un plus grand nombre de foyers fiscaux*. Les fondements d'une telle équité relèvent de la politique de redistribution (A). Ils peuvent être précisés et redéfinis par les contraintes d'environnement. Ce problème sera mis en évidence par l'étude des contraintes et effets de l'harmonisation fiscale européenne (B).

A. Orientations de la politique de redistribution

Deux modes de redistribution peuvent être recherchés : une redistribution directe par le versement de transferts compensateurs ou correcteurs des inégalités ; une redistribution indirecte par une progressivité plus forte de l'imposition directe sur le revenu. L'évolution des dépenses de transfert sur longue période confirme l'engagement prioritaire des économies occidentales pour ce premier mode de financement.

1. Évolution des dépenses publiques

Les dépenses de transferts couvrent une grande variété d'opérations. *Quatre transferts* sont généralement distingués :

– *les prestations sociales* couvrant les risques de santé (maladie, accident), risques de vieillesse (retraite), risques familiaux (enfants à charge) et les risques liés à l'emploi (chômage) ;

– *les subventions d'exploitation* versées aux producteurs pour leur garantir une rémunération suffisante (subventions agricoles) ;

– *les transferts courants* relatifs aux aides diverses accordées aux administrations (bonifications d'intérêts), ainsi que les aides versées à certains groupes d'agents : bourses d'études, indemnités de rapatriement...

– *les transferts en capital* pour la couverture de pertes jugées exceptionnelles car indépendantes de la gestion des firmes ; financement des déficits publics des monopoles naturels contraints à pratiquer une gestion concurrentielle ; versements concernant également les dommages de guerre, les allocations aux zones sinistrées après catastrophes naturelles...

Les crises économiques stimulent le versement de transferts. Depuis 1970, les dépenses de transfert progressent d'une manière générale dans tous les pays occidentaux exposés à une conjoncture difficile et à de longues périodes de stagflation entre 1973 et 1980. Leur évolution renforce la thèse de l'effet de déplacement justifiant la progression continue des dépenses publiques.

Tab. 8.9
Variation des dépenses de transferts

Pays	1950-1960	1960-1970	1970-1977	1950-1977
Allemagne	1,26	1,40	2,43	2,05
France	1,79	1,66	2,19	2,54
Grèce	0,35	2,73	2,37	2,11
Pays-Bas	1,87	2,88	3,24	4,38
Royaume-Uni	0,87	1,89	3,42	2,07
Suède	1,53	2,28	11,14	4,43
États-Unis	1,08	2,54	2,48	2,59

Source : J. BENARD (1985).

Tab. 8.10
Dépenses publiques consolidées en % du PIB

Pays	1965	1970	1975	1980	1984	1990
France	33,5	36,5	39,1	43,7	49,8	52,4
États-Unis	28,9	31,5	32,1	33,0	34,4	38,9
Allemagne	34,2	36,9	41,6	48,6	49,3	51,5
Royaume-Uni	34,43	38,18	44,97	44,98	46,42	49,32

Source : OCDE.

L'augmentation moyenne des dépenses de transferts en part du PIB, sur la période 1970-1984, est de 10 %. Ces dépenses représentaient en moyenne 20 % du PIB avant le premier choc pétrolier ; elles couvrent aujourd'hui, dans une économie de chômage élevé, près de 40 % du PIB. L'évolution de la structure de ces dépenses confirme la forte progression des prestations sociales. La structure générale des dépenses de transferts est donnée au tableau suivant :

Tab. 8.11
Structure des dépenses consolidées (France) par opérations

Dépenses	1960	1970	1976	1980	1984	1990
Intérêts	03,4	02,9	03,0	03,6	05,5	07,5
Fonctionnement	45,8	42,9	37,3	35,2	32,7	32,0
– Salaires	20,0	18,2	18,7	18,3	16,9	15,0
– Consommations intermédiaires	17,4	14,5	10,6	10,5	10,3	10,5
– Investissements	08,4	10,2	07,9	06,3	05,5	06,5
Redistribution	50,8	54,2	59,7	61,2	61,8	60,5
– Prestations sociales	37,0	43,2	48,0	51,7	51,5	–
– Transferts	–	–	07,1	05,0	05,4	06,1
– Autres	13,8	11,0	04,6	04,5	04,9	–

Source : *Cahiers français* (1986) et *Notes bleues*.

Une ventilation plus détaillée par opérations indique l'évolution très sensible des prestations couvrant les risques d'emploi, de santé et de vieillesse. Cette orientation confirme la progression des politiques d'assistance directe. Ce résultat tient à la conjonction de deux effets : la recherche d'un meilleur cadre de vie pour toutes les économies occidentales et la fragilisation importante de la conjoncture mondiale exposant un grand nombre d'actifs au risque de chômage.

Tab. 8.12

Composantes des dépenses de transferts des administrations publiques françaises (en % du PIB)

Dépenses de transferts en % du PIB	1970	1975	1980	1984	1989
Prestations sociales	16,8	20,1	22,8	25,9	28,6
Prestations liées à un circuit d'assurance	13,0	16,1	18,9	21,6	23,9
– santé	04,9	06,3	07,2	07,9	08,5
– famille	02,6	02,6	02,5	02,6	02,6
– emploi	00,1	00,4	01,2	02,3	03,4
– vieillesse	05,3	06,7	08,0	08,7	09,5
Autres prestations	03,8	04,0	03,9	04,3	05,1
Autres dépenses de transferts	03,9	04,1	04,0	04,9	05,6
Subventions d'exploitation	01,9	01,9	01,8	02,3	02,6
Transferts courants	01,3	01,5	01,5	02,0	02,7
Transferts en capital	00,7	00,7	00,7	00,6	00,7

Source : Comptes de la nation.

La répartition des dépenses de transferts en grandes composantes vérifie les grandes priorités gouvernementales retenues : priorité aux dépenses stratégiques en période de guerre ou de crise économique majeure (un service de la dette de plus de 40 % des dépenses publiques en 1872 contre 3 % en 1975). Les dépenses de reconstructions engagées au lendemain de la Seconde Guerre mondiale absorbent, en revanche, plus de la moitié du budget sur une dizaine d'années, pour se réduire sensiblement de moitié et se stabiliser autour de 20 % aujourd'hui. Les priorités actuelles sont orientées en faveur de l'éducation et de la recherche (21 % du budget) mais leur progression est freinée par le poids persistant et progressif du service de la dette induit d'un endettement croissant à taux élevé. Les prestations sociales dans leur ensemble plafonnent également et vérifient une part constante du budget, de l'ordre de 15 % en 1991 malgré un chômage durable.

Tab. 8.13
Évolution de la structure du budget de l'État sur longue période en France et en % du total

Années	Pouvoirs publics	Éducation Recherche	Action sociale	Service de dette	Autres dépenses civiles	Défense nationale	Total
1872	18,0	02,1	02,0	41,5	10,0	26,4	100
1880	14,1	03,7	00,5	31,3	20,6	29,8	100
1890	13,6	07,1	00,7	34,4	10,4	33,8	100
1900	14,3	07,4	00,8	26,2	13,6	37,7	100
1920	12,3	03,7	01,7	23,1	16,8	42,4	100
1933	15,5	09,7	05,9	–	40,0 (*)	28,9	100
1948	15,4	07,0	02,5	03,6	50,9	20,6	100
1950	11,0	07,8	04,9	04,1	51,3	20,9	100
1955	10,7	09,2	07,9	04,1	40,6	27,5	100
1960	13,5	12,9	08,3	04,3	33,1	27,9	100
1965	12,3	19,0	11,1	03,2	32,1	22,3	100
1970	11,0	21,5	10,9	03,9	35,4	17,3	100
1975	12,3	21,8	14,6	03,2	32,0	16,1	100
1980	13,2	21,2	16,5	04,9	26,8	17,4	100
1985	13,3	20,5	16,2	09,3	25,0	15,7	100
1990	14,3	20,7	15,5	11,3	22,7	15,5	100
1991	14,1	21,3	15,4	11,9	22,2	15,1	100

(*) somme comprenant le service de la dette.

Source : J. PERCEBOIS (1991), p. 34.

Tab. 8.14
Ventilation des dépenses publiques françaises dans le budget de l'État en 1990

Personnel	Fonctionnement	Interventions publiques	Équipement	Prêts-avances
33,7	8,1	42,2	15,2	0,8

Source : *Notes Bleues.*

Le budget alloué aux interventions publiques représente plus de 40 % du budget total de l'État et est le reflet de l'engagement croissant de l'État dans l'activité économique. Ces interventions sont très vite polarisées vers deux grandes fonctions : *l'assistance sociale* en période de chômage croissant et *l'aide industrielle* sectorielle directe durant les phases de récession économique. Les deux tableaux suivants résument ces priorités récentes en faveur des aides à l'emploi et aux secteurs en difficulté :

Tab. 8.15
Évolution des dépenses publiques pour l'emploi

1973	1978	1981	1984	1990
04,9	10,3	13,2	14,7	18,9

Tab. 8.16
Structure des aides publiques par grands secteurs en %

Aides sectorielles en %	1979	1980	1984	1989	1991
agro-alimentaire	31	29	27	29	29
énergie	09	19	08	12	09
industrie	17	15	24	25	27
construction-logement	11	08	09	10	12
transports	20	17	17	10	14
commerces-services	12	13	15	14	09
Total	100	100	100	100	100

L'État répartit ses aides en les concentrant sur les secteurs en grande difficulté et exposés à la crise (industrie, énergie). Des priorités sont également données aux secteurs influant directement sur la vie sociale (transports publics, construction de logements). Ces dernières priorités garantissent des effets compensateurs susceptibles de corriger certaines inégalités sociales. Au total, les huit secteurs prioritaires (agro-alimentaire, transports, sidérurgie, logement, services aux ménages, services aux entreprises, charbonnages, construction navale et aéronautique-armement) récupèrent 80 % de l'aide publique totale.

Cette fonction de redistribution peut être renforcée par l'emploi d'une structure fiscale progressive assise sur la capacité contributive de chaque contribuable selon le montant de son revenu.

2. Proportionnalité ou progressivité de l'impôt

La progressivité de l'impôt reflète l'augmentation du taux d'imposition en fonction de l'importance du revenu. À la progressivité fiscale s'oppose le principe de proportionnalité répartissant à taux donné la charge fiscale entre tous les contribuables. Le sacrifice fiscal induit d'un impôt proportionnel est beaucoup plus lourd pour les revenus modestes que pour les revenus élevés. Inversement, la progressivité de l'impôt égalise le sacrifice fiscal de tous et corrige ainsi les différences initiales de revenu.

L'impôt progressif sur le revenu est défini pour différentes tranches de revenu. Treize tranches de revenu sont retenues en France et à chacune est affecté un taux spécifique. Le taux maximal est de 56,8 %. Il était de 65 % en 1984. La progressivité de l'impôt est plus importante aux États-Unis, le taux variant en 1985 de 14 % à 60 % contre 0 % à 65 % en France et 33 % à 83 % en Grande-Bretagne. L'Allemagne vérifie une progressivité ramassée pour un taux moyen compris entre 22 % et 55 %. Le ministre français du Budget et porte-parole du gouvernement, Nicolas Sarkozy, vient d'annoncer une réforme fiscale pour 1994, ramenant le nombre de tranches de treize à sept, voire cinq. Cette réforme devrait s'accompagner d'une moindre fiscalité sur le revenu avec un allègement fiscal total estimé à 19 milliards de francs pour les ménages pour 1994. Les allègements amputeront de 6 % le rendement de l'impôt sur le revenu. Cet impôt rapporterait ainsi 296,7 milliards de francs en 1994 contre 306,4 miliards en 1993. L'allègement profitera à 15,5 millions de contribuables puisque la moitié des foyers français sont exonérés de l'impôt sur le revenu.

Les prévisions gouvernementales permettent d'annoncer les tendances suivantes pour 1994 :
– baisse de l'impôt sur le revenu inférieure à 3 % pour 9,7 % des contribuables, soit pour 1,5 million de personnes ;
– baisse comprise entre 3 % et 5 % pour 20,6 % des foyers fiscaux assujettis à l'impôt sur le revenu (3,2 millions de personnes) ;
– baisse comprise entre 5 % et 10 % pour 25,8 % des contribuables (4 millions de personnes) ;
– baisse d'au moins 10 % pour les 43,9 % restants concernant 6,8 millions de personnes.

La forte préférence française pour une imposition indirecte implique un faible rendement de l'impôt sur le revenu : la TVA devrait rapporter en 1994, 522 milliards de francs à l'État, soit un total bien supérieur aux 296,7 milliards escomptés de l'impôt sur le revenu pour la même année. Une forte progressivité permet de corriger cette tendance et de compenser l'incidence négative d'un faible nombre de foyers fiscaux. D'une manière générale, le barème fiscal français reste plus favorable aux contribuables à revenu faible ou moyen que les barèmes allemand ou britannique : 80 % des foyers français vérifiaient en 1984 un taux d'imposition inférieur à 8,5 % alors que 80 % des foyers britanniques supportaient un taux d'imposition inférieur à 21 %. La progressivité de l'impôt français est très forte pour les tranches de revenu imposables jusqu'à 40 % de leur montant.

Les spécificités de la politique fiscale française ne tiennent pas qu'à cette différence de progressivité. La structure fiscale globale se différencie également par la répartition entre imposition directe et imposition indirecte. Toutes ces différences affectent les conditions de réalisation d'une unité européenne la plus homogène possible. Des réformes fiscales seront donc nécessaires pour garantir l'harmonisation annoncée des systèmes fiscaux européens. La restructuration déjà engagée est progressive.

B. Fiscalité et Marché unique européen

Les divergences fiscales signalées précédemment nuisent à la réalisation du Marché unique européen.

L'adoption, en décembre 1985, de l'Acte unique européen érige l'obligation de garantir un espace sans frontières assurant la libre circulation des personnes, des services et des capitaux. L'élimination des frontières fiscales exige initialement la suppression du système actuel exonérant les biens et services à l'exportation. Ce cas de figure illustre la situation d'un report de taxe sur un autre agent (taxe à l'import). La constitution d'un Grand Marché européen sans frontières nécessite toute convergence des taux de TVA (taux sur la valeur ajoutée) entre pays membres pour éviter toute distorsion fiscale.

Les gouvernements des États membres refusent, le 9 octobre 1989, le plan d'harmonisation des fiscalités indirectes proposé à l'intérieur de la Communauté économique européenne. Le principe du regroupement des taux (taux moyens situés dans une fourchette de 14 % à 20 %) n'a pas été contesté par la majorité des gouvernements mais, en ce domaine, la règle des décisions à l'unanimité s'impose. Ce regroupement a été jugé insuffisamment protecteur pour les entreprises, les conditions d'une concurrence égale n'étant pas assurées. Les pays accepteraient seulement une différence minime des taux de TVA. Un alignement de tous les taux supposerait de grosses pertes fiscales pour certains pays comme les Pays-Bas, l'Irlande ou la France. L'harmonisation globale imputerait également certaines pratiques nationales telles que le taux zéro britannique. Le principe raisonnable retenu est donc un *rapprochement progressif des taux de TVA* entre pays membres. Pour rendre compte de ces difficultés, nous dresserons rapidement le bilan des grandes divergences fiscales européennes.

1. Disparités fiscales intra-communautaires

Une grande diversité fiscale caractérise les pays européens : certains États membres figurent parmi les plus imposés des pays industrialisés alors que d'autres appartiennent au groupe des pays les moins taxés. La moyenne des prélèvements fiscaux est de 28 % dans la CEE. Le Danemark atteint le seuil de 47,8 % et l'Espagne se situe au niveau minimal de 16,9 % soit largement en-deçà de la moyenne (seuls les États-Unis et le Japon vérifient des niveaux inférieurs). La France se situe à la moyenne, avec un taux de 26,5 %.

Deux groupes de pays se distinguent en ce qui concerne l'ensemble des prélèvements obligatoires (prélèvements fiscaux et prélèvements obligatoires) :

– le Danemark, la Belgique, la France et les Pays-Bas vérifient un taux global supérieur à 44 % du PIB ;

– la Grèce, l'Italie, le Portugal et l'Espagne ont un taux inférieur à 35 %.

Le taux moyen de la CEE est de 40 %, soit de trois points supérieur au taux moyen de l'OCDE. Les pays de la zone sud de la CEE vérifient donc un taux global de prélèvements inférieur au taux moyen communautaire et également inférieur au taux moyen occidental.

Nous avons précisé l'évolution des prélèvements obligatoires à la section 1. Ils progressent à des rythmes spécifiques selon les pays. De telles disparités ne sont pas sans incidence sur les conditions d'exercice de la concurrence au sein de la Communauté économique européenne.

Les divergences sont toutefois essentiellement marquées sur les taxes indirectes et peuvent compromettre la compétitivité de certains États membres.

2. Divergences fiscales et contraintes de compétitivité

L'adoption, en 1967, du système de TVA marque une décision fiscale décisive pour l'Europe communautaire. Des dispositions pour une assiette commune de l'impôt indirect sont recherchées dès 1977. L'harmonisation des bases d'imposition à la TVA n'est cependant pas achevée puisque les États membres ont maintenu des exceptions par le biais de régimes spéciaux de dérogations et de dispositions transitoires.

Le tableau suivant recense quelques exemples de telles diversités :

Tab. 8.17
Diversité des taux de TVA intra-européens

Pays	Taux réduit	Taux normal	Taux majoré
Belgique	1 % et 6 %	19,0 %	25 % et 33 %
Danemark	aucun	22,0 %	aucun
France	2,1 %, 4 %, 5 %, 7 %	18,6 %	33,3 %
Allemagne	7 %	14,0 %	aucun
Grèce	6 %	18,0 %	36 %
Italie	2 % et 9 %	18,0 %	38 %
Pays-Bas	6 %	20,0 %	aucun
Royaume-Uni	aucun	15,0 %	aucun
Espagne	6 %	12,0 %	33 %

Les taux normaux appliqués dans la CEE varient entre 12 % (Espagne et Luxembourg) et 25 % (Irlande). Les taux réduits s'étalent de 1 % à 10 % mais les plus bas ne s'appliquent qu'à de rares produits. L'étalement effectif de ces taux se situe donc dans la fourchette 4 %-10 %.

Les États membres appliquent actuellement un taux zéro à la plupart des biens et services de première nécessité. Cette situation reflète le choix prioritaire d'une politique sociale relevant d'une équité en faveur des revenus les plus bas (principe rawlsien tendant à corriger l'injustice induite d'une fiscalité indirecte). Le Royaume-Uni pratique très largement cette politique fiscale de taux zéro. Les autres États membres corrigent les différences sociales par des compensations directes : prestations sociales élargies, impôt négatif (revenu minimum d'insertion), allocations complémentaires d'assistance...

Ces divergences d'imposition ne sont pas sans incidence sur l'évolution des recettes fiscales totales des différents États membres. Elles affectent également la compétitivité des différents pays :

Tab. 8.18
Part de la TVA dans les recettes fiscales totales

Pays membres de la CEE	Part de la TVA dans le total des recettes fiscales (en % pour 1990)
France	33,7
Belgique	23,7
Luxembourg	18,4
Pays-Bas	28,6
Allemagne	25,1
Italie	22,3
Danemark	19,7
Royaume-Uni	19,6
Irlande	23,5
Grèce	31,0
Portugal	29,0
Espagne	25,0

Une harmonisation fiscale brutale imputerait fortement le budget des recettes fiscales de la France, des Pays-Bas, de la Grèce et du Portugal. Les prélèvements sur la dépense représentent en France un tiers des recettes fiscales totales.

Ces divergences affectent nécessairement la compétitivité des firmes européennes[6]. La concurrence intra-européenne existe et la compétition s'exerce donc sur des prix finaux, c'est-à-dire toutes taxes comprises. Une TVA réduite permet aux firmes d'élever les prix hors taxes sans subir une forte concurrence ; les entreprises luxembourgeoises, danoises et anglaises peuvent ainsi se constituer d'importantes marges sans subir, à coût de fonctionnement égal, la concurrence crédible des rivales françaises, hollandaises ou portugaises.

Pour garantir une homogénéité des taux, la Commission de Bruxelles propose trois dispositions majeures :

– *la suppression du système actuellement en vigueur* exonérant les biens exportés et taxant les biens importés ; la Commission propose de taxer les exportations à la TVA en vigueur dans le pays d'où sort le bien ;

– *le rapprochement progressif des taux de TVA* en réduisant à deux le nombre des taux praticables ; les écarts de taux devraient être limités à 5 points pour le taux réduit soit dans une fourchette de 4 % à 9 %. Le taux normal devrait se situer dans la fourchette de 14 % à 20 % ;

– *la mise en place de mécanismes de compensation et de contrôle* du nouveau système afin de garantir aux États membres un recouvrement des recettes fiscales escomptées avant les réformes d'harmonisation.

Cette harmonisation progressive devrait décourager la recherche de rentabilité par différences de TVA. Le système actuel encourage en effet les entreprises à s'installer dans des pays à faible TVA pour vendre à des assujettis fiscaux (ménages, collectivités, compagnies d'assurances) résidant dans des pays à taux de TVA élevés.

La thèse de l'harmonisation fiscale a suscité toutefois plusieurs controverses, opposant, d'une part, les partisans d'un réajustement total et immédiat aux défenseurs, d'autre part, d'une harmonisation progressive et minimale corrigeant les disparités sans les interdire. À ce débat s'ajoute le raisonnement économique de Pascal Salin[7] plaidant pour le non-fondé d'une harmonisation fiscale européenne. L'analyse de P. Salin est économiquement pertinente. L'auteur récuse l'utilité d'une harmonisation en plaidant que les taux de TVA jouent le rôle de prix. L'harmonisation fiscale n'est dès lors pas plus justifiée que l'harmonisation de n'importe quel élément de coûts de production. Pourquoi vouloir harmoniser les conditions d'une concurrence naturelle invitant chaque acteur économique à s'adapter librement aux conditions du marché pour sauvegarder sa compétitivité ?

L'harmonisation fiscale ne peut donc se justifier que du point de vue de l'incidence fiscale. Des différences de taux affectent le bien-être des consommateurs des pays à fiscalité indirecte élevée. Elles ralentissent également la croissance et entre-

---

6. Voir à ce sujet : « Fiscalité et Marché unique européen », rapport de la commission présidée par M. BOITEUX, publication de la Documentation Française (1988).

7. P. SALIN (1989) : « Épargne, Investissement et Fiscalité », *Revue Française d'Économie*, mars 1989.

tiennent les disparités intra-communautaires au risque de compromettre l'efficacité économique et la recherche d'une meilleure équité sociale. Les réformes fiscales doivent pallier ces risques sans provoquer parallèlement de trop fortes pertes de recettes fiscales préjudiciables à l'équilibre budgétaire. Quelques orientations générales mériteraient dès lors d'être combinées :

– étalement du nombre de foyers fiscaux afin d'éviter des situations extrêmes dommageables à la croissance et telles que 5 % des foyers fiscaux français bénéficiant des plus hauts revenus supportent 52 % de l'impôt[8] sur le revenu (52 % seulement de la population acquitte l'intégralité de cet impôt) ;

– une moindre concentration de l'impôt direct sur le revenu serait compatible avec une moindre progressivité du taux de cet impôt sans réduire les recettes escomptées : compensation d'un effet prix à la baisse par un effet volume à la hausse (nombre croissant de foyers fiscaux pour une charge fiscale directe individuelle réduite). Cette répartition reposerait sur le principe du financement des modèles de soutien politique défendus par Peltzman : un grand groupe de perdants afin que tous pris dans leur ensemble paient un coût élevé mais chacun payant peu (coût par tête réduit). Cette moindre progressivité directe avec un prélèvement élargi à un grand nombre de foyers corrigerait l'inégalité actuelle de la structure fiscale et relancerait l'investissement et l'épargne.

La fiscalité directe serait renforcée et le système fiscal serait donc plus juste (moindre pression fiscale indirecte). Parallèlement, la diminution de la progressivité de l'impôt sur le revenu, impôt aujourd'hui concentré sur un nombre trop réduit de foyers fiscaux, réhabiliterait l'initiative privée, combinant ainsi efficacité et équité directe, et autorisant dès lors une diminution des dépenses de transferts.

La théorie fiscale rejoint en bien des points les enseignements de la théorie de la réglementation. Pour ne pas compromettre la croissance et éviter de nuire à terme à toutes les catégories de revenu, la pression fiscale totale doit respecter certaines limites. Une meilleure équité ne peut se faire au détriment systématique de l'efficience. Parallèlement, une relance de l'activité économique ne paraît satisfaisante que si ses fruits profitent à tous plus ou moins directement. Les conditions de réussite d'une fiscalité la plus incitative et la moins inéquitable doivent ainsi satisfaire à quelques règles minimales :

– meilleure répartition de l'effort fiscal total ;

– moindre concentration de la fiscalité directe permettant une moindre progressivité sans perte fiscale totale ;

– équilibre plus satisfaisant des fiscalités directes et indirectes autorisant un fléchissement des dépenses de transferts.

---

8. Voir à ce sujet P. BELTRAME (1992) : *op.cit.*, p. 181.

La concentration excessive de l'impôt sur une minorité est une fausse réponse au problème de l'inégalité. Une telle politique décourage l'initiative privée, compromet la croissance et réduit la part bugétaire redistribuable et affectée en priorité aux revenus les plus bas. Cette politique peut être fatale en période de stagnation économique persistante. Ses effets se résument simplement pas l'adage d'une fiscalité élevée destructrice et telle que « les hauts taux tuent les totaux ». Une fiscalité mieux répartie peut garantir simultanément la recherche d'un bon compromis pour une croissance efficace et équitable. La démonstration macroéconomique d'une telle incidence nous est livrée par l'enseignement célèbre de la courbe de Laffer. Les gouvernements en charge des décisions fiscales gagneraient donc à s'appuyer sur le raisonnement de la théorie microéconomique afin de sélectionner des règles fiscales mutuellement compatibles avec les paradigmes de l'efficience et de la justice sociale. De tels objectifs relèvent des principes d'une fiscalité optimale qui sont développés au chapitre IX.

CHAPITRE IX

PRINCIPES DE FISCALITÉ OPTIMALE

Par ses allocations et redistributions, l'État s'efforce de garantir l'utilisation optimale des ressources. Pour y parvenir, il doit élaborer une fiscalité optimale. Deux principes peuvent être retenus : le *principe d'équivalence* relatif à la répartition de la charge fiscale selon le critère d'affectation efficace des ressources, et le *principe de capacité contributive* lié au partage équitable de la charge fiscale entre les agents économiques et relevant donc du paradigme d'équité. Indépendamment de la règle dominante du partage fiscal (équité ou efficacité), la décision relève toujours de l'État. L'économiste public dote dans ce cas l'État d'une fonction d'utilité collective.

Atkinson et Stiglitz (1980) démontrent[1] l'incidence de la décison publique sur le partage fiscal retenu. La nature de la fonction d'utilité collective (FUC) caractérise les fondements de la décision publique et les différentes normes de justice. Tous ces éléments relèvent de l'approche normative (section 1) et contribuent à l'élaboration de la théorie fiscale optimale (section 2).

SECTION 1. APPROCHE NORMATIVE DE L'ÉTAT

Un État bienveillant recherche les conditions nécessaires à une affectation optimale des ressources, c'est-à-dire une affectation efficace. Il élabore ainsi une FUC de type Bergson, tenant compte de l'ensemble des utilités individuelles. Selon le poids accordé à chaque utilité individuelle, différentes normes d'équité peuvent être observées[2]. Elles infléchissent nécessairement la répartition totale des richesses.

---

1. A. B. ATKINSON et J. E. STIGLITZ (1980) : *Lectures on Public Economics,* London, McGraw Hill Book Company.

2. Le lecteur se reportera avec fruit à l'ouvrage de A. WOLFELSPERGER (1980) : *Economie des inégalités de revenus,* PUF 1980.

A. Critères utilitaristes et critère d'efficience de justice sociale

Jeremy Bentham (1748-1832), précurseur du « radicalisme philosophique », définit une norme de justice fondée sur la redistribution des richesses au profit des plus pauvres. Son raisonnement repose sur l'utilité sociale égale à la somme algébrique des utilités individuelles. La FUC benthamienne s'écrit sous la forme générale suivante :

$$(9.1) \quad FUC_{Bentham} = W = \sum_i U^i$$

Le critère benthamien de justice sociale est élargi par John Rawls dans sa « théorie de la justice » publiée en 1971 et fondée sur la recherche d'un contrat social sous le voile de l'ignorance induisant le choix de principes moraux justes. Cette théorie défend les intérêts des plus désavantagés sans pour autant rechercher l'égalité de tous. L'état rawlsien bienveillant maximise l'utilité minimale, donc optimise l'utilité des plus défavorisés. De cette approche naît le concept du maximum minimorum, dit maximin, et revenant à maximiser l'utilité des plus défavorisés dans un environnement qui leur est le plus défavorable, donc le plus favorable aux autres agents. La FUC associée au maximim s'écrit :

$$(9.2) \quad FUC_{Rawls} = W = Min_i\, U^i$$

Les normes benthamienne et rawlsienne de justice sociale peuvent être définies par une même FUC :

$$(9.3) \quad W = \frac{1}{1-\alpha} \sum_i \left[\left(U^i\right)^{1-\alpha} - 1 \right]$$

si $\quad \alpha = 0 \Rightarrow W = \sum_i U^i = FUC_{Bentham}$

si $\quad \alpha \to \infty \Rightarrow W = Min_i U^i = FUC_{Rawls}$

Une approche égalitaire de la justice génère en revanche un partage égal des richesses, vérifié graphiquement au point de tangence entre la première bissectrice à 45° et la FUC de l'État.

Le critère de Nash maximise le produit des utilités (produit des gains des joueurs). L'État n'a dans ce cas aucun biais en faveur d'un individu. L'équité en résultant profite à chacun mais ne corrige pas les distorsions initiales de revenus. La solution qui en résulte procure une amélioration parétienne de satisfaction et se définit par la FUC suivante :

$$(9.4) \quad FUC_{Nash} = W = Max\, \Pi^i (U^i)$$

Les solutions de Nash et de Bentham se confondent si on remplace la fonction d'utilité cardinale U par une fonction d'utilité ordinale, monotone croissante (propriété de la fonction logarithme), soit :

$$Max \log\left[\Pi^i(U^i)\right] = \sum_i \log U^i = \sum_i V^i$$

Vilfredo Pareto (1848-1923) justifie l'intervention publique par une norme d'efficience. L'optimum parétien est vérifié dès que l'on ne peut plus améliorer la situation de l'un des individus sans détériorer celle d'au moins un autre. Ce critère est défini pour une distribution initiale donnée des richesses et exclut toute possibilité de redistribution des revenus. Le choix parétien implique donc la maximisation des utilités individuelles sous contrainte de ne pas altérer l'utilité de i pour améliorer encore plus celle de j :

(9.5) $\text{FUC}_{paretienne} = W = \begin{cases} Max \sum_j U^j(X_k^j) \\ U^i(X_k^i) \geq U^i(\varpi_k^i) \end{cases}$

Une approche minimaliste de l'intervention publique est présentée par Nozick en 1974 et repose sur une théorie de la justice définie, non pas en fonction d'une distribution particulière des revenus mais sur la base d'une intervention publique minimale susceptible de générer des revenus. Dans la tradition de Hobbes et Locke, Nozick retient un état de la nature confondu avec la situation d'anarchie incapable de garantir l'efficacité et la paix. Une intervention publique minimale est alors indispensable et revient à garantir seulement l'offre d'un bien public (protection contre la violence, la fraude et le vol) et à renforcer les contrats existants. Cet État minimal maximise finalement l'utilité de l'individu dominant en défendant ses droits prioritaires contre toute violation. La FUC associée pourrait donc s'écrire comme la fonction d'utilité sociale maximisant l'intérêt du plus fort :

(9.6) $\text{FUC}_{Nozick} = W = Max_i\, U^i$

B. Comparaison graphique des critères utilitaristes et d'efficience

En tenant compte des dotations initiales de richesses de deux individus notés 1 et 2, le décideur définit un état des possibles selon la FUC sélectionnée. Cet état des possibles est délimité par une frontière d'ordonnée à l'origine T, et d'abscisse à l'origine P. L'individu 2 bénéficie d'une dotation préférentielle, ce qui implique, en termes d'utilité, une frontière asymétrique en faveur de 2.

L'État minimal de Nozick est défini en N et génère une répartition très inégale des richesses, très largement favorable à l'agent 1. Tout point situé au nord-est de N induit une amélioration parétienne possible, capable d'accroître l'utilité des deux agents pour tout point situé sur l'arc NC. Si cet état minimal avait été en revanche défini en N', aucune amélioration parétienne n'eût été envisageable (cadrant nord-est impliquant dès lors aucun point sur la frontière TP).

La solution de partage égalitaire est définie en E au point de tangence entre la première bissectrice et la frontière des possibles. Cette solution implique une utilité faible pour chaque agent puisqu'elle minimise les différents niveaux d'utilité entre les deux agents.

Un État utilitariste sélectionne le critère de Bentham et définit en B le niveau de justice sociale, soit au point de tangence entre la frontière TP et une ligne droite de pente -1.

En pratiquant une politique de maximin, l'État rawlsien demeure utilitariste et sélectionne un optimum en R au point de tangence entre la frontière TP et une courbe en L centrée sur la première bissectrice afin de maximiser l'utilité des plus défavorisés.

Fig. 9.1

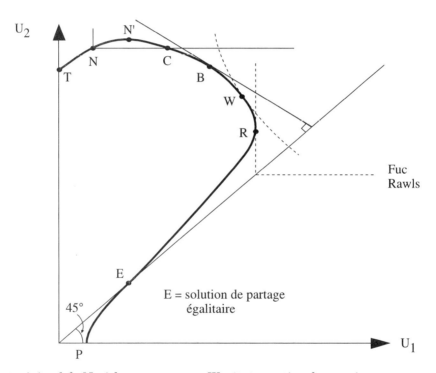

N : état minimal de Nozick
N' : optimum anti-rawlsien
B : état utilitariste de Bentham
W : état paretien de premier rang
R : maximum de Rawls
E : partage égalitaire

Source : ATKINSON-STIGLITZ : *op. cit.*, p. 338.

Un État paretien privilégie la norme d'efficience et définit en W l'optimum de justice vérifiant une tangence entre la frontière TP et la courbe d'utilité sociale la plus élevée. En W, le bien-être des deux agents est optimisé et il n'est plus possible d'améliorer le sort de l'un d'entre eux sans affecter à la baisse l'utilité de l'autre. Au nord-est de W, il n'existe donc plus aucun point praticable améliorant l'utilité sociale sans dégrader l'utilité d'au moins un individu : W est donc un État efficace paretien de premier rang.

Tous les points retenus sur la frontière TP demeurent équivalents ; leur différence tient uniquement à un jugement de valeur différent du point de vue de la redistribution. Le classement suivant peut être opéré si l'on définit le niveau de richesse de chaque agent : supposons que l'individu 2 est le plus riche, et 1 le plus pauvre :

Classement préférentiel d'équité d'après le critère égalitaire :

R > W > B > N' > N

Cette approche graphique des différentes normes de justice sociale fournit un panorama des différents rôles possibles de l'État. Les divers critères de justice exigent une information plus ou moins large : aucune hypothèse particulière pour la conception de l'État minimal nozickien, hypothèse d'utilités cardinales et conditions d'agrégation des utilités chez Bentham, hypothèse de comparaison des niveaux d'utilité pour le critère rawlsien.

Les exigences sont plus ou moins renforcées lorsque l'État combine les fonctions d'efficacité et d'équité pour satisfaire au principe d'une allocation optimale et juste des richesses. Les conditions d'une telle allocation sont définies par la théorie de la fiscalité optimale de premier et second rangs.

SECTION 2. RÈGLES DE FISCALITÉ OPTIMALE

La tarification publique répond à des considérations économiques d'efficience et d'équité. Ainsi, l'entreprise publique doit logiquement satisfaire à des obligations de service public ou respecter des contraintes d'intérêt général (fonction d'efficacité économique). La tarification publique contribue également à la stabilisation du niveau général des prix lorsque l'État contraint notamment les monopoles naturels à une gestion concurrentielle déficitaire garantissant aux consommateurs des prix concurrentiels. Les politiques de redistribution des revenus rétablissent parallèlement les conditions nécessaires à une meilleure justice (fonction d'équité).

Une logique combinant l'efficacité économique et l'équité implique une utilisation optimale des ressources, et donc, parallèlement, des conditions d'une fiscalité optimale assurant le financement optimal du secteur public, donc l'emploi optimal des impôts pour financer la production de biens collectifs (A) et assurer la redistribution équitable des revenus (B).

A. Fiscalité optimale et optimum social décentralisé

Une fiscalité optimale de premier rang garantit un emploi optimal des impôts pour satisfaire aux conditions d'allocations et de redistribution efficaces des ressources. Les fondements de cette fiscalité sont établis par Samuelson dans sa théorie du pseudo-équilibre général (voir chapitre III).

1. Enseignements du pseudo-équilibre général

Le pseudo-équilibre général de Samuelson vérifie un optimum social avec biens collectifs et externalités. On tire de cette théorie deux conséquences en matière de financement : la détermination des prix fiscaux optimaux (condition d'efficience) et la recherche de transferts forfaitaires (contrainte d'équité).

Nous avons vu au chapitre III les règles de négociations permettant aux citoyens de décider entre eux, dans une logique lindahlienne, la quantité de biens privatifs et collectifs nécessaires à la garantie d'un équilibre général. L'équilibre général en résultant est efficace et individuellement optimal : le taux marginal de substitution de tout individu i, entre tout bien collectif g et un bien privatif n, est ainsi égal au rapport des prix de ces biens et précisément au prix fiscal du bien collectif individualisé pour lui si le bien privatif vérifie, en tant que bien numéraire, un prix unitaire :

(9.7) $\quad \dfrac{U_g^i}{U_n^i} = TMS_i = P_g^i \quad \forall g \quad$ et pour n = numéraire $\Rightarrow P_n^i = 1$

> Cette règle étant vérifiée pour chaque agent i, l'équilibre général en résultant vérifie un optimum social et est donc parétien de premier rang : la somme des dispositions marginales individuelles à payer le bien collectif g est égale au coût marginal de production de ce bien :
>
> (9.8) $\quad \sum_i \dfrac{U_g^i}{U_n^i} = \sum_i P_g^i = P_g$
>
> $\Leftrightarrow \sum_i TMS_g^i = Cm_g = P_g$

Chaque consommateur i de bien collectif g supporte un prix fiscal individualisé P_g^i égal à sa disposition marginale à payer ce bien (TMS^i). La production du bien collectif g est dès lors financée intégralement par les prix fiscaux individualisés de ce bien. En termes de fiscalité, on peut donc affirmer que la production de biens collectifs est financée optimalement par les impôts individualisés prélevés sur chaque contribuable en fonction de la disposition marginale à payer le bien collectif. La condition d'efficience parétienne est ainsi garantie et la fiscalité pratiquée est optimale de premier rang.

La règle fiscale samuelsonienne vérifie également l'exigence d'équité. Au chapitre III, nous avons souligné le rôle des transferts forfaitaires ne modifiant pas les TMS et TMST des agents économiques. Les transferts forfaitaires compensent les variations d'utilité individuelle induite de la production de biens collectifs. Cette compensation s'effectue sous une contrainte d'efficacité respectant l'optimum parétien.

Le pseudo-équilibre général de Samuelson vérifie la règle d'égalité de l'utilité sociale marginale du numéraire quels que soient les individus le détenant :

(9.9) $\quad W^i U_n^i = W^j U_n^j \Rightarrow \dfrac{W^i U_n^i}{W^j U_n^j} = 1$

À l'aide des transferts forfaitaires T, l'État peut donc assurer une répartition personnalisée des richesses. La somme des transferts redistributifs de revenu est nulle, ainsi les subventions (T > 0) sont exactement compensées par les impôts (T < 0).

L'efficience et l'équité fiscales sont donc combinées dans le modèle du pseudo-équilibre général. La production optimale de biens collectifs et son financement optimal dépendent ainsi des fonctions d'utilité individuelles sélectionnées par l'État et de la redistribution des revenus en résultant.

2. Absence de transferts forfaitaires redistributifs et condition pour une fiscalité optimale

En l'absence de transferts forfaitaires, une fiscalité optimale peut être sauvegardée si tous les contribuables vérifient une utilité marginale du revenu constante :

(9.10) $U_n^i = a$

La tangence entre les courbes d'indifférence de deux individus vérifiant une utilité marginale de revenu constante est dès lors limitée en leur sommet car tout déplacement de la courbe d'indifférence entre le taux fiscal et le bien collectif est strictement proportionnel à la constante a. Le lieu des optima paretiens (WW') est alors nécessairement vertical.

Fig. 9.2

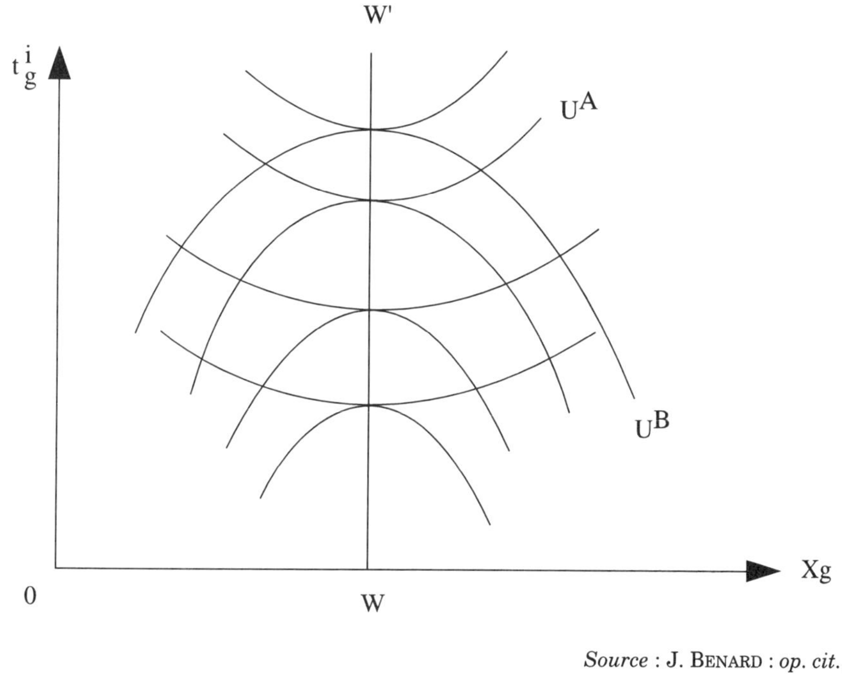

Source : J. BENARD : *op. cit.*, p. 196.

L'absence de transferts forfaitaires n'hypothèque donc pas nécessairement les conditions d'une fiscalité optimale assurant efficacité et équité. L'utilité marginale de revenu constante garantit dans ce cas une fiscalité efficiente, et la quantité de biens collectifs devient totalement indépendante des fonctions d'utilité individualisées sélectionnées par le centre.

Les règles précédentes d'une fiscalité optimale ont été définies dans une logique de décentralisation fondée sur le principe de négociation directe et volontaire entre les contribuables pour répartir la charge fiscale indispensable au financement de la production de biens collectifs. Une telle négociation est peu réaliste et souffre surtout des risques de déviance signalés précisément par l'auteur du modèle du pseudo-équilibre général. Pour pallier ce risque, le problème du financement public optimal peut être défini en d'autres termes et selon une logique de centralisation. Cette logique revient à considérer le problème en termes de partage fiscal et à substituer aux pseudo-prix fiscaux individualisés et donc décentralisés un optimum fiscal centralisé.

B. Partage fiscal optimal et optimum social centralisé

Les taux d'imposition optimaux sont définis par Ramsey dès 1920 à partir d'un problème classique de maximisation de l'utilité individuelle, programme engagé par l'État pour minimiser la perte de satisfaction du contribuable. Deux autres solutions de fiscalité optimale sont étudiées du point de vue de la répartition fiscale et relèvent d'un partage fiscal soit par transferts forfaitaires, soit par un mécanisme incitant le contribuable à révéler sa vraie disposition marginale à payer. Dans ces deux cas, l'État décide préalablement des taux.

1. Prélèvement fiscal optimal : règle de Ramsey

La règle de Ramsey définit le taux d'imposition t optimal compatible avec la maximisation de l'utilité individuelle du contribuable. L'État maximise la satisfaction du contribuable i, soit :

(9.11)
$$Max\, U^i(X_k^i)$$
$$\sum_k (P_k + t_k) X_k^i \leq R\, ; \lambda \geq 0$$

t = taxe, P = prix du bien, k = bien consommé, X = quantité consommée

En tenant compte des effets de prix et de revenu, le programme peut être défini en termes d'utilité indirecte V :

(9.12)
$$Max\, V(P_k + t_k, R)$$
$$\sum_k t_k X_k^i \leq R\, ; \mu \geq 0$$

Les conditions d'optimalité impliquent de vérifier, pour une demande compensée, une utilité constante :

(9.13)
$$\sum_k \frac{t_k \left(\frac{\partial X_k^i}{\partial P_l}\right)_{U=\bar{U}}}{X_k^i} = \text{constante} \Leftrightarrow \sum_k \theta_l^* \bar{\varepsilon}_{kl} = \text{constante}$$

θ_ℓ^* = taux de la taxe optimale sur le bien $\ell \Leftrightarrow \theta_\ell^* = \dfrac{t_\ell}{P_\ell}$

$\bar{\varepsilon}_\ell$ = élasticité-prix directe de la demande compensée en bien ℓ

ε_{kl} = élasticité-prix croisée de la demande en bien ℓ

Cette condition d'optimalité appliquée aux cas de deux biens k et l impose de vérifier la relation suivante :

$$(9.14) \quad \frac{\frac{t_k}{P_k}}{\frac{t_l}{P_l}} = \frac{\overline{\varepsilon}_l - \varepsilon_{kl}}{\overline{\varepsilon}_k - \varepsilon_{lk}} \Leftrightarrow \frac{\theta_k^*}{\theta_l^*} = \frac{\overline{\varepsilon}_l - \varepsilon_{kl}}{\overline{\varepsilon}_k - \varepsilon_{lk}}$$

> Le taux de taxe optimal est une fonction croissante des élasticités-prix directes de la demande compensée pour des élasticités-prix croisées faibles (donc pour des demandes en biens k et l faiblement dépendantes). À l'optimum, la règle de Ramsey implique une égalisation des taux de variation de recettes tirées de chaque taxe et évaluée par la différence entre l'élasticité-prix directe de demande compensée du bien taxé et l'élasticité-prix croisée correspondante :
>
> $$(9.15) \quad \theta_k^*(\overline{\varepsilon}_k - \varepsilon_{lk}) = \theta_l^*(\overline{\varepsilon}_l - \varepsilon_{kl})$$

Ce prélèvement fiscal optimal calculé pour chaque contribuable i garantit l'optimum social de manière centralisée. Il implique l'omniscience de l'État sur les fonctions d'utilité individuelles et est donc impraticable en situation courante d'asymétrie informationnelle. D'autres méthodes de fiscalité optimale peuvent être recherchées. Pour éviter le problème précédent, la recherche de la fiscalité optimale peut être menée en termes de financement optimal des biens collectifs. Cette logique revient à déterminer les conditions du partage fiscal optimal selon le mode de financement retenu par l'État pour des taux donnés d'impôt. Le financement peut être défini pour des taxes forfaitaires ou pivotales incitatives.

2. Financement fiscal forfaitaire optimal

Pour éviter les risques de passager clandestin dénoncés par Samuelson lors des négociations fiscales individuelles, McGuire et Aaron proposent en 1969 une règle de partage fiscal fondée sur un financement par transferts forfaitaires.

Ce partage fiscal optimal vérifie trois conditions :

– l'État énonce à l'avance un partage de la charge fiscale ;

– les consommateurs sélectionnent en fonction de ce partage le vecteur optimal de production-consommation de biens publics ;

– l'État adopte une redistribution des revenus compatible avec l'optimum collectif.

Le modèle de McGuire et Aaron se présente sous la forme suivante :

$$(9.16) \quad MaxW\left\{\left[U^i\left(R^i - \sum_g t_g^i c_g X_g\right); ... X_g ...\right]\right\}$$

$$\sum_i R^i \leq \overline{R}^i \; ; \; \lambda \geq O.$$

où $\bar{R}^i$ = revenu initial de i
$R^i = \bar{R}^i + T^i$ = revenu optimal de i après transferts T (T > 0 ou T < 0)
t_g^i = part fiscale de i dans le financement du bien collectif g ($\sum_i t_g^i = 1$)
X_g = consommation du bien collectif g
C_g = coût marginal de production de g, supposé constant

En associant un prix dual $\lambda \geq 0$ à la contrainte sur les revenus, on vérifie les conditions suivantes d'optimalité et on détermine les consommations-productions de biens collectifs g, ainsi que les revenus après transferts forfaitaires mais avant impôt :

(9.17) $\dfrac{\partial L}{\partial X_g} = \sum_i W^i \left[-U_R^i t_g^i c_g + U_g^i \right] = 0 \,;\, \forall g$

(9.18) $\dfrac{\partial L}{\partial R^i} = W^i U_R^i - \lambda = 0 \,;\, \forall i$

Il en résulte la règle précédente de répartition sociale déjà vérifiée pour le modèle du pseudo-équilibre général :

(9.19) $\lambda - W^i U_R^i = W^j U_R^j = \ldots = W^n U_R^n$

où $U_R^i = U_n^i$ puisque l'utilité marginale du revenu avant impôt est identique à l'utilité marginale du numéraire définie pour le bien n.

L'équation (9.17) vérifie la condition d'optimalité pour les biens collectifs : la somme des contributions fiscales individualisées pour le bien collectif g est égale au coût marginal de production de ce bien :

$$\sum_i W^i \left[-U_R^i t_g^i c_g \right] + \sum_i W^i \left[U_g^i \right] = 0$$
$$\Leftrightarrow \sum_i W^i \left[U_R^i t_g^i c_g \right] = \sum_i W^i \left[U_g^i \right]$$

(9.20) $\Leftrightarrow \sum_i W^i U_R^i = \dfrac{\sum_i W^i \left[U_g^i \right]}{t_g^i c_g}$

$\Leftrightarrow \dfrac{\sum_i W^i U_R^i}{\sum_i W^i U_g^i} = \dfrac{1}{t_g^i c_g} \Leftrightarrow \sum_i \dfrac{U_g^i}{U_R^i} = \sum_i t_g^i c_g = c_g$

La somme des taxes individualisées pour la consommation de tout bien collectif g couvre nécessairement le coût marginal de production de ce bien puisque : $\sum_i t_g^i = 1$

L'équation (9.20) vérifie donc bien la condition d'efficience parétienne pour chaque bien collectif pur de consommation indivisible, soit :

(9.21) $\sum_i TMS_g^i = c_g = TMST_g$

> McGuire et Aaron tirent *trois enseignements* de ces conditions d'optimalité :
>
> – lorsque la charge fiscale peut être individualisée par bien collectif et par individu, et si l'État dispose de l'usage de transferts forfaitaires compensateurs, la distribution des utilités individuelles est pareto-optimale (équation 9.19) ;
>
> – l'offre de biens collectifs en résultant est également pareto-optimale (équation 9.21) ;
>
> – l'absence de transferts forfaitaires, compensant les effets des variations de quantité de biens collectifs et de prix des biens privatifs dans une procédure dynamique décentralisée de type MDP ou mixte de Malinvaud, limite considérablement les conditions d'efficience pareto-optimale d'une production de biens collectifs si l'État partage le coût marginal de production des biens collectifs entre les individus dans des proportions votées par la loi fiscale et sans considération des règles de fiscalité optimale. Les incidences de telles répartitions fiscales sont étudiées par J. Bénard[3], et la nature de la solution est clairement précisée.

En conclusion, on peut donc retenir que le financement exclusif de la production des biens collectifs par transferts forfaitaires est pareto-optimal si les parts fiscales, individualisées par bien collectif ou non (mais sous réserve dans ce dernier cas de vérifier des parts fiscales de chaque individu identiques quel que soit le bien collectif g de sorte que : $t^i = t^i_g$) sont variables et couvrent le coût marginal de production de ces biens.

Un autre mode de financement permet de sauvegarder les propriétés d'une fiscalité optimale lorsque les parts fiscales reposent sur des taxes pivotales déjouant les risques de fraude. Ce dernier mode de financement est de nature incitative.

3. Financement fiscal pivotal optimal

Le financement budgétaire d'un bien collectif g spécifique peut être organisé sur la base de taxes pivotales incitatives présentées précédemment au chapitre IV. La détermination de telles taxes est présentée dès 1976 par Tideman et Tullock.

Chaque consommateur reçoit une part fiscale t^i_g, déterminée arbitrairement par l'État en fonction du coût marginal du bien collectif g et de sorte que : $\sum_i t^i_g = 1$.

Chaque consommateur doit déclarer ensuite sa disposition marginale $D^i(X_g)$ à payer le bien collectif. Les dispositions marginales à payer sont supposées vérifier les propriétés classiques des fonctions de demandes et sont donc décroissantes de la quantité de bien collectif g : $\dfrac{\partial D^i(X_g)}{\partial X_g} < 0$. La somme des dispositions marginales à payer le bien collectif g considéré s'écrit : $D(X_g) = \sum_i D^i(X_g)$

---

3. Voir à ce sujet l'excellente synthèse de J. BENARD sur l'incidence des différentes répartitions des charges fiscales sur la répartition optimale des revenus : *op. cit.*, pp. 201-203.

Pour satisfaire aux conditions d'efficience, la production du bien collectif est déterminée par la somme des dispositions marginales à payer le bien collectif g de sorte que cette somme couvre le coût marginal de production du bien g :

$$(9.22) \quad \sum_i D^i(X_g) = c_g$$

L'État ignore toutefois si les contribuables ont révélé leurs véritables dispositions marginales à payer. Pour les y inciter et faire de la disposition marginale à payer une stratégie dominante, Tideman et Tullock empruntent aux mécanismes incitatifs les propriétés de la taxe pivotale. Une taxe pivotale π s'ajoute donc à la contribution fiscale de chaque agent. Chaque taxe pivotale est définie en fonction des parts fiscales des autres contribuables. La taxe pivotale de i est donc définie en fonction des parts fiscales des contribuables autres que i (contribuables $-i$). L'ensemble des parts fiscales $1 - t_i$ représente donc la totalité des parts fiscales autres que i et définit le coût marginal supporté par les $-i$ quand on exclut la participation de i dans le financement du bien collectig g. Ce coût marginal se note c_{-i}. La demande des contribuables $-i$ en bien collectif g est égale à la différence entre la demande globale et la demande du contribuable i :

$$(9.23) \quad D_g^{-i} = D_g - D_g^i$$

> La taxe pivotale supportée par i est alors la différence entre le coût marginal supporté par les $-i$ et leur demande en bien g ; c'est en effet le coût d'opportunité d'exclusion de l'agent i, c'est-à-dire encore le coût du pivot pour la variation de la quantité de biens collectifs g résultant de l'exclusion de i dans le financement de la production de g :
>
> $$(9.24) \quad \pi_g^i = (c_g^{-i} - D_g^{-i}) \Delta X_g$$

Pour désinciter i à dévier en annonçant une disposition marginale à payer différente de sa part fiscale réelle, l'État oblige i à payer une taxe pivotale égale à la perte d'utilité qu'il fait supporter aux $-i$ en trichant. La menace d'une telle taxe désincite i à modifier la quantité de bien collectif financée dans l'économie. L'agent i est ainsi conduit à révéler sa véritable disposition marginale à payer et le financement optimal de la production de g est sauvegardé.

La solution graphique de la taxe pivotale se détermine de la manière suivante[4] :

– en portant en abscisse l'offre de bien g et en ordonnée la taxe relative à ce bien, on peut distinguer les demandes de i et des $-i$ pour ce bien g ;

– le coût total du bien g est déterminé par la somme des dispositions marginales à payer g ;

– le coût marginal supporté par les $-i$, quand on exclut i du financement, est défini par la différence entre la somme des dispositions marginales à payer et la disposition à payer de i :

$$(9.25) \quad c_g^{-i} = \sum_i t_g^i - t_g^i = 1 - t_g^i = t_g^{-i} \quad \text{puisque} \quad \sum_i t_g^i = 1$$

---

[4]. Représentation géométrique donnée par Y. K. NG (1983) : *Welfare Economics. Introduction and Development of Basic Concepts,* Mac Millan Press, Ltd.

Fig. 9.3

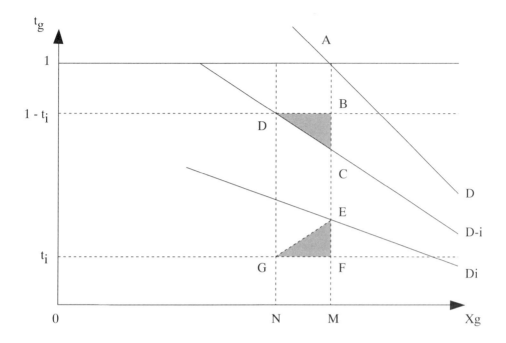

Source : J. Benard (1985), *op. cit.*, p. 203.

La taxe pivotale de *i* est définie géométriquement par l'aire du triangle BCD égale encore à l'aire du triangle GEF, c'est-à-dire mathématiquement par la différence entre le coût marginal supporté par les $-i$ et leur demande en bien *g* dans l'intervalle de variation des quantités de bien *g*, soit pour l'intervalle défini par NM.

Au point d'intersection de la demande de *i* en bien *g* et de sa part fiscale à payer ce bien, résulte la quantité de bien collectif *g* définie pour un agent *i* sincère révélant sa véritable disposition marginale à payer sa consommation réelle en bien *g*. Cette quantité correspond au point N.

La révélation sincère des dispositions marginales à payer le bien collectif *g* par tous les $-i$ est vérifiée lorsque leur demande en bien *g* coupe leur taxe à payer ce bien. Ce point d'intersection est également défini pour un volume N de bien collectif.

La révélation exacte des dispositions marginales à payer le bien *g* par tous les contribuables impliquerait donc une offre ON de bien *g*. Toute déviance de *i* affecte ce volume de bien *g*. Le contribuable *i* devra dès lors supporter une taxe pivotale s'il annonce une disposition marginale à payer différente de sa taxe fiscale. La taxe pivotale supportée par *i* sera donc égale à la perte de bien-être engendrée par les $-i$ lors de la déviance de *i*. Cette perte de satisfaction est égale à la différence de bien collectif offert, pondérée par la différence supportée entre le coût marginal des $-i$ et leur demande en bien *g*. Pour une offre non optimale définie en M par la somme des dispositions marginales à payer annoncées par les contribuables et donc égale au coût marginal de production du bien g, les contribuables $-i$ supportent une perte égale à l'aire du triangle BCD définie par la différence entre la taxe supportée et leur disposition marginale à payer dans l'intervalle NM de variation du bien g.

Le contribuable i supportera donc une charge fiscale majorée d'une taxe pivotale soit :

> charge fiscale totale de i = aire de $\mathrm{O}t_i\mathrm{FM}$ + aire GEF
> contribution de base   taxe pivotale

aire GEF = aire BCD = $\dfrac{1}{2}\left(\Delta t_g^i\right)\left(\Delta X_g\right)$

or, l'élasticité-prix de la demande de i en bien collectif g s'écrit :

(9.26) $\varepsilon_i = \left(\dfrac{\Delta X_g}{\Delta t_g^i}\right)\left(\dfrac{1-t_g^{-i}}{X_g}\right)$

d'où :

(9.27) $\Delta X_g = \varepsilon_i \left(\dfrac{X_g}{1-t_g^{-i}}\right)\left(\Delta t_g^i\right)$

(9.28) aire GEF = $\dfrac{1}{2}\left(\Delta t_g^i\right)\left(\Delta X_g\right) = \dfrac{X_g \varepsilon_i \left(\Delta t_g^i\right)^2}{2\left(1-t_g^{-i}\right)}$

> Le contribuable i supporte donc une charge fiscale CF totale de :
>
> (9.29) $\mathrm{CF}_i = X_g\left(t_g^i\right) + \dfrac{X_g \varepsilon_i \left(\Delta t_g^i\right)^2}{2(1-t_g^{-i})}$

La taxe pivotale a un coût égal à la somme des transferts négatifs versés à l'État. Les contributions fiscales ne sont pas redistribuées par l'État afin d'éviter toute nouvelle manipulation stratégique. L'optimum fiscal atteint est donc au mieux pareto-tien de second rang. Le pivot affecte par conséquent la nature de l'optimalité mais est indispensable pour assurer un financement optimal de la production de biens collectifs. Tideman et Tullock envisagent toutefois une répartition des taxes pivotales ; toute répartition envisagée est sous-optimale mais permet d'éviter le risque de gaspillage : l'État peut ainsi affecter la somme des taxes pivotales au financement du coût marginal de production du bien g pour réduire d'autant les parts fiscales des contribuables. Une telle contrainte d'utilisation des taxes pivotales annule toute garantie d'un optimum de premier rang. C'est le coût à payer d'un système fiscal pivotal dès lors optimal de second rang.

Au terme de ce chapitre, nous pouvons donc préciser que les contraintes d'efficacité et d'équité sont fiscalement compatibles mais, hélas !, contraignantes, et donc peu praticables. L'État sera ainsi conduit à mener le plus souvent une fiscalité privilégiant soit l'efficacité, soit l'équité. L'incidence de telles politiques peut être étudiée en fonction de deux principes : le principe d'équivalence relatif à une répartition de la charge fiscale dans une logique exclusive d'efficience économique, et le principe de la capacité contributive pour un partage équitable de la charge fiscale dans une logique dominée par l'équité. Les effets de ces politiques seront étudiés au chapitre X, consacré à l'étude de l'incidence fiscale.

CHAPITRE X

APPROCHE DE L'INCIDENCE FISCALE

L'impôt modifie les prix et affecte donc le bien-être social. Les variations en bien-être induites des variations de prix à la consommation et à la production, donc induites des taxes positives ou négatives, sont mesurables par les surplus marshalliens. La perte sociale sèche mesure ainsi la différence entre, d'une part, la somme des variations des surplus des consommateurs et des producteurs générées par la modification de la fiscalité, et, d'autre part, les recettes fiscales qui en résultent.

Pour pratiquer une fiscalité la moins nuisible possible, l'État cherche à minimiser la perte sociale sèche évaluée après impôt. Cette recherche de minimisation de la perte d'efficacité due à la fiscalité implique la taxation en priorité de certains biens. La théorie de l'incidence fiscale permet de démontrer l'utilité d'une taxation prioritaire sur les biens dont l'offre ou la demande est parfaitement inélastique. Une fiscalité optimale minimise la perte sociale sèche due à la taxation. La théorie de l'incidence fiscale permet d'orienter le plus utilement possible les taxes selon le type de bien et selon le principe d'équité ou d'efficacité sélectionné par les pouvoirs publics. Elle ne s'identifie que rarement à un système fiscal optimal car elle ne combine pas à tout prix les contraintes d'efficacité économique et d'équité. L'incidence économique de la charge fiscale peut être étudiée simplement en comparant l'équilibre avant et après impôt. Cet équilibre peut être défini tout d'abord dans une approche partielle (section 1) excluant les effets d'interdépendance entre les différents agents économiques. Pour remédier à cette lacune, une approche d'équilibre général peut enfin être tentée (section 2) afin d'apprécier l'incidence réelle de la fiscalité sur les prix relatifs des outputs et inputs de l'ensemble des secteurs économiques.

SECTION 1. INCIDENCE DE LA FISCALITÉ SUR LE BIEN-ÊTRE EN ÉQUILIBRE PARTIEL

La théorie des finances publiques distingue deux écoles selon les fondements de l'analyse fiscale qu'elles adoptent : une école soucieuse d'équité préconise le *principe de la capacité contributive* ; l'autre école, à la recherche d'efficacité économique, retient le *principe d'équivalence*. Les fondements de ces deux principes fiscaux sont résumés au tableau suivant.

L'impact de l'impôt sur les différents usagers du service public permet de définir une règle de partage fiscal, soit pour égaliser le sacrifice exigé de chaque contribuable, soit pour individualiser l'effort fiscal proportionnellement à la consommation réelle de service public. Les règles de ce partage varient selon le principe de fiscalité retenu : la capacité contributive ou la condition d'équivalence.

Tab. 10.1

Capacité contributive	Principe d'équivalence
Ignore toute relation entre le montant de l'impôt et les avantages qu'un contribuable obtient de la dépense publique : la charge fiscale est donc répartie indépendamment de l'utilité retirée de la consommation de service public.	Se rattache aux théorèmes de l'échange volontaire des dépenses publiques (Bastin, 1977). La charge fiscale est répartie entre les contribuables selon le rapport de l'utilité marginale retirée de la consommation de service public et le coût d'opportunité induit de la participation au financement de ce bien public (désutilité supportée).
La taxe est définie indépendamment des choix budgétaires ; elle est fixée en fonction du revenu des agents, de leur fortune... (critère décidé par l'État : choix décisionnel politique).	La taxe et les choix budgétaires sont toujours déterminés conjointement.
Règle de paiement : Le principe d'équité guide la répartition de la charge fiscale entre les contribuables.	*Règle de paiement* : Les contributions fiscales sont payées en échange des services offerts par l'État : logique d'une affectation optimale des ressources et d'un financement optimal du secteur public, avec contrainte de révélation exacte des préférences individuelles pour la consommation de biens collectifs.
L'égalité de traitement fiscal entre les contribuables est définie en termes d'utilité.	Les taxes sont réparties individuellement en fonction des avantages que chacun retire des services collectifs (logique lindahlienne de la disposition marginale fiscale à payer).
Objectif ultime : Égaliser le sacrifice exigé de chaque contribuable : **ÉQUITÉ du service public** (faire payer plus d'impôt aux revenus élevés).	*Objectif ultime* : Individualiser l'effort fiscal en fonction de la consommation de biens publics retirée : **EFFICACITÉ du service public.**

Un partage fiscal arbitraire ne peut être retenu au risque d'induire une perte sociale fiscale insupportable. Une étude de l'équilibre économique partiel avant et après impôt permet d'infléchir le partage de la charge fiscale en fonction des élasticités-prix de demande et d'offre des différents biens taxés.

A. Partage fiscal et élasticités-prix

En 1954, dans un contexte de concurrence parfaite, Dalton définit[1] une règle de partage fiscal entre les acheteurs et offreurs des biens taxés. Cette règle est connue sous le nom de la loi de Dalton.

1. Enseignements fiscaux de la loi de Dalton

Pour vérifier la loi de Dalton, trois hypothèses préalables doivent être posées :

> **H1** : L'économie est en concurrence parfaite : chaque agent vérifie un comportement concurrentiel.
>
> **H2** : L'équilibre avant et après impôt implique une offre et une demande globales confondues.
>
> **H3** : L'équilibre partiel implique de négliger les effets prix croisés et effets revenus.

La règle fiscale en découlant indique dès lors un partage de la charge fiscale entre les offreurs et les demandeurs du produit ou du facteur de production taxé selon les élasticités-prix de demande. La règle vérifie la loi suivante :

> ***Loi de Dalton*** : le prix d'une taxe sur les transactions d'un bien doit se répartir entre l'acheteur et le vendeur selon les élasticités-prix respectives de la demande et de l'offre du bien taxé ; ainsi, la part de l'acheteur sera d'autant plus grande que l'élasticité-prix de la demande est plus faible en valeur absolue et celle de l'offre plus forte.

2. Démonstration de la loi de Dalton

Pour une incidence fiscale infinitésimale et la garantie d'un équilibre économique avant et après impôt, Keller démontre le principe de la loi de Dalton à l'aide d'un calcul différentiel[2].

Soit des offres et demandes fonctions directes des prix :

(10.1) $q_S = q_S(p_S)$ fonctions d'offre

(10.2) $q_D = q_D(p_D)$ fonctions de demande

---

1. H. DALTON (1954) : *Principles of Public Finance,* Routledge and Kegan Paul, London.

2. Voir à ce sujet l'excellente synthèse de J. BENARD et D. ALEXIOU (1989) : « Revue de théorie sur l'incidence fiscale », Céprémap, février 1989.

APPROCHE DE L'INCIDENCE FISCALE

Toute taxe de type *ad valorem*, définie en pourcentage du prix (ou pour une imposition du revenu d'un facteur de production à un taux proportionnel), crée une distorsion entre les prix d'offre et ceux de demande, de sorte que, pour un prélèvement côté demande, nous vérifions :

(10.3) $\quad p_D = \theta p_S \quad$ avec $\quad \theta = 1 + t$

soit un prix de demande après impôt vérifiant à l'équilibre la relation :

(10.4) $\quad p_D = p_S + t p_S = p_S(1+t) = \theta p_S$

Le marché d'équilibre partiel vérifie ainsi quatre équations :

(10.5) $\quad q_S = q_S(p_S)$

(10.6) $\quad q_D = q_D(p_D)$

(10.7) $\quad p_D = \theta p_S$

(10.8) $\quad q_S = q_D$

Pour de petites variations des taxes, on peut donc calculer les équations différentielles du système représentatif de l'équilibre partiel avant et après impôt : la différenciation des équations (10.5), (10.6), (10.7) et (10.8) vérifie les résultats suivants donnés respectivement par les équations (10.9), (10.10), (10.11) et (10.12) :

(10.9) $\quad \dot{q}_S = \dfrac{dq_S}{q_S} = (\varepsilon_S)(\dot{p}_S)$

(10.10) $\quad \dot{q}_D = \dfrac{dq_D}{q_D} = (-\varepsilon_D)(\dot{p}_D)$

(10.11) $\quad \dot{p}_D = \dot{\theta} \dot{p}_S = \dot{\theta} \dfrac{dp_S}{p_S} = \left(\dfrac{d\theta}{\theta}\right)\left(\dfrac{dp_S}{p_S}\right)$

(10.12) $\quad \dot{q}_S = \dot{q}_D$

En remplaçant dans l'équation (10.12) d'équilibre offre-demande, les expressions des variations d'offre et de demande données aux équations (10.9) et (10.10), nous vérifions :

(10.13) $\quad \dot{q}_S = \dot{q}_D \quad \Leftrightarrow \quad \begin{aligned} (\varepsilon_S)(\dot{p}_S) &= (-\varepsilon_D)(\dot{p}_D) \\ \Rightarrow \dot{p}_S &= \dfrac{(-\varepsilon_D)(\dot{p}_D)}{\varepsilon_S} \end{aligned}$

À partir de l'équation (10.11), nous vérifions donc :

(10.14) $\quad \dot{p}_S = \dfrac{(-\varepsilon_D)(\dot{\theta})(\dot{p}_S)}{\varepsilon_S}$

Il en résulte un rapport des variations de prix relatifs après impôt exclusivement définis en termes d'élasticités-prix d'offre et de demande :

(10.15) $\quad \dfrac{\dot{p}_S}{\dot{p}_D} = \left(\dfrac{(-\varepsilon_D)(\dot{\theta})(\dot{p}_S)}{\varepsilon_S}\right)\left(\dfrac{1}{(\dot{\theta})(\dot{p}_S)}\right)$

$\quad \Rightarrow \boxed{\dfrac{\dot{p}_S}{\dot{p}_D} = -\dfrac{\varepsilon_D}{\varepsilon_S}}$

Keller retient le rapport des variations relatives des prix d'offre et de demande comme un indice du partage de la charge fiscale entre consommateurs et producteurs. De l'équation (10.15), il ressort donc que la charge d'un impôt sur un produit sera partagée entre offreurs et demandeurs de ce produit taxé exclusivement selon les élasticités-prix d'offre et de demande respectives. La part de l'acheteur sera d'autant plus élevée que l'élasticité-prix de la demande est faible en valeur absolue et celle de l'offre forte. Ce résultat démontre donc la règle de partage fiscal de la loi de Dalton pour de petites variations des taxes.

L'État soucieux de minimiser l'impact d'une taxe sur l'équilibre, sélectionnera donc les biens taxés en fonction de la sensibilité des contribuables offreurs et demandeurs de ces biens, et répartira les charges fiscales en fonction des élasticités-prix relatives. Ainsi, un impôt à la consommation élèvera le prix du bien d'autant plus que l'offre de ce bien est élastique et sa demande inélastique (moindre sensibilité des consommateurs au prix, d'où charge fiscale supplémentaire indolore pour eux). Inversement, une demande élastique au prix limitera le poids de l'impôt à la consommation et réduira d'autant le supplément de recette tirée par les producteurs pour une vente des produits taxés.

La fiscalité affecte donc le bien-être social en fonction du partage de la charge fiscale pratiquée selon le degré des élasticités-prix de demande et d'offre.

B. Partage fiscal et affectation du bien-être social à l'équilibre

L'incidence fiscale est identique pour tous les marchés en équilibre. Le prix d'équilibre est modifié exactement de la même façon indépendamment de la nature de la taxe, donc de façon identique pour une taxe à la production et une taxe à la consommation. Ce résultat renforce la loi de Dalton et implique une politique fiscale définie uniquement en fonction des sensibilités des producteurs et demandeurs au prix.

1. Fiscalité indirecte

La fiscalité indirecte prélève des impôts sur les produits. Ses principes généraux seront donc étudiés à partir des effets d'une taxe à la production et d'une taxe à la consommation.

1.1. Incidence d'une taxe à la production

Lorsque l'impôt est prélevé à l'offre, les producteurs compensent l'incidence de la taxe par un prix de vente majoré. Ils sont en effet sensibles au prix net retiré après paiement de l'impôt et couvrent donc leur coût total avec charge fiscale par un prix de vente plus élevé, P", à charge du consommateur. Ce report de la charge fiscale[3] sur les

---

3. Voir à ce sujet les thèses sur la politique fiscale des revenus. Le lecteur consultera notamment l'excellente synthèse de J. LECAILLON et C. MORRISSON (1991) : *Les Politiques des revenus*, chapitres 4, 5, 6, 7, PUF, collection Que sais-je ? n° 1222.

consommateurs implique un déplacement de la courbe d'offre vers le haut et se traduit par une augmentation du prix de marché relativement au prix d'équilibre P* avant impôt. Ce déplacement s'accompagne d'une réduction des quantités écoulées sur le marché. Les producteurs perçoivent un prix net P' après paiement de la taxe égale à la différence entre le prix brut P" perçu à la vente et le prix net P' touché après paiement de l'impôt. L'équilibre du marché est donc affecté d'un montant égal à la perte sociale en bien-être : perte de recette côté production et perte financière côté demande. L'équilibre avant impôt défini en A se déplace en C sous l'effet d'une taxe à la production impliquant seulement le déplacement de la fonction d'offre.

Fig. 10.1

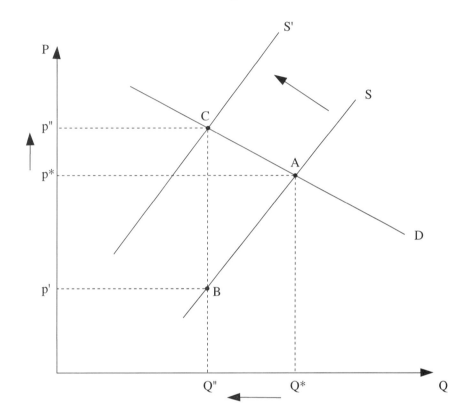

1.2. Incidence d'une taxe à la consommation

Tout impôt à la consommation élève le coût d'achat des biens et implique donc, pour des biens courants, une réduction de la demande. Cette baisse se traduit graphiquement par un déplacement vers le bas de la courbe de demande et engendre de fait une modification de l'équilibre avec réduction de la quantité d'équilibre. Les consommateurs paient dans ce cas un prix majoré égal à P". La charge fiscale entièrement supportée par les consommateurs implique une fonction d'offre inchangée. Les producteurs perçoivent dès lors un prix P' inférieur à P", la différence couvrant l'impôt à la consommation : $t = P" - P'$.

L'équilibre après impôt à la consommation est alors défini en B.

Fig. 10.2

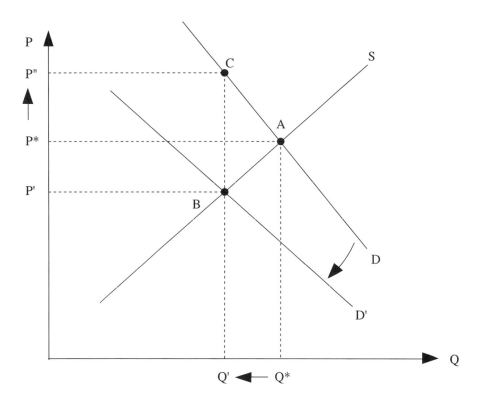

Indépendamment du rôle économique du contribuable (offreur ou demandeur), le prix d'équilibre est modifié exactement de la même façon. Dans le premier cas, pour une taxe à l'offre, le producteur compense son impôt par un report de prix majoré sur le consommateur. Il perçoit dans ce cas un prix net égal à P' alors que le consommateur supporte un prix majoré égal à P". Le prix d'équilibre après impôt est donc défini en P'. Inversement, pour une taxe côté demande, le consommateur supporte un coût réel d'achat majoré mais dont la différence ne profite nullement au producteur. Le consommateur paie un prix avec impôt égal à P" mais le producteur perçoit seulement un prix P'. Le prix d'équilibre après impôt est encore égal à P'. Les prix d'équilibre après impôt sont donc dans les deux cas confondus. Il en résulte une règle importante[4] :

---

4. J. BENARD (1989) : *op. cit.*
Pour une étude complémentaire de taxes de nature différente (impôt sur le revenu, taxation du capital), voir également cette référence confirmant notamment le principe d'équivalence, en termes d'incidence fiscale, entre impôts directs et indirects.

> ***Règle fiscale en situation d'équilibre*** : quel que soit le côté du marché qui acquitte l'impôt, donc indépendamment d'une taxe à l'offre ou à la demande, le prix d'équilibre est modifié exactement de la même façon. L'incidence de l'impôt ne porte donc que sur la différence entre le prix réellement payé par l'acheteur et le prix réellement perçu par le vendeur dans chaque cas. Cette règle ne s'applique qu'aux situations de marchés équilibrés garantissant une identité des offre et demande globales avant et après impôt[5].

La nature de la taxe indirecte est donc neutre sur la variation de l'équilibre. Elle provoque toujours une perte sociale.

2. Fiscalité directe

La fiscalité directe peut être étudiée en fonction des impôts prélevés sur les facteurs de production, le capital et le travail. La comparaison de l'incidence économique des impôts sur les produits (taxes indirectes) et impôts sur les facteurs (taxes directes) permet d'indiquer les conditions d'équivalence entre des fiscalités directe et indirecte.

2.1. Incidence d'une taxe sur le salaire

En nous reportant au graphique précédent (figure 10.2), nous pouvons analyser sur ce graphique l'incidence d'une taxe directe sur le salaire de la même façon que l'étude menée pour apprécier l'effet d'une taxe à la consommation. Les courbes de demande et d'offre concernent désormais les courbes de demande et d'offre pour le travail. Le prix P défini en ordonnée est le prix du travail, c'est-à-dire le taux de salaire w.

L'équilibre initial est défini en A. Le prélèvement d'un impôt proportionnel sur le salaire réduit la demande de travail (déplacement de D en D') et provoque un déplacement de l'équilibre en B. Le salarié perçoit un salaire net diminué égal à la valeur P' (P' = w' pour un prix exprimé en taux de salaire). L'entrepreneur paie un salaire brut majoré égal à P" (avec P" = w").

La charge de l'impôt est supportée par l'agent économique vérifiant l'élasticité-prix la plus faible (loi de Dalton).

2.2. Incidence d'une taxe sur le capital

La taxation du taux de rendement du capital provoque des effets similaires à l'imposition du taux de salaire. L'impôt sur le capital réduit le taux de rendement net du capital et affecte à la baisse la quantité de capital employé. Le même graphique de référence (figure 10.2) peut être retenu. Le prix P représente dans ce cas le taux de rendement r du capital. Les courbes de demande et d'offre sont celles relatives au facteur capital. Sous l'effet d'un taux de rendement taxé, la quantité de capital employé diminue et provoque le passage de l'équilibre de A en B. Cet impôt est d'autant plus fort que l'offre de capital est inélastique.

Atkinson et Stiglitz soulignent dès 1980 un effet d'équivalence entre l'imposition fiscale directe et indirecte. L'impôt sur le revenu exercerait les mêmes effets économiques qu'un impôt sur la dépense. Les conditions d'une telle correspondance méritent d'être étudiées.

---

5. G. GILBERT (1990) : « Fiscalité » in *Encyclopédie économique* de X. GREFFE, J. MAIRESSE et J.-L. REIFFERS, Economica, pp. 1631-66.

3. Correspondance entre fiscalités directe et indirecte

Cette équivalence fiscale est étudiée pour le cas d'un impôt proportionnel t direct sur le revenu, et une taxe indirecte t' sur la dépense.

L'impôt direct t sur le revenu est prélevé sur le revenu salarial et sur l'héritage. L'impôt indirect t' frappe la consommation et les legs.

Atkinson et Stiglitz retiennent le cas d'un contribuable percevant un salaire Wi et consommant une quantité Ci à l'âge i. Ce contribuable a une espérance de vie de T années. Il perçoit un héritage d'une valeur actuelle I au début de sa vie. Il laisse à ses héritiers un legs B.

Pour un taux d'intérêt constant dans le temps, la contrainte budgétaire intertemporelle de ce contribuable s'écrit :

avant impôt :

(10.16) $\quad \sum_{i=1}^{T} \dfrac{w_i}{(1+r)^{i-1}} + I = \sum_{i=1}^{T} \dfrac{C_i}{(1+r)^{i-1}} + \dfrac{B}{(1+r)^T}$

après impôt direct :

(10.17) $\quad (1-t)\left[\sum_{1}^{T} \dfrac{w_i}{(1+r)^{i-1}} + I\right] = \sum_{1}^{T} \dfrac{C_i}{(1+r)^{i-1}} + \dfrac{B}{(1+r)^T}$

après impôt indirect :

(10.18) $\quad \sum_{1}^{T} \dfrac{w_i}{(1+r)^{i-1}} + I = (1+t')\left[\sum_{1}^{T} \dfrac{C_i}{(1+r)^{i-1}} + \dfrac{B}{(1+r)^T}\right]$

Les contraintes de budget intertemporelles (10.17) et (10.18) sont identiques si la condition suivante est vérifiée :

(10.19) $\quad (1-t) = \dfrac{1}{(1+t')}$

Lorsque la condition (10.19) est vérifiée, *l'impôt direct* proportionnel t sur le revenu salarial et les héritages et *l'impôt indirect* sur la consommation et les legs exercent exactement le même effet économique sur la contrainte budgétaire intertemporelle du contribuable.

> Cette identité des effets fournit deux enseignements :
>
> – des impôts fiscalement différents mais économiquement semblables peuvent guider les décisions publiques selon que l'État privilégie l'efficacité à l'équité, ou inversement ;
>
> – l'incidence d'un impôt direct peut être connue au moyen de celle de son équivalent fiscal indirect.

L'incidence de tels impôts sur le bien-être peut être appréciée en évaluant la perte sociale sèche induite du prélèvement fiscal.

4. Fiscalité et perte sociale sèche

Dans une approche d'équilibre partiel excluant de fait les effets prix croisés et effets de revenu (hypothèse H3 de la loi de Dalton), l'incidence de la taxe sur le bien-être des agents peut être étudiée en termes de surplus marshalliens.

La perte en bien-être des contribuables taxés est fonction directe de leur élasticité-prix puisque leur charge fiscale est exclusivement calculée en fonction des élasticités-prix directes d'offre et de demande pour les biens ou facteurs de production taxés.

La perte de bien-être des producteurs assujettis à l'impôt est la réduction de surplus (SP) égale à la surface P'BAP* lorsqu'ils pratiquent un prix de vente brut P" mais ne perçoivent un prix net que de P' :

(10.20) SP = - aire P'BAP* $\Rightarrow$ (10.20) SP = – aire P'BAP*

Cette surface s'accroît pour une courbe d'offre de plus en plus élastique, donc de plus en plus verticale.

La perte de bien-être des consommateurs taxés supportant un prix P" supérieur au prix d'équilibre P* est égale à la réduction de leur surplus (SC), soit :

(10.21) SC = - aire P*ACP" $\Rightarrow$ (10.21) SC = – aire P*ACP"

Cette surface croît également avec des courbes de demande de plus en plus inélastiques autorisant un report croissant de la charge fiscale côté demande.

La perte sociale sèche (PSS) après impôt est égale, par définition, à la différence entre la somme des variations des surplus des consommateurs et des producteurs taxés et les recettes fiscales qui en découlent pour l'État. Les recettes fiscales (RF) sont égales au produit des ventes Q enregistrées après impôt :

(10.22) RF = (ΔP)Q = (P" – P') Q' = aire P"CBP'

La perte sociale sèche en résultant vérifie donc l'équation :

(10.23) PSS = (aire P*ACP" + aire P'BAP*) – (aire P"CBP')

PSS = aire P'BACP" – aire P"CBP' = aire BCA

La perte sociale sèche induite du passage de l'équilibre avant impôt à l'équilibre après impôt est donc égale au triangle d'Harberger :

(10.24) **PSS = aire BCA = triangle d'Harberger**

Cette perte peut encore être définie en termes d'élasticités-prix. Bishop démontre que, pour des variations de prix et de quantités infinitésimales, la PSS vérifie l'expression :

(10.25) $$PSS = \frac{(RF^2)(\varepsilon_D)(\varepsilon_S)}{2Q(P_S \cdot \varepsilon_S + P_D \varepsilon_D)}$$

avec P_S = prix net perçu à l'offre

P_D = prix brut de la demande

Deux relations peuvent dès lors être mises en évidence facilement :

a – la perte sociale sèche est une fonction monotone croissante des valeurs absolues des élasticités-prix d'offre et de demande :

$$\frac{\partial PSS}{\partial \varepsilon_D} > 0 \ ; \ \frac{\partial PSS}{\partial \varepsilon_S} > 0 \ ; \ \frac{\partial^2 PSS}{\partial \varepsilon_D^2} < 0 \ ; \ \frac{\partial^2 PSS}{\partial \varepsilon_S^2} < 0$$

b – l'inélasticité parfaite de l'offre ou de la demande implique une perte sociale sèche nulle :

$$\varepsilon_D = 0 \Rightarrow PSS = 0$$
$$\varepsilon_S = 0 \Rightarrow PSS = 0$$

La perte d'efficacité résultant d'une taxation peut donc être minimisée si l'État taxe les biens dont l'offre ou la demande sont parfaitement inélastiques. L'incidence fiscale d'une taxe peut être réduite pour les contribuables taxés dès que l'État prélève les impôts sur les biens vérifiant une offre ou une demande fortement inélastiques ; dans ce cas, ce sont les contribuables offreurs ou demandeurs inélastiques, donc insensibles au prix, qui supportent la charge fiscale. Cette incidence fiscale ne peut s'appliquer qu'aux variations infinitésimales de prix ou de quantités, et sous réserve d'effets-revenu négligeables permettant d'en exclure totalement la portée. Ces effets sont cependant rarement négligeables et nécessitent de fait une approche de l'incidence fiscale en équilibre général tenant également compte de toute interdépendance intersectorielle.

SECTION 2. INCIDENCE DE LA FISCALITÉ SUR LE BIEN-ÊTRE EN ÉQUILIBRE GÉNÉRAL

L'approche de l'incidence fiscale en équilibre général permet d'étudier notamment les effets de report d'une charge fiscale à l'offre sur la demande. La compensation de recette recherchée côté demande par les producteurs taxés s'effectue à l'aide d'arbitrages entre les différentes quantités utilisées de facteurs de production. Cette analyse d'équilibre général peut se pratiquer en fonction de deux types de modèles de référence : le modèle unisectoriel de Kotlikoff et Summers (1987) à output unique[6], ou le modèle bisectoriel d'Harberger (1959-1962-1966) retenant deux secteurs productifs produisant chacun un output[7].

---

6. L. KOTLIKOFF et L. SUMMERS (1987) : « Tax Incidence » in A. AUERBACH et M. FELDSTEIN : *Handbook of Public Economics,* vol. 2, pp. 1043-1092.

7. A. C. HARBERGER (1962) : « The Incidence of the Corporation Income Tax », *Journal of Political Economy,* vol. 70 n° 3, pp. 215-240.

Nous limiterons notre analyse aux modèles unisectoriels puisqu'ils suffisent largement à justifier le problème de l'incidence fiscale en équilibre général. Le lecteur intéressé par les développements de l'incidence fiscale en équilibre général se reportera avec fruit à l'étude précitée de J. Bénard et D. Alexiou (1989) étendant le modèle bisectoriel d'Harberger à d'autres impôts que l'impôt sur les sociétés. Les mêmes conclusions, renforçant encore la portée de la loi de Dalton, seront vérifiées.

Le modèle unisectoriel de Kotlikoff et Summers permet d'étudier l'incidence fiscale d'un impôt à la production ou sur la consommation.

A. Taxe à la production et répartition de la charge fiscale

Le modèle de Kotlikoff et Summers retient le cas d'une production d'un output unique réalisé à partir de deux facteurs, le capital K et le travail L. La fonction de production F liant ces deux facteurs est homogène de degré 1.

1. Propriétés et hypothèses du modèle unisectoriel

La fonction de production vérifie des productivités marginales de facteurs croissantes mais à rendements marginaux décroissants, soit :

$$F_K > 0 \; ; \; F_L > 0 \; ; \; F_{KK} < 0 \; ; \; F_{LL} < 0$$

(10.26) $Q = F(K,L)$ avec $F_i = \dfrac{\partial F}{\partial i} \; ; \; i = K, L$

$$F_{ii} = \dfrac{\partial F_i}{\partial i} \; ; \; i = K, L$$

Il s'agit donc d'une fonction strictement quasi-concave et les conditions d'optimalité du premier ordre (conditions de Kuhn et Tucker) sont nécessaires et suffisantes pour garantir l'optimum de production. Les fonctions de demande rationnelles en facteurs K et L sont ainsi déterminées par les conditions de premier ordre associées au programme de maximisation du profit net sous contrainte de la fonction de production, soit pour une production limitée à un output unique Q :

(10.27) $\begin{array}{l} Max\pi = P.Q - rK - wL \\ F(K,L) \leq 0 \; ; \; \mu \geq 0 \end{array}$

où w = taux de salaire

r = taux de rendement du capital

P = prix de vente de l'output Q

Les conditions de premier ordre, nécessaires et suffisantes, permettent de vérifier à l'optimum les fonctions de demandes rationnelles en inputs telles que la productivité marginale en valeur de chaque input est égale à l'optimum au coût de cet input :

(10.28) $P.F_L(K, L) = w$

(10.29) $P.F_K(K, L) = r$

Le modèle vérifie deux hypothèses côté offre :

H1 : l'offre de capital est parfaitement inélastique ;

H2 : l'offre de travail est élastique car fonction croissante du taux de salaire réel W/P, soit :

(10.30) $\quad N = N\left(\dfrac{w}{P}\right)$

À l'équilibre, l'offre et la demande de travail sont égales :

$$P.F_L(K,L) = w \quad \equiv \quad N = N\left(\dfrac{w}{P}\right)$$

d'où, à l'équilibre :

(10.31) $\quad F_L\left(N(\dfrac{w}{P}), K\right) = \dfrac{w}{P}$

La théorie de l'incidence fiscale consiste donc à étudier la modification de cet équilibre lorsque, par exemple, l'un des facteurs de production, le capital, est taxé.

2. Incidence d'une imposition sur le rendement du capital

Lorsque le rendement du capital est taxé par un taux t, le producteur achète l'input K à un prix majoré égal à $r(1+t)$. La variation du coût du capital n'affecte pas le marché du travail. De plus, sous l'effet de l'hypothèse H1 de parfaite inélasticité du capital, la productivité marginale de ce facteur est inchangée. L'inélasticité parfaite de l'offre en capital implique également une offre de facteur K inchangée. Seule la demande rationnelle en input K varie et devient égale, à l'équilibre après impôt, à l'expression :

(10.32) $\quad P.F_K = r(1+t)$

Le taux de rendement réel net du capital (r/P) se réduit : strictement égal à la productivité marginale du capital avant impôt (F_K), il devient égal désormais à la productivité marginale du capital divisée par $(1+t)$, soit : $\dfrac{F_K}{1+t}$

Ce résultat confirme donc les enseignements de la loi de Dalton puisque le facteur de production taxé *à offre inélastique* supporte *intégralement* la charge fiscale frappant son taux de rendement. Le facteur travail échappe totalement à la charge fiscale et le salaire réel est inchangé.

Les recettes fiscales (RF) retirées de l'imposition sur le taux de rendement réel du capital (r/P) sont en effet égales à la charge fiscale totale prélevée exclusivement sur le facteur capital taxé :

(10.33) $\quad RF = t\left(\dfrac{r}{P}\right)K$

Or, la modification de rendement perçu après impôt par les détenteurs du facteur K vérifie l'expression d'une perte sèche (PS) :

(10.34) $\quad PS = K.\left[F_K - \dfrac{F_K}{1+t}\right] = K.\left[\dfrac{r}{P} - \dfrac{r}{P}(1+t)\right] = K\left(\dfrac{r}{P}\right)t$

soit un équilibre après impôt tel que les recettes fiscales réelles vérifient exactement le montant de la perte sèche des détenteurs du facteur à offre inélastique :

(10.35) $\quad RF = PS = t\left(\dfrac{r}{P}\right)K$

À l'équilibre, la charge fiscale est supportée intégralement par les détenteurs du facteur taxé si l'offre de ce facteur est inélastique. Le coût de la pression fiscale est ainsi le plus indolore possible. La même règle est-elle praticable pour une imposition d'un facteur à offre élastique ? Le modèle de Kotlikoff et Summers permet de répondre à ce problème en étudiant le cas d'une taxe sur le facteur travail dont l'offre est fonction croissante du taux de salaire réel (hypothèse H2).

3. Incidence d'une imposition sur le taux de salaire

Lorsque l'impôt est prélevé sur le taux de salaire, la demande de travail est modifiée puisque les producteurs rémunèrent les salariés à leur productivité marginale en valeur soit encore au coût d'embauche après impôt :

(10.36) $\quad P.F_L = w(1+t)$

Le taux de salaire d'équilibre est déterminé par cette nouvelle demande de travail et l'offre de travail définie comme une fonction croissante du taux de salaire réel. La comparaison des valeurs d'équilibre avant et après impôt du taux de salaire réel indique la variation en pourcentage du taux de salaire net résultant d'une modification de la taxe t :

(10.37) $\quad \dfrac{\frac{\partial(w/P)}{\partial t}}{w/P} = \dfrac{-\varepsilon_D}{\varepsilon_S + \varepsilon_D}$

Les recettes fiscales RF tirées de l'impôt sur le taux de salaire sont :

(10.38) $\quad RF = t.(W/P).L$

La variation de la taxe t implique une modification des recettes fiscales :

(10.39) $\quad \dfrac{\partial RF}{\partial t} = \dfrac{w}{P}.L \equiv -\left[\left(\dfrac{\partial w/P}{\partial t}\right).L + \left(\dfrac{\partial r/P}{\partial t}\right).K\right]$

Un budget équilibré implique des recettes fiscales marginales égales aux pertes fiscales, c'est-à-dire aux pertes marginales de revenu des détenteurs de facteurs de production : les capitalistes pour l'input K et les travailleurs pour l'input L. Ces pertes marginales de revenu sont dues à l'incidence de l'impôt sur le coût du facteur de production, soit :

(10.40) $\quad \left(\dfrac{\partial(w/P)}{\partial t}\right)L\quad$ pour les travailleurs

(10.41) $\left(\dfrac{\partial(r/P)}{\partial t}\right)K$ pour les capitalistes

L'équation (10.40) peut se déduire de l'équation (10.37) en multipliant le numérateur et dénominateur du membre gauche par L, d'où :

(10.42) $\dfrac{\frac{\partial(w/P)}{\partial t}.L}{(w/P).L} = \dfrac{-\varepsilon_D}{\varepsilon_D+\varepsilon_S}$

Il s'agit donc de la perte marginale de revenu des travailleurs sur les recettes fiscales réelles marginales. Les recettes fiscales réelles marginales totales sont la somme des recettes tirées des taxes prélevées sur l'ensemble des facteurs. À l'équilibre, elles sont égales aux pertes marginales totales de revenu des détenteurs de facteurs de production. Ainsi, la perte marginale de revenu des capitalistes est égale à la différence entre la perte marginale totale et la perte marginale de revenu des travailleurs, soit :

(10.43)
$$\dfrac{\frac{\partial(r/P)}{\partial t}K}{(w/P)L} = \dfrac{\frac{\partial RF}{\partial t}}{(w/P)L} - \dfrac{\frac{\partial(w/P)}{\partial t}L}{(w/P)L}$$

$$\dfrac{\frac{\partial(r/P)}{\partial t}K}{(w/P)L} = \dfrac{-(w/P)L}{(w/P)L} - \dfrac{-\varepsilon_D}{\varepsilon_D+\varepsilon_S} = \dfrac{-\varepsilon_S}{\varepsilon_D+\varepsilon_S}$$

La répartition de la charge fiscale d'une imposition sur le taux de salaire est encore exclusivement fonction des élasticités d'offre et de demande.

Trois répartitions peuvent être observées selon les valeurs des élasticités respectives :

a – pour une offre inélastique ($\varepsilon_S = 0$) et une demande parfaitement élastique ($\varepsilon_D \to -\infty$), le rapport des élasticités des équations (10.42) et (10.43) vérifie les résultats suivants :

(10.44) $\dfrac{\frac{\partial(w/P)}{\partial t}.L}{(w/P).L} = \dfrac{-\varepsilon_D}{\varepsilon_D+\varepsilon_S} = -1$

(10.45) $\dfrac{\frac{\partial(r/P)}{\partial t}.K}{(w/P).L} = \dfrac{-\varepsilon_S}{\varepsilon_D+\varepsilon_S} = 0$

La perte marginale nulle de revenu des capitalistes (10.45) indique donc que la charge fiscale est entièrement supportée par les travailleurs en cas d'inélasticité de l'offre et de parfaite élasticité de la demande. Ainsi, la perte marginale de revenu des travailleurs est égale à la perte marginale totale (– 1), soit donc encore à la recette fiscale retirée de la taxe sur le salaire.

b – Inversement, pour une parfaite élasticité de l'offre ($\varepsilon_S \to +\infty$) et une inélasticité totale de la demande ($\varepsilon_D = 0$), les capitalistes supportent seuls la charge fiscale totale de l'impôt sur le taux de salaire :

(10.46) $\dfrac{\frac{\partial(w/P)}{\partial t}.L}{(w/P).L} = \dfrac{-\varepsilon_D}{\varepsilon_D+\varepsilon_S} = 0$

(10.47) $\dfrac{\frac{\partial(r/P)}{\partial t}.K}{(w/P).L} = \dfrac{-\varepsilon_S}{\varepsilon_D+\varepsilon_S} = -1$

c – Pour une offre non totalement inélastique ($\varepsilon_S \neq 0$) et une demande imparfaitement élastique ($\varepsilon_D \neq -\infty$), les capitalistes supportent une partie de la charge fiscale d'une imposition sur le facteur travail. Feldstein a démontré en 1974 que la part de l'effort fiscal supporté par les capitalistes lors d'une imposition du taux de salaire est d'autant plus faible que l'offre de capital est élastique. Le même résultat peut être appliqué au cas d'une imposition sur le rendement du capital : dans ce cas, la part du capital dans la charge totale de l'impôt sur le rendement du capital est une fonction croissante de l'élasticité de l'offre de travail.

Cette analyse de l'incidence fiscale en équilibre général renforce donc la portée de la loi de Dalton définie en équilibre partiel. L'approche d'équilibre général confirme le rôle exclusif des élasticités-prix d'offre et de demande dans le partage de la charge fiscale. Elle révèle en plus l'effort fiscal relatif de chaque groupe d'agents en fonction de la nature de l'impôt (impôt sur le capital ou sur le travail) et selon le degré d'élasticité des fonctions d'offre et de demande concernées. Pour compléter cette analyse, nous étudierons l'incidence d'une taxe à la consommation sur le bien-être social en situation d'équilibre général.

B. Taxe à la consommation et répartition de la charge fiscale

Dans l'approche précédente d'équilibre partiel, nous avons observé qu'une taxe *ad valorem* à la consommation créait une distorsion entre le prix majoré P payé par le consommateur et le prix (P/1 + t) perçu par le producteur.

L'incidence d'une telle taxe proportionnelle à la consommation peut être étudiée en équilibre général à l'aide du modèle de référence de Kotlikoff et Summers. Les conditions d'équilibre après impôt seront modifiées par la nature de l'impôt frappant désormais la consommation. Les demandes rationnelles en facteurs vérifient à l'équilibre après impôt les relations :

(10.48) $\left(\dfrac{P}{1+t}\right)(F_K)[N(w/P), K] = r$

(10.49) $\left(\dfrac{P}{1+t}\right)(F_L)[N(w/P), K] = w$

Les recettes fiscales réelles totales retirées d'un impôt sur la consommation d'un bien Q sont égales à l'expression :

(10.50) $RF = t \cdot P \cdot (Q/P)$

Les recettes fiscales réelles marginales sont définies pour une variation infinitésimale de la taxe t, soit :

(10.51) $\dfrac{\partial RF}{\partial t} = Q$

L'incidence totale de l'impôt sur la consommation est définie en calculant les pertes marginales de consommation, c'est-à-dire encore les pertes marginales des facteurs de production définies comme des ratios des recettes fiscales réelles marginales en raison de l'équivalence entre un impôt sur la consommation et un impôt sur le revenu des facteurs de production. Dans ce dernier cas, il convient de poser que Z est le prix reçu par les producteurs, avec Z = P/1 + t. La taxe se note alors par T et se définit par rapport à un un impôt sur la consommation, selon l'expression :

T = t/1 + t.

À l'équilibre, les fonctions de demandes rationnelles en inputs vérifient exactement les relations précédentes définies en (10.48) et (10.49), mais sont exprimées en termes de Z et T :

$$(10.52) \quad Z.F_K.\left[N\left(\frac{w(1-T)}{Z},K\right)\right] = r$$

$$(10.53) \quad Z.F_L.\left[N\left(\frac{w(1-T)}{Z}\right),K\right] = w$$

or   Z = P/1 + t et T = t/1 + t

d'où (10.48) ⇔ (10.52) et (10.49) ⇔ (10.53), *traduisant ainsi l'équivalence entre un impôt proportionnel à la consommation et un impôt sur le revenu des facteurs de production*. L'incidence de l'impôt sur la consommation peut donc être calculée comme précédemment (voir A points 2 et 3) en fonction des pertes marginales de revenu des facteurs de production définies comme des ratios des recettes fiscales réduites ici à l'expression Q, soit :

$$(10.54) \quad \frac{\frac{\partial(w/P)}{\partial t}.L}{Q} = (-\theta_L)\left(\frac{\varepsilon_D}{\varepsilon_D+\varepsilon_S}\right)$$

$$(10.55) \quad \frac{\frac{\partial(r/P)}{\partial t}.K}{Q} = (-\theta_K)(-\theta_L)\left(\frac{\varepsilon_S}{\varepsilon_D+\varepsilon_S}\right)$$

où θ_i = part du facteur i dans l'output, avec i = K, L

> Les équations (10.54) et (10.55) indiquent la répartition de la charge fiscale entre le travail et le capital. Les règles suivantes sont observées :
>
> *a* – pour une offre inélastique ($\varepsilon_S = 0$) et une demande parfaitement élastique ($\varepsilon_D \to -\infty$), la charge fiscale est supportée par les travailleurs et les capitalistes proportionnellement à la part respective du travail et du capital dans l'output ;
>
> *b* – inversement, pour une demande inélastique ($\varepsilon_D = 0$) et une offre parfaitement élastique ($\varepsilon_S \to +\infty$), les capitalistes supportent entièrement la charge fiscale.

Ces deux règles révèlent la possibilité de comportement stratégique des producteurs reportant le poids de leur impôt sur le consommateur en vendant des biens taxés incorporant des facteurs de production taxés (d'où un bien final taxé). L'importance de ce report dépend du degré des élasticités d'offre et des possibilités de substitution entre les facteurs de production capital et travail. Le producteur cherchera en effet à répercuter le poids de son impôt sur un autre agent, et à substituer du facteur de production non taxé au facteur taxé. La loi de Dalton démontrée en équilibre partiel et analysant l'incidence d'une répartition de la charge fiscale est également vérifiée en équilibre général et enrichie. L'approche en équilibre général indique les modalités de la répartition de la charge en précisant ceux qui en supportent le coût ; cette approche indique également les incidences économiques de la fiscalité puisqu'elle permet de prendre en considération les interdépendances factorielles et sectorielles (cas notamment des impôts sur les facteurs de production).

Ces analyses peuvent être complétées par une étude de l'incidence fiscale intertemporelle traitant notamment du problème de l'équivalence ricardienne pour un financement public par impôt ou emprunt. L'approche intertemporelle nécessite alors l'utilisation de modèles du cycle de vie à générations imbriquées autorisant une analyse dynamique de l'incidence fiscale. Ces problèmes de choix intertemporels appliqués au financement de biens collectifs sont largement développés dans la littérature macroéconomique courante (analyse de R. Barro). Le lecteur intéressé par ce problème se reportera utilement à l'article de G. Gilbert (1990, *op. cit.*) proposant une application intéressante de l'équivalence impôt-emprunt pour illustrer l'incidence fiscale entre générations.

Au terme de ce chapitre sur l'incidence fiscale, on peut retenir que les élasticités d'offre et de demande exercent un rôle considérable pour la détermination de la répartition de la charge fiscale en équilibre partiel. À ces facteurs s'ajoutent, en équilibre général, des propriétés d'équivalence entre différents types d'impôts ainsi que le degré de substituabilité entre facteurs entrant dans la production du bien taxé, de même que des considérations de localisation fiscale tenant compte des possibilités d'exportation des impôts dès que les contribuables potentiels diffèrent des contribuables réels (dimension spatiale de l'incidence fiscale lors du financement de services collectifs entre différentes collectivités publiques locales, par exemple). L'incidence fiscale a donc une résonance économique non négligeable puisqu'elle révèle les conditions du partage fiscal, les modalités d'une telle répartition, ainsi que les effets économico-politiques en résultant. C'est un élément de théorie économique indispensable tant en macroéconomie qu'en microéconomie publique ; c'est également, et surtout, une question d'actualité pour les économies à la recherche d'une relance de la croissance et pour tous les États membres de la Communauté économique européenne désireux d'une harmonisation fiscale.

L'incidence fiscale permet d'orienter les choix économiques. L'impôt devient ainsi un instrument de politique économique d'accompagnement de la croissance et d'affectation des comportements individuels. La consommation, l'épargne, l'investissement sont directement soumis au mode fiscal pratiqué. L'État ne peut donc être insensible à l'incidence fiscale sur les initiatives privées guidant les choix économiques et déterminant la croissance.

D'une manière générale, toutes les décisions publiques étudiées dans ce manuel reposent ou butent sur des contraintes d'efficacité et d'équité. Seul le décideur peut privilégier un paradigme particulier. Les théories de la décentralisation, de la réglementation et de la fiscalité nous indiquent, en revanche, les conditions de succès nécessaires à la recherche d'un bon compromis d'efficience et de justice. La nature de ce compromis relève cependant du critère d'équité sélectionné et en ce domaine les préférences demeurent arbitraires et peuvent dès lors privilégier une réglementation en faveur d'un groupe social particulier ou une fiscalité plus ou moins progressive. Le décideur dispose en ce domaine d'une totale liberté ; au mieux, la théorie économique peut le guider vers des choix plus raisonnables car plus efficients ou moins inéquitables.

CONCLUSION

Ce tour d'horizon des décisions publiques nous a permis d'aborder successivement deux fonctions majeures de la trilogie musgravienne, d'une part, en étudiant le problème de l'affectation des ressources rares puis, d'autre part, en élargissant l'étude aux politiques de redistribution. La troisième fonction de l'État, la régulation, a volontairement été écartée de cette approche microéconomique des décisions publiques. Les décisions relatives au principe de régulation, c'est-à-dire encore propres à la stabilisation de l'activité économique, vérifient des fondements macroéconomiques et s'écartent donc du champ d'analyse que nous nous étions fixé et des méthodes sélectionnées pour l'analyser.

L'étude de l'affectation des ressources rares et de la redistribution s'est établie dans une logique englobant progressivement les paradigmes de l'efficacité économique, de l'efficacité politique et de l'équité. Les décideurs publics sont confrontés à des choix décisifs dont les solutions retenues garantissent un bien-être social plus ou moins élevé. L'économie publique est un bon outil d'analyse pour l'orientation des décisions : le calcul économique public aide à préciser les conditions indispensables à une bonne décentralisation du pouvoir ; il permet également d'appréhender l'incidence des réglementations et déréglementations. C'est, enfin, un outil fondamental en politique fiscale pour le choix de la nature de l'impôt et de son taux.

Cette analyse générale des décisions publiques aurait pu être enrichie d'analyses complémentaires traditionnelles ou modernes ; les premières relevant des analyses coûts-avantages (ACA) ou coût-efficacité (ACE), et les secondes traitant plus précisément des problèmes de délocalisation. La rationalisation des choix budgétaires (RCB) traite en effet directement du problème de choix de projets publics. Nous n'avons cependant pas rappelé la méthodologie de telles analyses car nous avons accordé toute priorité aux politiques appliquées aujourd'hui dans les économies occidentales. Les politiques de réglementation ou de déréglementation couvrent l'actualité économique du monde occidental depuis le début des années 80. Les décisions prises en ce domaine sont largement sectorielles et supplantent toutes les analyses de projets bâties autour d'une ACA ou d'une ACE détaillée dont l'heure de gloire a brillé dans la décennie soixante. Le raisonnement des décideurs se construit de moins en moins autour d'une RCB méthodique et précise. Les décisions sont de plus en plus retenues en fonction d'arbitrages directs entre la recherche d'intérêts économiques, efficaces ou équitables, et la caution d'intérêts politiques. Cette logique d'arbitrages justifie également les opérations de délocalisation menées activement en 1992.

Le raisonnement microéconomique offre pourtant de riches enseignements pour mener efficacement l'allocation des ressources et parvenir à une équité plus ou moins forte. Les décideurs sélectionnent bien souvent des projets sans en mesurer l'incidence exacte sur le bien-être social. Une telle précipitation est condamnable dès qu'elle affecte le bien-être. Comment s'étonner, dès lors, du nombre de projets revus ou renégociés avant terme, du renouvellement des réformes, des tentatives avortées de réglementation ou de délocalisation, de déclarations caduques d'intention de rachats d'entreprises ou de fusions industrielles ?

L'actualité économique reflète ces ambiguïtés : le malaise agricole domine au chapitre des revendications mais aucune refonte du système actuel n'est envisagée indépendamment du coût social des réglementations en vigueur. Comment s'étonner, par ailleurs, des hésitations successives dans le domaine industriel ? L'environnement aérien international offre à cet effet une bonne illustration. À la veille de l'année 1993, le gouvernement américain a rejeté le projet d'union de British Airways et US Air, pénalisant ainsi la firme britannique pour son refus de consentir à la firme américaine un accès élargi et prioritaire aux aéroports britanniques et, tout particulièrement, à l'aéroport de Londres. La décision qui a motivé ce rejet est essentiellement politique. Une telle fusion aurait offert au leader britannique une place d'excellence sur le réseau intérieur américain pour de faibles contreparties en faveur de US Air. L'incidence de cette fusion sur le bien-être social n'a pas été évaluée et les décideurs américains ont préféré écarter les risques de stratégies concurrentielles élevées profitables à la clientèle mais dangereuses pour les compagnies déjà installées.

Dans le domaine fiscal, les mêmes arbitrages sont avancés. Les réformes fiscales communautaires nécessaires à l'harmonisation impliqueraient des pertes de recettes fiscales difficilement compensables. L'éventuel manque à gagner fiscal conduit les États membres à plaider en faveur d'une harmonisation lente et progressive, chaque décision nationale étant motivée par la recherche d'un équilibre budgétaire le plus satisfaisant possible, indépendamment des effets sur le bien-être social et sur le projet ultime de Marché unique européen parfaitement homogène.

L'économie publique permet de justifier le choix de certaines décisions. Une analyse menée en fonction des paradigmes de l'efficacité économique, de l'équité ou de l'efficacité politique aide à comprendre notamment la rigidité de certaines décisions maintenues indépendamment de l'incidence économique ou de l'inéquité des projets si un minimum de soutien politique est garanti ; ou, inversement, des effets d'une politique assurant une affectation efficace des ressources mais au détriment de l'équité.

Une approche englobante des décisions publiques permet de saisir toute l'imbrication des projets et recherches d'intérêts général et particulier. Elle confirme ainsi l'utilité d'une analyse constructive intégrant simultanément les conceptions économique, politique et sociale de l'État. C'est précisément ce que je me suis efforcée de réaliser en étudiant successivement les décisions publiques fondées sur les procédures de décentralisation, sur les politiques de réglementation ou de déréglementation et sur les règles fiscales.

BIBLIOGRAPHIE

AARON H.J. et McGUIRE M.C. (1969) : « Efficiency and Equity in the Optimal Supply of a Public Good », *Review of Economics and Statistics*, vol. 51, 1969, pp. 31-39.

AARON H.J. et McGUIRE M.C. (1970) : « Public Goods and Income Distribution », *Econometrica 38,* 1970, pp. 907-920.

AGLIETTA M. (1978) : « Panorama sur les théories de l'emploi », *Revue Économique*, vol. 29, n° 1, janvier 1978, pp. 80-119.

AKERLOF G.A (1970) : « The Market for Lemons : Quality Uncertainty and the Market Mechanism », *Quarterly Journal of Economics*, vol. 74, n° 3, august 1970.

ALCANTARA (d') G. et BARTEN A.P. (1976) : « Long Run Relation between Public and Private Expenditures in the EEC Countries » in L. SOLARI et DUPASQUIER N.J. : « Private and Enlarged Consumption » Asepelt, vol. V, North Holland Publishing Company, 1976.

ALESSI de L. (1969) : « The Implications of Property Rights for Government Investment Choices », *American Economic Review*, vol. 59, march 1969, pp. 13-24.

ALESSI de L. (1974) : « Managerial Tenure under Private and Government Ownership », *Journal of Political Economy*, vol. 82, n° 6 ; 1974, pp. 645-654.

ALLAIS M. (1953) : « Le Comportement de l'homme rationnel devant le risque. Critique des postulats de l'école américaine », *Economica*, 1953.

ALLAIS M. et HAGEN O. (1979) : *Expected Utility Hypotheses and the Allais Paradox*, Reidel Publishing Company, Hollande.

ANDERSON S. et GLAZER A. (1984) : « Public Opinion and Regulatory Behavior », *Public Choice*, vol. 43, n° 2, 1984, pp. 187-194.

ANDRÉ C. et DELORME R. (1979) : « Étude comparative des dépenses publiques en longue période dans six pays industrialisés occidentaux » Cepremap, n° 7914, 1979.

ANDRÉ C. et DELORME R. (1983) : *L'État et l'économie. Un essai d'explication de l'évolution des dépenses publiques en France : 1870-1980*, Éditions du Seuil, 1983.

AOKI M. (1971) : « Two Planning Processes for an Economy with Production Externalities », *International Economic Review*, october 1971.

ARNOTT R. et STIGLITZ J. (1985) : « Labor Turnover, Wage Structures, and Moral Hazard :

the Inefficiency of Competitive Markets », *Journal of Labor Economics*, vol. 3, 1985, pp. 434-462.

ARROW K.J. (1951) : « An Extension of the Basic Theorems of Classical Welfare Economics » in NEYMAN J. : *Proceedings of the Berkeley Conditions Symposium on Mathematical Statistics and Probability*, University of California Press.

ARROW K.J. (1963) : « Uncertainty and the Welfare Economics of Medical Care », *American Economic Review*, vol. LIII, n° 5, december 1963.

ARROW K.J. (1974) : « Limited Knowledge and Economic Analysis », *American Economic Review*, vol. 64, n° 1, march 1974.

ARROW K.J. (1977) : « The Organization of Economic Activity : Issues Pertinent to the Choice of Market versus Non-Market Allocation », *in* HAVEMAN R.H. et MARGOLIS J. : *Public Expenditure and Policy Analysis*, Chicago, Rand McNally 1977, pp. 67-81.

ARROW K.J. (1986) : « Agency and the Market », chapitre 23 *in* ARROW et INTRILIGATOR : *Handbook of Mathematical Economics,* vol. III, 1986.

ARROW K.J. et HURWICZ L. (1960) : « Decentralization and Computation in Resource Allocation » *in* PFOUTZ R.W. (1960) : *Essays in Economics and Econometries*, University of North Carolina Press, pp. 34-104.

ARROW K.J. et LIND R.C. (1970) : « Uncertainty and the Evaluation of Public Investment Decisions », *American Economic Review*, vol. 60, june 1970, pp. 364-378.

ARROW K.J. et SCITOVSKY T. (1969) : *Readings in Welfare Economics*, London, G. ALLEN and UNWIN Ltd 1969.

ASPREMONT (d') C. et GÉRARD-VARET L.A. (1979) : « On Bayesian Incentive Compatible Mechanisms » in LAFFONT J.-J. (1979) : *Aggregation and Revelation of Preferences*, North-Holland, Amsterdam 1979.

ASPREMONT (d') C. et GÉRARD-VARET L.A. (1987) : « Information incomplète et contraintes d'incitation », *Rapport au Commissariat du Plan*, GREQE, Marseille, 1987.

ATKINSON A. B. et STIGLITZ J.E. (1980) : *Lectures on Public Economics*, McGraw Hill, 1980.

AUERBACH A.J. et FELDSTEIN M. (1985) : *Handbook of Public Economics*, North Holland, Amsterdam, 1985.

AUMAN R.J. et SHAPLEY L.S. (1974) : *Values of Non Atomic Games*, Princeton University Press, Princeton, 1974.

AVERCH H. et JOHNSON L.L. (1962) : « Behavior of the Firm under Regulatory Constraint », *American Economic Review*, vol. 52, n° 5, december 1962, pp. 1052-1069.

AYMAR C. (1992) : « La théorie des choix publics face à l'explication des structures fiscales : différents points de vue », *Revue Politiques et Management Public,* vol. 10, n° 4, décembre 1992, pp. 85-104.

AZARIADIS C. (1975) : « Implicit Contracts and Unemployment Equilibria », *Journal of Economic Theory*, 1975, pp. 1183-1202.

BABUSIAUX D. (1990) : *Décision d'investissement et calcul économique dans l'entreprise, Economica*, 1990.

BAILEY E.E. (1981) : « Contestability and the Design of Regulatory and Antitrust Policy », *American Economic Review*, vol. 71, may 1981.

BAILEY E.E. (1986) : « Price and Productivity Change following Deregulation : the US Experience », *Economic Journal*, march 1986.

BAILEY E.E. et FRIEDLANDAER A.F. (1982) : « Market Structure and Multiproduct Industries », *Journal of Economic Literature*, vol. XX, september 1982.

BAILEY E.E. GRAHAM et KAPLAN (1985) : *Deregulating the Airlines*, MIT Press, Cambridge, 1985.

BARKE R.P. et RIKER W.H. (1982) : « A Political Theory of Regulation with some Observations on Railway Abandonments », *Public Choice*, vol. 39, n° 1, 1982, pp. 33-71.

BARON D. et BESANKO D. (1984) : « Regulation, Asymmetric Information and Auditing », *Rand Journal of Economics*, vol. 15, n° 4, 1984.

BARON D. et BESANKO D. (1987) : « Monitoring, Moral Hazard, Asymmetric Information and Risk Sharing in Procurement Contracting », *Rand Journal of Economics*, vol. 18, n° 4, 1987.

BARON D. et MYERSON R. (1982) : « Regulating a Monopolist with Unknown Costs », *Econometrica*, vol. 50, n° 4, 1982, pp. 911-930.

BARON D. et TAGGART R.A. (1977) : « A Model of Regulation under Uncertainty and a Test of Regulatory Bias », *Bell Journal of Economics and Management Science*, spring 1977.

BASLE M. (1985) : *Le Budget de l'État*, Repères n° 33, Éditions La Découverte, 1989.

BAUMOL W.J. (1965) : *Welfare Economics and the Theory of the State*, Bell and Sons, London, 2e édition, 1965.

BAUMOL W.J. (1972) : « On Taxation and the Control of Externalities », *American Economic Review*, vol. 62, n° 3, june 1972, pp. 307-322.

BAUMOL W.J. (1979) : *Economics, Environment and the Quality of Life*, Englewood Cliffs, N. J. USA, Prentice Hall, 1979.

BAUMOL W.J. (1982) : « Contestable Markets : An Uprising in the Theory of Industrial Structure », *American Economic Review*, vol. 72, march 1982.

BAUMOL W.J. et BRADFORD D.F. (1970) : « Optimal Departures from Marginal Cost Pricing », *American Economic Review*, vol. 60, pp. 265-283.

BAUMOL W.J. et FABIAN T. (1964) : « Decomposition Pricing for Decentralization and External Economics », *Management Science*, september 1964.

BAUMOL W.J. et KLEVORICK A.K. (1970) : « Input Choices and Rate Regulation : an Overview of the Discussion », *Bell Journal of Economics*, vol. 1, n° 2, 1970, pp. 162-190.

BAUMOL W.J., PANZAR J. et WILLIG R. (1982) : *Contestable Markets and the Theory of Industrial Structure*, San Diego, Harcourt Brace Jovanovich, 1982.

BAUMOL W.L., PANZAR J. et WILLIG R. (1986) : « On the Theory of Perfectly-Contestable Markets », in STIGLITZ J. E. et MATHEWSON, G. F. (1986) : *New Developments in the Analysis of Market Structure*, London, MacMillan, 1986.

BAUMOL W.L. et WILLIG R. (1986) : « Contestability : Developments since the Book », Oxford Economic Papers, vol. 38, november 1986.

BECK M. (1979) : « Public Sector Growth : a Real Perspective », *Public Finance*, 1979.

BECKER G.S. (1968) : « Crime and Punishment. An Economic Approach », *Journal of Political Economy*, 76, 1968, pp. 169-217.

BECKER G.S. (1983) : « A Theory of Competition among Pressure Groups for Political Influence », *The Quarterly Journal of Economics*, n° 3, august 1983, pp. 371-400.

BELTRAME P. (1979) : *Les Systèmes fiscaux*, Que sais-je ?, n° 1599, PUF, 2e édition.

BELTRAME P. (1992) *La Fiscalité en France*, Collection Les Fondamentaux, Hachette Supérieur, 1992.

BENARD J. (1967) : « La Théorie du calcul économique rationnel et la décentralisation de la planification socialiste », *Temps Modernes*, n° 25, avril 1967.

BENARD J. (1968) : « Un modèle d'affectation optimale des ressources entre l'économie et le système éducatif », CNRS, *Cahiers du séminaire d'économétrie*, n° 10, 1968.

BENARD J. (1971) : « Some Theoretical Problems of Merit Goods and Tutelage » in KASER M. et PORTES R. : *Planning and Market Relations*, IEA Series, MacMillan, 1971.

BENARD J. (1983) : « Les Progrès récents de l'analyse économique des dépenses publiques », *Revue d'économie politique*, vol. 93, n° 4, juillet-août 1983, pp. 509-550.

BENARD J. (1985) : *Économie publique*, Economica, 1985.

BENARD J. (1988) : « Bilans et essais : les réglementations publiques de l'activité économique », *Revue d'économie politique*, 98, n° 1, janvier-février 1988, pp. 1-59.

BENARD J. et ALEXIOU D. (1989) : « Revue de théorie sur l'incidence fiscale », Céprémap, février 1989.

BENNETT J. (1982) : « Contingent Pricing and Economic Regulation », *Bell Journal of Economics*, vol. 13, n° 2, autumn 1982, pp. 569-571.

BERGSON A. (1972) : « Optimal Pricing for a Public Enterprise », *Quarterly Journal of Economics*, 86, 1972, pp. 519-544.

BERNARD A. (1980) : « La Vérité des prix : tarification au coût marginal ou tarification à l'équilibre budgétaire », *Bulletin RCB*, n° 43, décembre 1980, pp. 33-47.

BESANKO D. et SAPPINGTON D.E.M. (1987) : *Designing Regulatory Policy with Limited Information*, Harwood Academic Publishers, 1987.

BESSON J.-F. (1966) : « Les Effets externes et le calcul économique », *Revue de Science Financière*, avril-juin 1966, pp. 397-439.

BESSON J.-F. (1978) : *Économie publique. L'échange sans marché*, PUF, Collection Économie d'Aujourd'hui, 1978.

BIRD R. M. (1971) : « Wagner's Law of Expanding State Activity », *Public Finance*, vol. 26, n° 1, 1971.

BIRD R.M. (1972) : *The Displacement Effect : a Critical Note*, Finanzarchiv NF, Band 30, 1972.

BLACK D. (1948) : « On the Rationale of Group Decision Making », *Journal of Political Economy*, vol. 56, pp. 23-34, et in ARROW et SCITOVSKY (1969) : *Readings in Welfare Economics*, Allen, London.

BLIN J.-M. et SATTERTHWAITE M.A. (1978) : « Individual Decisions and Group Decisions », *Journal of Public Economics*, vol. 10, n° 2, october 1978, pp. 247-267.

BLISS C. et NALEBUFF B. (1984) : « Dragonslaying and Ballroom Dancing : the Private Supply of a Public Good », *Journal of Public Economics*, vol. 25, august 1984, pp. 1-12.

BOBE B. (1978) : *La Redistribution des revenus*, Economica, 1978.

BOBE B. et LLAU P. (1978) : *Fiscalité et Choix économiques*, Calmann-Lévy, 1978.

de BOISSIEU C. (1980) : *Principes de politique économique*, Economica, 2e édition, 1980.

BOITEUX M. (1956) : « Sur la gestion des monopoles astreints à l'équilibre budgétaire », *Econometrica*, vol. 26, janvier 1956.

BOITEUX M. (1971) : « On the Management of Public Monopolies subject to Budgetary Constraints », *Journal of Economic Theory*, vol. 3, n° 3, september 1971, (traduction en anglais de l'article de 1956).

BOITEUX M. (1988) : *Fiscalité et Marché unique européen*, La Documentation Française, 1988.

BONIN (1969) : « Alternative Tests of the Displacement Effect Hypothesis », *Public Finance*, vol. 24, 1969.

BORCHERDING T.E. (1977) : *Budgets and Bureaucrats : the Sources of Government Growth*, Duke University Press, 1977.

BÖS D. (1978) : « Cost of Living Indices and Public Pricing », *Economica*, vol. 45, n° 1, 1978.

BÖS D. (1986) : *Public Enterprise Economics*, North-Holland, Amsterdam, 1986.

BOWEN H. (1943) : « The Interpretation of Voting in the Allocation of Economic Resources », *Quarterly Journal of Economy*, november 1943.

BRADFORD D.F. et HILDEBRANDT G.G. (1977) : « Observable Preferences for Public Goods », *Journal of Public Economics*, 8, 1977, pp. 111-131.

BRAINARD W. (1967) : « Uncertainty and the Effectiveness of Policy », *American Economic Review*, may 1967.

BRANCIARD M. (1974) : *L'Entreprise publique livrée aux intérêts privés*, Chronique Sociale, Lyon, 1974.

BRENNAN G. et BUCHANAN J. (1980) : *The Power to tax*, Cambridge University Press, 1980.

BRENNAN G. et BUCHANAN J. (1985) : *The Reason of Rules. Constitutional Political Economy*, Cambridge University Press, 1985.

BRENNAN M.J. et SCHWARTZ E.S. (1982) : « Consistent Regulatory Policy under Uncertainty », *Bell Journal of Economics*, vol. 13, n° 2, autumn 1982, pp. 506-521.

BRETON A. (1974) : *The Economic Theory of Representative Government*, Adline Publishing Company, Chicago, 1974.

BRETON A. et WINTROBE R. (1975) : « The Equilibrium Size of a Budget-Maximising Bureau », *Journal of Political Economy*, vol. 83, february 1975, pp. 195-207.

BRETON A. et WINTROBE R. (1982) : *The Logic of Bureaucratic Conduct*, Cambridge University Press, 1982.

BROWN D.J. et HEAL G.M. (1979) : « Equity, Efficiency and Increasing Returns », *Review of Economic Studies*, vol. 46, n° 4, 1979.

BROWN D.J. et HEAL G.M. (1980) : « Two Part Tariffs, Marginal Cost Pricing and Increasing Returns in a General Equilibrium Model », *Journal of Public Economics*, vol. 13, n° 1, 1980.

BROWN D.J. et HEAL G.M. (1983) : « Marginal vs. Average Cost Pricing in the Presence of a Public Monopoly », *American Economic Review*, vol. 73, n° 2, may 1983, pp. 189-193.

BROWNING E.K. (1987) : « On the Marginal Welfare Cost of Taxation », *American Economic Review*, vol. 77, n° 1, march 1987, pp. 11-49.

BUCHANAN J. et TULLOCK G. (1962) : *The Calculus of Consent*, University of Michigan Press (traduction du chapitre 6 in : GREFFE X : *Économie publique*, (1975), pp. 119-131).

CAHIERS FRANÇAIS (1986) : « Découverte des finances publiques »
1. *Les Prélèvements obligatoires,* n° 225, mars-avril 1986.
2. *Les Dépenses publiques,* n° 226, mai-juin 1986.

CAHIERS FRANÇAIS (1986) :
Les Libéralismes économiques, n° 228, octobre-décembre 1986, *La Justice*, n° 251, 1986.

CAVES D.W., CHRISTENSEN L.R. et SWANSON J.A. (1981) : « Economic Performance in Regulated and Unregulated Environments : a Comparison of U.S. and Canadian Railroads », *American Economic Review*, n° 4, november 1981, pp. 559-582.

CAZENAVE P. et MORRISSON C. (1978) : *Justice et Redistribution*, Economica, 1978.

CHAMLEY C. (1985) : « Efficient Tax Reform in a Dynamic Model of General Equilibrium », *Quarterly Journal of Economics*, may 1985, pp. 335-356.

CHAMPSAUR P. (1976) : « Neutrality of Planning Procedures in an Economy with Public Goods », *Review of Economic Studies*, vol. 43, n° 134, 1976, pp. 293-299.

CHAMPSAUR P. (1992) : « La Prise de décision en économie publique. Progression ou régression de l'utilisation des méthodes économiques dans la prise de décision publique ? », *Revue Économique*, vol. 43, n° 4, juillet 1992, (numéro spécial consacré aux métiers de l'économiste au service de la décision).

CLARKE E.H. (1971) : « Multipart Pricing of Public Goods », *Public Choice*, vol. 11, n° 1, 1971.

COASE R.H. (1960) : « The Problem of Social Cost », *Journal of Law and Economics*, 3, october 1960, pp. 1-44.

COLEMAN J.S. (1966) : « The Possibility of a Social Welfare Function », *American Economic Review*, december 1966.

COMANOR W.S. (1970) : « Should Natural Monopolies be Regulated ? », *Stanford Law Review*, vol. 22, february 1970, pp. 510-518.

COURNOT A.A. (1838) : *Researches into the Mathematical Principles of the Theory of Wealth*, 1838.

COURVILLE L. (1974) : « Regulation and Efficiency in the Electric Utility Industry », *Bell Journal of Economics*, vol. 5, n° 1, spring 1974, pp. 53-74.

CRAMPES C. (1983) : « Subventions et régulation d'une entreprise privée », *Annales de l'INSEE*, n° 51, juillet-septembre 1983, pp. 47-67.

CROS R. et FLOUZAT D. (1979) : *Études d'économie publique*, Economica, 1979.

CROZET Y. (1991) : *Analyse économique de l'État*, Cursus, Armand Colin, 1991.

CROZIER M. (1963) : *Le Phénomène bureaucratique*, Seuil, 1963.

DAFFLON B. et WEBER L. (1984) : *Le Financement du secteur public*, PUF, 1984.

DALTON H. (1954) : *Principles of Public Finance*, Routledge and Kegan Paul, London, 1954.

DANTZIG G.B. (1961) : *Linear Programming and Extension*, Princetown University Press.

DANTZIG G.B. et WOLFE (1961) : « The Decomposition Algorithm for Linear Programs », *Econometrica*, vol. 29, 1961.

DEAN J.W. (1981) : « Organizational Behavior », *Business Administration Reading Lists*, vol. 10, Simon Fraser University, july 1981.

DEBREU G. (1959) : *Théorie de la valeur*, DUNOD 1959.

DEBREU G. et SCARF H. (1963) : « A Limit Theorem on the Core of an Economy », *International Economic Review*, vol. 4, 1963.

DEMSETZ H. (1968) : « Why Regulate Utilities ? », *Journal of Law and Economics*, vol. 11, 1968.

DENISON E.F. (1962) : *The Sources of Economic Growth in the United States*, 1962.

DENISON E.F. (1967) : *Why Gross Rates Differ ?*, Brookings Institution.

DIAMOND P. (1975) : « A Many-Person Ramsey Tax-Rule », *Journal of Public Economics*, vol. IV, n° 4, november 1975.

DIAMOND P. (1977) : « Econometric Testing of the Displacement Effects. A Reconsideration », *Finanzarchiv,* NF 35, Heft 3, 1977.

DOBB M. (1971) : *Économie du bien-être et Économie socialiste*, Calmann-Lévy.

DOWNS A. (1957) : *An Economic Theory of Democracy*, New York, Harper and Raw, 1957.

DOWNS A. (1960) : « Why the Government Budget is to Small in a Democracy », *World Politics*, july 1960.

DRÈZE J.H. (1980) : « Public Goods with Exclusion », *Journal of Public Economics*, vol. 13, february 1980, pp. 5-24.

DRÈZE J.H. et de la VALLÉE POUSSIN D. (1971) : « A Tatonnement Process for Public Goods », *Review of Economic Studies*, vol. 38, april 1971, pp. 133-150.

DUBOIS P. (1974) : *Mort de l'État-patron*, Les Éditions Ouvrières, 1974.

DUPUY J.-P. (1989) : « Convention et Common Knowledge », *Revue Économique*, numéro spécial sur l'économie des conventions, vol. 40, n° 2, mars 1989, pp. 361-400.

EHRLICH I. (1975) : « The Deterrent Effect of Capital Punishment : a Question of Life and Death », *American Economic Review*, june 1975.

EKELAND I. (1974) : *La Théorie des jeux et ses applications à l'économie mathématique*, Collection Sup., PUF, 1974.

EKERN S. (1979) : « The New Soviet Incentive Model : Comment », *Bell Journal of Economics*, vol. 10, n° 2, autumn 1979, pp. 720-725.

ELIXMANN D. et NEUMANN K.H. (1990) : *Communications Policy in Europe*, Springer-Verlag, 1990.

ELLMAN M. (1973) : « Bonus Formulae and Soviet Managerial Performance : a Further Comment », *Southern Economic Journal*, vol. 39, april 1973, pp. 652-653.

ENCAOUA D (1986) : « Réglementation et Concurrence : quelques éléments de théorie économique », document de la direction de la prévision, ministère de l'Économie, des Finances et du Budget, 12 mars 1986, et *Économie et Prévisions*, n° 76, 1986.

FAN L.S. (1975) : « On the Reward System », *American Economic Review*, vol. 65, n° 1, march 1975.

FAULHABER G.R. (1975) : « Cross-Subsidization : Pricing in Public Enterprises », *American Economic Review*, vol. 65, n° 5, 1975, pp. 966-978.

FAURE-GRIMAUD A. (1991) : *Étude d'un marché agricole non soutenu : le cas de la pomme de terre primeur*, mémoire de DEA Sciences de la décision et microéconomie de l'ENS CACHAN, septembre 1991.

FELDSTEIN M. (1972) : « Equity and Efficiency in Public Sector Pricing : Optimal Two-Part Tariff », *Quarterly Journal of Economics*, vol. 86, n° 2, may 1972, pp. 175-187.

FELDSTEIN M. (1972) : « Distributional Equity and the Optimal Structure of Public Prices », *American Economic Review*, vol. LXII, n° 1, march 1972, pp. 32-36.

FEREJOHN J.A. et MCKELVEY (1983) : « Von NEUMANN-MORGENSTERN Solution Social Choice Functions : an Impossibility Theorem », *Journal of Economic Theory*, vol. 29, n° 1, 1983, pp. 109-119.

FERICELLI A.M. (1978) : *Théorie statistique de la décision. Application à la gestion des entreprises*, Economica, 1978.

FINSINGER J. (1985) : *Public Sector Economics*, MacMillan Press Ltd., 2ᵉ édition, 1985.

FIORINA M.F. et NOLL R.G. (1978) : « Voters, Bureaucrats and Legislators », *Journal of Public Economics*, vol. 9, n° 2, 1978, pp. 239-254.

FISHLOW A. et DAVID P.A. (1961) : « Optimal Resource Allocation in an Imperfect Market Setting », *Journal of Political Economy*, vol. XIX, n° 6, december 1961, pp. 529-546.

FORTE F. et DI PIRO A. (1980) : « A Pure Model of Public Bureaucracy », *Public Finance*, vol. 35, n° 1, 1980, pp. 91-100.

FOURGEAUD C. (1970) : « Les Biens publics et la théorie de l'optimum », in PAELINK : *Programming for Europe's Collective Needs*, ASEPELT, vol. IV, North Holland Publishing Company, 1970.

FOURGEAUD C. et PERROT A. (1990) : *Calcul économique et microéconomie approfondie*, Economica, 1990.

FREIXAS X. et LAFFONT J.-J. (1983) : « Tarification au coût marginal ou équilibre budgétaire ? », *Annales de l'INSEE*, n° 51, juillet-septembre 1983, pp. 64-87.

FREIXAS X. et LAFFONT J.-J. (1985) : « Average Cost Pricing versus Marginal Cost Pricing under Moral Hazard », *Journal of Public Economics*, vol. 26, n° 2, march 1985, pp. 135-146.

FREY B. S. (1985) : *Économie politique moderne*, Collection Économie d'Aujourd'hui, PUF, 1985.

FRIEDMAN J.W. (1976) : « Reaction Functions as Nash Equilibria », *Review of Economic Studies*, vol. 43, n° 133, 1976, pp. 83-90.

GAMBIER G. (1980) : *Théorie de la politique économique en situation d'incertitude*, Éditions Cujas, 1980.

GAMEL C. (1992) : *Économie de la justice sociale*, Éditions Cujas, 1992.

GANDHI V.P. (1971) : « Wagner's Law of Public Expenditure : Do Recent Cross Studies Confirm it ? », *Public Finance*, vol. 26, n° 1, 1971.

GIBBARD A. (1973) : « Manipulation of Voting Schemes. A General Result », *Econometrica*, 41, july 1973, pp. 587-601.

GILBERT G. (1990) : « Fiscalité », in GREFFE X., MAIRESSE J. et REIFFERS J.-L. (1990) : *Encyclopédie Économique*, Economica, pp. 1631-1666.

GOLDBERG V.P. (1982) : « PELTZMAN on Regulation and Politics », *Public Choice*, vol. 39, n° 2, 1982, pp. 291-301.

GOUDARD D. (1984) : « Tarifs et équilibre financier des entreprises publiques », *Revue économique*, vol. 35, n° 6, novembre 1984.

GOUDARD D. (1984) : « Nouvelles Avancées dans le calcul économique public », *Revue économique*, vol. 35, n° 6, novembre 1984.

GRAAF (de von) J. (1957) : *Theoretical Welfare Economics*, Cambridge University Press, London, 1957, et traduction française chez DUNOD, 1970.

GREEN J. et LAFFONT J.-J. (1977) : « On the Revelation of Preferences for a Public Goods », *Journal of Public Goods*, n° 8, 1977, pp. 79-93.

GREEN J. et LAFFONT J.-J. (1977) : « Révélation des préférences pour les biens publics. Caractérisation des mécanismes satisfaisants », *Cahiers du séminaire d'économétrie*, CNRS, n° 19, 1977.

GREEN J. et LAFFONT J.-J. (1979) : *Incentives in Public Decision Making*, North Holland Publishing Company, 1979.

GREENWALD D. (1984) : *Encyclopédie Économique*, Economica, 1984.

GREFFE X. (1975) : *Économie publique*, Economica, 1975.

GREFFE X. (1981) : *Analyse économique de la bureaucratie*, Economica.

GREFFE X. (1987) : *Politique économique*, Economica, 1987.

GREFFE X. (1992) : *La Décentralisation*, Repères n° 44, Éditions La Découverte, 1992.

GREFFE X., MAIRESSE J. et REIFFERS J.-L. (1990) : *Encyclopédie Économique*, 2 tomes, Economica, 1990.

GREMAQ A.A. (1988) : *Dynamique, information incomplète et stratégies industrielles*, Economica, 1988.

GROSFELD I. (1978) : « Les Procédures de planification face au problème des incitations », *Revue d'Études Comparatives Est-Ouest*, vol. 9, n° 1, mars 1978.

GROSSMAN S.J. et HART O.D. (1983) : « An Analysis of the Principal-Agent Problem », *Econometrica*, vol. 51, n° 1, january 1983, pp. 7-45.

GROSSMAN S.J. et PERRY M. (1986) : « Perfect Sequential Equilibrium », *Journal of Economic Theory*, 39, 1986, pp. 97-119.

GROSSMAN S.J. et PERRY M. (1986) : « Sequential Bargaining under Asymmetric Information », *Journal of Economic Theory*, 39, pp. 120-154.

GROVES Th. (1973) : « Incentives in Teams », *Econometrica,* july 1973.

GROVES Th. et LEDYARD J. (1977) : « Optimal Allocation of Public Inputs : a Solution to the 'Free Rider' Problem », *Econometrica,* vol. 45, pp. 783-809.

GROVES Th. et LOEB M. (1975) : « Incentives and Public Input », *Journal of Public Economics*, 1975, n° 4, pp. 211-226.

GROVES Th. et RADNER R. (1972) : « Allocation of Resources in a Team », *Journal of Economic Theory*, 4, 1972.

GUESNERIE R. (1980) : « Modèles de l'économie publique », CNRS, *Monographies du séminaire d'économétrie,* n° 15, Paris, 1980.

GUESNERIE R. (1985) : « Étude théorique des contrats entre la puissance publique et l'entreprise publique », École nationale des Ponts et Chaussées. Direction de la recherche, juillet 1985.

GUESNERIE R., MALINVAUD E., GOUDARD D. et WALISER B. (1983) : « Calcul économique et résorption des déséquilibres », rapport du Commissariat Général du Plan, novembre 1983.

GUESNERIE R., CAILLAUD B. et REY P. (1984) : « Les Interventions publiques dans le domaine de la production à la lumière de la théorie des incitations : une introduction », Communication présentée au séminaire R. ROY le 10 décembre 1984.

GUESNERIE R. et LAFFONT J.-J. (1984) : « A Complete Solution to a Class of Principal-Agent Problems with an Application to the Control of a Self-Managed Firm », *Journal of Public Economics*, vol. 25, 1984, pp. 329-369.

GUITTON H. et MARGOLIS J. (1968) : *Économie publique,* acte du colloque de l'AISE, Biarritz, septembre 1986, éditions du CNRS.

GUPTA S.P. (1967) : « Public Expenditure and Economic Growth : A Time Series Analysis », *Public Finance,* vol. 22, 1967.

HARBERGER A.C. (1962) : « The Incidence of the Corporation Income Tax », *Journal of Political Economy*, vol. 70, n° 3, pp. 215-240.

HARBERGER A.C. (1964) : « Taxation, Resource Allocation and Welfare », in *The Role of Direct and Indirect Taxes in the Federal Revenue System*, Princeton University Press, 1964.

HARBERGER A.C. (1971) : « The Three Basic Postulates for Applied Welfare Economics : an Interpretative Essay », *Journal of Economic Literature*, vol. IX, september 1971, pp. 785-797.

HAROUEL J.-L. (1984) : *Essai sur l'inégalité*, PUF, 1984.

HARSANYI J.-C. (1955) : « Cardinal Welfare Individualistic Ethics and Interpersonnal Comparisons of Utility », *Journal of Political Economy*, n° 73, august 1955, pp. 309-321.

HARSANYI J.-C. et SELTEN R. (1972) : « A Generalized Nash Solution for Two-Person Bargaining Games with Incomplete Information », *Management Science*, vol. 18, n° 5, 1972, pp. 80-106.

HARTMAN R.S., BOZDOGAN K. et NADKARNI R.M. (1979) : « Economic Impacts of Environmental Regulations on the US Copper Industry », *Bell Journal of Economics*, vol. 10, n° 2, autumn 1979, pp. 589-618.

HAVEMAN R.H. et MARGOLIS J. (1970) : *Public Expenditure Analysis*, Chicago, Rand McNally, 1970.

HAYEK. F. A. (von) (1935) : *Collectivist Economic Planning*, Londres.

HEAD J.-G. (1962) : « Public Goods and Public Policy », *Public Finance*, vol. 17, 1962, pp. 197-219.

HEAL G. (1969) : « Planning without Prices », *Review of Economic Studies*, vol. 36, n° 107, juillet 1969.

HEAL G. (1973) : *The Theory of Economic Planning*, North-Holland.

HIRSCHLEIFER J. et RILEY J.-G. (1979) : « The Analytics of Uncertainty and Information. An Expository Survey », *Journal of Economic Literature*, vol. XVII, n° 4, december 1979., pp. 1375-1421.

HOHMEYER O. et OTTINGER R.L. (1991) : *External Environmental Costs of Electric Power*, Springer Verlag, 1991.

HOLMSTROM B. (1979) : « Moral Hazard and Observability », *Bell Journal of Economics*, 1979, pp. 74-91.

HOLMSTROM B. et MYERSON. R (1983) : « Efficient and Durable Decision Rules with Incomplete Information », *Econometrica*, 51, november 1983, pp. 1799-1820.

HOTELLING H. (1938) : « The General Welfare in Relation to Problems of taxation and of Railway and Utility Rates », *Econometrica*, vol. 6, 1938, pp. 242-249.

HURWICZ L. (1969) : « On the Concept of Possibility of Informationnal Decentralization », *American Economic Review*, Papers and Proceedings, vol. LIX, n° 2, 1969.

HURWICZ L. (1972) : « On Informationnally Decentralized Systems », in McGUIRE C. B. et RADNER R. (1972) : *Decision and Organization*, North Holland, Amsterdam, 1972.

HURWICZ L. (1973) : « The Design of Mechanisms for Resources Allocation », *American Economic Review*, Proceedings, may 1973.

HURWICZ L. (1986) : « Incentive Aspects of Decentralization », in ARROW K. J. et INTRIGILATOR M. (1986) : *Handbook of Mathematical Economics*, tome III, North-Holland, Amsterdam, 1986.

JACQUEMIN A. (1985) : *Sélection et pouvoir dans la nouvelle économie industrielle*, Economica-Cabay, 1985.

JACQUILLAT B. (1985) : *Désétatiser*, Laffont Libertés 2000, 1985.

JESSUA C. (1968) : *Coûts sociaux et coûts privés*, PUF, 1968.

JOHANSEN L. (1963) : « Some Notes on the Lindahl Theory of Determination of Public Expenditures », *International Economic Review*, vol. 4, n° 3, september 1963.

JOHANSEN L. (1965) : *Public Economics*, North Holland, 1965.

JOHANSEN L. (1977) : *Lectures on Macroeconomic Planning*.
Tome 1 : *General Aspects*.
Tome 2 : *Centralization, Decentralization under Uncertainty Planning*, North Holland, 1977.

JUST R. (1977) : « Theoretical and Empirical Possibilities for Determining the Distribution of Welfare Gains from Stabilization », *American Journal of Agricultural Economics*, vol. 59, december 1977, pp. 652-661.

KALAI E. et SMORODINSKY M. (1975) : « Other Solutions to Nash's Bargaining Problem », Econometrica, 1975, pp. 513-518.

KANTOROVITCH L.V. (1963) : *Calcul économique et utilisation des ressources*, Dunod, 1963.

KEARL J.R. (1983) : « Rules, Rule Intermediaries and the Complexity and Stability of Regulation », *Journal of Public Economics*, vol. 22, 1983, pp. 215-226.

KEE M. Mc et WEST E.G. (1984) : « Do Second-Best Considerations Affect Policy Decisions ? », *Public Finance/Finances publiques*, n° 2, 1984.

KEELER T.E. (1984) : « Theories of Regulation and the Deregulation Movement », *Public Choice*, vol. 44, n° 1, 1984, pp. 103-146.

KLEVORICK A.K. (1973) : « The Behavior of a Firm subject to Stochastic Regulatory Review », *Bell Journal of Economics and Management Science*, vol. 4, n° 1, spring 1973, pp. 57-88.

KOHLBERG E. et MERTENS J. (1986) : « On the Strategic Stability of Equilibria », *Econometrica*, 54, 1986, pp. 1003-1034.

KOLM S.-C. (1969) : « Prix publics optimaux », Monographie du Centre d'économétrie V, CNRS, 1969.

KONANDREAS P.A. et SCHMITZ A. (1978) : « Welfare Implications of Gain Price Stabilization : some Empirical Evidence for the United States », *American Journal of Agricultural Economics*, n° 60, february 78, pp. 74-84.

KORNAI J. (1971) : *Anti-Equilibrium*, North Holland, Publishing Company, 1971.

KORNAI J. et LIPTAK T. (1963) : « Two Level Planning », *Econometrica*, vol. 33, 1963.

KOTLIKOFF L. et SUMMERS L. (1987) : « Tax Incidence », in AUERBACH A. et FELDSTEIN M. (1987) : *Handbook of Public Economics*, vol. 2, 1987, pp. 1043-1092.

KREPS D. (1984) : *Signalling Games and Stable Equilibria*, Research Paper, 1984, Standford University.

KREPS D. et WILSON R. (1982) : « Sequential Equilibria », *Econometrica*, 50, 1982, pp. 863-894.

KUISEL R.F. (1984) : *Le Capitalisme et l'État en France. Modernisation et dirigisme au XXe siècle*, Éditions Gallimard, NRF, 1984.

LAFAY J.-D. (1980) : *L'Analyse économique de la politique : bilan d'une discipline récente*, Analyse de la SEDEIS, 17 septembre 1980.

LAFAY J.-D. et LECAILLON J. (1992) : *L'Économie mixte*, Que sais-je ?, n° 1051, PUF, 1992.

LAFFONT J.-J. (1982) : *Cours de théorie microéconomique. Volume 1 : fondements de l'économie publique*, Economica, 1982.

LAFFONT J.-J. et TIROLE J. (1986) : « Une théorie normative des contrats État-entreprises », Annales d'économie et de statistique, n° 1, 1986, pp. 107-132.

LAMBERT D.C. (1990) : *L'État-providence en question*, Economica.

LANGE O. (1936) : « On the Economic Theory of Socialism », *Review of Economic Studies*, vol. IV, n° 1-2, 1936-1937.

LANGE O. (1962) : *Économie Politique, problèmes généraux*, PUF, 1962.

LECAILLON J. (1969) : *La Politique des revenus, espoir ou illusion ?*, Paris, Éditions Cujas, 1969.

LECAILLON J. (1981) : « Cycle électoral et répartition du revenu national », *Revue Économique*, mars 1981.

LECAILLON J. (1981) : « Popularité des gouvernements et politique économique », *Consommation*, n° 3, 1981.

LECAILLON J. (1982) : « Disparités de revenu et stratégie politique », Mimeo 1982, université de Paris I.

LECAILLON J. (1983) : « Disparités de revenus et stratégie politique », notes/document de travail communiqué par l'Institut d'études politiques de Paris, 1983.

LECAILLON J. (1988) : *Éléments d'économie industrielle*, Montchrestien, 1988.

LECAILLON J. et MORRISSON C. (1991) : *Les Politiques des revenus*, Que sais-je, n° 1222, PUF, 1991.

LEE L.W. (1980) : « A Theory of Just Regulation », *American Economic Review*, vol. 70, n° 5, december 1980, pp. 848-863.

LEIBENSTEIN H. (1966) : « Allocative Efficiency vs X-Efficiency », *American Economic Review*, vol. 56, june 1966.

LEIBENSTEIN H. (1983) : « Property Rights and X-Efficiency », *American Economic Review*, vol. 83, n° 4, september 1983, pp. 831-845.

LELAND H.E. (1974) : « Regulation of Natural Monopolies and the Fair Rate of Return », *Bell Journal of Economics*, vol. 5, n° 1, spring 74, pp. 3-15.

LERNER A. (1937) : « Statics and Dynamics in Socialist Economics », *Economic Journal*, 1937.

LESOURNE J. (1972) : *Le Calcul économique*, Dunod, 1972 (2ᵉ édition).

LETOURNEL P.Y., SCHUBERT K. et TRAINAR P. (1992) : « L'Utilisation des modèles d'équilibre général calculables dans l'évaluation de la politique fiscale », *Revue Économique*, vol. 43, n° 4, juillet 1992.

LÉVY-GARBOUA V. (1992) : « Information économique et prévision à court et moyen terme. Pourquoi la prévision modélisée déçoit-elle ? », *Revue Économique*, vol. 43, n° 4, juillet 1992.

LÉVY-LAMBERT H. (1969) : *La Vérité des prix*, Editions du Seuil, 1969.

LÉVY-LAMBERT H. et GUILLAUME H. (1971) : *La Rationalisation des choix budgétaires*, Collection Sup., PUF, 1971.

LEWIS K. (1969) : *Convention : a Philosophical Study*, Cambridge, Harvard University Press, 1969.

L'HARDY P., HERICOURT F., MARCHANE O. et TURC A. (1971) : « Théorie de l'aversion pour le risque : un essai de confrontation à des résultats empiriques », *Annales de l'INSEE*, n° 8, septembre-décembre 1971, pp. 25-81.

LINDAHL E. (1958) : « Just Taxation. A Positive Solution », (traduction de l'article allemand de 1919) in MUSGRAVE et PEACOCK (1958) : *Classics in the Theory of Public Finance*, MacMillan, 1958.

LIPSEY R.G. et LANCASTER K. (1956) : « The General Theory of Second Best », *Review of Economic Studies*, vol. 24, pp. 11-32.

LOEB M. et MAGAT W.A. (1978) : « Success Indicators in the Soviet Union : the Problem of Incentives and Efficient Allocations », *American Economic Review*, march 1978, pp. 173-181.

Mac RAE D. (1977) : « A Political Model of the Business Cycle », *Journal of Political Model*, vol. 85, n° 2, april 1977, pp. 239-263.

MALINVAUD E. (1967) : « Decentralized Procedures for Planning », in MALINVAUD E. et BACHARACH M. M. O. L. (1967) : *Activity Analysis in the Theory of Growth and Planning*, MacMillan, 1967.

MALINVAUD E. (1968) : « La Prise en charge des risques dans l'allocation des ressources », in GUITTON et MARGOLIS (1968).

MALINVAUD E. (1969) : *Leçons de théorie économique*, Dunod, 1969.

MALINVAUD E. (1970-71) : « Procédures pour la détermination d'un programme de consommation collective », *European Economic Review*, winter 1970-1971.

MALINVAUD E. (1971) : « A Planning Approach to the Public Goods Problem », *Swedish Journal of Economy*, february 1971.

MALINVAUD E. (1972) : « Prices for Individual Consumption, Quantity Indicators for Collective Consumption », *Review of Economic Studies*, n° XXXIX, december 1972.

MALINVAUD E. et BALLADUR J.-P. (1981) : « Les Choix d'investissements publics décentralisés en période de croissance ralentie », note, mai 1981.

MARCZEWSKI J. (1973) : *Crise de la planification socialiste*, PUF, 1973.

MARSCHAK T.A. (1959) : « Centralization and Decentralization in Economic Organization », *Econometrica*, vol. 27, 1959.

MARSCHAK T.A. et RADNER R. (1972) : *Economic Theory of Teams*, New Haven and London, Yale University Press, 1972.

MASSE P. (1959) : *Le Choix des investissements*, Dunod, 1959.

MASSE P. (1965) : *Le Plan ou l'anti-hasard*, Collection Idées, NRF, 1965.

McGowan F. et Seabright P. (1989) : « Deregulating European Airlines », *Economic Policy*, october 1989, pp. 283-344.

McKenzie G.W. et Pearce I.F. (1982) : « Welfare Measurement. A Synthesis », *American Economic Review*, vol. 72, n° 4, september 1982, pp. 669-682.

McMillan J. (1979) : « The Free-Rider Problem : a Survey », *Economic Record*, vol. 55, n° 149, june 1979, pp. 95-107.

Mehl L. et Beltrame P. (1989) : *Le Système fiscal français*, Que sais-je ?, n° 1840, PUF, 4e édition.

Meltzer M. et Richard S.F. (1981) : « A Rational Theory of the Size of Government », *Journal of Political Economy*, vol. 89, n° 5, october 1981, pp. 914-927.

Meltzer M. et Richard S.F. (1983) : « Tests of a Rational Theory of Size of Government », *Public Choice*, vol. 41, n° 3, 1983, pp. 403-418.

Menard C. (1990) : *L'Économie des organisations*, Repères, Éditions La Découverte, 1990.

Mertens J.-F. et Zamir S. (1985) : « Formulation of Bayesian Analyses for Games with Incomplete Information », *International Journal of Game Theory*, 14, 1985, pp. 1-29.

Migue J.-L. (1976) : « Le Marché politique et les choix collectifs », *Revue Économique*, novembre 1976.

Migue J.-L. et Belanger G. (1974) : « Toward a General Theory of Managerial Discretion », *Public Choice*, vol. 28, spring 1974, pp. 24-46.

Milgrom P. et Roberts J. (1982) : « Predation, Reputation and Entry Deterrence », *Journal of Economic Theory*, 27, august 1982, pp. 280-312.

Miller G.J. (1977) : « Bureaucratic Compliance as a Game on the Unit Square », *Public Choice*, vol. 19, 1977, pp. 419-477.

Milleron J.-C. (1969) : « Distribution des revenus, utilité collective et critère du surplus du consommateur », *Annales de l'INSEE*, n° 2, 1969, pp. 73-111.

Milleron J.-C. (1972) : « Theory of Value with Public Goods, Survey Article », *Journal of Economic Theory*, vol. 5, november 1972, pp. 419-477.

Milleron J.-C., Guesnerie R. et Cremieux M. (1979) : « Calcul économique et décisions publiques », Commissariat Général du Plan, Documentation Française, 1979.

Mingat A., Salmon P. et Wolfelsperger A. (1985) : *Méthodologie économique*, Thémis, PUF, 1985.

Mirlees J.A. (1976) : « The Optimal Structure of Incentives and Authority within an Organization », *Bell Journal of Economics*, n° 7, 1976, pp. 105-131.

Mises L. (von) (1935) : « Economic Calculations in the Socialist Commonwealth », in Hayek (von) (1935).

Mishan E.J. (1969) : « The Relationships between Join-Products, Collective Goods and External Effects », *Journal of Political Economy*, vol. 77, may-june 1969, pp. 329-348.

Mishan E.J. (1971) : « The Postwar Literature on Externalities : an Interpretative Essay », *Journal of Economic Literature*, 1971, pp. 1-28.

Monnier E. (1987) : *Évaluations de l'action des pouvoirs publics*, Economica-CPE, 1987.

Moore T.G. (1986) : « US. Airline Deregulation : its Effects on Passengers, Capital and Labor », *Journal of Law and Economics*, vol. XXIX (1), april 1986, pp. 1-28.

Mougeot M. (1989) : *Économie du secteur public*, Economica, 1989.

Moulin H. (1981) : *Théorie des jeux pour l'économie et la politique*, Collection Méthodes, Hermann, 1981.

MUELLER D.C. (1976) : « Public Choice : a Survey », *Journal of Economic Literature*, vol. 14, n° 2, june 1976, pp. 395-433.

MUELLER D.C. (1979) : *Public Choice*, Oxford University Press, 1979, traduit en français en 1982, Economica.

MUNIER B. (1989) : « Calcul économique et révision de la théorie de la décision en avenir risqué », *Revue d'Économie Politique*, n° 2, 1989, pp. 276-306.

MUNIER B. (1991) : *Market Uncertainty and the Process of Belief Formation*, Bulletin du GRID, NR GRID 91-01, janvier 1991.

MUNIER B., PONDAVEN C. et FAURE-GRIMAUD A. (1992) : *Portée et limites de la stabilisation des prix agricoles. L'exemple de la pomme de terre primeur de Bretagne*, Rapport au Commissariat Général du Plan, 1992.

MUSGRAVE R.A. (1959) : *Theory of Public Finance*, New York, McGraw Hill, 1959.

MUSGRAVE R.A. (1969) : *Fiscal Systems*, Yale University Press, 1969.

MUSGRAVE R.A. et MUSGRAVE P. (1976) : *Public Finance in Theory and Practice*, McGraw Hill, 1976, (2nd Edition 1983).

MUSGRAVE R.A. et PEACOCK A.T. (1958) : *Classics in the Theory of Public Finance*, MacMillan, 1958.

MYERSON R. (1977) : « Graphs and Cooperation in Games », *Mathematics of Operations Research*, vol. 2, pp. 225-229.

MYERSON R. (1979) : « Incentive Compatibility and the Bargaining Problem », *Econometrica*, 47, 1979, pp. 61-74.

NASH J.F. (1950) : « The Bargaining Problem », *Econometrica*, n° 18, pp. 155-162.

NASH J.F. (1951) : « Non Cooperative Games », *Annals of Mathematics*, 54, 1951, pp. 286-295.

NASH J.F. (1953) : « Two-Person Cooperative Games », *Econometrica*, 1953, pp. 128-140.

NG Y.K. (1983) : *Welfare Economics. Introduction and Development of Basic Concepts*, MacMillan Press Ltd., 1983.

NISKANEN W.J. (1971) : *Bureaucracy and Representative Government*, Chicago, Aldine Atherton, 1971.

NISKANEN W.J. (1975) : « Bureaucrats and Politicians », *Journal of Law and Economics*, vol. 18, n° 3, 1975, pp. 617-643.

NOAM E. (1982) : « The Choice of Governmental Level in Regulation », KYKLOS, vol. 35, fascicule 2, 1982, pp. 278-291.

NORHAUS W.D. (1975) : « The Political Business Cycle », *Review of Economic Studies*, vol. 42, n° 130, 1975, pp. 169-189.

OAKLAND W. (1972) : « Congested Public Goods and Welfare », *Journal of Public Economics*, vol. 18, n° 3, 1975, pp. 617-643.

OATES W.E. (1983) : « The Regulation of Externalities : Efficient Behavior by Sources and Victims », *Public Finance / Finances Publiques*, n° 3, 1983, pp. 362-375.

OGIEN R. (1983) : *Théories ordinaires de la pauvreté*, PUF, 1983.

OCDE (1978) : *Évolution des dépenses publiques*, OCDE, juin 1978.

OLSON M. (1978) : *Logique de l'action collective*, PUF, 1978.

PARETO V. (1909) : *Manuel d'économie politique*, LGDJ, Paris, (2e édition 1963).

PARKS R.P. (1976) : « An Impossibility Theorem for Fixed Preferences : a Dictatorial Bergson-Samuelson Welfare Function », *Review of Economic Studies*, vol. 43, n° 135, 1976, pp. 447-450.

PASCALLON P. (1972) : « La Théorie du second-best en procès. Un premier état de la question », *Économie et Sociétés*, Cahiers de l'ISEA, série EM n° 4, pp. 365-678.

PATHIRANE L. et BLADES D.W. (1982) : « Defining and Measuring the Public Sector : Source International Comparisons », *Review of Income and Wealth*, september 1982, pp. 261-290.

PATTANAIK P.K. (1975) : « Strategic Voting without Collusion under Binary and Democratic Group Decision Rules », *Review of Economic Studies*, vol. 42, n° 129, 1975, pp. 93-103.

PATTANAIK P.K. (1976) : « Counter-Threats and Strategic Manipulation under Voting Schemes », *Review of Economic Studies*, vol. 43, n° 133, 1976, pp. 11-18.

PAULY M.V. (1968) : « The Economics of Moral Hazard », *American Economic Review*, vol. LVIII, n° 1, 1968.

PAVAUX J. (1984) : *L'Économie du transport aérien. La Concurrence impraticable*, Economica, 1984.

PEACOCK A.I. et WISEMAN J. (1967) : *The Growth of Public Expenditures in United-Kingdom*, Londres, Allen and Unwin.

PELKMANS J. (1985) : *Can the CAP be Reformed ?*, European Institute of Public Administration, 1985.

PELTZMAN S. (1976) : « Toward a More General Theory of Regulation », *Journal of Law and Economics*, vol. 19, n° 2, august 1976, pp. 211-248.

PELTZMAN S. (1980) : « The Growth of Government », *Journal of Law and Economics*, vol. 23, n° 2, 1980.

PERCEBOIS J. (1991) : *Économie des finances publiques*, Collection Cursus, Armand Colin, 1991.

PERROT A. (1992) : *Les Nouvelles Théories du marché du travail*, Repères, n° 107, Éditions La Découverte, 1992.

PETERSEN H.C. (1975) : « An Empirical Test of Regulatory Effects », *Bell Journal of Economics*, spring 1975, pp. 111-126.

PICARD P. (1979) : *Procédures et modèles de planification décentralisée*, Economica, 1979.

PICARD P. (1987) : *Éléments de microéconomie. Théorie et applications*, Montchrestien, 1987.

PIGOU A.C. (1932) : *The Economics of Welfare*, London, MacMillan, 1932 (4th édition).

PLOTT C.R. (1966) : « Externalities and Corrective Taxes », *Economica*, vol. 33, february 1966, pp. 84-87.

POMMEREHNE W. (1978) : « Institutional Approaches to Public Expenditure : Empirical Evidence from Swiss Municipalities », *Journal of Public Economics, 9*, 1978, pp. 255-280.

POMMEREHNE W. et FREY B.S. (1976) : « Two Approaches to Estimating Public Expenditures », *Public Finance Quarterly*, 4, 1976, pp. 395-407.

POMMEREHNE W. et FREY B.S. (1978) : « Bureaucratic Behavior in Democracy : a Case Study », *Public Finance/Finances Publiques*, n° 1-2, 1978.

POMMEREHNE W., SCHNEIDER F. et LAFAY J.-D. (1981) : « Les Interactions entre économie et politique : synthèse des analyses théoriques et empiriques », *Revue Économique*, n°1, janvier 1981, pp. 110-162.

PONDAVEN C. (1984) : *La Structure concurrentielle de l'industrie pharmaceutique française et ses marchés face à la réglementation publique*, Thèse de doctorat de troisième cycle, université de Paris I, 2 tomes, juin 1984.

PONDAVEN C. (1987) : *Théorie de la réglementation : efficacité économique ou efficacité politique ?*, Thèse de doctorat d'État, université de Paris I, 2 tomes, mars 1987.

PONDAVEN C. (1987) : « Paradigmes économique et politique des réglementations : le cas de la politique agricole française », Communication présentée au Colloque des quatrièmes journées de microéconomie appliquée, Louvain, juin 1987.

PONDAVEN C. (1987) : « Perte sociale sèche et réglementation agricole communautaire : le cas français », Communication présentée au Colloque de l'AFSE, Paris, septembre 1987.

PONDAVEN C. (1989) : *La Théorie de la réglementation : efficacité économique ou efficacité politique ? Application économétrique à la Politique Agricole Commune*, LGDJ, 1989.

PONDAVEN C. (1991) : « Marchés à terme et politiques de stabilisation », *bulletin du* GRID, NR GRID, n° 91-17, 1991 et bulletin n° 2 du CERPE, Université de Bretagne occidentale, février 1992.

PONDAVEN C. (1992) : « Incidences des politiques de stabilisation sur le bien-être », *bulletin n° 3 du CERPE*, Université de Bretagne occidentale, mai 1992.

PONDAVEN C. (1993) : « Théories de l'incidence fiscale », *bulletin n° 4 du CERPE*, Université de Bretagne occidentale, 1993.

PONDAVEN C. (1993) : « Tarification publique de l'environnement et incidence fiscale », *Communication au Congrès Annuel de l'AFSE*, septembre 1993, Paris.

PONSSARD J.-P. (1977) : *Logique de la négociation et théorie des jeux*, Editions d'Organisation, 1977.

POSNER R.A. (1970) : « Natural Monopoly and its Regulation : a Reply », *Stanford Law Review*, vol. 22, february 1970, pp. 540-546.

POSNER R.A. (1974) : « Theories of Economic Regulation », *Bell Journal of Economics*, vol. 5, n° 2, autumn 1974, pp. 335-358.

POSNER R.A. (1981) : *The Economics of Justice*, Harvard, 1981.

RADNER R. (1987) : « Decentralization and Incentives », in GROVES Th., RADNER R. et REITER S. (1987) : *Information Incentives and Economic Mechanisms*, Basic Blackwell, 1987.

RAINELLI M. (1989) : *Économie industrielle*, Mémentos Dalloz, 1989.

RAMSEY F. (1927) : « A Contribution to the Theory of Taxation », *Economic Journal*, vol. 37, n° 1, 1927.

Rapport du Commissariat Général du Plan (1983) : « La Tarification publique. Quelques réflexions pour le IXe plan », Rapport du Groupe de Tarification Publique, La Documentation Française, novembre 1983.

RAWLS J. (1971) : *A Theory of Justice*, Harvard University Press, 1971, traduction française, Éditions du Seuil, 1987.

REES R. (1982) : « Principal-Agent Theory and Public Enterprise Control », Conference on the Performance of Public Enterprises, Liège, Start-Tilman, CIRIEC and EIASM, 20 et 21 septembre 1982.

REVUE ÉCONOMIQUE (1989) : « L'Économie des Conventions », vol. 40, n° 2, mars 1989.

REY P. et TIROLE J. (1986) : « Contraintes verticales : l'approche principal-agent », *Annales d'Économie et de Statistique*, n° 1, 1986, pp. 175-201.

REYNAUD B. (1988) : « Le Contrat de travail dans le paradigme standard », *Revue Française d'Économie*, vol. III, n° 4, automne 1988.

REYNOLDS-FEIGHAN A.J. (1992) : *The Effects of Deregulation on US Air Networks*, Springer-Verlag 1992.

RIKER W.H. (1962) : *The Theory of Political Coalitions*, New Haven, CT-Yale University Press, 1962.

ROBERTS K.W.S. (1979) : « Welfare Considerations of Non Linear Pricing », *Economic Journal*, 89, 1979, pp. 66-83.

ROGERSON W.P. (1982) : « The Social Costs of Monopoly and Regulation: a Game. Theoric Analysis », *Bell Journal of Economics*, vol. 13, n° 2, autumn 1982, pp. 506-521.

ROSA J.-J. (1984) : « La Déréglementation en pratique », *Revue Politique Économique*, n° 34, mai 1984.

Rosa J.-J. et Aftalion F. (1977) : *L'Économique retrouvée. Vieilles critiques et nouvelles analyses*, Economica, 1977.

Rosanvallon P. (1981) : *La crise de l'État-providence*, Collection Points Seuil, n° P0121, 1981.

Rosen S. (1985) : « Implicit Contracts : a Survey », *Journal of Economic Literature*, 23, september 1985, pp. 1144-1175.

Roskamp K. W. (1975) : « Public Goods, Merit Goods, Private Goods, Pareto Optimum and Social Optimum », *Public Finance/Finances Publiques*, vol. 30, n° 1, 1975, pp. 61-69.

Ross T.W. (1984) : « Uncovering Regulators' Social Welfare Weights », *The Rand Journal of Economics*, vol. 15, n° 1, spring 1984, pp. 152-155.

Salin P. (1989) : « Épargne, Investissement et Fiscalité », *Revue Française d'Économie*, mars 1989.

Salmon P. (1987) : « The Logic of Pressure Groups and the Structure of the Public Sector », *European Review of Political Economy*, n° 1-2, 1987.

Salmon P. (1987) : « Decentralization as an Incentive Scheme », *Oxford Review of Economic Policy*, n° 3, 1987.

Samuelson P.A. (1954) : « The Pure Theory of Public Expenditures », *Review of Economic and Statistics*, november 1954.

Samuelson P.A. (1968) : « La Théorie pure des dépenses publiques et de la fiscalité », in Guitton et Margolis (1968), *Économie Publique*.

Samuelson P.A. (1971) : *Les Fondements de l'analyse économique.*
Tome 1 : *Théorie de l'équilibre et principales fonctions économiques.*
Tome 2 : *Stabilité des systèmes et théorie dynamique*, Dunod, 1971.

Sandler T. et Tschirhart J.T. (1980) : « The Economic Theory of Clubs : a Survey », *Journal of Economic Literature*, december 1980.

Sappington D. (1982) : « Optimal Regulation of Research and Development under Imperfect Information », *Bell Journal of Economics*, vol. 13, n° 2, autumn 1982, pp. 354-368.

Satterthwaite M. (1975) : « Strategic Proofness and Arrow's Conditions. Existence and Correspondance Theorems for Voting Procedures and Social Welfare Functions », *Journal of Economic Literature,* april 1975.

Schelling T.C. (1960) : *The Strategy of Conflict*, Cambridge, Harvard University Press, 1960.

Schleicher H. (1979) : *Jeux, Information et Groupes*, Economica.

Schram A.J.H.C. (1991) : *Voter Behavior in Economic Perspective*, Springer-Verlag, 1991.

Scitovsky T. (1954) : « Two Concepts of External Economics », *Journal of Political Economy*, 1954, pp. 143-151.

Selten R. (1975) : « Reexamination of the Perfectness Concept for Equilibrium Points in Extensive Games », *International Journal Game Theory*, 4, 1975, pp. 25-55.

Selten R. (1978) : « The Chain-Store Paradox », *Theory and Decision*, n° 9.

Selten R. (1980) : « A Note on Evolutionary Stable Strategies in Asymmetric Animal Conflicts », *Journal of Theoretical Biology*, 84, 1980.

Sen A.K. (1968) : *Les Préférences des planificateurs. Optimalité, répartition et utilité sociale*, Économie Publique, CNRS, 1968.

Shepherd W. (1984) : « Contestability vs Competition », *American Economic Review*, vol. 74, september 1984.

Shoven J.B. et Whalley J. (1984) : « Applied General Equilibrium Models of Taxation and International Trade : an Introduction and Survey », *Journal of Economic Literature*, september 1984.

SHUBIK M. (1959) : *Strategy and Market Structure*, Wiley, New York 1959.

SIMON H. (1968) : « Rationality as a Process and as a Product of Thought », *American Economic Review*, vol. 68, n° 2, may 1968, pp. 1-16.

SIMON H. (1979) : « Rational Decision Making in Business Organization », *American Economic Review*, vol. 69, 1979, pp. 499-513.

SIMON W.E. (1981) : *L'Heure de la vérité. Halte aux dépenses publiques*, Economica, 1981.

SPANN R. (1974) : « Rate of Return Regulation and Efficiency in Production : an Empirical Test of the Averch-Johnson Thesis », *Bell Journal of Economics*, vol. 5, n° 1, spring 1974, pp. 38-52.

SPANN R. (1977) : *Rates of Productivity Change and the Growth of State and Local Expenditures,* in BORCHERDING (1977), pp. 100-129.

SPENCE A.M. (1975) : « Monopoly, Quality and Regulation », *Bell Journal of Economic Science*, autumn 1975, pp. 417-429.

SQUIRE L. et VAN DETAK H. G. (1975) : *Analyse économique des projets*, Banque mondiale, Economica, 1975.

STACKELBERG J. (Von) (1934) : *Marktform und Gleichgewicht*, 1934.

STERN N.H. (1984) : « Optimum Taxation and Tax Policy », *IMF Staff Papers,* vol. 31, n° 2, june 1984, pp. 339-378.

STIGLER G.J. (1971) : « The Theory of Economic Regulation », *Bell Journal of Economics*, n° 3, 1971.

STIGLER G.J. (1973) : « General Economic Conditions and National Elections », *American Economic Review*, n° 63, may 1973, pp. 160-167.

STIGLER G.J. (1973) : « Free Riders and Collective Action : an Appendix to Theories of Economic Regulation », *Bell Journal of Economics and Management Science*, n° 2, autumn 1973, pp. 359-365.

STIGLER G.J. (1974) : « Free Riders and Collective Action », *Bell Journal of Economics*, 1974, pp. 359-365.

STIGLER G.J. et FRIEDLAND (1962) : « What Can Regulators Regulate ? », *Journal of Law and Economics*, vol. 5, october 1962, pp. 1-17.

STIGLITZ J.E. (1975) : « Incentives, Risk and Information : Notes toward a Theory of Hierarchy », *The Bell Journal of Economics*, vol. 6, pp. 552-579.

STIGLITZ J.E. et MATHEWSON G. F. (1986) : *New Developments in the Analysis of Market Structure*, International Economic Association, MacMillan, 1986.

STIGLITZ J.E. et WEISS A. (1981) : « Credit Rationning in Markets with Imperfect Information », *American Economic Review*, 71, june 1981, pp. 393-410.

STRAUSS R.P. (1977) : « Information and Participation in a Public Transfer Program », *Journal of Public Economics*, vol. 8, 1977, pp. 385-396.

SWEENY G. (1973) : « An Experimental Investigation of the Free-Rider Problem », *Social Science Research*, june 1973.

TEECE D.J. (1980) : « Economics of Scope and the Scope of the Enterprise », *Journal of Economic Behavior and Organization*, vol. 1, pp. 223-245.

TERNY G. (1970) : « D'une rationalisation des décisions économiques de l'État à la fonction de préférence étatique », *Analyse et Prévision SEDEIS*, juillet-août 1970.

TERNY G. (1971) : *Économie des services collectifs et de la dépense publique*, DUNOD, 1971.

TERNY G. (1982) : « Essai sur une théorie économique de l'offre, de la demande et du marché des services collectifs non marchands », *Revue d'Économie Politique*, vol. 92, n° 1, 1982, pp. 139-169.

THEIL H. (1957) : « A Note on Certainty Equivalence in Dynamic Planning », *Econometrica*, april 1957.

THEIL H. (1964) : *Optimal Decision Rules for Government and Industry*, North Holland Publishing Company, 1964.

TIDEMAN T.N. et TULLOCK G. (1976) : « A New and Superior Process for Making Social Choices », *Journal of Political Economy*, december 1976.

TINBERGEN J. (1952) : *On the Theory of Economic Policy*, North Holland, 1952.

TOLLISON R.D. (1982) : « Rent-Seeking : a Survey », *Kyklos*, vol. 35, fascicule 4, 1982, pp. 575-602.

TOWER E. (1981) : « Public Choice, Political Economy and the Economics of Public Policy and Law », *Economics Reading Lists*, vol. 20, Duke University, july 1981.

TOULOUSE J.-B., de LEUSSE J.-F., ROLLAND Y. et PILLOT X. (1987) : *Finances publiques et politiques publiques*, Economica, 1987.

TUFTE E.R. (1984) : « The Relationship between Seats and Votes in Two-Party Systems », *American Political Science Review*, n° 67, 1984, pp. 540-554.

TULKENS H. (1978) : « Dynamic Processes for Public Goods ; an Institution Oriented Survey », *Journal of Public Economics*, n° 9, 1978.

TULKENS H. (1986) : « La Performance productive d'un service public : définitions, méthodes de mesure et application à la régie des Postes en Belgique », Communication présentée aux troisièmes Journées de Microéconomie appliquée à Nantes, 29 et 30 mai 1986.

TULLOCK G. (1978) : *Le Marché politique. Analyse économique des processus politiques*, Association pour l'économie des institutions, 1978.

TURNOVSKY S.J. (1974) : « Price Expectations and the Welfare Gains from Price Stabilization », *American Journal of Agricultural Economics*, vol. 56, november 1974, pp. 706-716.

TURVEY R. (1971) : *Economic Analysis and Public Enterprises*, Allen and Unwin, London, 1971.

ULLMO Y. et BERNARD A. (1973) : « Calcul économique et planification », Rapport du Commissariat Général du Plan, mars 1973.

VARIAN H.R. (1974) : « Equity, Envy and Efficiency », *Journal of Economic Theory*, vol. 9, n° 1, 1974.

VARIAN H.R. (1975) : « Distributive Justice, Welfare Economics and the Theory of Fairness », *Philosophy and Public Affairs*, vol. 4, 1975.

VARIAN H.R. (1992) : *Introduction à la microéconomie*, traduction de l'anglais, De Boeck Université, 1992.

VIANES A. (1979) : *La Raison économique d'État*, PUL, 1979.

VILLIERS S.J. (1993) : « Quelle politique de transport aérien pour l'Europe ? », Communication présentée au Congrès Annuel de l'AFSE, 24 septembre 1993, Paris.

VITRY D. (1976) : *La Fiscalité directe dans la croissance des entreprises*, PUF, 1976.

Von NEUMAN J. et MORGENSTERN O. (1953) : *Theory of Games and Economic Behavior*, Wiley N Y, 1953.

Von STACKELBERG J. (1934) : *Marktform und Gleichgewicht*, 1934.

WEBER L. (1978) : *L'Analyse économique des dépenses publiques*, PUF, 1978.

WEBER L. (1988) : *L'État : acteur économique*, Economica 1988.

WEISBROD B.A. (1968) : « Income Redistribution Effects and Benefit-Cost Analysis », in CHASE S.B.

(1968) : *Problems in Public Expenditure Analysis*, Brookings Institution, Washington DC.

WEITZMAN M.L. (1976) : « The New Soviet Incentive Model », *Bell Journal of Economics*, vol. 7, spring 1976.

WEITZMAN M.L. (1978) : « Optimal Reward for Economic Regulation », *American Economic Review*, n° 4, september 1978, pp. 683-691.

WICKSELL K. (1896) : « A New Principle of Just Taxation », in MUSGRAVE R. A. et PEACOCK (1962) : *op. cit.*

WILLIAMSON O.E. (1979) ; « Transaction-Costs Economics : the Governance of Contractual Relations », *Journal of Law and Economics*, vol. 22, 1979, pp. 233-261.

WILLIG R.D. et BAILEY E.E. (1981) : « Income-Distribution Concerns in Regulatory Policy Making », chapitre 2 in *Studies in Public Regulation*, by FROM G., MIT Press, 1981.

WILLIG R.D. et BAUMOL W.J. (1980) : *Intertemporal Sustainability*, Mimeo, Princeton University.

WILSON C. (1980) : « The Nature of Equilibrium in Markets with Adverse Selection », *Bell Journal of Economics*, 11, spring 1980, pp. 103-130.

WILSON R. (1968) : « The Theory of Syndicates », *Econometrica*, vol. 36, 1968, pp. 119-132.

WINCH D.M. (1971) : *Analytical Welfare Economics*, Penguin Modern Economics, 1971.

WOLFELSPERGER A. (1969) : *Les Biens collectifs*, Collection Sup., PUF, 1969.

WOLFELSPERGER A. (1980) : *Économie des inégalités de revenu*, PUF, 1980.

YOUNES Y. (1972) : « Indices prospectifs quantitatifs et procédures décentralisées d'élaboration des plans », *Econometrica*, vol. 40, n° 1, janvier 1972.

YOUNES Y. (1982) : « Planification centralisée. Théorie de l'agrégation et des équipes », *annales de l'INSEE*, n° 46, avril-juin 1982, p. 25.

INDEX ANALYTIQUE

Abus de position dominante 168
accords irrévocables 31
affectation des ressources 185
affectation optimale des ressources 112, 141
agent pivot 107, 108
ajustement 41, 47, 57, 59, 77, 78, 79, 80, 82, 83
ajustement walrasien 41, 47
algorithme de décomposition 39, 40, 47, 56
algorithme de gradient 39, 40, 56
algorithme mathématique 38
approche coopérative 33
approche non coopérative 33
approche normative 112
approche positive 112
approximation par défaut 48, 56
approximation par excès 61, 62
arbitrage équitable 119, 148
arbitrage optimal 148
asymétrie d'information 13
aversion au risque 16

Balances matières 37
bien collectif pur 12, 68, 74
bien-être 185
bien-être social collectif 50
bonus-malus 97, 98
bureaucrate 103, 131

Capacité contributive 182, 200
centralisation impérative 37

charge fiscale 182, 188, 189, 190, 217, 227, 236
coalition 34, 35, 131
coalition décisive minimale 34
coalition instable 35
coalition optimale 34
coalition stable 35
coalitions 31, 32
common knowledge 18
comportements stratégiques 85, 86, 87, 108
Concurrence :
  – concurrence disputable 149, 150
  – concurrence destructrice 112, 113
  – concurrence impraticable 112, 113
  – concurrence inefficace 112
  – concurrence potentielle 151, 152
  – concurrence pure 150
  – concurrence virtuelle 151, 152, 161, 162, 166
concurrents virtuels 153
condition d'arbitrage 121
condition d'un arbitrage optimal 147
condition d'efficience 212
conditions d'optimalité 4
configurations soutenables 153
consommation automatique 76
consommation indivisible 79
contrainte d'efficience 33
contrainte d'équité 212
contrat de travail optimal 14
contrats incomplets 16, 17

contrat social 208
contre-attaque 35
contre-objection 35
contribution fiscale 79
convention 19
convergence globale 58
convergence locale 58
convergence précise 58
convergence rapide 58
convexité transversale 150
coopération totale 34
cotisations sociales 189, 190, 192, 193
courbe des contrats 72
coût irrécupérable 151
coût moyen homothétique 150
coût social 176
coût social d'opportunité 115, 144
Critère :
– critère bayésien de redistribution 108
– critère benthamien 208
– critère de BENTHAM 208, 210
– critère de NASH 208, 209
– critère de KOHLBERG 26
– critère de KREPS-WILSON 26
– critère d'équilibre séquentiel parfait 27
– critère intuitif de KREPS 26
– critère rawlsien 208, 210, 211
cycle de vie des réglementations 148
cycle politique 178

Décentralisation incitative 85
décentralisation informative 47, 56
décentralisation mixte 38, 82
décentralisation par les prix 38, 82
décentralisation par les quantités 38, 82
décomposition 40, 47
défaillances incitatives 86, 87
demande de biens publics 187
demande de dépenses publiques 187
demande rationnelle 69
dépense publique 183, 184, 186, 187, 196, 197, 199, 200
dépenses de transfert 196, 197, 198
déréglementation 157, 158, 159, 160
déréglementation aérienne 160
déviance 18, 27, 92, 98, 103, 116
disposition marginale à payer 12, 68, 76, 217, 218
distribution équitable 141
distribution optimale des revenus 75

Economies d'échelle homothétiques 151
économies d'envergure 151, 157
économies de gamme 151
effet AVERCH-JOHNSON 116, 117, 149
effet de cliquet 188
effet de déplacement 188, 196
effet revenu 74, 176, 232
efficacité 89
efficacité économique 112, 113, 118, 144, 182, 183, 185, 196, 211, 222, 223
efficacité politique 112, 141, 142, 144
électeur médian 187
entrants potentiels 166
entrants virtuels 153
Equilibre :
– équilibre après impôt 228, 229
– équilibre avant impôt 229
– équilibre bayésien 25, 26
– équilibre bayésien parfait 25
– équilibre budgétaire 114, 151, 205
– équilibre de BERTRAND 153
– équilibre de COURNOT 153
– équilibre de LINDAHL 73, 74, 76, 85
– équilibre de NASH 24, 25, 147
– équilibre en stratégies dominantes 24
– équilibre général 69
– équilibre général de marchés 3, 4
– équilibre négocié 68, 69
– équilibre partiel 69
équité 83, 89, 112, 118, 119, 182, 183, 185, 195, 211
équivalence ricardienne 239
estimation par excès 42
Etat :
– état de la nature 16
– état de bien-être 185
– état minimal 209
– état paretien 210
– état politique 186
– état-planificateur 186
– état-Providence 185
– état rawlsien 210
– état tutélaire 47
– état utilitariste 210
excédents 175
externalités 12, 67, 68, 142, 185

Faiseur de prix 10
financement optimal 215
fiscalité directe 205, 229
fiscalité indirecte 226

fiscalité optimale 207, 213, 217, 222
fiscalité optimale de premier rang 211
fonction d'utilité sociale bergsonienne 57
fonctions de demande rationnelles 75
Fonction d'Utilité Collective (FUC) 207, 208, 209
- FUC de Bentham 208
- FUC de Nash 208
- FUC de Nozick 209
- FUC de Pareto 209
- FUC de Rawls 208
foyers fiscaux 196, 205

Gestion bureaucratique 30

Harmonisation fiscale 183, 195, 204
hasard moral 15
hypothèse de myopie 85
hub-and-spoke 157, 162

Identité de WALRAS 5
imposition directe 194
imposition indirecte 194
imposition sur le taux de salaire 194, 229
Impôt :
- impôt à la consommation 227
- impôt direct 182, 194, 195, 230
- impôt indirect 182, 194, 195, 230
- impôt négatif 203
- impôt personnel 182
- impôt progressif 195, 200
- impôt proportionnel 200
- impôt réel 182
- impôt sur bénéfice des sociétés 193, 194
- impôt sur le capital 229
- impôt sur le patrimoine 194
- impôt sur les biens et services 194
- impôt sur les salaires 194, 229, 235
- impôts sur le patrimoine 193
- impôt sur le revenu 193, 194, 229
incidence fiscale 182, 226, 227, 232
incidence fiscale intertemporelle 239
incomplétude du contrat 15
Indicateur :
- indicateur d'ELLMAN 99
- indicateur de FAN 99
- indicateur de LOEB et MAGAT 104
- indicateur de rareté utile 4
- indicateur de succès de FAN 100, 101, 102
- indicateur de succès de LOEB et MAGAT 104
- indicateurs de succès 86, 97, 103

- indicateur de succès de WEITZMAN 100
indices prix 77
indices prospectifs 41, 43
indivisibilité de consommation 68
inefficacité X 31
inégalités 195
intérêt général 41, 115, 142, 179, 186
intérêts individuels 41
intérêt particulier 132, 133, 141, 142, 179, 186
intervention publique minimale 209
intransitivité des choix collectifs 21
itération 41, 48

Jeu à somme négative 135
jeu bayésien 25
jeu coopératif 147
jeu dynamique 25
justice équitable 119
justice sociale 208

Libéralisation économique 37
lieu des optima paretiens 72, 213
loi de DALTON 224, 226, 234, 237
loi fiscale 217
loi antitrust 129
loi de WAGNER 187, 188

Manager bureaucrate 27, 28
manipulations stratégiques 97
marchandage politique 31, 131
marché aérien contestable 168
marché de concurrence disputable 150
marché disputable 149, 151, 152, 166
marché parfaitement disputable 153
maximin 88, 89, 208
maximum minimorum 208
Mécanisme :
- mécanisme de décision de GROVES 92
- mécanisme du pivot et biens collectifs 107
- mécanisme du pivot 91, 92, 97, 103, 108
- mécanisme du pivot de CLARKE-GROVES 91, 106
- mécanisme incitatif 23, 86, 92, 93, 98
- mécanisme incitatif efficace 104
- mécanisme incitatif satisfaisant 86, 92, 103, 104, 106, 108
- mécanisme incitatif statique 109
- mécanisme pivotal 92
menaces 33
modèle bisectoriel 232, 233
modèle de soutien politique 132, 134

modèle d'intérêt général 141
modèle englobant 141, 144, 146
modèle englobant de la réglementation 141
modèle unisectoriel 232, 233
monopole malthusien 10
monopole multiproduits 150
monopole naturel 114
monopole public 114

Négociation 12, 68, 76, 132, 214
négociation directe 73
négociation équitable 32
négociations fiscales individuelles 215
négociations unanimes 68
neutralité 84

Objection 35
omniscience 2
Optimum :
- optimum de premier rang 116, 138
- optimum de second rang 116, 125, 147
- optimum fiscal 214
- optimum global 56, 102
- optimum local 63
- optimum paretien 3, 90, 118
- optimum paretien de premier rang 114, 115
- optimum politique 138

Paradoxe de CONDORCET 21
Paradoxe "de la chaîne de magasins" 161
paretien de premier rang 3
partage équitable 207
partage fiscal 207, 224
partage fiscal optimal 215
part fiscale 77, 78, 79, 217, 218
pas d'ajustement 43, 57
passager clandestin 23, 84, 215
perte sèche 106
perte sociale sèche 88, 126, 158, 176, 177, 222
perte sociale 229
pivot 106
planification 186
planification centrale 36
point d'efficience 33
point de rupture 32, 33
Politique Agricole Commune 157
politique de maximin 210
politique de riposte 161
préférence sociale 41

Prélèvements :
- prélèvement de sécurité sociale 193
- prélèvement fiscal 190
- prélèvement fiscal optimal 214, 215
- prélèvements obligatoires 183, 191, 202
preneur de prix 9, 10
pression fiscale 189, 193
prestations sociales 196, 197
principe de capacité contributive 207, 223
principe d'équivalence 207, 223
Prix :
- prix d'équilibre 175, 226, 228
- prix d'intervention 174
- prix de concurrence imparfaite 139
- prix de concurrence parfaite 139
- prix de monopole 113, 138, 139
- prix de RAMSEY-BOITEUX 115, 143, 152, 157
- prix dual 63
- prix duaux optimaux 8
- prix individualisés 75
- prix juste 120, 121
- prix mondial 174, 175
- prix politiquement optimal 138
- prix préférentiel 120
- prix proportionnel au coût marginal 11
- prix réglementé 120, 139, 174
- prix réglementé optimal 138
- prix sociaux de faveur 120
- prix soutenables 151
Procédure :
- procédure bien définie 42
- procédure de gradient 41, 47, 56
- procédure de HEAL 56, 58, 61, 87
- procédure de LAH 41, 43, 56, 87
- procédure de LINDAHL 77
- procédure de LINDAHL-MALINVAUD 78
- procédure de MALINVAUD 40, 47, 61, 82
- procédure de WEITZMAN 56, 61, 82
- procédure convergente 42
- procédure distributivement neutre 81, 84
- procédure dynamique 79
- procédure globalement incitative 87
- procédure incitative 86, 87
- procédure informative 86, 88
- procédure itérative 41
- procédure localement incitative 87
- procédure MDP 68, 77, 79, 81, 82, 89
- procédure monotone 42

- procédure mixte 67
- procédure mixte de MALINVAUD 68, 84
- procédure non manipulable 89

progressivité de l'impôt 195, 200
propositions 41
propriété de non exclusion d'usage 69
propriétés incitatives 87
pseudo-demande 74, 75
pseudo-équilibre 74, 75
pseudo-équilibre général 12, 74, 75, 76, 79, 85, 118, 212
pseudo-modèle 74

Quasi-concavité 8
quota 62, 157, 177

Recettes fiscales 189, 190, 205, 222, 237
recettes publiques 189, 190
redistribution 76, 83, 109, 114, 185, 195, 196, 207
redistribution équitable 211
rééquilibrage de la charge fiscale globale 195
réformes fiscales 183, 201, 205
Règle :
- règle d'Ajustement 78
- règle de décision collective 86, 91
- règle fiscale 224
- règle fiscale en situation d'équilibre 229
- règle majoritaire 21
- règle de partage fiscal 226
- règle de RAMSEY 214
- règle de RAMSEY-BOITEUX 116
- règle de transfert 86, 91, 92

Réglementation :
- réglementation agricole communautaire 174
- réglementation d'entrée sur le marché 157
- réglementation des prix 157
- réglementation d'intérêt général 142
- réglementation économique 112
- réglementation juste 112
- réglementation politique optimale 135
- réglementation publique 112, 114, 131, 157

rendement fiscal 195
rendement politique marginal 135
rendements constants 77
rendements croissants 9, 42, 112, 113
rendements non croissants 113
rente informationnelle 14

répartition 74, 207, 236
répartition de la charge fiscale 207
répartition efficace 101
répartition fiscale 214
révélation exacte des préférences 90, 91
revenu minimum d'insertion (RMI) 203
risque moral 13

Sacrifice 200
salaire de réservation 14
secteur public non marchand 185
sélection adverse 13
service de la dette 198
Solution :
- solution coopérative 128
- solution d'arbitrage de NASH 121
- solution de partage égalitaire 210
- solution d'équilibre négocié 73
- solution de NASH 33
- solution paretienne 73
- solutions de NASH et de KALAI-SMORODINSKY 33

sous-additivité des coûts 150
sous-efficacité économique 158
soutien politique 132, 144, 145, 179
Stratégie :
- stratégie 20
- stratégie de maximin 20, 148
- stratégie de STACKELBERG 20
- stratégie dominante 20, 87, 89, 91, 218
- stratégie dominante de COURNOT-NASH 20
- stratégie individuellement rationnelle 104
- stratégies myopes 89
- stratégie non manipulable 104
- stratégies de prudence 20

subventions croisées 156
surcapitalisation 117, 149
Surplus :
- surplus agricoles 179
- surplus collectif 115
- surplus hicksiens 158, 176
- surplus marshalliens 176, 222
- surplus social 83
- surplus social marginal 124, 125

surproductions 175
système de plaques tournantes 157
systèmes de votes 21

Taille de la coalition 34

taille optimale 132, 135
tarification au coût marginal 112
tarification concurrentielle 114
tarification de RAMSEY-BOITEUX 115
tarification optimale 114
tarification optimale de RAMSEY-BOITEUX 116
tarification optimale de second rang de RAMSEY-BOITEUX 116
tâtonnement 41
taux de concentration 128
taux de pression fiscale 189
taux de TVA 204
taux des prélèvements obligatoires 192
taux d'imposition optimaux 214
taxe à la consommation 227
taxe à la production 226
taxe fiscale 182
taxe forfaitaire 107
taxe pivotale 24, 109, 217, 218
Théorème :
– théorèmes de l'économie publique 3
– théorème d'impossibilité d'ARROW 90
– théorème d'impossibilité de GIBBARD-SATTERTHWAITE 90
– théorème de GROVES-LOEB 92
– théorème de la main invisible faible 151, 152, 154
– théorèmes fondamentaux de l'économie du bien-être 76
Théorie :
– théorie de la bureaucratie 103
– théorie de la captation 132
– théorie de l'échange volontaire 68
– théorie de l'incidence fiscale 222, 234
– théorie des marchés disputables 149, 154
– théorie de la négociation 31
– théorie du vote 131
– théorie fiscale optimale 207
tranches de revenu 200
transfert 195, 196
transfert fiscal 107
transfert forfaitaire 74, 83, 85, 109, 212, 213, 217
transitivité des choix collectifs 22
triangle d'HARBERGER 231

Unimodalité des préférences 22

Valorisation marginale 57, 60
valorisation moyenne 57, 59
voile de l'ignorance 208
vote payant 23

INDEX AUTEURS

AARON H.J. 215, 217.
ABDELLAOUI M. 2.
AGLIETTA M. 15.
AKERLOF G. 13.
ALCANTARA G. (d') 188.
ALESSI L. (de) 28.
ALEXIOU D. 224, 233.
ALLAIS M. 2.
ANDRÉ C. 184.
ARNOTT R. 17.
ARROW K.J. 3, 15, 21, 22, 23, 37, 90.
ASPREMONT C. (d') 108.
ATKINSON A.B. 18, 207, 229, 230.
AUERBACH A. 232.
AVERCH H. 116, 117, 118, 149.
AVERCH H., JOHNSON L. 116, 117, 149.
AZARIADIS C. 15.

BAILEY E.E. 148, 150, 167.
BARONE 36.
BARRO R. 239.
BARTEN A.P. 188.
BASTIN 223.
BAUMOL W.J. 148, 150, 151, 155, 188.
BAYES 24, 26.
BECKER G. 16, 17, 34.
BELANGER G. 30.
BELTRAME P. 191, 205.
BÉNARD J. 6, 9, 28, 70, 74, 80, 97, 149, 187, 188, 197, 217, 224, 228, 233.

BENTHAM J. 208, 209, 210.
BERGEN 2.
BERTRAND J. 153.
BEVERIDGE 186.
BIRD R.M. 188.
BISHOP 231.
BISMARCK 185.
BLACK D. 22, 23.
BLISS C. 16.
BOBE B. 189, 191.
BOITEUX M. 9, 114, 115, 116, 118, 152, 154, 157, 168, 204.
BORCHERDING T.E. 187.
BRETON A. 28.
BROUWER 6.
BUCHANAN J. 21, 31, 131.

CAILLAUX J. 195.
CHAMPSAUR P. 81, 85, 89.
CLARKE E.H. 23, 91, 92, 97, 103, 106.
CLARKE E.H., GROVES Th. 23, 91, 92, 97, 103, 106.
CONDORCET (Marquis de) 21.
COURNOT A.A. 20, 153.
COURNOT A.A., NASH J.F. 20, 89.
COURVILLE 117.
CROZET Y. 184, 187.

d'ALCANTARA G. 188.
DALTON H. 224, 226, 229, 231, 233, 237, 239.
DANTZIG G.B., WOLFE 39.
DEBREU G. 3.
DELORME R. 184.

DELORS J. 183.
DIAMOND J. 188.
DOWNS A. 131.
DREZE J.H. 79, 85.
DUPUY J.P. 19.

EHRLICH I. 17.
ELLMAN M. 97, 98, 99, 100.
ENCAOUA D. 112.

FAN L.S. 97, 98, 100, 101, 102, 103, 105, 106.
FAULHABER G.R. 150.
FELDSTEIN M. 232, 237.
FISHBURN 2.
FREY B.S. 131.
FRIEDLAENDER A.F. 148.
FRIEDMAN M. 17.

GÉRARD-VARET L.A. 108.
GIBBARD A. 90.
GIBBARD A., SATTERTHWAITE M. 90.
GILBERT G. 229, 239.
GRAAF J. (de) 120.
GRAHAM 167.
GREEN J. 90, 108.
GREFFE X. 229.
GROSSMAN S.J. 27.
GROVES Th. 23, 91, 92, 97, 103, 106.

HAGEN 2.
HARBERGER H.C. 231, 232, 233.
HARSANYI J.C. 24, 25.

HAYEK F. (von) 36.
HEAL G. 40, 56, 58, 61, 67, 88.
HOBBES 209.
HOLMSTROM B. 19.
HURWICZ L. 37, 90.

JACQUEMIN A. 149.
JOHANSEN L. 70.
JOHNSON L. 116, 117, 118, 149.

KAHNEMAN 2.
KALAI E., SMORODINSKY M. 33.
KAPLAN 167.
KANTOROVITCH L.V. 36.
KEELER 141, 142, 144, 146, 147.
KELLER 224, 226.
KOHLBERG 26.
KREPS 26.
KREPS, WILSON 26.
KOLM S.C. 75.
KONDRATIEFF 184.
KOTLIKOFF L. 232, 233, 235, 237.
KUHN H.W., TUCKER 4, 6, 233.

LAFAY J.D. 131.
LAFFER 206.
LAFFONT J.J. 24, 88, 89, 90, 108.
LANGE 36, 39.
LANGE O., ARROW K.J., HURWICZ L. 39.
LAROQUE G. 85, 89.
LECAILLON J. 179, 226.
LEDYARD J. 106.
LEE L.W. 119, 128, 129, 130, 146, 147, 148.
LEIBENSTEIN H. 27, 31.
LEWIS K. 18.
LINDAHL E. 12, 68, 69, 70, 73, 74, 76, 77, 78, 79, 82, 83, 85.
LLAU P. 189, 191.
LOCKE J. 209.
LOEB B. 23, 92, 100, 101, 103, 104, 105, 106.
LOEB B., MAGAT W.A. 100, 101, 103, 104, 105, 106.

MAGAT W.A. 100, 101, 103, 104, 105, 106.
MAIRESSE J. 229.
MALINVAUD E., DREZE J.H., de la VALLÉE POUSSIN D. 39, 68, 76, 77, 79, 84, 217.
MALINVAUD E. 6, 40, 42, 47, 50, 51, 58, 61, 67, 68, 77, 78, 79, 81, 82, 84, 85, 88, 217.

MASKIN 24.
MASSÉ P. 186.
McGOWAN F. 160, 169.
McGUIRE M.C. 215, 217.
MERTENS Y. 21, 25.
MIGUÉ J.L. 30.
MILGROM P. 15.
MILLERON J.C. VI, 75, 76.
MISES L. (von) 36.
MORGENSTERN O. (von) 24.
MORRISSON C. 226.
MOUGEOT M. 14, 108.
MUNERA 2.
MUNIER B. 2.
MUSGRAVE R.A. 84, 185.
MYERSON R. 18, 19.

NALEBUFF B. 16.
NASH J.F. 20, 24, 25, 26, 33, 121, 208, 209.
NASH J.F., BAYES 24.
NG Y.K. 218.
NISKANEN W. 27, 28, 30, 178.
NEUMANN (von) 24.
NORA S. 186.
NOZICK R. 209, 210.

OLSON M. 131.

PANZAR J.C. 148, 150, 155.
PARETO V. 209.
PAULY M.V. 15.
PAVAUX J. 117.
PEACOCK A.I. 188.
PELTZMAN S. 34, 132, 137, 138, 144, 205.
PERCEBOIS J. 194, 199.
PERRY M. 27.
PETERSEN 117.
PIGOU A.C. 185.
POMMEREHNE W. 131.
PONDAVEN C. 119, 126, 140, 174, 175, 177, 179.
PONSSARD J.P. 32, 33.
POSNER R.A. 126, 147.

RAINELLI M. 149, 155.
RAMSEY F. 114, 115, 116, 118, 144, 152, 154, 157, 168, 214, 215.
RAMSEY F., BOITEUX M. 7, 114, 115, 116, 118, 152, 154, 157, 168.
RAWLS J. 208, 210.
REIFFERS J.L. 229.

REYNAUD B. 14.
RICKER W.H. 34, 131.
ROBERTS J. 15, 85.
ROCHET 88, 89.
ROSEN S. 14.

SALIN P. 204.
SAMUELSON P.A. 68, 69, 74, 75, 76, 79, 118, 211, 212, 215.
SATTERTHWAITE M. 90.
SCHELLING T.C. 19.
SCHNEIDER F. 131.
SCHUBERT K. 175.
SCHUMPETER J.A. 131.
SEABRIGHT P. 160, 169.
SELTEN R. 162.
SHAPIRO 15.
SHEPHERD W.G. 155.
SHESHINSKI 151.
SIMON H. 131.
SPANN R. 117.
STACKELBERG H. (von) 20, 130.
STIGLER G. 34, 132, 149.
STIGLITZ J.E. 14, 15, 17, 18, 207, 229, 230.
SUMMERS L. 232, 233, 235, 237.

TIDEMAN T.N. 23, 218, 220.
TULLOCK G. 23, 31, 131, 218, 220.
TVERSKY 2.

VALLÉE POUSSIN D. (de la) 68, 85.
VICKREY W.S. 23.
VILLIERS J. 162.

WAGNER R. 187, 188.
WALRAS L. 5.
WEISS A. 14.
WEITZMAN M.L. 40, 56, 61, 67, 88, 97, 98, 99, 100, 103.
WICKSELL K. 131.
WILLIG R.D. 148, 150, 151, 155.
WILSON C. 13, 26.
WINTROBE 28.
WISEMAN J. 188.
WOLFELSPERGER A. 207.
YOUNES Y., PICARD P. 67.

ZAMIR S. 21, 25.

LISTE DES GRAPHIQUES

Fig. 1.1 - Gestion bureaucratique .... P. 30

Fig. 1.2 - Solution de négociation .... P. 34

Fig. 2.1 - Procédure Malinvaud : approximation par défaut
de l'ensemble de production .... P. 52

Fig. 2.2 - Procédure Malinvaud : approximation par défaut
de l'ensemble de production .... P. 52

Fig. 2.3 - Procédure Malinvaud : amélioration des approximations par défaut ...... P. 54

Fig. 2.4 - Procédure Malinvaud : amélioration des approximations par défaut ...... P. 54

Fig. 2.5 - Procédure Malinvaud : estimation de l'ensemble de production .... P. 55

Fig. 3.1 - Demande rationnelle d'un bien collectif pur .... P. 71

Fig. 3.2 - Disposition marginale à payer un bien collectif pur .... P. 72

Fig. 3.3 - Équilibre d'un bien collectif pur .... P. 72

Fig. 5.1 - Réglementation et degré de concentration industrielle .... P. 128

Fig. 5.2 - Réglementation et structures de marché .... P. 139

Fig. 7.1 - Structure en rayons (Hub-and-Spoke) .... P. 163

Fig. 7.2 - Trafic aérien américain .... P. 165

Fig. 9.1 - Comparaison des critères de justice .... P. 210

Fig. 9.2 - Condition pour une fiscalité optimale .... P. 213

Fig. 9.3 - Taxe pivotale .... P. 219

Fig. 10.1 - Incidence d'une taxe à la production .... P. 227

Fig. 10.2 - Incidence d'une taxe à la consommation .... P. 228

LISTE DES TABLEAUX

Tab. 1.1 - Classification des procédures de décentralisation informative.............. P. 39

Tab. 4.1 - Mécanisme du pivot de Clarke-Groves .... P. 95

Tab. 4.2 - Mécanisme du pivot de Clarke-Groves .... P. 96

Tab. 7.1 - Utilisation des avions et économies d'échelle .... P. 163

Tab. 7.2 - Évolution des charges avant et après déréglementation .... P. 164

Tab. 7.3 - Évolution des charges de transport .... P. 164

Tab. 7.4 - Dominance des grandes compagnies aériennes .... P. 167

Tab. 7.5 - Classement des grandes compagnies aériennes américaines .... P. 167

Tab. 7.6 - Effets escomptés de la déréglementation du marché aérien européen... P. 170

Tab. 7.7 - Poids des charges par compagnie pour les vols intra-CEE .... P. 171

Tab. 7.8 - Réaménagement spatial attendu du marché aérien européen .... P. 172

Tab. 7.9 - Disparités entre compagnies aériennes américaines, anglaises et européennes .... P. 173

Tab. 7.10 - Performances comparées des compagnies aériennes internationales .. P. 173

Tab. 7.11 - Évolution de la perte sociale sèche
    induite de la réglementation agricole européenne .... P. 177

Tab. 8.1 - Croissance des dépenses publiques dans l'OCDE .... P. 184

Tab. 8.2 - Évolution des recettes publiques dans l'OCDE .... P. 189

Tab. 8.3 - Structure des recettes publiques françaises
    consolidées par opérations .... P. 190

Tab. 8.4 - Structure des recettes fiscales dans l'OCDE .... P. 191

Tab. 8.5 - Évolution du poids des prélèvements obligatoires
    dans les pays occidentaux .... P. 192

Tab. 8.6 - Évolution du taux des prélèvements obligatoires français .... P. 193

Tab. 8.7 - Structure comparée des prélèvements obligatoires
    en France pour 1983 et 1990 .... P. 193

Tab. 8.8 - Taux et structure des prélèvements obligatoires
    dans les pays occidentaux en 1989 .... P. 194

Tab. 8.9 - Variation des dépenses de transfert dans l'OCDE .... P. 197

Tab. 8.10 - Dépenses publiques consolidées dans l'OCDE .... P. 197

Tab. 8.11 - Structure des dépenses consolidées en France par opérations .... P. 197

Tab. 8.12 - Composantes des dépenses de transferts
    des administrations publiques françaises .... P. 198

Tab. 8.13 - Évolution de la structure du budget de l'État
    sur longue période en France .... P. 199

Tab. 8.14 - Ventilation des dépenses publiques françaises
    dans le budget de l'État en 1990 .... P. 199

Tab. 8.15 - Évolution des dépenses publiques pour l'emploi .... P. 200

Tab. 8.16 - Structure des aides publiques par grands secteurs .... P. 200

Tab. 8.17 - Diversité des taux de TVA intra-européens .... P. 203

Tab. 8.18 - Part de la TVA dans les recettes fiscales totales .... P. 203

Tab. 10.1 - Comparaisons des critères de capacité
    contributive et de principe d'équivalence .... P. 223

TABLE DES MATIÈRES

REMERCIEMENTS III
AVANT-PROPOS V
SOMMAIRE IX

PREMIÈRE PARTIE
DÉCISION ET PROCÉDURES DE DÉCENTRALISATION

CHAPITRE I
Asymétrie informationnelle et stratégie de décentralisation 2

Section 1. Incomplétude des marchés
et asymétries informationnelles 3

A. Théorèmes fondamentaux de l'économie du bien-être 3

1. Correspondance entre équilibre général concurrentiel
et optimum paretien 4
1.1. Détermination du programme paretien de premier rang 4
1.2. Détermination du programme d'équilibre général 5
*1.3. Conditions de correspondance entre équilibre général concurrentiel
et optimum paretien 7*

2. Limites du premier théorème de l'économie du bien-être 8
*2.1. Rendements croissants et non-identité de l'optimum paretien
avec l'équilibre général de marché 9*
*2.2. Non-optimalité paretienne d'un équilibre général de marché
imparfaitement concurrentiel 9*
*2.3. Incidence des externalités et des biens collectifs
sur la décentralisation d'un optimum paretien par le marché 12*

B. Nature de l'asymétrie informationnelle 13
   1. Asymétrie de type sélection adverse 13
     2. Hasard ou risque moral 15
      2.1. Incomplétude par asymétrie 16
      2.2. Incomplétude et coût des contrats 17
      2.3. Asymétrie et comportements de déviance 18

Section 2. Organisation des comportements stratégiques 20

  A. Nature des stratégies et structure du jeu 20
   1. Non-révélation des préférences collectives 21
    1.1. Intransitivité collective et paradoxe de Condorcet 21
    1.2. Théorème d'impossibilité d'Arrow 22
  1.3. Unimodalité des préférences et transitivité du choix collectif 22
    1.4. Révélation des préférences collectives par vote payant 23
   2. Nature de l'information et propriété de l'équilibre 24

  B. Déviances stratégiques 27
   1. Risques de comportements stratégiques incontrôlables 27
      1.1. Déviances managériales 27
    1.2. Minimisation stratégique de l'effort 31
   2. Organisation des coalitions 31
      2.1. Formation des coalitions 31
  2.2. Propriétés générales de la solution de négociation 33
    2.3. Taille et conditions de stabilité des coalitions 34

Section 3. Fondements des procédures de décentralisation informative 36

  A. Historique du débat sur l'utilité d'une décentralisation 36
  B. Typologie des procédures de décentralisation informative 38
     1. Nature des indices 38
     2. Nature de l'algorithme 38
     3. Classification des procédures 39

CHAPITRE II
Méthodologie des procédures de décentralisation informatives 40

Section 1. Décentralisation informative par les prix 40

  A. Procédure de gradient de LAH 41
   1. Fonctionnement de la procédure 41
     1.1. Logique des itérations 41
     1.2. Hypothèses de la procédure 42
   2. Propriétés de la procédure 42
  2.1. Fondements généraux des propriétés 42
     2.2. Propriétés de LAH 43
   3. Application 43

B. Procédure de décomposition de Malinvaud 47

1. Fonctionnement de la procédure 48
1.1. Programme d'approximation du centre 49
1.2. Programme réel de production des firmes 49

2. Propriétés de la procédure 50
3. Application 51

Section 2. Décentralisation informative par les quantités 56

A. Procédure de gradient de Heal 56

1. Fonctionnement de la procédure 57
2. Propriétés de la procédure 58
3. Application 58

B. Procédure de décomposition de Weitzman 61

1. Fonctionnement de la procédure 61
2. Propriétés de la procédure 64
3. Application 64

CHAPITRE III
Décentralisation et intégration des biens collectifs 68

Section 1. Négociation et biens collectifs 68

A. Équilibre négocié de Lindahl 69

1. Conditions d'équilibre et règle de financement des biens collectifs purs 69
2. Propriétés de la solution d'équilibre lindahlienne 73
3. Limites de la solution d'équilibre de Lindahl 74

B. Pseudo-équilibre général de Samuelson 74

1. Propriétés du pseudo-équilibre général 74
2. Conditions d'existence du pseudo-équilibre général 76

Section 2. Détermination progressive de la procédure MDP 77

A. Procédure décentralisée de Lindahl 77
B. Procédure Lindahl-Malinvaud 78

1. Règle d'ajustement 78
2. Limites de la procédure 79

C. Procédure MDP 79

1. Caractéristiques des ajustements 79
2. Propriétés de la procédure 81

Section 3. Décentralisation mixte de Malinvaud 82
　A. Modalités d'ajustements d'une procédure mixte 82
　　B. Propriétés de la procédure 84

CHAPITRE IV
Indicateurs de succès et corrections des défaillances incitatives 86

Section 1. Risques de comportements stratégiques incontrôlables 86
　A. Propriétés incitatives minimales 87
　B. Défaillances incitatives des procédures informatives 87
　　1. Incitation et procédures de gradient 87
　　2. Incitation et procédures de décomposition 88
　　3. Incitation et procédure MDP 88

Section 2. Logique de l'incitation 89
　A. Fonctionnement des mécanismes incitatifs 90
　　1. Fondements du théorème d'impossibilité de Gibbard-Satterthwaite 90
　　2. Propriétés des mécanismes incitatifs 90
　B. Originalité et efficacité du mécanisme incitatif du pivot 91
　　1. Présentation du mécanisme de Clarke-Groves 91
　　　1.1. Règle de décision collective 91
　　　1.2. Règle de transfert 92
　　2. Propriétés du mécanisme du pivot 92

Section 3. Recherche d'indicateurs de succès satisfaisants 97
　A. Indicateurs de succès et logique du bonus 97
　　1. Synthèse de Weitzman 98
　　2. Cas particulier d'Ellman 99
　　3. Cas particulier de Fan 99
　B. Vérification de l'insuffisance incitative
　　des indicateurs de succès de type Weitzman 100
　C. Intégration du mécanisme du pivot aux indicateurs de succès 103
　D. Mécanisme du pivot et biens collectifs 107

DEUXIÈME PARTIE
DÉCISION ET THÉORIE DE LA RÉGLEMENTATION

CHAPITRE V
Efficacité économique ou efficacité politique des réglementations 112

Section 1. Réglementation et efficacité économique 114
A. Propriétés d'une tarification optimale de Ramsey-Boiteux 114
B. Tarification optimale de second rang 116
C. Réglementation et incitation à la surcapitalisation 116

Section 2. Réglementation et équité 118
A. Fondements d'une réglementation juste 119
1. Réglementation juste et prix préférentiels 119
2. Conditions d'arbitrage de Nash 121
B. Propriétés du surplus social marginal 124
1. Détermination du surplus social marginal 124
2. Nature de l'optimum atteint 125
C. Interaction équité-efficacité 126
1. Degré de concentration du marché et surplus optimaux 126
2. Compatibilité ou antinomie des objectifs d'équité et d'efficacité 128

Section 3. Réglementation et efficacité politique 131
A. Logique du modèle de soutien politique optimal 132
1. Fondements de la théorie stiglerienne de la captation 132
2. Propriétés du modèle de soutien politique optimal 132
2.1. Conditions nécessaires à une majorité suffisante 133
2.2. Conditions nécessaires à la minimisation de l'opposition 136
B. Structure de marché et conditions d'un soutien politique optimal 137

CHAPITRE VI
Conflits ou conjonctions des paradigmes économiques et politique 141

Section 1. Modèle englobant de la réglementation publique 141
A. Fondements du modèle englobant 142
1. Cas de l'intérêt général 142
2. Cas de l'intérêt particulier 143
B. Enseignements du modèle englobant 144

Section 2. Du modèle d'arbitrage au modèle englobant 146

Section 3. Enseignements de la théorie des marchés disputables et limites des réglementations publiques 148
A. Fondements de la théorie des marchés disputables 149
1. Caractéristiques d'un marché disputable 149
2. Propriétés des coûts de production 150
3. Théorème de la main invisible faible 151
B. Configuration soutenable et remise en cause des réglementations économiques 153
C. Limites de la théorie de la concurrence disputable 154

CHAPITRE VII
Études de cas : enseignements des expériences de réglementation et déréglementation 157

Section 1. Enseignements de la déréglementation du secteur aérien américain 158

A. Bilan de la déréglementation aérienne américaine : 1978-1992 160
1. Premiers effets de la déréglementation partielle : 1978-1985 160
2. Consolidation des effets de la déréglementation : 1985-1992 161
3. Enseignements de quatorze ans de déréglementation aérienne 165
    3.1. Quatre tendances 166
    3.2. Bilan des stratégies jouées par les compagnies installées 166
4. La stratégie de Texas Air 168

B. Enseignements de la déréglementation américaine pour le marché aérien de l'Europe communautaire 169
1. Effets escomptés d'une déréglementation aérienne intra-communautaire 169
    1.1. Envolée vers la bataille des rabais 169
    1.2. Disparités croissantes intra-européennes 171
    1.3. Réaménagement spatial du marché aérien européen 171
2. Disparités internationales croissantes 172

Section 2. Estimations politico-métriques de la réglementation agricole communautaire 174

A. Sous-efficacité économique de la réglementation agricole 175
1. Méthodologie générale des estimations tentées 175
2. Coût social de la réglementation agricole française 176

B. Efficacité politique de la réglementation agricole communautaire 178
1. Fondements de l'efficacité politique 178
2. Détermination du soutien politique des agriculteurs 179

TROISIÈME PARTIE
DÉCISION ET RÈGLE FISCALE

CHAPITRE VIII
Politique fiscale occidentale : tendances et résultats 182

Section 1. Fiscalité et efficacité économique 183

A. Dynamique de l'économie publique non marchande 183
1. Croissance soutenue des dépenses publiques 184

2. Conceptions sociale, économique et politique de l'État 185
    2.1. L'État-providence 185
    2.2. L'État de bien-être 185
    2.3. L'État planificateur 186
    2.4. L'État politique 186

3. Fondements théoriques de la croissance des dépenses publiques occidentales 187
    3.1. La loi de Wagner 187
    3.2. Les thèses de la demande publique croissante 187
    3.3. Charge fiscale maximale, effet de déplacement et effet de cliquet 188

B. Financement fiscal et prélèvements obligatoires 189

1. Structure générale des recettes publiques 189
2. Taux et structure globale des prélèvements obligatoires 191

Section 2. Fiscalité et équité sociale 195

A. Orientations de la politique de redistribution 196

1. Évolution des dépenses publiques 196
2. Proportionnalité ou progressivité de l'impôt 200

B. Fiscalité et Marché unique européen 201

1. Disparités fiscales intra-communautaires 202
2. Divergences fiscales et contraintes de compétitivité 202

CHAPITRE IX
Principes de fiscalité optimale 207

Section 1. Approche normative de l'État 207

A. Critères utilitaristes et critère d'efficience de justice sociale 208
B. Comparaison graphique des critères utilitaristes et d'efficience 209

Section 2. Règles de fiscalité optimale 211

A. Fiscalité optimale et optimum social décentralisé 211

1. Enseignements du pseudo-équilibre général 212
2. Absence de transferts forfaitaires redistributifs et condition pour une fiscalité optimale 213

B. Partage fiscal optimal et optimum social centralisé 214

1. Prélèvement fiscal optimal : règle de Ramsey 214
2. Financement fiscal forfaitaire optimal 215
3. Financement fiscal pivotal optimal 217

CHAPITRE X
Approche de l'incidence fiscale 222

Section 1. Incidence de la fiscalité sur le bien-être en équilibre partiel 223

A. Partage fiscal et élasticités-prix 224

1. Enseignements fiscaux de la loi de Dalton 224
2. Démonstration de la loi de Dalton 224

B. Partage fiscal et affectation du bien-être social à l'équilibre 226

1. Fiscalité indirecte 226
   1.1 Incidence d'une taxe à la production 226
   1.2 Incidence d'une taxe à la consommation 227

2. Fiscalité directe 229
   2.1 Incidence d'une taxe sur le salaire 229
   2.2 Incidence d'une taxe sur le capital 229

3. Correspondance entre fiscalités directe et indirecte 230
4. Fiscalité et perte sociale sèche 231

Section 2. Incidence de la fiscalité sur le bien-être en équilibre général 232

A. Taxe à la production et répartition de la charge fiscale 233

1. Propriétés et hypothèses du modèle unisectoriel 233
2. Incidence d'une imposition sur le rendement du capital 234
3. Incidence d'une imposition sur le taux de salaire 235

B. Taxe à la consommation et répartition de la charge fiscale 237

CONCLUSION 241
BIBLIOGRAPHIE 243
INDEX ANALYTIQUE 263
INDEX AUTEURS 269
LISTE DES GRAPHIQUES 271
LISTE DES TABLEAUX 273

Collection **Vuibert Économie**

MEIDINGER Claude, *Science économique : questions de méthode.*
PONDAVEN Claude, *L'économie des décisions publiques.*

Achevé d'imprimer en janvier 1994
sur les presses de l'Imprimerie Carlo Descamps
59163 Condé-sur-l'Escaut

Dépôt légal : janvier 1994
N° d'éditeur : 6174
N° d'imprimeur : 8384

Imprimé en France